Die Publizität von Normen im Internet

Europäische Hochschulschriften
Publications Universitaires Européennes
European University Studies

Reihe II
Rechtswissenschaft

Série II Series II
Droit
Law

Bd./Vol. 3436

PETER LANG
Frankfurt am Main · Berlin · Bern · Bruxelles · New York · Oxford · Wien

Stephan Schmeken

Die Publizität von Normen im Internet

Unter besonderer Berücksichtigung der Kostenfrage

PETER LANG
Europäischer Verlag der Wissenschaften

Die Deutsche Bibliothek - CIP-Einheitsaufnahme

Schmeken, Stephan:

Die Publizität von Normen im Internet : unter besonderer Berücksichtigung der Kostenfrage / Stephan Schmeken. - Frankfurt am Main ; Berlin ; Bern ; Bruxelles ; New York ; Oxford ; Wien : Lang, 2002
(Europäische Hochschulschriften : Reihe 2, Rechtswissenschaft ; Bd. 3436)
Zugl.: Münster (Westfalen), Univ., Diss., 2002
ISBN 3-631-39604-X

D 6
ISSN 0531-7312
ISBN 3-631-39604-X

www.peterlang.de

Vorwort

Die vorliegende Arbeit ist von der Rechtswissenschaftlichen Fakultät der Westfälischen Wilhelms-Universität Münster im Wintersemester 2001/02 als Dissertation angenommen worden. Rechtsprechung und Literatur konnten bis September 2001 berücksichtigt werden.

Zu großem Dank bin ich zuerst meinem Doktorvater Herrn Prof. Dr. Oebbecke verpflichtet, der das Thema dieser Untersuchung angeregt hat. Durch seine wertvollen Anregungen und stete Gesprächsbereitschaft hat er zum Gelingen der Arbeit ganz entscheidend beigetragen.

Herrn Prof. Dr. Holznagel danke ich für die zügige Erstellung des Zweitgutachtens.

Schließlich bedanke ich mich bei meinen Eltern, die mir stets jede erdenkliche Unterstützung auf meinem Lebensweg gewährt und mir dadurch vieles erst möglich gemacht haben.

Paderborn, im Februar 2002 Stephan Schmeken

Inhaltsverzeichnis

Einleitung 13

Erster Teil: Bestandsaufnahme der derzeitigen Publizität von Rechtsnormen im Internet 17

§ 1 Internet als Publikationsmedium 17

I. Geschichte und Entwicklung des Internets 17

II. Browser 19

III. Zugang 20

IV. Dateiformate 20

1. HTML 20
2. PDF 21
3. Text-, Grafik- und andere Dateiformate 22

V. Verbreitung und Eignung des Internets als Publikationsmedium 23

§ 2 Angebot an Rechtsnormen im Internet 27

I. Bundesrecht 29

1. Bundesanzeiger Verlagsgesellschaft mbH 29
2. Juristisches Internet Projekt der Universität Saarbrücken 30
3. Parlamentsspiegel 31
4. Juris GmbH 32
5. Bundesjustizministerium 33

II. Landesrecht 34

1. Baden-Württemberg 34
   a) Bürgerdienst 34
   b) Verkündungsdienst und Rechtsdienst 35
2. Bayern 36
3. Berlin 36
   a) Regierender Bürgermeister von Berlin 37
   b) Kulturbuch-Verlag GmbH 37
4. Brandenburg 38
5. Bremen 39
6. Hamburg 39
7. Hessen 40
8. Mecklenburg-Vorpommern 40
9. Niedersachsen 41
10. Nordrhein-Westfalen 41
11. Rheinland-Pfalz 42
12. Saarland 42

13. Sachsen 43
14. Sachsen-Anhalt 44
15. Schleswig-Holstein 44
16. Thüringen 45

III. Kommunale Rechtsnormen **45**
1. Düsseldorf 45
2. Paderborn 46
3. Münster (Westf.) 46
4. Tönisvorst 47
5. Speyer 47
6. Föritz 47

IV. Europäisches Gemeinschaftsrecht **47**
1. Eur-Lex 47
2. Celex 49

V. Recht anderer Länder **49**
1. Österreich 49
2. Schweiz 50

VI. Private Angebote **51**

Zweiter Teil: Publizität von Rechtsnormen als Rechtspflicht **53**

§ 3 Geschichte und Funktion der Publikation von Rechtsnormen **53**

I. Vorläufer der heutigen Gesetzgebung und ihre Publizität **53**

II. Das Verkündungswesen als Bestandteil der Gesetzgebung **56**

III. Rechtsstaatliche Erwägungen **58**
1. Materielle Verkündung 59
2. Formelle Verkündung 59

IV. Unterschied zwischen formaler Verkündung und weitergehender Publizität von Rechtsnormen **61**

§ 4 Verpflichtung zur Verbreitung von Rechtsnormen, insbesondere zu ihrer Bereitstellung im Internet **63**

I. Formale Verkündungsgrundsätze **64**
1. Verfassungsrechtliche Anforderungen an die formale Verkündung 64
a) Rechtsstaatsprinzip 64
aa) Verortung und Geltungsgrund 65
bb) Sammelbegriff oder Prinzip 66
cc) Konkreter Inhalt des Rechtsstaatsprinzips 67
(1) Rechtssicherheit, Berechenbarkeit und Verläßlichkeit des Staatshandelns 68
(2) Willkürverbot 69
(3) Gewährleistung des Rechts 69

(4) Legitimation und Kontrolle 70
(5) Ergebnis 70
dd) Rechtsstaatsprinzip als Optimierungsgebot 73
ee) Konkrete Forderungen in bezug auf die formale Gesetzesverkündung als Thesen 73
ff) Grenzen und Überprüfbarkeit der Auslegung 77
(1) Verfassungswidriges Verfassungsrecht 78
(2) „Judicial self-restraint“ 79
(3) Verfassung als Rahmenordnung zur Reduzierung der Inhaltsdichte 80
(4) Funktionell-rechtlicher Ansatz zur Reduzierung der Kontrolldichte 82
(a) Differenzierung zwischen Handlungs- und Kontrollnorm 83
(b) Identität von Handlungs- und Kontrollnorm 84
(c) Gemeinsamkeit funktionell-rechtlicher Ansätze 85
gg) Rechtsprechung des BVerfG und andererer Gerichte 87
hh) Zusammenfassung und Ergebnis 89
b) Demokratieprinzip 91
aa) Konkreter Inhalt des Demokratieprinzips 91
bb) Staatsfreie Willensbildung 93
cc) Grenzen und Überprüfbarkeit 95
(1) Rahmenordnung 95
(2) Funktionell-rechtliche Einschränkungen 96
(3) Zusammenfassung und Ergebnis 96
c) Sozialstaatsprinzip 97
d) Grundrechte als Leistungspflichten 98
aa) Informationsfreiheit des Art. 5 Abs. 1 GG 100
bb) Rechtsschutzgarantie des Art. 19 Abs. 4 GG 102
e) Art. 82 GG und entsprechende Regelungen in den Landesverfassungen 103
aa) Existenz des Bundesgesetzblatts und der Gesetz- und Verordnungsblätter in den Ländern 104
bb) Umfang der Veröffentlichung 104
cc) Form / Informationsträger 105
f) „Recht nur als veröffentlichtes Recht denkbar“ 108
2. Einfachgesetzliche Vorschriften 109
a) Bundesrecht 109
aa) Gesetz über die Verkündung von Rechtsverordnungen 109
bb) Gesetz über vereinfachte Verkündungen und Bekanntgaben 110
cc) § 5 UrhG 110
dd) Baurechtliche Vorschriften 111
b) Landesrecht 112
aa) Presserechtlicher Auskunftsanspruch 112
bb) Sonstige Informationsrechte 113
cc) Regelungen für die kommunale Gesetzesverkündung 114
(1) Kommunales Amtsblatt 115

(2) Sonstige Zeitungen 116
3. Rechtsgrundsätze der Europäischen Gemeinschaft 117
4. Zusammenfassung und Ergebnis 119

II. Weitergehende Publikation als einfache Öffentlichkeitsarbeit 120
1. Verfassungsrechtliche Anforderungen 120
a) Rechtsstaatsprinzip 120
b) Demokratieprinzip 123
c) Sozialstaatsprinzip 125
d) Grundrechte als Leistungspflichten 126
aa) Informationsfreiheit 126
bb) Rechtsschutzgarantie 127
2. Einfachgesetzliche Vorschriften 127
a) Bundesrecht 127
aa) Vorschriften zur Rechtsbereinigung 127
bb) Bekanntmachungs-, Unterrichtungs- und Beratungsgebote 129
cc) Auskunfts- und Einsichtsregelungen 129
b) Landesrecht 130
aa) § 20 Abs. 2 KSVG Saarl und § 15 Abs. 4 GemO Rh-Pf 130
bb) § 4 BekVO Bayern und § 6 Abs. 6 GO Niedersachsen 131
cc) Vorschriften zur Rechtsbereinigung 131
dd) Bekanntmachungs-, Auskunfts-, Beratungs- und Einsichtsregelungen 132

III. Zusammenfassung und Ergebnis 133

Dritter Teil: Der Zugang zu den publizierten Informationen 137

§ 5 Rechtsform für das Informationsangebot 137

I. Wahlfreiheit der Organisations- und Handlungsform 137

II. Wahlfreiheit und anwendbares Recht 138

§ 6 Informationsangebot als wirtschaftliche und publizistische Betätigung 139

I. Verfassungsrechtliche Grenzen einer wirtschaftlichen und publizistischen Betätigung 140
1. Allgemeines Subsidiaritätsprinzip 140
2. Verbot rein erwerbswirtschaftlicher Tätigkeit 141
3. Staatsunabhängigkeit der Presse und sonstiger Medien 142
a) Formale Gesetzesverkündung 143
b) Konsolidierte Textsammlungen 144
4. Grundrechtskollisionen 145
a) Wettbewerbsfreiheit, Art. 12 Abs. 1 GG 146
aa) Schutzbereich 147
bb) Konkurrenz als immanentes Prinzip der Wettbewerbsfreiheit 148
cc) Besonderheit der staatlichen Konkurrenz bei der Gesetzestextpublizität 150
dd) Allgemeine Eingriffsanforderungen 153

(1) Auswirkungen auf den Buchdruck 154
(2) Auswirkungen auf den Online-Bereich 154
(3) Preisdruck 155
b) Eingerichteter und ausgeübter Gewerbebetrieb, Art. 14 GG 157
c) Presse- und Rundfunkfreiheit, Art. 5 Abs. 1 S. 2 GG 158
aa) Schutzbereich 158
bb) Eingriff 160
(1) Die kommunikationsrechtliche Seite 160
(2) Die wirtschaftliche Seite 161
II. Einfachrechtliche Grenzen einer wirtschaftlichen Betätigung **161**
1. Subsidiaritätsprinzip in den Kommunalverfassungen 161
2. UWG 164
a) Anwendbarkeit des UWG 164
b) Handeln im geschäftlichen Verkehr 165
aa) Informationsangebot ganz ohne Entgelte und Werbung 166
bb) Informationsangebot nur gegen Entgelt und/oder mit Werbung 167
cc) Amtliches Handeln 168
c) Zu Zwecken des Wettbewerbs 169
aa) Gewinnerzielungsabsicht 169
bb) Keine Schädigungsabsicht 169
cc) Öffentliche Motive neben erwerbswirtschaftlichen Motiven 170
dd) Nur öffentliche, keine wirtschaftlichen Motive 170
d) Sittenwidrigkeit 172
aa) Preisunterbietung 173
bb) Mißbrauch amtlicher Hoheitsbefugnisse 175
cc) Inanspruchnahme besonderen Vertrauens 177
e) Ergebnis 177
§ 7 Anspruch auf kostenlosen Zugang zum Recht **177**
I. Formale Gesetzesverkündung **178**
II. Weitergehende Gesetzestextveröffentlichung **179**
§ 8 Zulässigkeit eines kostenlosen Angebots **179**
I. Haushaltsrecht **180**
1. § 63 BHO und vergleichbare Regelungen 180
2. Grundsätze der Sparsamkeit und Wirtschaftlichkeit 181
II. Abgabenrecht **181**
1. Bundes- und landesrechtliche Gebührenregelungen 181
2. Kommunales Abgabenrecht 182
§ 9 Grenzen einer Kostenpflicht bei öffentlich-rechtlicher Rechtsform **183**
I. Haushaltsrecht, § 63 BHO **184**
II. Gebührenrechtliche Grundsätze **184**

1. Kostendeckungsprinzip 185
a) Rechtliche Geltung 185
aa) Finanzverfassung und Funktionsvorbehalt der Steuer 185
bb) Verhältnismäßigkeitsprinzip als Geltungsgrund 188
cc) Spezialgesetzliche Geltung 189
b) Konflikt mit kommunalem Wirtschaftsrecht 190
c) Rechtsfolgen für die Gebührenbemessung 190
aa) Gebührenüberschreitungsverbot 190
(1) Kosten 192
(a) Technische Einrichtung als Materialaufwand 193
(b) Personalkosten 194
(2) Nutzeneffekte durch Tätigkeitsüberschneidungen 196
(3) Externe Nutzeneffekte im Allgemeininteresse 200
(4) Abzug durch Sondereinnahmen 202
bb) Kostendeckungsgebot 203
2. Äquivalenzprinzip 204
a) Rechtliche Geltung 204
b) Konkreter Inhalt und Rechtsfolgen für die Gebührengestaltung 205
aa) Offenheit des Äquivalenzprinzips 206
bb) Konkrete Folgen für die Gebührenbemessung 206
c) Einfachgesetzliche Konkretisierung 207

III. Gleichheitssatz des Art. 3 GG **207**
1. Im Hinblick auf das Verhältnis der Benutzer zur Allgemeinheit 208
2. Im Hinblick auf das Verhältnis der Benutzer untereinander 210

§ 10 Grenzen einer Kostenpflicht bei privatrechtlicher Rechtsform **211**

I. Gleichheitssatz des Art. 3 Abs. 1 GG **212**

II. Gebührenrecht **212**
1. Äquivalenzprinzip 212
2. Kostendeckungsprinzip 213
a) Grundsätze des Verwaltungsprivatrechts und Analogie 214
aa) Planwidrige Gesetzeslücke 215
bb) Lückenfüllung 216
b) Billigkeitskontrolle des § 315 Abs. 3 BGB 217
c) § 9 AGBG 219
d) Inhaltskontrolle über den Rechtsgedanken der §§ 242, 315 BGB 220
e) § 134 BGB 221
f) Ergebnis 221

III. Zivilrechtliche Schranken **222**

IV. Ergebnis **223**

Zusammenfassung in Thesen **227**

Literaturverzeichnis **231**

Einleitung

Der lenkende, verteilende, beschützende und schlichtende Staat[1] nimmt durch die Schaffung von allgemeinen Rechtsnormen großen Einfluß auf das Leben und Wirken eines jeden Bürgers. Dieser Einfluß ist im Laufe der Zeit mit dem Anwachsen der Rechtsregeln und dem gestiegenen Umfang der Gesetze, Rechtsverordnungen und sonstiger allgemeiner Rechtsnormen immer größer geworden und wird möglicherweise noch weiter anwachsen.

Von seinen Bürgern erwartet der Staat trotz der mitunter überaus komplexen und komplizierten Rechtsordnung, daß sie sich gesetzeskonform verhalten. Auch in ihrem eigenen Interesse, um nicht aus bloßer Unkenntnis Nachteile zu erleiden, bedeutet dies im Grundsatz, daß sie den Inhalt der geltenden Rechtsnormen in Erfahrung bringen müssen. Während es dazu vor inzwischen langer Zeit notwendig war, Marktplätze aufzusuchen, um den dort regelmäßig stattfindenden öffentlichen Lesungen zuzuhören,[2] stehen seit der Einführung des Gutenbergschen Buchdruckverfahrens andere Möglichkeiten bereit, mit denen sich die Bürger genau darüber informieren können, welche Rechtsregeln der Gesetzgeber sie betreffend erlassen hat.

Daß allgemeinverbindliche Rechtsnormen der Allgemeinheit in irgendeiner Weise nahe gebracht werden müssen, um rechtlich, aber vor allem auch tatsächlich wirksam werden zu können, ist eine letztlich schon lange anerkannte Selbstverständlichkeit. Einzig die Frage, auf welche Art und Weise dies geschehen soll, wurde im Laufe der Zeit unterschiedlich beantwortet.[3]

Zunächst ist es der Staat selbst, der seine Rechtsnormen den Bürgern unmittelbar nahe bringt. Aus diesem Grund gibt er seit jeher gedruckte Gesetzestextsammlungen verschiedenster Art heraus. Die dazu zählenden amtlichen Gesetzesblätter können auf eine inzwischen lange Tradition zurückblicken, die bis in das 18 Jahrhundert reicht. Indes liegt es auf der Hand, daß auf diese Weise nicht tatsächlich jeder Bürger mit einer eigenen vollständigen Gesetzestextsammlung vom Staat versorgt werden kann. Der dazu notwendige Aufwand ist auch im Zeitalter des Massendruckverfahrens trotz gesunkener Druckkosten einfach zu groß und letztlich finanziell nicht tragbar.

Aus diesem Grund entstanden Betätigungsmöglichkeiten für Dritte, die sich die daraus resultierenden Publizitätsdefizite geschäftlich zunutze machen konnten und ihrerseits eigenständig schlichte Rechtsnormtexte in übersichtlicher Form für verschiedenste Adressatenkreise zusammengestellt publizierten und dies heute noch tun. In der Praxis dürften diese Publikationen für die meisten Bürger im Gegensatz zu den staatlichen Publizitätsbemühungen die eigentlichen Informationsquellen darstellen,[4] weil sie einen überschaubaren Ausschnitt der jeweils benötigten Rechtsnormen enthalten.

Bislang dürfte der Staat auf die publizistische Mithilfe dieser privaten Multiplikatoren angewiesen gewesen sein, weil eine eigene individuelle Versorgung der Bürger mit derartigen Informationen mittels der bisher zur Verfügung stehenden Publikationsformen aufgrund des

---

1 *Simitis*, Informationskrise des Rechts, S. 38.

2 Vgl. dazu *Berkemann*, Ignorantia juris nocet, S. 84 und *Hamacher*, StGR 11/1999, S. 23.

3 *Severin*, Das Bundesgesetzblatt, S. 9.

4 Vgl. dazu nur *Konzelmann*, Methode landesrechtlicher Rechtsbereinigung; S. 106 u. *Noll*, Gesetzgebungslehre, S. 201.

dazu notwendigen Aufwands zwar nicht vollkommen unmöglich, so aber doch nicht ernsthaft in Betracht kam.

Diese Situation könnte sich jetzt allerdings geändert haben. Die Vorstellung, daß es dem Staat als Produzent der Ware „Recht" nicht möglich ist, diese jedem Bürger zu vertretbaren Bedingungen zur Verfügung zu stellen, erscheint angesichts der technologischen Entwicklung überprüfungsbedürftig. Als relativ neues Medium hat sich innerhalb kurzer Zeit das Internet einen Platz in der Reihe der Kommunikationsmedien erobert und schickt sich an, das bedruckte Papier in seiner Eigenschaft als Träger von Informationen jedenfalls partiell zu substituieren.

Ohne offensichtlich eine bloße Modeerscheinung zu sein,[5] stellt das Internet Möglichkeiten zur Informationsvermittlung bereit, die früher nicht denkbar waren. Es bietet damit heute, nachdem es sich technisch weiterentwickelt hat und eine noch vor einigen Jahren nicht erwartete Verbreitung in der Bevölkerung gefunden hat, dem Staat ganz neue Möglichkeiten, sich dem Bürger wesentlich offener und durchschaubarer zu präsentieren, als das vorher überhaupt denkbar war.[6] Das Internet stellt sich heute dar als ein Instrument, mit dem tatsächlich beinahe jedermann zu durchaus vertretbarem Aufwand mit den Informationen über sämtliche Gesetze versorgt werden könnte. Weder stellt es in der heutigen Zeit eine nennenswerte finanzielle Belastung dar, als Anbieter von Informationen sich des Internets zu ihrer Verbreitung zu bedienen, noch erzeugt es umgekehrt hohe Kosten, als Rezipient Inhalte über das Internet abzurufen.[7] Damit könnte das Internet die Vermittlung von Informationen im Vergleich zu der bisher überwiegend praktizierten Methode, inhaltlich identische Informationen über den klassischen Weg des auf Papier gedruckten Textes dem Bürger nahezubringen, revolutionieren. Den Vorteilen dieser neuen Technologie gegenüber herkömmlichen Informationsmedien, aber auch der wachsenden Akzeptanz des Internets in der Bevölkerung, die sich immer stärker dieses neuen Mediums bedient, wird sich der Staat auf Dauer nicht verschließen können.[8]

Ausgehend von einer aktuellen Bestandsaufnahme, die aufzeigen soll, inwieweit der Staat als Produzent der Rechtsnormen selbst schon heute auf die Möglichkeiten des Internets durch ihre Online-Publikation reagiert hat,[9] soll nach einer vorangegangenen kurzen Darstellung der besonderen Eignung des Internets für die Publizität von Rechtsnormen[10] zunächst der Frage nachgegangen werden, ob nicht vielleicht sogar eine Verpflichtung des Staats zur Benutzung des Internets für eine elektronische Bereitstellung der für jeden Bürger relevanten Gesetzesinformationen anzunehmen ist[11].

Sodann wird im Dritten Teil[12] erläutert, wie denn der Zugang des Bürgers zu den im Internet publizierten Rechtsdaten rechtlich zulässig ausgestaltet sein kann. Beleuchtet wird dabei auch das Verhältnis der privaten Verlagswirtschaft zu einer dazu etwaig in Konkurrenz tretenden parallelen Tätigkeit der öffentlichen Hand. Insofern stellt sich die Frage, ob der Staat denn

---

5 Siehe nur *Groß*, DÖV 2001, 159 (159).

6 Vgl. *Marschall*, Publizistik 42 (1997), 304 (313); Kommission der EG, KOM (1998) 585 endg., S. 11.

7 *Marschall*, Publizistik 42 (1997), 304 (312); *Tiedemann*, NVwZ 1997, 1187 (1188); *Bleuel*, Online Publizieren im Internet, S. 52.

8 Vgl. nur *Groß*, DÖV 2001, 159 (159); Kommission der EG, KOM (1998) 585 endg., S. 11.

9 Dazu die Ausführungen unter § 2, S. 27 ff.

10 Siehe dazu sogleich § 1, S. 17 ff.

11 Vgl. unten § 4, S. 63 ff.

12 Dazu §§ 5 und 6, S. 137 ff.

überhaupt und in welchen Formen Gesetzestexte bzw. andere Rechtsnormtexte publizieren darf.

Schließlich erfolgt im letzten Abschnitt[13] die Auseinandersetzung mit den finanziellen Zugangsbedingungen. Es wird problematisiert, ob im Gegensatz zu den bisherigen Publikationen der privaten Wirtschaft die staatlichen Gesetzestextinformationen für den Bürger kostenlos sein müssen bzw. ob sie es wenigstens sein dürfen. Überprüfungsbedürftig erscheint vor allem, ob für die Festlegung der finanziellen Bedingungen für einen Zugang zu den Rechtsnormtexten im Internet der Höhe nach rechtliche Begrenzungen existieren, die verhindern, daß hohe Entgelte den Bürger davon abhalten, sich mit Hilfe der neuen und für ihn besonders vorteilhaften elektronischen Informationsquelle über die für ihn geltenden und sein Handeln bestimmenden Rechtsnormen aufzuklären.

---

[13] Vgl. §§ 7 ff., S. 139 ff.

Erster Teil: Bestandsaufnahme der derzeitigen Publizität von Rechtsnormen im Internet

§ 1 Internet als Publikationsmedium

I. Geschichte und Entwicklung des Internets

Das Internet ist ein Computernetz, das weltweit viele verschiedene kleine und große Computernetze miteinander verbindet.[14] Es ist entstanden aus einem bereits 1969 gestarteten Projekt des amerikanischen Verteidigungsministeriums zur Entwicklung eines Computernetzes, das auch bei Ausfall einzelner Rechnersysteme und Verbindungsleitungen arbeiten sollte.[15] Zusammengeschaltet wurden anfangs an der University of California in Los Angeles insgesamt vier Rechner.[16] Diese Zahl erhöhte sich schnell. Ein besonders schnelles Wachstum begann jedoch erst 1983 mit der Abspaltung des bis dahin militärischen Netzwerkes und der Freigabe für die wissenschaftliche und kommerzielle Nutzung.[17] Wichtig war des weiteren die Entwicklung des TCP/IP-Protokolls[18] für die Datenübertragung. Erst durch diesen einheitlichen Standard wurde es möglich, Daten über verschiedene Computer- und Netzwerksysteme unabhängig vom jeweiligen Gerätehersteller und Übertragungsmedium auszutauschen.[19] Damit wurde auch eine eindeutige Adressierung eingeführt. Jeder am Internet angeschlossene Computer erhält seitdem eine sog. IP-Adresse, mit deren Hilfe das TCP/IP-Protokoll die Übermittlung von Daten selbständig zwischen einzelnen Computern bewirkt.[20] Um den Rechnern statt den langen Zahlenkolonnen als Adresse auch logische und leicht zu merkende Namen zuzuordnen, wurde außerdem das DNS (Domain Name System) geschaffen.[21] Ein solcher Name setzt sich aus einzelnen hierarchisch gegliederten Namensteilen, den Domain-Namen, zusammen. Während die „Top-Level-Domains" feststehen[22], können die „Sub-Domains", die im vollständigen Namen links von der Top-Level-Domain getrennt durch einen Punkt erscheinen, frei gewählt werden. Sie werden allerdings zentral verwaltet und können nur einmal vergeben werden. Der Inhaber einer solchen 1. Sub-Domain kann dann wiederum weitere Sub-Domains vergeben, die im Namen ebenfalls getrennt von einem Punkt links neben der 1.

---

[14] *Blümel/Soldo*, Internet für Juristen, S. 5; *Krautzberger*, Internet, S. 9; *Scheller/Boden/Geenen/Kampermann*, Internet: Werkzeuge und Dienste, S. 1.

[15] *Heindl/Maier*, Der Webmaster, S. 15; *Bleuel*, Online Publizieren im Internet, S. 19.

[16] *Falckenberg*, Internet – Spielzeug oder Werkzeug, S. 4.

[17] *Heindl/Maier*, Der Webmaster, S. 16; *Rheingold*, Virtuelle Gemeinschaft, S. 108.

[18] TCP/IP = Transmission Control Protocol/Internet Protocol.

[19] *Scheller/Boden/Geenen/Kampermann*, Internet: Werkzeuge und Dienste, S. 7.

[20] Eine IP-Adresse besteht aus 32 Bit und wird zur besseren Lesbarkeit in 4 8-Bit-Zahlen zerlegt; so besitzt ein bestimmter Computer an der Uni Münster beispielsweise die IP-Adresse 128.176.237.27.

[21] *Scheller/Boden/Geenen/Kampermann*, Internet: Werkzeuge und Dienste, S. 27; *Heindl/Maier*, Der Webmaster, S. 36.

[22] Neben den Domains „com", „edu", „gov" gibt es jeweils Endungen für die einzelnen Staaten, wie „de.", „at" oder „ch". Wegen der ansteigenden Nachfrage werden neue Top-Level-Domains eingeführt, wie beispielsweise „firm", „priv" usw.

Sub-Domain erscheinen.[23] So wird die eindeutige Zuweisung eines bestimmten Namens zu einer eindeutigen IP-Adresse gewährleistet.

Damit ist das Internet schon in seinen wesentlichen Elementen umschrieben. Im Grunde besteht es nur aus einer Vereinbarung über die Art und Weise des Datenübermittlung.[24] Die eigentliche Datenübertragung vollzieht sich dann nach diesen Regeln über zusammengeschaltete Computernetzwerke, die sich diesem System unterworfen haben. Daraus folgt, daß jeder, der sich an diese Regeln hält, Teil des Internets ist und somit mit jedem anderen angeschlossenen Computer kommunizieren kann.

Auf das grundlegende TCP/IP-Protokoll setzen dann andere Protokolle auf, die mehr oder weniger bedienerfreundlich bestimmte Kommunikationsdienste anbieten. Schon zu Beginn des Internets existierten FTP (File Transfer Protocol) zur Übertragung von Dateien und Telnet (telecommunications network) zur Fernsteuerung fremder Computer. Erst ein wenig später entstand mit der elektronischen Post ein weiterer Dienst, der für zunehmende Popularität sorgte. Alle drei Dienste, die auf jeweils standardisierten Protokollen beruhen, existieren heute noch und erfreuen sich weiterhin großer Beliebtheit.[25]

Wesentlicher Grund für die aber dennoch erst später einsetzende Wachstumsexplosion ist die gewachsene Benutzerfreundlichkeit, die es auch Computer-Laien erlaubt, das Internet für ihre Zwecke zu nutzen. Hauptsächlich ermöglicht wird dies durch den 1991 übrigens in Europa entwickelten Dienst des WWW (World Wide Web, übersetzt: weltweites Gewebe)[26]. Die Besonderheit dieses Dienstes liegt in der Verknüpfung einer leichten Abrufbarkeit von Dokumenten mittels des Protokolls HTTP (Hyper Text Transfer Protocol) und in der Hypertextfunktion der Seitenbeschreibungssprache HTML (HyperText Markup Language). HTTP erlaubt den direkten Zugriff mittels einer einfachen, aber eindeutigen Adressierung auf einzelne Dokumente, die sich irgendwo auf einem beliebigen Computer in einem beliebigen Dateiverzeichnis befinden können. Die Seitenbeschreibungssprache HTML gestattet dagegen, in Textdokumente versteckte Informationen über die textliche Gliederung und vor allem über Verknüpfung mit anderen Dokumenten einzubetten. Es können in die Darstellung eines HTML-Dokuments auf diese Weise Elemente eingebaut werden, die automatisch aus ganz anderen Dokumenten dazugeladen werden und zusammen auf dem Bildschirm dargestellt werden. Diese Zusatzdaten können sich irgendwo im WWW befinden, mittels der eindeutigen Adressierung und dem Protokoll HTTP werden sie automatisch auf den eigenen Computer geladen. Auf diese Weise können einfache Texte mit Grafiken oder auch anderen Multimedia-Elementen wie Musik und Film angereichert werden. Des weiteren können bestimmte Textpassagen mit Informationen über weiterführende Dokumente unterlegt werden. Diese

---

23 Beliebt und gut eingeführt ist die Domain „www".

24 *Zehnder*, Geschichte und Geschichten des Internets, S. 35.

25 Dies gilt besonders für die e-mail-Dienste. Ihr insofern hohes Alter ist allerdings Grund für eine heute als Schwäche anzusehende Charakteristik: Es gibt nur wenig Mißbrauchssicherungen im Protokoll (Verschlüsselung, Schutz gegen unbefugte Benutzung etc.). Die damaligen Internet-Nutzer und Entwickler dieser Protokolle konnten sich offensichtlich nicht vorstellen, daß die Möglichkeiten des Computernetzes mißbräuchlich ausgenutzt würden.

26 Es geht auf die Entwicklungsarbeiten am CERN, dem Europäischen Zentrum für Teilchenphysik in Genf zurück. Die Entsendung von Forschern aus beinahe allen europäischen Ländern an das CERN brachte es mit sich, daß über große Entfernungen miteinander gearbeitet und Forschungsergebnisse elektronisch ausgetauscht werden mußten. Es entstand recht früh der Wunsch nach einem einfachen System, mit dem sich die Wissenschaftler in der Vielfalt des eigenen Datenangebotes zurechtfinden konnten.

sog. Links ermöglichen es dem Benutzer, einfach per Mausklick von Dokument zu Dokument zu springen, ganz nach seinen Interessen.[27] Diese Hypertextfunktion gestattet dem Leser, entsprechend seines eigenen Informationsbedarfes den durch die Links nachgewiesenen Informationen sofort nachzugehen.[28] Durch die Hypertextfunktion entsteht so eine miteinander verbundene Sammlung von Dokumenten, die automatisch andere Dokumente zur Betrachtung anbieten.[29] Das World Wide Web besteht somit vereinfacht gesagt, aus zahlreichen Daten, die alle mehr oder minder miteinander verknüpft sind und zwischen denen man hin und her wechseln kann. Es hat wegen seiner Benutzerfreundlichkeit maßgeblichen Anteil daran, daß das Internet stark gewachsen ist. Während 1989 lediglich 100.000 angeschlossene Computer registriert wurden,[30] ist die Zahl der weltweit angeschlossenen Rechner in letzter Zeit exponentiell angestiegen. Sie hat im Jahre 2000 schätzungsweise[31] über 72.000.000 erreicht.[32] Die Zahl der Internetbenutzer in Deutschland lag im Januar 2001 bei knapp über 24 Millionen, von denen 75 % jede Woche und beinahe 50 % täglich online sind.[33]

II. Browser

Bedient und benutzt wird das WWW mit Hilfe der sog. Browser[34]. Dies sind Computerprogramme, die die Dokumente, die man mittels der eindeutigen Adressierung abrufen möchte, auf den eigenen Computer laden und aufbereitet darstellen. Obwohl es dutzende verschiedener Browser gibt, haben lediglich zwei einen überragenden Marktanteil: der Netscape Navigator bzw. Communicator und der Microsoft Internet Explorer. HTML-Dokumente werden von diesen Programmen dann entsprechend ihren versteckten Gliederungsinformationen am Bildschirm zusammen mit weiteren zusätzlichen Elementen – vor allem Grafiken – dargestellt. Die enthaltenen Verweise, die sog. Links, werden dabei in einer anderen Farbe mit einer Unterstreichung besonders hervorgehoben. Die dahinter liegenden Seiten können durch einfachen Mausklick aufgerufen werden, ohne daß deren Adresse mühsam eingegeben werden müßte. Die aufgerufenen Seiten können dann über die Menüsteuerung der Browser abgespeichert oder ausgedruckt werden. Der Browser ermöglicht somit eine intuitive Bedienung des Internets, ohne daß man besonderes technisches Hintergrundwissen haben müßte. Es ist ausreichend, die Einstiegsadresse einer sog. Homepage zu kennen, von der man sich weiter im WWW fortbewegen kann.

---

27 Aufgrund des dadurch schnell möglichen Wechselns zwischen verschiedenen Seiten, der sich bei den heutigen Browsern mittels Mausklicks vollzieht und Ähnlichkeit mit dem Hin- und Herspringen hat, hat sich wohl die Bezeichnung „surfen“ dafür herausgebildet.

28 *Scheller/Boden/Geenen/Kampermann*, Internet: Werkzeuge und Dienste, S. 262; *Tiedemann*, Internet für Juristen, S. 23.

29 *Rheingold*, Virtuelle Gemeinschaft, S. 127.

30 *Heindl/Maier*, Der Webmaster, S. 16.

31 Da das Internet dezentral aufgebaut ist und aus vielen selbständigen Computernetzen besteht, kann die tatsächliche Anzahl der vorhandenen Verbindungswege und angeschlossenen Computer gar nicht exakt ermittelt werden.

32 So die Ergebnisse der Studie „Internet Domain Survey, January 2000“ des Internet Source Consortium, vgl. http://www.isc.org/ds/WWW-200001/report.html.

33 Vgl. die Ergebnisse der 7. Erhebungswelle der Gesellschaft für Konsumforschung (GfK), online publiziert unter http://www.gfk.de/produkte/eigene-pdf/online-monitor.pdf.

34 Engl. to browse = in Büchern schmökern, blättern.

Des weiteren führen die Browser die anderen Protokolle des Internets zusammen. So erlauben sie beispielsweise, per FTP auf größere Dateien zuzugreifen und sie auf dem eigenen Computer abzuspeichern. Außerdem bieten fast alle heutigen Browser eine e-mail-Funktion an, die die Nutzung der elektronischen Post einfach und effektiv ermöglicht.

III. Zugang

Der Zugang des eigenen Computers zum Internet ist auf verschiedene Weise möglich. Zum einen gibt es feste Internetanschlüsse. In einem solchen Fall ist das Firmen- oder Universitätsnetzwerk dauerhaft über Datenleitungen mit dem Internet verbunden. Jeder dieser dadurch mit dem Internet verbundenen Computer hat dann eine eigene IP-Adresse, die jederzeit einen Datenaustausch über das Internet gestattet. Für Privatleute kostengünstiger und wesentlich häufiger anzutreffen sind dagegen sog. Dial-Up-Verbindungen. Über die Telefonleitung und mittels Modem bzw. ISDN-Adapter wird eine Datenverbindung zu einem Internet-Provider aufgenommen. Man verbindet seinen eigenen Computer mit dessen Netzwerk. Der Provider wiederum besitzt eine dauerhafte Verbindung zum Internet. Damit ist man für die Dauer der bestehenden Telefonverbindung mit dem Internet verbunden. Dem Internet-Provider zahlt man für seine Dienste ein Entgelt, das heutzutage regelmäßig auch die Telefongebühren enthält und dessen Höhe sich meistens nach der Verbindungsdauer richtet. Weitere Kosten für die Datenübertragung fallen nicht an. Es spielt im übrigen keine Rolle, ob man Daten von einem benachbarten Computer abruft oder aber mit einem Fidschi-Insulaner kommuniziert.[35] Im Internet kommt räumlichen Distanzen keine Bedeutung zu.[36]

IV. Dateiformate

Die über das Internet ausgetauschten bzw. abgerufenen Daten sind in aller Regel Computerdateien, die irgendwo auf anderen Computern, den sog. Servern lagern. Sie enthalten die unterschiedlichsten Informationen und liegen in vielen verschiedenen Dateiformaten vor.

1. HTML

Wahrscheinlich am häufigsten anzutreffen ist das HTML-Format (Hypertext Markup Language), das die Standardsprache des WWW darstellt[37]. Es ist eine Seitenbeschreibungssprache, die neben Text auch andere nicht direkt dargestellte Informationen enthält. Mittels derartiger Zusatzinformationen ist es zum einen möglich, Vorgaben für die Textgliederung einzubauen, mit deren Hilfe das Layout einer Seite festgelegt werden kann. Zum anderen können durch die Angabe von Dateiverweisen Elemente aus anderen Dateien in das darzustellende Dokument integriert werden. Der häufigste Anwendungsfall dafür dürften Grafik-Dateien sein. Diese werden dann vom Browser automatisch dazugeladen und an der vorgesehenen Stelle auf der Textseite angezeigt. Möglich ist des weiteren, Verweise auf andere Dateien, seien es nun wiederum HTML-Dokumente oder auch ganz andere Computer-Dateien, als sog. Links einzu-

---

[35] *Engel*, Das Internet und der Nationalstaat, in: Dicke (Hrsg.), Völkerrecht und Internationales Privatrecht in einem sich globalisierenden internationalen System, 353 (359).

[36] *Riefler*, Zeitungen online, S. 115.

[37] *Heindl/Meier*, Der Webmaster, S. 38; *Kronenberg*, FAQ Internet, S. 21.

betten. Diese werden dann vom Browser besonders dargestellt und können per Mausklick aufgerufen werden.

Der Browser als Steuerungsprogramm sorgt für die Darstellung der in den HTML-Dateien enthaltenen Informationen. Dabei ist es grundsätzlich unerheblich, auf welcher technischen Plattform die Informationen abgerufen werden. Es ist grundsätzlich ohne Bedeutung, ob die Daten auf einem kleinen oder aber einem großen Monitor dargestellt werden sollen. Der Vorteil von HTML ist gerade, daß der Browser die Darstellung an die jeweiligen Gegebenheiten anpassen kann.[38] Dies wiederum kann gleichzeitig ein Nachteil sein, weil man eine gedruckte Original-Vorlage in keinem Fall mit hundertprozentiger Übereinstimmung im HTML-Format abbilden kann und darüber hinaus die Konvertierung, also die Umwandlung des Original-Dokuments in eine HTML-Datei, aufwendig ist, sobald mehr als ein einfacher Fließtext dargestellt werden soll.[39]

2. PDF

PDF (Portable Document Format) ist dagegen ein Dateiformat zur Speicherung von Dokumenten, bei der das Layout des Originals plattformunabhängig gewahrt bleibt.[40] Es handelt sich dabei um ein von der Firma Adobe eingeführtes Format, das von der älteren Seitenbeschreibungssprache Postscript abstammt und von dieser ausgehend an die elektronische Publikation im Internet angepaßt und zu diesem Zweck weiter optimiert wurde. Die Seitenbeschreibungssprache Postscript wird auch heute noch im Bereich des Desktop-Publishing als Schnittstelle zwischen Erstellung und Druck von Dokumenten benutzt. Aus dieser Sprache wurden die Seitenbeschreibungselemente übernommen. Hinzugefügt dagegen wurden Hypertext-Funktionen und interaktive Elemente.[41] Das Dateiformat ist kompliziert aufgebaut und enthält verschiedene Objekte, die teilweise zur Reduzierung der Dateigröße komprimiert und mitunter sogar verschlüsselt sind. Es erlaubt durch die Einbettung der Schrifttypen eine jeweils exakte Wiedergabe auf jedem Computer bzw. daran angeschlossenem Drucker und ermöglicht eine vollständige optische Übereinstimmung mit der Vorlage.[42] Obwohl somit der Schwerpunkt der Abbildung im Layout liegt, können die PDF-Dateien dennoch Text nicht nur als bloße graphische Information, also pixelweise, sondern auch als tatsächliche Textinformation speichern. Diese wird dann verknüpft mit Parametern für die Schrift, wie beispielsweise Schrifttyp und -größe. Damit wird einerseits eine mit dem Original absolut identische Abbildung ermöglicht und andererseits die Möglichkeit geschaffen, den abgebildeten Text zu durchsuchen. Des weiteren erlaubt das PDF-Dateiformat, die Textinformationen aus den Dokumenten zu kopieren und in anderen Programmanwendungen, beispielsweise in einer Textverarbeitung weiter zu verarbeiten. Schließlich besteht mit der vorhandenen Hypertextfunktionen auch die Möglichkeit, Sprungmöglichkeiten innerhalb und auf Dokumente außerhalb der PDF-Datei einzubinden. Bestimmte Links können außerdem automatisch in einer eigenen Gliederung neben dem eigentlichen Dokument erscheinen, was neben der Sprungmöglichkeit auch eine bessere Übersichtlichkeit bietet.

---

38 *Merz*, Mit Acrobat ins World Wide Web, S. 2.

39 *Merz*, Mit Acrobat ins World Wide Web, S. 8.

40 *Merz*, Mit Acrobat ins World Wide Web, S. 8; *Herberger*, NJW 1998, 2801 (2802).

41 *Merz*, Mit Acrobat ins World Wide Web, S. 5.

42 *Merz*, Mit Acrobat ins World Wide Web, S. 41.

Speziell für die Publizierung der offiziellen Gesetz- und Verordnungsblätter, in denen Rechtsnormen veröffentlicht werden, bietet sich die Verwendung von PDF noch aus einem anderen Grund an: Die PDF-Dateien lassen sich durch eine automatische Konvertierung der Postscript-Dateien ganz leicht und ohne großen Aufwand herstellen. Da die Ausgaben der Gesetz- und Verordnungsblätter heutzutage ohnehin auf dem Computer entstehen, stellt es keinen weiteren spürbaren Aufwand dar, neben den zur Drucklegung in der Druckerei notwendigen Daten auch die PDF-Dateien zu erzeugen. Zumeist dürften wohl im Rahmen der Drucklegung ohnehin Postscript-Daten anfallen, die sich wiederum wegen der Verwandtschaft mit dem PDF-Dateiformate besonders einfach in ein im Internet zu publizierendes PDF-Dokument umwandeln lassen.[43] Es ist daher möglich, prinzipiell alle Dokumente, die am Computer entstehen und auf Papier gedruckt veröffentlicht werden sollen, ohne nennenswerten Aufwand als PDF-Dokumente auch im Internet zu publizieren.

Zur Darstellung der Informationen aus derartigen PDF-Dateien ist lediglich ein spezielles Programm erforderlich, der sog. Acrobat Reader von der Firma Adobe. Dieses Programm gibt es für die meisten Betriebssysteme und läßt sich in die beiden gebräuchlichsten Internet-Browser, den Netscape Communicator und den Microsoft Internet Explorer derart integrieren, daß die PDF-Dateien direkt über das Browser-Fenster dargestellt werden. Der Acrobat-Reader ist kostenlos erhältlich und kann im Internet von vielen Servern auf den eigenen Computer geladen werden[44]. Außerdem ist er auch auf zahlreichen CD-ROM's, die PC-Zeitschriften beiliegen, enthalten. Das Programm wurde alleine vom Web-Server der Firma Adobe bereits bis zum Sommer 1997 über 20 Millionen Mal geladen.[45] Die Integration in die Browser und die inzwischen stattgefundene allgemeine Verbreitung gestattet somit eine mit HTML-Dateien vergleichbar einfache Nutzung der PDF-Dateien.

Im Gegensatz zum HTML-Format enthält das PDF-Dateiformat aber einige Sperrmechanismen, derer sich der Urheber der jeweiligen Dokumente bedienen kann: Möglich ist die künstliche Sperrung der Druck- und Kopierfunktion, die im freien HTML-Format oder auch bei Grafikdateien nicht beeinflußt werden können. Damit ist es den Anbietern und Urhebern der PDF-Dateien möglich, die Nutzung ihrer Dokumente auf das am Computermonitor mitunter mühsame Lesen zu beschränken und beispielsweise eine weitergehende Nutzungsmöglichkeit nur gegen besonderes Entgelt anzubieten.[46]

3. Text-, Grafik- und andere Dateiformate

Schließlich existiert noch eine Vielzahl weiterer Dateiformate, die zur Darstellung der über das Internet angebotenen Informationen benutzt werden. Zur Wiedergabe von Text eignen sich im wesentlichen neben den beiden bereits beschriebenen Formaten sowohl Text- als auch

---

[43] Vgl. *Konzelmann*, JurPC Web-Dok. 51/1998, Abs. 6 für die Erzeugung der offiziellen Online-Ausgabe des Bundesgesetzblattes.

[44] So beispielsweise direkt über das Angebot der Firma Adobe unter http://www.adobe.com.

[45] So die Information von *Merz*, Mit Acrobat ins World Wide Web, S. 5.

[46] Das Abspeichern auf der eigenen Festplatte kann dagegen nicht unterbunden werden. Allerdings ist mitunter wohl eine Inkompatibilität mit dem Internet Explorer dafür verantwortlich, daß die Speicherfunktion ebenfalls gesperrt ist. Umgehen kann man diese Fehlfunktion, indem man die PDF-Datei nicht sofort aufruft, sondern sie zunächst mit Hilfe ihres Links über Drücken der rechten Maus-Taste und Auswahl des Menüpunktes „Speichern unter" direkt auf der Festplatte speichert. Vgl. dazu auch *Merz*, Mit Acrobat ins World Wide Web, S. 17.

Grafikdateiformate. Während die ersteren die Textinformationen zeichenweise mitsamt detaillierter Angaben für das Seitenlayout beinhalten, aber im Internet wegen der Vielzahl vorhandener inkompatibler Dateiformate nur selten anzutreffen sind, bilden die Grafikformate die auf Papier gedruckten Original-Vorlagen als Rasterbilder pixelweise ab. Dadurch wird zwar eine vollständige optische Übereinstimmung mit dem gedruckten Original erreicht. Verloren gehen dabei aber im Gegensatz zum PDF-Dateiformat die textlichen Informationen, weshalb sich die optisch dargestellten Inhalte weder durchsuchen lassen noch aber in eine Textverarbeitung zur Weiterverarbeitung importieren lassen. Grafikdateiformate eignen sich in besonderer Weise für die nachträgliche Erfassung von ursprünglich nur auf Papier erschienenen Gesetz- und Verordnungsblättern. Da sich der optische Scanvorgang weitestgehend automatisieren läßt, kann der Aufwand der nachträglichen elektronischen Erfassung gering gehalten werden. Gleichzeitig ist aber die absolute Übereinstimmung mit den originalen, auf Papier gedruckten Dokumenten gewährleistet, da die Informationen optisch eins zu eins erfaßt werden und sich dabei Fehler im Gegensatz zur nachträglichen Texterkennung mittels entsprechender Software nicht einschleichen können.

Schließlich gibt es daneben eine große Vielzahl von weiteren Dateiformaten, mittels derer sich nicht nur schlichter Text, sondern auch bewegte Bilder und Töne jeglicher Art über das Internet transportieren lassen. Ihre Bedeutung dürfte zwar allgemein immer weiter zunehmen; im Rahmen der zu untersuchenden Publizität von Rechtsnormen sind sie ohne jede Relevanz und können vernachlässigt werden.

V. Verbreitung und Eignung des Internets als Publikationsmedium

Das Internet hat in den letzten Jahren ein starkes Wachstum erfahren. Es ist nicht nur die absolute Zahl der Internetanschlüsse angestiegen, sondern auch das Angebot an Informationen und möglichen Interaktionen. Inzwischen gibt es nicht nur die klassische Server-Client-Beziehung, bei der ein Computer (Client) statische Dateien bei einem anderen Computer (Server) abruft, sondern es haben sich zahlreiche Anwendungen ergeben, bei denen variable Informationen in beide Richtungen ausgetauscht werden.[47] Das Stichwort „e-commerce" ist in aller Munde, und dem elektronischen Handel wird eine große Zukunft prophezeit. Schon heute ist es möglich, seine Bank- und Börsengeschäfte komfortabel über das Internet abzuwickeln, Reisen zu buchen, in virtuellen Kaufhäusern einzukaufen und an weltweiten Auktionen teilzunehmen. Des weiteren kann über das Internet telefoniert werden, es können Videokonferenzen abgehalten werden und Kameras oder andere technische Gegenstände ferngesteuert werden.

Trotz dieser neuen Möglichkeiten ist dennoch das Abrufen von vorwiegend auf Text basierenden Informationen ohne Interaktion nach wie vor eine weitverbreitete Anwendungsform. Es gibt beispielsweise eine große Anzahl von Tageszeitungen, die ihre tägliche Ausgaben wenigstens teilweise über das Internet publizieren.[48] Der Vorteil einer derartigen Veröffentlichung liegt auf der Hand. Während die Gestaltungsmöglichkeiten wegen der unproblematisch möglichen Kombination von Text und Fotos ergänzt von zahlreichen anderen Mehrwertfunktionen, wie Hypertext und der Präsentation multimedialer Elemente, jedenfalls der herkömm-

---

[47] Dazu *Marschall*, Publizistik 42 (1997), 304 (312); *Riefler*, Zeitungen Online, S. 116.

[48] Vgl. dazu *Riefler*, Zeitungen online, S. 109 ff.

lich auf Papier gedruckten Version in nichts nachstehen dürften, entfällt für das Internetangebot die Notwendigkeit, jede einzelne Seite für jeden einzelnen Leser auf herkömmliche Art und Weise auf Papier zu drucken. Auch die Zustellung per Zeitungsboten oder Post entfällt. Notwendig für die Online-Publikation ist lediglich der Anschluß des Servers an das Internet, womit dann schon theoretisch jeder Interessierte auf der ganzen Welt, der ebenfalls über einen Internetanschluß verfügt, Leser dieser Zeitung werden kann. Diese Besonderheit macht sich auch finanziell bemerkbar: Die Distributionskosten im Internet werden allgemein sowohl für die individuelle als auch die massenweise Verbreitung von Daten als vernachlässigbar eingeschätzt.[49]

Auf diese Weise können die Leser preisgünstig[50] und vor allem sehr zeitnah erreicht werden. Daher ist es nicht verwunderlich, daß die Ausgaben einiger Tageszeitungen schon am Abend im Internet zu lesen sind,[51] während die gedruckten Exemplare erst am nächsten Morgen ihre Leser erreichen. Einige Zeitschriften erscheinen im übrigen ausschließlich im Internet und sind gar nicht in einer Printversion erhältlich.[52]

Für die Veröffentlichung von Rechtsnormen bietet sich das Internet aus verschiedenen Gründen ganz besonders an. Im Gegensatz zu anderen Publikationen erwartet bei einem solchen Informationsangebot kein Interessent eine durch üppiges Layout durchgestylte und aufwendige Darstellung. Die Rechtstexte müssen daher nicht aufwendig aufbereitet werden. Sie dürften zudem – soweit die Publikation durch den Staat erfolgt – meist ohnehin schon in elektronischer Form zur Verfügung stehen[53] und zu ihrer Publikation im Internet lediglich einer unwesentlichen Bearbeitung bedürfen. Dies hat seinen Grund zum einen darin, daß die Gesetzgeber aufgrund von gesetzlichen Vorgaben[54] beschlossene Gesetze und Rechtsverordnungen vor deren Wirksamwerden schriftlich in den sog. Verkündungsblättern veröffentlichen müssen und dies heutzutage ohne die Unterstützung von Computern gar nicht können.[55] Die für eine Veröffentlichung im Internet notwendigen Daten werden daher ganz unabhängig von einer Online-Publikation erzeugt. Zum anderen bedient sich auch der Staat selbst als Gesetzgeber, also Urheber sämtlicher Rechtsnormen, der elektronischen Unterstützung bei deren Archivierung, um auf diese Weise einen Überblick über die eigene Gesetzgebungstätigkeit zu behalten

---

49 *Burkert*, Wieviel Information gebührt dem Bürger, S. 308; *Stöhr*, NJW 1999, 1440 (1441); *Bleuel*, Online Publizieren im Internet, S. 42; *Marschall*, Publizistik 42 (1997), 304 (312).

50 *Burkert*, Wieviel Information gebührt dem Bürger, S. 308; *Bleuel*, Online Publizieren im Internet, S. 42; *Engel*, Das Internet und der Nationalstaat, in: Dicke (Hrsg.), Völkerrecht und Internationales Privatrecht in einem sich globalisierenden internationalen System, 353 (359).

51 So bspw. die Ausgabe der Süddeutschen Zeitung unter http://www.sueddeutsche.de und die der Zeitung Die Welt, die zu erreichen ist unter http://www.welt.de.

52 So wird beispielsweise die juristische Fachzeitschrift JurPC, die bis 1996 ganz konventionell als gedruckte Zeitschrift erschien, ausschließlich elektronisch publiziert. Vornehmlich Fachzeitschriften auf dem Computersektor sind teilweise nie in gedruckten Ausgaben erschienen, sondern wurden von Beginn an nur über das Internet verbreitet.

53 *Berkemann*, Freies Recht für freie Bürger, JurPC Web-Dok. 188/1999, Abs. 7; *derselbe*, Ignorantia juris nocet, in: *Herberger/Berkemann* (Hrsg.), Standort juris, S. 111.

54 Für Bundesgesetze gilt Art. 82 Abs. 1 GG.

55 Vgl *Konzelmann*, JurPC Web-Dok. 51/1998, Abs. 6 für die Herstellung der Online-Ausgaben des BGBl.

und die für die vewaltungsinterne Vollzugsarbeit notwendigen Gesezesinformationen bereitzustellen.[56]

Dürfte also die Bereitstellung der Gesetzestexte im Internet mit nur wenig Aufwand verbunden sein, so könnte diesem aber ein außergewöhnlich hoher Nutzen gegenüberstehen: Durch die Zurverfügungstellung derartiger Daten im Internet wird jedenfalls theoretisch auf einen Schlag in Deutschland in der heutigen Zeit ein Adressatenkreis von schätzungsweise über 24 Millionen[57] Bürgern erreicht, somit bereits ein Viertel aller Deutschen. Diese Zahl dürfte aufgrund des weiterhin zu beobachtenden Wachstums des Internet weiter stark ansteigen.[58] Es liegt in der Natur der Sache, daß Rechtsnormen, die sich an einen allgemeinen Adressatenkreis richten, auf möglichst breiter Basis zur Kenntnis genommen werden sollen. Nur dann ist ihr ordnungsgemäßer Vollzug sicherzustellen; denn Rechtsregeln können nur schlecht Beachtung finden, wenn sie niemandem bekannt sind.[59] Durch die Publikation im Internet könnte bereits ein Großteil der Gesetzesadressaten über sämtliche gültigen Rechtsnormen tatsächlich informiert werden. Es stellt im übrigen prinzipiell auch keine technische Hürde dar, diese große Menge an Adressaten tatsächlich auch mit den entsprechenden Informationen über das Internet zu versorgen. Dies auf herkömmlichen Wege über auf Papier gedruckte Informationen zu erreichen, dürfte wegen des im Vergleich zur Online-Publikation notwendigen höheren Aufwands ungleich schwieriger sein. Letztlich kommen die Bürger dem Staat bei einer derartigen Informationsvermittlung dadurch, daß sie auf eigene Kosten selbst für den Zugang zum Internet zu sorgen haben, auf halbem Wege entgegen. Als Anbieter von Informationen hat der Staat lediglich für seinen eigenen Internetanschluß zu sorgen, der ihm dann sozusagen „frei Haus" gleich die Verbindung zum einzelnen Bürger vermittelt. Der Aufwand für den Staat, seine Bürger zu erreichen, wird damit im Vergleich zur inhaltlich vergleichbaren Informationsvermittlung durch das gedruckte Wort erheblich verringert. Aber gerade auch für die Empfänger der Informationen dürfte diese Art der Publikation prinzipielle Vorteile bieten: Der einzelne Bürger ist nun nicht mehr gezwungen, sich für den Fall, daß er sich authentische Informationen über Rechtsnormen direkt vom Staat als deren Erzeuger beschaffen möchte, entsprechende offizielle Druckwerke, wie beispielsweise das Bundesgesetzblatt, über den Postweg zusenden zu lassen oder diese Druckschriften in öffentlichen Bibliotheken vor Ort einzusehen. Da räumliche Entfernungen, aber auch beschränkende Faktoren wie Zeit und Informationsmenge im Internet nicht existieren bzw. ihnen keinerlei Bedeutung zukommt[60], kann je-

---

[56] Vgl. dazu *Berkemann*, Ignorantia juris nocet, S. 111. In Brandenburg existierte bspw. schon seit Jahren im internen Computernetzwerk der Landesregierung eine elektronische Datenbank mit dem gesamten Landesrecht in einer konsolidierter Fassung. Für das nun über das Internet jedermann zugängliche Informationssystem wurden genau diese Daten übernommen. Ganz ähnlich verhält es sich beispielsweise auch in Schleswig-Holstein.

[57] Vgl. zu der Zahl der deutschen Internet-Benutzer die 7. Erhebungswelle der Gesellschaft für Konsumforschung (GfK), http://www.gfk.de/produkte/eigene-pdf/online-monitor.pdf.

[58] Ältere Studien sahen die Zahl von 17 Millionen Benutzern erst im Jahr 2001 erreicht, siehe Nachweis bei *Kronenberg*, FAQ Internet, S. 699.

[59] *Wittling*, Die Publikation der Rechtsnormen, S. 22 ff; *Berkemann*, Ignorantia juris nocet, S. 88, 103 f.; *derselbe*, JurPC 1996, 208 (213); *Uhlig*, Rechtsinformationssystem im Rechtsstaat, in: Steinmüller (Hrsg.), Informationsrecht und Informationspolitik, 25 (26); *Hill*, DÖV 1988, 666 (669).

[60] *Riefler*, Zeitungen online, S. 115; *Roßnagel*, Möglichkeiten für Transparenz und Öffentlichkeit, in: Hoffmann-Riem/Schmidt-Aßman (Hrsg.) Verwaltungsrecht in der Informationsgesellschaft, 257 (300); *Engel*, Das Internet und der Nationalstaat, in: Dicke (Hrsg.), Völkerrecht und Internationales Privatrecht in einem sich globalisierenden internationalen System, 353 (356 ff.).

der die gewünschten Informationen direkt vom Schreibtisch oder von anderswo abrufen. Die bislang zwischen Staat und Bürger bestehende räumliche Distanz kann mit Hilfe des Internets überbrückt werden.

Ein weiterer Vorteil des Internets als Transportmedium für Textinformationen ist seine Geschwindigkeit. Die abgerufenen Informationen sind von einer auf die andere Sekunde auf dem eigenen Computer verfügbar. Dazu kommt, daß elektronische Medien insgesamt aktueller als Printmedien sind,[61] weil die mitunter zeitaufwendigen Prozesse der Vervielfältigung und des individuellen Versands auf klassischen Distributionswegen entfallen. Aus diesem Grund ist die elektronische Publikation via Internet geradezu prädestiniert für die Bekanntmachung der häufig ergehenden Gesetzesänderungen, die aufgrund der heutzutage überwiegend praktizierten Gesetzgebungstechnik in der Regel nur punktuell ergehen. Diese können ohne zeitlichen Verzug dem Bürger sofort bekanntgegeben werden.

Die elektronische Publikation von Informationen über das Internet ist der mittels des klassischen Buchdrucks außerdem in einem weiteren Punkt überlegen: elektronische Datenbanken besitzen ein schier unbegrenztes Fassungsvermögen.[62] Dadurch wird es möglich, jedem einzelnen Nutzer des Internets eine große Fülle an Informationen bereitzustellen, die bislang praktisch nur in großen Bibliotheken vorgehalten werden konnte. Gleichzeitig erlauben elektronische Recherchemöglichkeiten, den Überblick über die Fülle der Informationen zu behalten. Während auf Papier gedruckte Informationen im wesentlichen lediglich über einfache Inhalts-, Sach- und Stichwortverzeichnisse leichter zugänglich gemacht werden können, gestattet die elektronische Datenverarbeitung mittels aufwendiger Suchfunktionen, die beispielsweise Volltextrecherchen und logische Verknüpfungen verschiedenster Suchbegriffe ermöglichen, eine ungleich effizientere Navigation durch die Fülle des Angebots.[63] Dazu kommt, daß es bei Benutzung der Hypertextfunktionen möglich werden könnte, einfach per Mausklick komplizierten Rechtsnormketten nachzugehen. Dies sind weitere Vorzüge, die es dem einzelnen im Vergleich zur Informationsmöglichkeit über den klassischen Buchdruck leichter machen könnten, den Überblick über die immer weiter zunehmende Fülle geltender Rechtsnormen zu behalten bzw. sich bei Bedarf recht schnell innerhalb der zahlreichen Rechtsnormen zu orientieren[64]. Im übrigen sind elektronische Publikationen zumeist nicht an die engen Grenzen des Mediums Papier gebunden: Der Bürger kann sich durch eine gezielte vorangehende Recherche die Informationen, die er benötigt, aussuchen und kann sich genau diese auf seinen eigenen Rechner laden. Er erhält auf diese Weise Zugriff auf eine Vielzahl von Informationen, wird aber andererseits nicht mit für ihn überflüssigen Informationen überhäuft, derer er sich nicht erwehren kann. Dies erlaubt ihm ein selbstverantwortliches Informationsverhalten.

---

[61] *Riefler*, Zeitungen Online, S. 115; *Stöhr/Tolzmann*, Juris – ein Kind des Bundesministeriums der Justiz, in: Herberger/Berkemann (Hrsg.), Standort juris, S. 28.

[62] *Brunn*, Rückwärtsfahren auf der Datenautobahn, in: Dernbach (Hrsg.), Pulizistik im vernetzten Zeitalter, 137 (137); *Käfer*, juris auf dem Weg ins neue Jahrtausend, in: *Herberger/Berkemann* (Hrsg.), Standort juris, S. 68.

[63] Vgl. dazu auch *Flück*, Die Rechtsdatenbank im Staatsgefüge, in: Festschrift für Eichenberger, 693 (696 f.).

[64] *Käfer*, juris auf dem Weg ins neue Jahrtausend, in: *Herberger/Berkemann* (Hrsg.), Standort juris, S. 67 f.; ähnlich, wenn auch allgemeiner *Enquete-Kommission*, Deutschlands Weg in die Informationsgesellschaft, S. 180.

Mit dem Internet erhält der Staat somit die Möglichkeit, seine Bürger schnell, umfassend und unmittelbar selbst über die Ergebnisse seiner gesetzgeberischen Tätigkeit zu unterrichten.[65]

Die elektronische Publikation über das Internet ist aber auch nicht ganz ohne Nachteile: Derartig vermittelte Informationen sind für den Leser nicht unmittelbar erfaßbar. Während der Inhalt eines Buches von jedem, der Lesen kann, ohne weitere Hilfsmittel erschlossen werden kann, bedarf es bei elektronisch vermittelten Informationen immer des Einsatzes von Computern, deren Benutzung nicht nur gewisse Kenntnisse bedingt, sondern oftmals auch einen nicht unerheblichen finanziellen Aufwand erfordert, den es zunächst zu überwinden gilt. Die große Zahl derer, die schon heute das Internet regelmäßig benutzen, zeigt aber, daß diese Anwendungshürden praktisch nicht weiter ins Gewicht fallen und sich in Zukunft mit der zu vermutenden weiter ansteigenden Zahl der Internetbenutzer weiter reduzieren werden.

Schließlich bedeuten die zwangsläufig immer notwendigen technischen Hilfsmittel zur Speicherung und Darstellung der physisch nicht unmittelbar wahrnehmbaren Informationen einen weiteren potentiellen Nachteil: Elektronische Informationen sind vergänglich. Während auf Papier gedruckte Informationen ohne Probleme einen sehr großen Zeitraum ohne größere Verluste überstehen können und auch im Fall von physischen Beschädigungen ohne große Schwierigkeiten restauriert werden können, gilt das für digitalisierte Informationen nicht unbedingt in gleicher Weise. Die digitalen Datenträger eignen sich mitunter nicht nur deshalb nicht zur dauerhaften Aufbewahrung, weil die darauf enthaltenen Daten durch physische Abnutzung und chemische Umwandlungsprozesse innerhalb eines überschaubaren Zeitraums endgültig verloren gehen können, sondern auch, weil die immer weiter fortschreitende technologische Entwicklung zu Inkompatibilitäten führt, die eine Benutzung alter Datenträger zur unlösbaren Aufgabe werden läßt.[66] Dies allerdings sind Nachteile, die letztlich sogar vollständig dadurch kompensiert werden können, daß die einmal elektronisch erfaßten Daten regelmäßig auf neuen Datenträgern gesichert und an neue Dateiformate angepaßt werden.[67] Die besondere Eignung des Internets zur Publikation von Rechtsnormen wird von diesen Nachteilen nicht in Frage gestellt.

Ob der Staat überhaupt Gesetzestexte über das Internet publiziert, in welchem Umfang er dies tut und wie der elektronische Zugang zu den Rechtsnormtexten konkret ausgestaltet ist, kann nicht einheitlich beantwortet werden, wie die folgende Bestandsaufnahme zeigt.

§ 2 Angebot an Rechtsnormen im Internet

Das Angebot an im Internet publizierten Rechtsnormen ist insgesamt groß und letztlich nicht zu überschauen. Des weiteren ändert es sich täglich. Das liegt zum einen an der bisweilen als „Wegwerfgesetzgebung"[68] bezeichneten Tätigkeit der Normsetzer, die die absolute Zahl der Rechtsnormen immer weiter ansteigen läßt, und zum anderen an der allgemeinen Entwick-

---

[65] Vgl. auch *Enquete-Kommission*, Deutschlands Weg in die Informationsgesellschaft, S. 180.

[66] Vgl. dazu *Kafsack*, FAZ v. 30.07.01, S. 9.

[67] Vgl. ebenfalls *Kafsack*, FAZ v. 30.07.01, S. 9.

[68] So ausdrücklich *Merten*, Gesetzeswahrheit und Titelklarheit, in: Festgabe zum 10jährigen Jubiläum der Gesellschaft für Rechtspolitik, 295 (314); bei *Tomuschat*, Normenpublizität und Normenklarheit, in: Europäische Gerichtsbarkeit und nationale Verfassungsgerichtsbarkeit, S. 469 als „Normenspringflut" bezeichnet und bei *Simitis*, Informationskrise des Rechts und Datenverarbeitung, S. 12 als „Normenlawine".

lungsdynamik des Internets. Die derzeitige Publizität von Rechtsnormen im Internet läßt sich daher praktisch nicht erfassen. Die folgende Darstellung ist somit eine nur unvollständige Momentaufnahme und vermutlich bald schon überholt.[69]

Das Angebot an Rechtsnormen im Internet insgesamt läßt sich einmal grob einteilen in staatliche oder jedenfalls von öffentlichen Institutionen gesteuerte bzw. veranlaßte Angebote auf der einen und gänzlich private Offerten auf der anderen Seite. Außerdem läßt sich hinsichtlich der Darstellungsform differenzieren zwischen der einfachen Publikation der Gesetzblätter mit den darin enthaltenen Originaltexten der erlassenen Gesetze und den aus diesen Texten gewonnenen Konsolidierungen.[70] Der größte Teil[71] der nach erfolgreichem Durchlaufen des Gesetzgebungsverfahrens entstandenen Gesetze enthält nämlich lediglich mehr oder weniger umfangreiche Änderungsbefehle, mit denen bereits bestehende Gesetze in ihrem Wortlaut geändert werden.[72] Diese Gesetze sind aus sich heraus in der Regel nicht verständlich, sondern erst im Zusammenhang mit den von ihnen betroffenen Rechtsnormen.[73] Einen einfachen und vor allem vollständigen Überblick über das gesamte geltende Gesetz bieten nur konsolidierte Textfassungen, in die die Änderungsbefehle eingearbeitet worden sind. Stehen sie nicht zur Verfügung, müssen theoretisch ab der Verkündung des Stammgesetzes sämtliche Ausgaben der Gesetzblätter auf eventuelle Gesetzesänderungen hin überprüft werden, um die tatsächlich geltende Fassung in ihrem ganzen Umfang zu ermitteln.

Auf der anderen Seite bieten auch die in der Regel kürzeren Änderungsgesetze Vorteile: Sie lassen anhand der entsprechenden Änderungsbefehle leicht erkennen, welche Änderungen denn genau erfolgen. Gerade wer die im Laufe der Zeit ergangenen Gesetzesänderungen nachvollziehen möchte, kann mit Hilfe der in den Verkündungsblättern publizierten Änderungsgesetzen leicht herausarbeiten, wie und an welchen Stellen sich ein Gesetz mit der Zeit verändert hat.[74] Erginge für jede Änderung ein komplett neues Stammgesetz, das an die Stelle des bislang geltenden Gesetzes träte, müßte jedesmal mühsam eine Synopse erstellt werden, um sich einen Überblick über die entstandenen Veränderungen zu verschaffen.[75]

Beide Veröffentlichungsformen – konsolidierter Text und einfacher Text des Änderungsgesetzes – weisen noch einen weiteren Unterschied auf: Die Authenzität des Verkündungsblatts und der konsolidierten Sammlung ist nicht gleich zu beurteilen. Zwar dürfte im Internet kein Angebot absolute Gewähr für die Richtigkeit seines Inhalts bieten. Im Gegenteil wird statt dessen vielerorts explizit auf die Unverbindlichkeit des elektronischen Angebots und die ausschließliche Verbindlichkeit der schriftlichen Ausgaben der Verkündungsblätter hingewiesen.[76] Dennoch bieten Veröffentlichungen der Gesetzblätter jedenfalls faktisch eine höhere

---

69 Sie befindet sich insgesamt auf dem Stand von August 2001.

70 *Herberger*, NJW 1998, 2801 (2802).

71 *Ellwein*, DVBl. 1984, 255 (259) gibt für die Bundesgesetze einen Anteil von 90 % an.

72 *Bundesministerium der Justiz (Hrsg.)*, Handbuch der Rechtsförmlichkeit, Rn. 331, *Schulze-Fielitz*, Theorie und Praxis parlamentarischer Gesetzgebung, S. 52; *Stöhr*, NJW 1999, 1440 (1442).

73 Auf diese Weise können die mit Gesetzesänderungen einhergehenden Verschlechterungen der Rechtslage möglicherweise sogar verschleiert werden.

74 *Herberger*, JurPC 1992, 1811 (1811).

75 In der Praxis werden für jedes Gesetzesvorhaben die Vor- und Nachteile der möglichen Änderungstechnik gegeneinander abgewogen, vgl dazu *Bundesministerium der Justiz (Hrsg.)*, Handbuch der Rechtsförmlichkeit, Rn. 341 ff.

76 Vgl. nur die Hinweise der Hessischen Staatskanzlei für das von ihr angebotene Informationsangebot unter http://www.hessen.de/gvbl/gesetze/Landesgesetze/hinweise1.htm.

Gewähr für die Fehlerfreiheit, da sie doch meist eins zu eins von den elektronischen Druckvorlagen für die originalen Printausgaben übernommen und für die elektronische Publikation automatisch aufbereitet werden. Fehler können sich auf diese Weise praktisch kaum einschleichen. Mögliche Unstimmigkeiten dürften rein theoretisch einzig dadurch entstehen, daß auf den nach der Belichtung der elektronischen Druckformatvorlagen hergestellten Folien oder Filmen per Hand durch Überkleben oder Ausradieren allerletzte Änderungen vorgenommen werden.[77] Dies dürfte aber die absolute Ausnahme darstellen und bedeutend seltener vorkommen als menschliche Fehler bei der mitunter aufwendigen und komplizierten Konsolidierungsarbeit.

Besondere Aufmerksamkeit bei der Bestandsaufnahme wird dem Angebot der öffentlichen Hand gewidmet. Für den Suchenden ist es zwar im Ergebnis belanglos, von wem er den Gesetzestext erhält, vorausgesetzt er erhält den aktuellen und korrekten Normtext. Rechtliche Relevanz und möglicherweise Brisanz besitzt aber nur das staatliche Angebot, weil nur dieses vielfältigen öffentlich-rechtlichen Bindungen unterliegt.

I. Bundesrecht

Das Bundesrecht ist insgesamt gut und ausführlich im Internet publiziert, wenngleich die Konditionen der Angebote durchaus unterschiedlich sind.

1. Bundesanzeiger Verlagsgesellschaft mbH

Zunächst ist das Angebot der Bundesanzeiger Verlagsgesellschaft mbH zu nennen, einer juristischen Person des Privatrechts, die zu über einem Drittel im Besitz des Bundes steht[78] und somit durchaus zum staatlich gesteuerten Bereich zu zählen ist.[79] Durch den Internetauftritt des Verlags will das Bundesjustizministerium als Herausgeber des Bundesgesetzblattes nach eigener Darstellung den Zugang zu den Inhalten des BGBl. verbessern.[80]

Die Seiten des Online-Auftritts des Verlags sind über verschiedene Adressen zu erreichen.[81] Dort wird unter anderem der Inhalt des Bundesgesetzblattes Teil I veröffentlicht. Der dokumentierte Zeitraum reicht zurück bis zum 7.1.1998 und umfaßt von da an alle Ausgaben bis zur aktuellsten, die jeweils sehr zeitnah zur Verfügung steht[82]. Die Ausgaben des Bundesgesetzblattes stehen als Faksimile im PDF-Dateiformat zur Verfügung. Die Druck- und Ent-

---

77 *Konzelmann*, JurPC Web-Dok. 51/1998, Abs. 6.

78 Während der Bund am Stammkapital der Gesellschaft bislang zu 70 % beteiligt war (vgl. dazu *Bundesministerium der Finanzen*, Beteiligungsbericht 1995, S. 211). hat er sich 1998 von weiteren Anteilen getrennt und hält nunmehr 35,1 % der Anteile (vgl. *Bundesministerium der Finanzen*, Beteiligungsbericht 1995, Bonn 1999, S. 184).

79 Dies gilt nicht nur aufgrund der Beteiligung des Bundes an der Verlagsgesellschaft, sondern vor allem aufgrund seiner Eigenschaft als Herausgeber des Bundesgesetzblattes. Die Bereitstellung des Online-Angebotes durch den Bundesanzeiger-Verlag erfolgt im übrigen im Aufrag des Bundesjustizministeriums, das eine detaillierte Vereinbarung über den Druck und Vertrieb mit dem Verlag getroffen hat. Vgl. dazu *Konzelmann*, JurPC Web-Dok. 51/1998, Abs. 8.

80 Ausdrückliche Verlagsinformation auf der Seite http://www.bundesanzeiger.de/bgbl1f/bgblinfo.htm.

81 Zu finden ist es unter http://www.bundesanzeiger.de bzw. http://www.bgbl.de und http://www.bundesgesetzblatt.de.

82 Ganz offensichtlich wird die jeweilige Ausgabe bereits am Ausgabetag im Internet bereitgestellt!

nahmefunktionen sind dabei gesperrt[83]. In der zugangsfreien Version ist das Bundesgesetzblatt somit nur am Bildschirm zu lesen. Gänzlich fehlen außerdem Recherchemöglichkeiten. Vorhanden ist lediglich das Inhaltsverzeichnis der jeweiligen ersten Seite einer jeden Bundesgesetzblatt-Ausgabe. Die dort aufgeführten Veröffentlichungen sind aber nicht innerhalb der PDF-Datei indiziert, so daß ein direktes Aufrufen der Textstellen nicht möglich ist. Dies ist immerhin mit Hilfe der internen Suchfunktion des Acrobat-Readers wenigstens teilweise zu kompensieren. Damit ist es möglich, nach bestimmten Wörtern innerhalb des Dokuments zu suchen. Diese Recherchefunktion bieten PDF-Dokumente standardmäßig, soweit ihre Textinhalte nicht lediglich optisch gescannt sind, sondern ein Abbild der PostScript-Befehle darstellen[84], die für den Belichtungs- und Druckvorgang der Printausgabe des Bundesgesetzblattes benötigt werden. Weil diese auch die Textinformationen enthalten, kann daher der gesamte Volltext durchsucht werden. Theoretisch besteht auch die Möglichkeit, den Text samt Tabellen oder anderen Grafiken aus den Dokumenten heraus zu kopieren und in andere Programme wie z.B. eine Textverarbeitung zu übernehmen. Es verwundert aber nicht allzu sehr, daß auch diese vom Acrobat-Dateiformat theoretisch unterstützte Funktion gesperrt ist.

Diese „Mehrwert-Funktionen" stehen einem nur dann zur Verfügung, wenn man sich in den Kreis der zahlenden Abonnenten aufnehmen läßt. Ein Jahresabonnement beläuft sich dabei z.Zt. auf 264 DM.[85] In einem solchen Fall kann man online Zugriff auf sämtliche Bundesgesetzblattausgaben des laufenden Jahres nehmen.[86] Aus diesen Dokumenten können dann auch Text und Grafiken entnommen und für eigene Zwecke abgespeichert werden. Schließlich erhält der Abonnent nach Ablauf eines jeden Jahres eine CD-ROM, auf der sämtliche Ausgaben des BGBl. I gespeichert sind. Der Online-Zugriff ist dann nicht mehr möglich, aber wohl auch nicht mehr nötig. Ausgaben vergangener Jahre scheinen sich aber nicht auf den Datenträgern zu befinden, obwohl eine CD-ROM durchaus Platz für mehrere Jahrgänge bietet.

2. Juristisches Internet Projekt der Universität Saarbrücken

Eine sehr umfangreiche Dokumentation des Bundesgesetzblattes Teil I bietet die Universität Saarbrücken an, noch dazu völlig kostenlos.[87] In einem arbeitsaufwendigem Projekt sind sämtliche Ausgaben des BGBl. I und II aus dem Zeitraum 1990-97 als HTML-Dateien erfaßt und aufbereitet worden. Fortgeführt wird dieses Projekt allerdings nicht mehr.

Sämtliche Ausgaben des bearbeiteten Zeitraums können durch Eingabe des Jahres und der Seitenzahl direkt aufgeschlagen werden. Darüber hinaus erlaubt eine Volltextsuche, den gesamten Datenbestand zu durchsuchen. Schließlich existiert eine systematische Gliederung des

---

[83] Das PDF-Format gestattet bei der Erstellung der Dateien, gewisse Sperrmechanismen einzubauen, die die Lesesoftware dazu veranlssen, die Benutzbarkeit entsprechend einzuschränken. Wer die Möglichkeit vermißt, die PDF-Dokumente auf der Festplatte abspeichern können, unterliegt allerdings nicht den aktivierten künstlichen Sperren, sondern einer Unverträglichkeit der Acrobat-Software mit dem Internet Explorer. Die Dateien lassen sich jedoch ganz normal speichern, wenn sie nicht gleich per Mausklick im Fenster direkt geöffnet werden, sondern zunächst über die Browser-Funktion auf der Festplatte abgelegt werden. Von da aus lassen sie sich dann jederzeit öffnen.

[84] *Konzelmann*, JurPC Web-Dok. 51/1998, Abs. 6.

[85] Stand August 2000, vgl. nähere Information http://www.bundesanzeiger.de/bgbl1.htm.

[86] Nur der Vollständigkeit halber sei erwähnt, daß der regelmäßige Bezug der herkömmlichen Papierausgaben per Post sich nur auf 176 DM beläuft. In diesem Betrag sind die Kosten für den Versand bereits enthalten.

[87] http://www.jura.uni-sb.de/BGBl/einstieg.html.

Bundesrechts, mit deren Hilfe einzelne Stammgesetze und zwischen 1990 und 1997 ergangene Änderungen leicht aufgefunden werden können.

Verweise innerhalb der Texte auf Veröffentlichungen im BGBl. I oder II sind mit einem Link versehen, so daß mittels einfachen Mausklicks die entsprechenden Seiten sofort aufgeschlagen werden können. Verweise auf Ausgaben des BGBl. vor 1990 sind zwar ebenfalls mit Links ausgestattet. Diese führen zu Dokumenten der makrolog-GmbH, die an dem Projekt der Universität Saarbrücken beteiligt war. Während auf diese Weise lange Zeit tatsächlich sämtliche Ausgaben des BGBl. von 1949 an kostenlos als Faksimile von diesem Unternehmen angeboten wurden und durch einfachen Mausklick von den Seiten der Uni Saarbrücken zu erreichen waren, ist dies allerdings seit Mai 2001 nicht mehr möglich.[88]

3. Parlamentsspiegel

Schließlich ist das Bundesgesetzblatt Teil I auch auf den Seiten des Parlamentsspiegels[89] ab 1980 komplett erfaßt und kostenlos als Faksimilie abrufbar.

Es handelt sich bei dem Parlamentsspiegel um eine gemeinsame Initiative aller sechzehn Länderparlamente. Das Angebot ist zwar noch im Aufbau befindlich, aber schon jetzt wegen seines Umfangs beeindruckend. Es enthält neben den Parlamentsdrucksachen und Plenarprotokollen auch die Gesetzblätter aller Bundesländer und eben auch das Bundesgesetzblatt Teil I. Einige Gesetzblätter sind bereits vollständig von ihrer ersten Ausgabe an erfaßt.[90] Zum größten Teil allerdings befindet sich das Angebot noch im Aufbau und ist im ganzen rückwirkend erst bis 1994 dokumentiert.[91] Geplant ist aber, eine lückenlose Dokumentation aufzubauen.[92] Die Benutzung ist gänzlich kostenlos und für jedermann ohne Anmeldung möglich.

Die Gesetzblätter sind jeweils über das Jahr und die Ausgabenummer abrufbar. Daneben existiert eine Suchmaschine, mittels derer das Auffinden bestimmter Dokumente vereinfacht werden soll, was aber gerade im Hinblick auf die Gesetzblätter nicht immer gelingt. Im wesentlichen dürfte man darauf angewiesen sein, die genaue Fundstelle der gesuchten Rechtsnormen in den jeweiligen Gesetzblättern zu kennen, wobei für ein schnelles Auffinden die Kenntnis der konkreten Ausgabenummer und nicht nur die genaue Seitenzahl notwendig ist.

Sämtliche Ausgaben liegen allerdings nur als einfache graphische Kopien der originalen Papierfassung vor, weshalb eine Entnahme der Texte nicht möglich ist.[93] Dafür weisen die Dokumente, die größtenteils als PDF-Dateien vorliegen[94], anders als bspw. die über den Bundes-

---

88 Kostenlos vorgehalten werden nur noch die Ausgaben der letzten drei Jahre, weshalb im Ergebnis sämtliche Links, die in den Dateien der Uni Saarbrücken auf die Seiten der makrolog-GmbH verweisen, nur für deren zahlende Kunden nützlich sind.

89 http://www.parlamentsspiegel.de.

90 So ist wohl das GVBl. NW mit all seinen Ausgaben vorhanden.

91 Stand Mai 2001.

92 So die Informationen auf der Eingangsseite des Angebots.

93 Dies dürfte auch der Grund dafür sein, daß die Suchfunktion keine Volltextsuche bietet und vermutlich nur selten die gewünschten Ergebnisse präsentieren kann. Um an die gewünschten Informationen heranzu kommen, ist daher wohl unverzichtbar, die genaue Fundstelle zu kennen.

94 Tatsächlich werden die Dokumente wohl im TIF-Format abgespeichert, weil dieses Dateiformat sehr einfach aufgebaut ist und wohl noch in vielen Jahren ohne Kompatibilitätsprobleme benutzt werden kann. Im Moment des Abrufs durch den Benutzer werden die Dateien allerdings in das PDF-Format umgewandelt,

anzeiger-Verlag frei zugänglichen Ausgaben keine künstlichen Sperren auf und sind daher ausdruckbar.

4. Juris GmbH

Daneben läßt sich das Bundesrecht auch in konsolidierter Form über das Internet abrufen. Die Juris GmbH[95], die sich trotz erfolgter Teilprivatisierung weiterhin im Mehrheitsbesitz des Bundes befindet,[96] bietet sämtliche Gesetze und Verordnungen des Bundes einschließlich Einigungsvertrag und der fortgeltenden Vorschriften der ehemaligen DDR im vollen Wortlaut.[97] In dieser sog. Bundesrechtsdatenbank, die von der Juris GmbH neben einer Vielzahl weiterer Rechtsdatenbanken der Öffentlichkeit zur Benutzung angeboten wird, die aber inhaltlich von der Dokumentationsstelle des Bundesjustizministeriums erstellt und fortlaufend aktualisiert wird[98], sind des weiteren auch früher geltende Fassungen zahlreicher Vorschriften enthalten.[99] Die Datenbank zeichnet sich neben ihrer inhaltlichen Vollständigkeit durch die Vielzahl von Suchmöglichkeiten aus, mit denen das Bundesrecht erschlossen werden kann: So kann u.a. gesucht werden nach Bezeichnung der Norm, bestimmten Wörtern im Volltext, Fundstelle der Verkündung, Zeitraum der Geltung, Vorschriften, die die betroffene Rechtsnorm geändert haben und nach Vorschriften, die auf die betroffene Norm verweisen.[100] Gerade die vorhandene Verweisungsdokumentation stellt eine Besonderheit dar, die es ermöglicht, nicht nur den einfachen Wortlaut bestimmter Vorschriften abzurufen, sondern auch gesetzliche Zusammenhänge recht einfach zu erfassen.[101]

Während bislang der Zugriff auf die Datenbank über das Internet nur mit Hilfe einer bestimmten Software möglich war, bietet die Juris GmbH seit Mitte 2001 auch einen Zugang mittels Browser, über den auch vermehrt von den Hypertextfunktionen Gebrauch gemacht werden soll.[102]

Die Benutzung der Bundesrechtsdatenbank ist allerdings nur kostenpflichtig möglich. Während für die Höhe des Entgelts bislang die Menge der übertragenen Zeichen maßgeblich war[103], wird nunmehr ein monatlicher Pauschalpreis von 25 Euro verlangt, in dem bereits die Recherchemöglichkeit mitsamt der Ausgabe der Ergebnisübersicht enthalten ist. Soweit man die Inhalte einzelner Vorschriften abruft, wird pro übertragener Rechtsnorm, d.h. also pro Paragraph bzw. Artikel, ein Entgelt von 1 Euro fällig[104], was einer intensiven Benutzung eher

---

weil dieses Dateiformat im Internet weiter verbreitet ist als das TIF-Format, das daher nicht von jedem Browser dargestellt werden kann.

95 Die Einstiegsseite findet sich unter http://www.juris.de.

96 Der Bund hält 50,01 % der Anteile, vgl. nur http://www.juris.de/juris/organe/gesellschafter.htm.

97 http://www.juris.de/angebot/Juris_online/bundesrecht.htm.

98 *Berkemann*, JurPC 1996, 208 (216); *Weis*, Gutachten: Verfassungsrechtliche Fragen einer weiteren Privatisierung der juris GmbH, JurPC 1996, 340 (349).

99 *Weis*, Gutachten: Verfassungsrechtliche Fragen einer weiteren Privatisierung der juris GmbH, JurPC 1996, 340 (345).

100 *Schlagböhmer*, JZ 1990, 262 (270); *Weis*, Gutachten: Verfassungsrechtliche Fragen einer weiteren Privatisierung der juris GmbH, JurPC 1996, 340 (346).

101 *Stöhr*, JurPC 1993, 2080 (2081).

102 Vgl. dazu die Pressemeldung unter http://www.juris.de/aktuell/presse/pmitteil40.htm.

103 Berechnet wurden pro 1000 übertragener Zeichen 2 DM zzgl. Mehrwehrtsteuer.

104 Die Preisliste findet sich unter http://www.juris.de/angebot/preise/preise_jweb.htm.

entgegenstehen dürfte. Schließlich ist zu bemerken, daß das Auffinden ganz bestimmter Vorschriften aufgrund der vielfältigen Suchfunktionen und der jeweils für jedes Gesetz enthaltenen Inhaltsübersicht zwar relativ komfortabel und einfach zu bewerkstelligen ist. Soweit ersichtlich besteht aber nicht die Möglichkeit, einzelne Gesetze und Rechtsverordnungen vollständig abzurufen. Möglich ist lediglich, einzelne Gesetzesabschnitte in einem HTML-Dokument zusammengefaßt abzurufen. Ansonsten werden die Paragraphen einzeln präsentiert.

5. Bundesjustizministerium

Schließlich gibt es auch seit April 2001 ein Internet-Angebot des Bundesjustizministeriums, das das geltende Bundesrecht ebenfalls – wenn auch nur einen Ausschnitt – in konsolidierter Form präsentiert, ohne allerdings dafür Entgelte zu verlangen.[105] Bereitgestellt werden die Daten erstaunlicherweise in Zusammenarbeit mit der Juris GmbH. Es ist daher zu vermuten, daß das zugrundeliegende Datenmaterial mit den Inhalten des entgeltpflichtigen Angebots der Juris GmbH identisch ist und damit inhaltlich von hoher Qualität ist. Auf dieses Angebot, das sich unter einer zu Juris gehörenden Internet-Adresse findet[106], wird nicht nur über die Internetseiten des Justizministeriums verwiesen,[107] sondern auch von anderen offiziellen Seiten der Bundesregierung[108]. In dem als Basisdienst bezeichneten Angebot finden sich rund 120 Gesetze und Verordnungen.[109] Sie sind neben einer alphabetischen Liste auch über eine systematische Übersicht zugänglich. Schließlich erlaubt eine Volltextsuchfunktion, sämtliche Rechtsnormen vollständig nach bestimmten Suchbegriffen zu durchsuchen. Zu den Vorschriften der jeweiligen Gesetze und Rechtsverordnungen kann man sich über die enthaltenen und mit Verweisen versehenen Abschnittsüberschriften vortasten. Jeder Paragraph ist einzeln erfaßt und wird als HTML-Dokument separat dargestellt. Daneben besteht aber auch die Möglichkeit, das vollständige Gesetz bzw. die jeweilige Verordnung als PDF-Datei abzurufen. Die Texte der Rechtsnormen werden ergänzt von der Angabe sämtlicher eventuell erfolgten Gesetzesänderungen, die mitsamt Datum und Fundstelle der Verkündung aufgeführt werden.

Geplant, aber bislang noch nicht umgesetzt ist schließlich, neben diesem „Basisdienst" zusätzlich im Rahmen eines sog. Aktualitätendienstes Texte von sämtlichen Gesetzen und Rechtsverordnungen, die neu erlassen, neu bekannt gemacht oder aber geändert wurden, in ihrer konsolidierten Fassung bereitzustellen.[110]

Wenngleich das Angebot für jedermann kostenlos und ohne Anmeldung zu benutzen ist, so dürfen die angebotenen Gesetzestexte aber nur für den privaten Gebrauch ausgedruckt und heruntergeladen werden.[111] Die PDF-Dateien, die die vollständigen Texte der jeweiligen Gesetze und Verordnungen enthalten, sind allerdings nicht mit den im PDF-Dateiformat mögli-

---

105 Die Einstiegsseite findet sich unter http://jurcom5.juris.de/bundesrecht/index.html.

106 http://jurcom5.juris.de/bundesrecht/index.html.

107 Es findet sich schon auf der Hauptseite des Internet-Auftritts unter http://www.bmj.bund.de/inhalt.htm ein deutlicher Hinweis auf das Rechtstextangebot.

108 Entsprechende Links finden sich bspw. unter http://www.staat-modern.de und http://www.bundonline2005.de.

109 Stand Juli 2001.

110 Stand Juli 2001, siehe auch die Ankündigung unter http://jurcom5.juris.de/bundesrecht/index.html.

111 So der ausdrückliche Hinweis unter http://jurcom5.juris.de/bundesrecht/index.html.

chen Restriktionen ausgestattet. Damit ist es auch möglich, die abgerufenen Vorschriften nicht nur am Bildschirm direkt zu lesen, sodern sie auch auszudrucken.

II. Landesrecht

1. Baden-Württemberg

Das Bundesland Baden-Württemberg bietet über die Vorschriftendienst Baden-Württemberg GmbH einen kostenlosen und auch einen kostenpflichtigen Dienst an. Die Angebotsseiten erreicht man unter http://www.vd-bw.de oder auch dann, wenn man den Verweisen der offiziellen Länderseiten unter http://www.baden-wuerttemberg.de über „Datenbanken" folgt. Gesellschafter der VD-BW GmbH ist mit einer Beteiligung von 50 % neben einem privaten Verlag die Staatsanzeiger für Baden-Württemberg GmbH, die wiederum 1991 aus dem Staatsministerium hervorging und sich zu 100 % im Besitz des Landes Baden-Württemberg befindet.

Das Angebot des VD-BW teilt sich auf in einen kostenlosen und einen entgeltpflichtigen Bereich.

a) Bürgerdienst

Der kostenlose sogenannte „Bürgerdienst" verlangt zunächst eine Registrierung, bei der neben dem Namen auch die komplette Anschrift und e-mail abgefragt werden. Diese Angaben sind aber freiwillig und sollen nur statistischen Zwecken dienen. Einverstanden erklären muß sich der Benutzer aber damit, daß sämtliche Daten nur zu eigenem Gebrauch abgerufen und nicht gewerblich genutzt werden dürfen.

Nach Angabe einer beliebigen Kennung und eines Paßwortes gelangt man zum eigentlichen Angebot. Dort stehen zur Verfügung das Gesetzblatt des Landes (GBl.), das Gemeinsame Amtsblatt (GABl.), das Amtsblatt Kultur und Unterricht (KuU), das Amtsblatt Die Justiz BW (Die Justiz) und das Amtsblatt Wissenschaft, Forschung u. Kunst BW (F.u.K.) sowie das Bundesgesetzblatt Teil I. Neu erscheinende gedruckte Original-Ausgaben werden noch am Erscheinungstag in den Online-Bestand aufgenommen.

Dieses sehr umfangreiche und stets aktuelle Angebot wird ein wenig dadurch geschmälert, daß lediglich nur der laufende und der vorhergehende Jahrgang vorgehalten werden.[112] Das ursprünglich während der Testphase vorhandene Gültigkeitsverzeichnis, das sämtliche Landesnormen nachwies und die jeweiligen Fundstellen ergangener Änderungen in den Verkündungsblättern enthielt, findet sich nach Aufnahme des Regelbetriebs Anfang Mai 2001[113] nicht mehr in dem kostenlosen Angebot.

Die zahlreichen verfügbaren Gesetz- und Amtsblätter stehen größtenteils als PDF-Dokumente zur Verfügung. Es ist allerdings nur ein Lesen am Bildschirm und kein Ausdrucken oder Herauskopieren der Texte möglich. Die aktuellen Ausgaben werden sehr zeitnah veröffentlicht. Sie besitzen ein Inhaltsverzeichnis im HTML-Format, das die Titel der veröffentlichten Gesetze und Verordnungen enthält. Über dieses Verzeichnis können die jeweiligen Anfangssei-

---

[112] Vgl. auch die Informationen unter http://www.vd-bw.de/navigation/web/beschreibungbd.

[113] Vgl. dazu die Meldung in JuS 7/2001, S. XXXVIII.

ten der in der jeweiligen Ausgabe veröffentlichten Rechtsnormen direkt per Mausklick angewählt werden.

b) Verkündungsdienst und Rechtsdienst

Daneben existiert ein kostenpflichtiges Angebot, über das verschiedene Dienste angeboten werden.

Der „Verkündungsdienst" stellt die kostenpflichtige und umfangreichere Variante des „Bürgerdienstes" dar. Das Gesetzblatt des Landes steht nunmehr mit sämtlichen Ausgaben seit 1952 zur Verfügung, wobei es seit 1998 im Volltext erfaßt ist. Von diesem Zeitpunkt an liegen die Inhalte der Gesetzblätter nicht mehr nur als bloße fotografische Kopien vor. Die sich daraus ergebende Möglichkeit, die Textinhalte zu exportieren und in anderen Computeranwendungen weiterzuverarbeiten ist im „Verkündungsdienst" nicht blockiert.[114] Daneben existiert eine Suchfunktion, mittels derer der auf diese Weise erfaßte Volltext sämtlicher Ausgaben ab 1998 nach bestimmten Begriffen durchsucht werden kann.

Darüber hinaus befinden sich das Gemeinsame Amtsblatt, die landeseigenen Amtsblätter „Kultus und Unterricht", „die Justiz" und „Wissenschaft, Forschung und Kunst" im Datenbestand des Verkündungsdienstes, genauso aber auch – gewissermaßen als Zugabe – das komplette BGBl. Teil I ab 1949.

Schließlich steht der zahlenden Kundschaft auch das Gültigkeitsverzeichnis des Landes zur Verfügung, das monatlich aktualisiert wird und damit eine bessere Aktualität als die herkömmlich auf Papier erscheinende Original-Ausgabe aufweist. Das Fundstellenverzeichnis ist indiziert, so daß den Verweisen auf die in den Amtsblättern verkündeten Gesetzesänderungen durch einfachen Mausklick nachgegangen werden kann, was die Arbeit sehr vereinfacht.

Für den Verkündungsdienst wird ein pauschales Jahresentgelt gefordert, das bei 132 Euro liegt.[115]

Daneben existiert mit dem „Rechtsdienst" ein weiteres Informationsmodul, für das mit 255 Euro jährlich ein noch wesentlich höheres Entgelt zu entrichten ist. In diesem Preis ist dann allerdings der komplette „Verkündungsdienst" enthalten. Daneben enthält der „Rechtsdienst" das vollständige Landesrecht Baden-Württembergs in konsolidierter Form und wird wöchentlich nachgeführt.[116] Neben sämtlichen Gesetzen und Rechtsverordnungen sind auch einfache Verwaltungsvorschriften in das Angebot aufgenommen worden. Darüber hinaus werden auch wesentliche Vorschriften des Bundesrechts in konsolidierter Fassung angeboten. Die Rechtsnormen sind entweder über eine alphabetisch sortierte Gesamtliste, über eine systematische Gliederung oder aber über eine umfangreiche Suchhilfe erreichbar. Abzurufen sind auf diese Weise die Paragraphen der Vorschriften allerdings immer nur einzeln. Der vollständige Text eines Gesetzes bzw. einer Rechtsverordnungen ist damit – je nach Umfang – relativ umständlich abzufragen. Andererseits können dadurch bestimmte Regelungen sehr gezielt aufgerufen werden.

---

[114] Diese Funktion ist im kostenfreien „Bürgerdienst" genauso wie die Druckfunktion gesperrt.

[115] Für Bezieher der gedruckten Gesetzesblätter Baden-Württembergs ist eine reduzierte Gebühr von 112 Euro vorgesehen.

[116] Soweit ersichtlich befindet sich das Angebot zur Zeit noch im Aufbau.

Künstliche Benutzungssperren sind nicht aktiviert. Die Texte werden als HTML-Dokumente präsentiert. Allerdings muß man sich auch beim Rechtsdienst, genauso wie übrigens beim Verkündungsdienst, damit einverstanden erklären, daß man die angebotenen Informationen nur zum eigenen Gebrauch verwendet und nicht gewerblich weiterverwendet.

2. Bayern

Das Angebot Bayerns ist recht dünn. Das Gesetz- und Verordnungsblatt das Landes wird im Internet nicht publiziert. Angeboten werden über die Seiten der Landesregierung lediglich die Inhaltsverzeichnisse des GVBl. von 1999 an[117]. Sie stehen dort als HTML-Dokumente bereit und vermitteln somit zumindest einen kleinen Überblick über die Tätigkeit des bayerischen Gesetzgebers. Immerhin wird das Verzeichnis einer neuen Ausgabe sehr schnell in das Angebot aufgenommen.

Auch ansonsten sind konsolidierte Gesetzesfassungen zu bestimmten Sachbereichen offensichtlich nicht vorhanden.

Immerhin plant die Landesregierung, in Zusammenarbeit mit der Juris GmbH eine elektronische Datenbank aufzubauen, die ab 2002 unter anderem das vollständige Landesrecht und ab Ende 2004 zusätzlich sämtliche bayerische Verwaltungsvorschriften enthalten soll.[118] Dieses noch im Aufbau befindliche Informationssystem soll allerdings in erster Linie bayerischen Beamten und Angestellten im öffentlichen Dienst über ein behördeninternes Computernetzwerk zur Verfügung stehen. Der Zugriff der Allgemeinheit wird nur über das Angebot der Juris GmbH kostenpflichtig möglich werden.

Der bayerische Landtag dagegen veröffentlicht schon heute sämtliche Landtags-Drucksachen ab dem Beginn der 13. Wahlperiode 1994 als Word-Dokumente[119] und hat somit eine offensichtlich andere Vorstellung von der Öffentlichkeit staatlichen Handelns.

3. Berlin

Das Angebot über das Recht des Stadtstaates Berlin teilt sich auf in den Bereich, der direkt vom Regierenden Bürgermeister über die Senatskanzlei Referat Stadtinformationssystem und Online-Dienste[120] verantwortet wird und einen teilweise kostenpflichtigen Teil[121], der von der Kulturbuch-Verlag GmbH aus Berlin[122] erarbeitet wurde, aber im wesentlichen Informationen anbietet, deren Herausgeber die Stadt Berlin ist.

---

117 Die Adresse dazu lautet http://www.bayern.de/Service/GVBL.

118 Vgl. zu diesem Projekt die Pressemeldung der Bayerischen Staatskanzlei, http://www.bayern.de/Presse-Info/PM/2000/Bayern_Recht_Huber_000628.

119 Zu finden unter http://www.landtag-bayern.de/infothek/infothek_f.htm.

120 Einstieg unter http://www.berlin.de bzw. besser unter http://www.berlin.de/home/Land.

121 Zum Zeitpunkt der Erhebung August 2000 befand sich das Angebot in einer kostenlosen Testphase. Geplant war zu diesem Zeitpunkt nach Informationen auf den Internetseiten des Verlages, nach der Pilotphase zeitnahe Hefte kostenpflichtig anzubieten. Unklar blieb dabei, ob zurückliegende Ausgaben und die übrigen Angebote davon ausgenommen bleiben sollten.

122 Zu erreichen unter http://www.kulturbuch-verlag.de.

a) Regierender Bürgermeister von Berlin

Das offizielle Angebot an Rechtstexten über die offiziellen Stadtseiten ist einerseits auf verschiedene Seiten verteilt. Dabei handelt es sich um amtlich herausgegebene konsolidierte Gesetzesfassungen, die zu verschiedenen Sachbereichen (wie z.B. Datenschutzrecht und Hochschulrecht) auf den entsprechenden Seiten der einzelnen Referate zu finden sind. Sie liegen dort im HTML-Format vor. Ihre Aktualität ist allerdings nicht gesichert: Zum Beispiel liegt auf den Seiten des Datenschutzbeauftragten das Gesetz über das Vermessungswesen[123], das eine letztmalige Änderung am 26.3.1993 erfahren haben soll[124]. Tatsächlich erfolgte bereits 1995 eine Gesetzesänderung[125] und im Jahr 1996 eine Neubekanntmachung des gesamten Gesetzes.[126]

Zum anderen werden die Ausgaben des Amtsblattes der Jahrgänge 1999 und 2000 im PDF-Format kostenlos angeboten[127]. Das Amtsblatt enthält zwar auch einen amtlichen Teil und teilweise auch Rechtsverordnungen. Formelle Gesetze sind allerdings nicht enthalten, weshalb es keinen vollständigen Überblick über die Gesetzgebung verschaffen kann. Das dafür notwendige Gesetz- und Verordnungsblatt, in dem gem. § 1 VerküG Berlin Gesetze und Rechtsverordnungen zu verkünden sind, ist dagegen nicht verfügbar.

b) Kulturbuch-Verlag GmbH

Von den offiziellen Seiten des Stadtstaats Berlin führen mehrere Links auf die Seiten der Kulturbuch-Verlage GmbH[128]. Diese Gesellschaft verlegt das Gesetz- und Verordnungsblatt Berlins, deren Herausgeber die Berliner Senatsverwaltung für Inneres ist. Im Internet hat der Kulturbuch-Verlag inzwischen ein recht umfangreiches Angebot an Rechtstexten aufgebaut.[129]

Zu diesem Angebot gehören zum einen neben sämtlichen Ausgaben des Amtsblatts von 1995 bis heute auch das Gesetz- und Verordnungsblatt von Berlin, das allerdings von der jeweils aktuellsten Ausgabe rückwirkend nur bis einschließlich 1998 im PDF-Dateiformat vorhanden ist.[130] Von den möglichen Sperrmechanismen, die die Druckausgabe und den Textexport verhindern, wird kein Gebrauch gemacht.

Besonders erwähnenswert ist weiterhin der zweite Teil des Internet-Angebots: Die Rechtstextsammlung „Berliner Rechtsvorschriften – Amtliche Sammlung", die auch als Loseblatt-Ausgabe von der Senatsverwaltung für Justiz herausgegeben und vom Kulturbuch-Verlag verlegt wird, kann mit Stand Januar 2000[131] kostenlos im Internet benutzt werden.[132] Darin enthalten sind sämtliche Gesetze und Rechtsverordnungen Berlins in konsolidierter Fassung.

---

123 Siehe http://www.datenschutz-berlin.de/gesetze/berlin/sonstige/verm.htm.

124 Verwiesen wird insofern auf GVBl. 1993, 40.

125 Änderungsgesetz vom 10.10.95, GVBl. 1995, 644.

126 GVBl. 1996, 56.

127 Zu finden unter http://www.berlin.de/home/Wirtschaft/NachrichtenEtAnalysen/AmtsblattfuerBerlin/ oder über einen Link, der sich schon direkt auf der Eingangsseite http://www.berlin.de befindet.

128 http://www.kulturbuch-verlag.de.

129 Zu finden unter http://www.kulturbuch-verlag.de/online/index.html.

130 Zu finden unter http://www.kulturbuch-verlag.de/online/index.html.

131 So zum Zeitpunkt der Erhebung im August 2000; bis zum August 2001 hat sich allerdings daran nichts geändert. Eine Aktualisierung ist in diesem Zeitraum offensichtlich nicht erfolgt.

132 Der Einstieg ist zu finden unter http://www.kulturbuch-verlag.de/online/brv/BRV.PDF.

Sie können über eine Schnellübersicht, ein Stichwortverzeichnis und über Gliederungsnummern, die jeweils mit Links auf die entsprechenden Vorschriften versehen sind, leicht gezielt aufgerufen werden. Die jeweils vollständig abrufbaren Gesetze und Rechtsverordnungen liegen als PDF-Dateien vor, die sowohl den Ausdruck und Textexport erlauben als auch den direkten Aufruf einzelner Paragraphen durch die Aufnahme entsprechender Links ermöglichen.

Das Angebot des Kulturbuch-Verlages soll allerdings nur während einer Pilotphase gänzlich kostenlos sein. Nach deren Ablauf sollen aktuelle Ausgaben der angebotenen elektronischen Zeitschriften kostenpflichtig sein[133]. Unklar ist neben den dann geltenden preislichen Konditionen allerdings auch, ob ältere Ausgaben und vor allem die Amtliche Sammlung weiterhin kostenlos zur Verfügung stehen werden.

4. Brandenburg

Das Angebot des Landes Brandenburg ist dagegen gänzlich unentgeltlich und enthält sehr umfangreiche Gesetzestextinformationen. Zu nennen ist vor allem das vom Justizministerium des Landes betriebene Informationssystem.[134] Es beinhaltet das vollständige Landesrecht: Neben sämtlichen formellen Gesetzen im konsolidierten Volltext können von dort auch Rechtsverordnungen abgerufen werden. Die jeweiligen Rechtstexte, die alle im HTML-Format vorliegen, sind über eine sachgebietliche Gliederung, über ein umfangreiches Stichwortverzeichnis oder aber auch mit Hilfe einer Volltextsuchtsuche komfortabel auffindbar. Die Sachgebietsübersicht der Rechtsvorschriften stimmt inhaltlich überein mit dem offiziellen Fundstellennachweis, der einmal jährlich auch in gedruckter Fassung vom Justizministerium im Gesetz- und Verordnungsblatt veröffentlicht wird.[135] Dieser Nachweis gibt auch Auskunft über die ergangenen Änderungen der Vorschriften mitsamt der jeweiligen Fundstellen in den Verkündungsblättern des Landes. Mit Hilfe dieser Gesetzeshistorie sind die im einzelnen erfolgten textlichen Änderungen leicht zu erkennen und ist außerdem eine Verifizierung der konsolidierten Gesetzestextinformationen auf einfache Art und Weise möglich. Schließlich bietet das Justizministerium zusätzlich das Fundstellenverzeichnis des Amtsblattes an.[136] In diesem sachgebietlichen Register, das wie das Fundstellenregister aus dem Gesetz- und Verordnungsblatt gegliedert ist, finden sich die Nachweise sämtlicher Verwaltungsvorschriften, die im Amtsblatt des Landes veröffentlicht worden sind. Die Texte der Verwaltungsvorschriften sind allerdings nicht erfaßt. Insofern wird mit Hilfe der angebenen Fundstellen nur ihr Auffinden in den auf Papier gedruckten Original-Ausgaben des Amtsblattes erleichtert.

Daneben gibt es eine stattliche Zahl von konsolidierten Gesetzesfassungen, die das Innenministerium zusammengestellt hat[137]. Sie sind als HTML-Dokumente aufbereitet und nach Sachgebieten sortiert. Ungefähr 90 Gesetze und Rechtsverordnungen sind auf diese Weise dem interessierten Internet-Nutzer zugänglich, wobei einige Gesetze von anderen Ministerien bei-

---

133 So die Information unter http://www.kulturbuch-verlag.de/info/index.html.

134 Zu erreichen unter http://www.mdje.brandenburg.de/Landesrecht.

135 Nach Auskunft des Justizministeriums wird allerdings derzeit überlegt, zukünftig auf die Herausgabe der herkömmlichen Printausgabe wegen des kostenlosen Online-Angebots zu verzichten.

136 http://www.mdje.brandenburg.de/Landesrecht/amtsblatt/amtsblatt.htm.

137 http://www.brandenburg.de/land/mi/recht/index.htm.

gesteuert werden und über ein bestimmtes Sachgebietsstichwort per Link zu erreichen sind[138]. Die Sammlung scheint jedenfalls teilweise sehr aktuell zu sein. So befand sich beispielsweise schon am 1.8.2000 die HundehalterVO vom 25.7.2000 in dem Angebot. Andererseits existierte eine Fassung der Landesverfassung mit Stand vom 24.6.97 unter der Rubrik „Gesetze zum Landtag“[139], während auf der Hauptseite der Gesetzesübersicht die Verfassung ein weiteres mal präsentiert wurde, dort allerdings auf dem deutlich aktuelleren Stand vom 7.4.99. Dies zeigt, daß selbst die amtliche Urheberschaft konsolidierter Gesetzestexte keine Garantie für absolute Korrektheit ist.[140] Einzuräumen ist allerdings, daß dieses Angebot des Innenministerium neben dem insoweit wesentlich umfangreicheren Angebot des Justizministeriums im wesentlichen überflüssig ist. Teilweise kommt ihm aber ein eigenständiger Informationsgehalt zu, da es neben formellen Gesetzen und Rechtsverordnungen auch einige Verwaltungsvorschriften und Runderlasse beinhaltet.

5. Bremen

Das Angebot des Stadtstaats Bremen an Rechtstexten im Internet[141] ist schnell zusammengefaßt: Neben der Landesverfassung und der KampfhundeVO[142] finden sich weitere 9 Gesetze und Rechtsverordnungen als HTML-Dateien.[143] Dabei setzt die Verwaltung ansonsten durchaus auf die neuen Möglichkeiten des Internets. In Zusammenarbeit mit der Universität Bremen bietet sie beispielsweise mit Hilfe eines Online-Formularservers[144] die Möglichkeit, verschiedene Anträge elektronisch an die Verwaltung zu stellen. Damit ist der lästige und häufig mit Wartezeiten verbundene Weg zur Verwaltung auch virtuell möglich, während der Zugang zu den bremischen Rechtsnormen wohl weiterhin nicht vereinfacht werden soll.

6. Hamburg

Der Stadtstaat Hamburg bietet einmal eine kostenlose Auswahl von bedeutsamen landesrechtlichen Vorschriften in konsolidierter Form als html-Dokumente.[145] Darüber hinaus sind aber auch sämtliche Ausgaben des hamburgischen GVBl. seit 1998 als PDF-Dokumente kostenlos und ohne Anmeldung verfügbar.[146] Sie werden von der Druckerei vorgehalten, die auch den Druck und den Verlag der Papierausgaben erledigt, wobei dieses Angebot explizit von der Justizbehörde Hamburg als Herausgeber des GVBl. unterstützt wird. Die PDF-Dokumente erlauben sowohl den Ausdruck über den Drucker als auch das Kopieren der Texte in die Zwischenablage und sind über Jahresinhaltsverzeichnisse einzeln abrufbar.

---

138 So beispielsweise Gesetze zum Landtag und Gesetze zur Bildung.

139 http://www.brandenburg.de/landtag/wissen/gesetze/ge_index.htm.

140 Vgl. auch *Herberger*, NJW 1998, 2801 (2803).

141 Die Einstiegsadresse lautet http://www.bremen.de.

142 Die Kampfhundeverordnungen ist allerdings ein wenig versteckt und nur zu finden über die Seiten mit aktuellen Informationen über die Stadt und über Verweise in Pressemeldungen (Stand August 2000).

143 Die Liste der Rechtsvorschriften findet sich unter http://www.bremen.de/bremer/gebremer.html (Stand: August 2001).

144 http://formulare.informatik.uni-bremen.de.

145 http://www.hamburg.de/StadtPol/Gerichte/VG/gesetze/gesetze_land.htm. Die Sammlung enthält im Mai 2001 insgesamt 14 Gesetze und Rechtsverordnungen.

146 http://www.luewu.de/gvbl.html

7. Hessen

Das Angebot Hessens ist sehr umfangreich und geradezu vorbildlich. Es stammt von der Hessischen Staatskanzlei in Zusammenarbeit mit dem Lehrstuhl Prof. von Zezschwitz, dem Hessischen Landtag und der Hessischen Zentrale für Datenverarbeitung und ist vollkommen kostenlos.[147] Es enthält die Sammlung des bereinigten Hessischen Landesrechts, also das Gesetz- und Verordnungsblatt Teil II. Seit März 2000 ist die Sammlung wohl komplett erfaßt, so daß sich ein vollständiger Überblick über das hessische Landesrecht gewinnen läßt.[148] Die Rechtsnormen stehen somit allesamt in einer konsolidierten Fassung zur Verfügung und sind als HTML-Dateien aufbereitet. Über ein Inhaltsverzeichnis, das für ein jedes Gesetz existiert, sind die Paragraphen einzeln abrufbar. Des weiteren stehen umfangreiche Suchfunktionen zur Verfügung: Zum einen sind die Gesetze und Verordnungen alphabetisch und sachgebietlich sortiert. Zum anderen bietet eine Volltext-Suchmaschine die Möglichkeit, nach einzelnen Begriffen auch in sämtlichen Gesetzen zu suchen. Erwähnenswert ist weiterhin, daß sich innerhalb der Vorschriften Verweise auf andere Vorschriften befinden, die es erlauben, mit einem einfachen Mausklick einer Normenkette nachzugehen. Schließlich weist jedes Gesetz eine Änderungshistorie auf, die für jede erfolgte Änderung auf die Fundstelle des Änderungsgesetzes im GVBl. I verweist, was eine leichte Verifizierung der Texte ermöglicht. Die Inhalte dieses Gesetzblattes sind schließlich über das Internet-Angebot des Hessischen Landtags komplett von 1946 bis zur jeweils aktuellsten Ausgabe abrufbar.[149] Nach Jahrgang sortiert stehen die jeweiligen Ausgaben als optisch gescannte Dokumente im Tif-Format bereit.

8. Mecklenburg-Vorpommern

Das Angebot Mecklenburg-Vorpommerns[150] ist ähnlich umfangreich. Leider ist es nur gegen Entgelt benutzbar. Bei Zahlung von 40 DM monatlich bei einer Mindestlaufzeit von 3 Monaten erhält man Zugang zu LARIS[151]. Dieses System des Innenministeriums bietet eine Sammlung sämtlicher Gesetze und Rechtsverordnungen in konsolidierter Fassung. Außerdem wird ein Archivbestand aufgebaut, der es erlaubt, auch ältere Gesetzesfassungen einzusehen. Die Gesetze stehen als HTML-Dateien bereit und erlauben somit ein Herauskopieren und eine Weiterverarbeitung. Der Stand der Gesetzgebung ist sehr aktuell erfaßt[152]. Vorbildlich sind auch die Suchfunktionen: Es existiert eine Sachgebietsgliederung neben der Suchmöglichkeit im Volltext und einer direkten Paragraphensuche.

Geplant ist eine Erweiterung des Angebots. Neben Kommentierungen zu einzelnen Landesvorschriften ist auch an eine Aufnahme von Gerichtsentscheidungen gedacht.[153]

---

147 Zu finden unter http://www.hessen.de/Regierung/Recht/hessrecht.htm bzw. auch unter der Adresse http://www.hessen.de/gvbl/start.htm.

148 Eingearbeiter Stand der Gesetzgebung war am 1.8.2000 der 29.1.99, was der Auswertung des GVBl. I bis zur Ausgabe 2/99, S. 87 entsprach. Im Mai 2001 war das Recht komplett nachgeführt bis Ende März 2001.

149 http://141.90.2.45/cache/dokumentenarchiv.htm; ein Link zu dieser Seite findet sich bereits auf der Eingangsseite des Informationsangebots der Hessischen Staatskanzlei und ist daher recht einfach zu finden.

150 Das Angebot des Landes ist zu finden sowohl unter http://www.mecklenburg-vorpommern.de als auch unter http://www.mv-regierung.de.

151 http://www.mv-regierung.de/laris/index.htm.

152 Am 1.8.2000 befand sich die Sammlung auf dem Gesetzgebungsstand vom 7.7.2000.

153 So die Informationen unter http://www.mv-regierung.de/laris/pages/mainstiwo.htm.

9. Niedersachsen

Das Land Niedersachsen bietet – soweit ersichtlich – nur über die Seiten des Landtages insgesamt vier Gesetze an[154]: Landesverfassung, VolksabstimmungsG, LandeswahlG und AbgeordnetenG. Über die Seiten des Landes und der Landesregierung[155] sind derartige Informationen leider beinahe überhaupt nicht abrufbar. Es findet sich dort lediglich die aktuelle Gefahrtierverordnung als PDF-Datei[156]. Immerhin wird unter der Rubrik „Politik aktuell" auf das Informationsangebot des Bundesjustizministeriums mit Bundesgesetzen und Rechtsverordnungen sowie auf das Eur-Lex-Angebot der Europäischen Kommission verwiesen.[157] Verweise auf Angebote mit Rechtsvorschriften des eigenen Landes sucht man dort vergebens.

10. Nordrhein-Westfalen

Das Innenministerium Nordrhein-Westfalens[158] hält dagegen ein umfangreicheres Angebot bereit[159]. Ohne Anmeldung und Kosten bietet es Ausgaben des Gesetz- und Verordnungsblattes[160] und des Ministerialblattes[161] zum Lesen an. Die dazu bereitgestellten PDF-Dateien erlauben allerdings kein Drucken und Exportieren der Gesetzestexte. Im übrigen sind lediglich immer nur die jüngsten Ausgaben dieser Zeitschriften abrufbar.[162] Immerhin wird eine neu erscheinende Ausgabe tagesaktuell ins Internet-Angebot übernommen[163] und erlaubt damit jedenfalls eine Information über die aktuellen Gesetze und Verordnungen. Von Zeit zu Zeit wird das unentgeltliche Angebot allerdings gelöscht und mit neu erscheinenden Ausgaben erneut aufgebaut.

Zahlenden Interessenten dagegen stehen auch ältere Ausgaben des Gesetz- und Verordnungsblattes zur Verfügung. Allerdings ist auch in der kostenpflichtigen Version der Rückgriff nur bis zum Herbst 1997 möglich.[164] Für zahlende Kunden steht außer den Ausgaben der Gesetzblätter weiterhin auch die systematische Sammlung aller geltenden Gesetze und Verordnungen (SGV.NRW) zur Benutzung bereit. In ihr sind sämtliche geltende Gesetze und Verordnungen des Landes in konsolidierter Fassung enthalten. Das kostenpflichtige Angebot soll schließlich in Zukunft auch um die systematische Sammlung aller geltenden und in Teil I des MBl. NRW veröffentlichten Erlasse des Landes NRW (SMBl. NRW) sowie die systematische Sammlung der außer Kraft getretenen Gesetze und Verordnungen (historische SGV.NRW)

---

154 http://www.landtag-niedersachsen.de/Gesetze/gesetze.htm.

155 Die Adresse lautet http.//www.niedersachsen.de.

156 http://www.niedersachsen.de/file/ML_GefTVOTe.pdf.

157 Vgl. http://www.niedersachsen.de/ID/zeige_sub_themen_2.asp?ID=73 mit der auf dieser Seite enthaltenen Aussage: „Nur wer gut informiert ist ist dazu in der Lage, sich eine eigene Meinung zu bilden und sie fundiert zu vertreten." (Stand August 2001).

158 Die Homepage des Innenministeriums des Landes Nordrhein-Westfalen ist zu erreichen unter der Adresse http://www.im.nrw.de.

159 Einstiegsadresse für das Angebot an Rechtstexten ist http://www.sgv.im.nrw.de/default.htm.

160 Das GVBl. ist zu finden unter der Adresse http://sgv.im.nrw.de/Imi/owa/gv_frei.

161 Die Adresse lautet http://sgv.im.nrw.de/lmi/owa/mi_frei.

162 Sie sollen ca. 2 Monate vorgehalten werden, vgl. Antwort der Landesregierung NW, LT-Drucksache 13/463, S. 2.

163 Vgl. dazu die Informationen unter http://sgv.m.nrw.de/info/info0.html.

164 So die Auskunft der Landesregierung, siehe LT-Drucksache 13/463, S. 2.

ergänzt werden.[165] Anders als in den meisten Bundesländern mit einem vergleichbaren entgeltpflichtigen Angebot wird kein pauschales Entgelt für den Zugang zu diesen Informationen verlangt. Statt dessen wird mengenabhängig abgerechnet.[166] Der Abruf eines Paragraphen aus der systematischen Sammlung kostet 0,05 DM.[167] Pro Norm, aus der einzelne Vorschriften entnommen werden, wird außerdem grundsätzlich eine Gebühr von 0,50 DM fällig. Für den Abruf von Ausgaben des Gesetz- und Verordnungsblattes oder des Ministerialblattes werden dagegen Entgelte von 0,50 DM pro übertragener Textseite verlangt. Um überhaupt Zugang zu diesen kostenpflichtigen Informationen zu erhalten, muß zunächst ein Guthaben in Höhe von mindestens 50 DM erworben werden, von dem die Entgelte dann bei Abruf jeweils entsprechend abgezogen werden. Eine Grundgebühr fällt anders als bei der Juris GmbH jedoch nicht an.

11. Rheinland-Pfalz

Das Angebot Rheinland-Pfalz ist nicht sonderlich umfangreich. Es finden sich lediglich vereinzelt Gesetzestexte in konsolidierter Form wie beispielsweise die Landesverfassung oder einige Gesetze aus dem Hochschulbereich[168]. Außerdem werden auf den Seiten des Landtags ca. 15 Gesetze aus dem Bereich des Verfassungsrechts angeboten[169]. Schließlich gibt es auch ein Beispiel für eine Information über die aktuelle Gesetzgebung[170]. Weitergehende Angebote aus offizieller Quelle sind – soweit ersichtlich – nicht vorhanden.

12. Saarland

Das Bundesland Saarland bietet über das Ministerium der Justiz eine Sammlung konsolidierter Gesetzestexte an[171]. Dort finden sich systematisch geordnet 59 Gesetze und 9 Rechtsverordnungen des Landes in konsolidierter Fassung[172]. Sie liegen als PDF-Dokumente vor, die den Ausdruck gestatten und vor allem auch die Textentnahme ermöglichen. Außerdem enthält jedes Dokument eine Änderungshistorie mit den jeweiligen Fundstellen der Änderungsgesetze im saarländischen Amtsblatt, so daß die Texte in Verbindung mit der Printausgabe dieses Verkündungsorgans, das im Internet allerdings nicht angeboten wird, leicht zu verifizieren sind.

Informationen über Aktualität und regelmäßige Einarbeitung von Gesetzesänderungen sind dem Angebot nicht zu entnehmen.

---

165 Vgl. LT-Drucksache 13/463, S. 2.

166 Vgl. die Preisliste für den Online-Zugriff unter http://sgv.im.nrw.de/lmi/owa/acm_neu.

167 Stand der Entgelte: August 2001.

168 http://mbww.rpl.de/web/seiten/wissenschaft/rechtsv.htm.

169 http://www.landtag.rlp.de/Landtag/Dienste/etc/index.asp.

170 Die Rechtsverordnung Gefahrtierverordnung Gefährliche Hunde vom 30.6.2000 war am 1.8.2000 bereits veröffentlicht, vgl. http://www.ism.rlp.de/info_details.asp?was=Backg_detail&id=15.

171 Die Adresse lautet http://www.justiz.saarland.de/677.html.

172 Stand August 2000.

13. Sachsen

Das Landesrecht Sachsens wird auf den Internetseiten des Landes nicht unmittelbar publiziert. Auf den Seiten des Justizministeriums befindet sich zwar gut sichtbar der Link „Rechtsvorschriften“.[173] Angeboten werden dort aber lediglich Verweise zu den kommerziellen Angeboten der Sächsisches Druck- und Verlagshaus AG (SDV AG)[174] und des Saxonia Verlags GmbH[175]. Beide Gesellschaften scheinen keine staatlichen Beteiligungen aufzuweisen. Sie stehen bzw. standen aber insofern mit dem Land Sachsen in Verbindung, als sie für das Land als Herausgeber das Gesetz- und Verkündungsblatt und andere amtliche Publikationen in der Vergangenheit verlegten bzw. dies heute noch tun.

Auf den Seiten der SDV AG ist im wesentlich nur die Online-Bestellung ihrer kostenpflichtigen Verlagsprodukte möglich, die im Zusammenhang mit dem Recht Sachsens stehen. Das Angebot umfaßt neben zahlreichen auf Papier erscheinenden Gesetzesausgaben unter anderem auch einen Fundstellennachweise aller nach Oktober 1990 ergangenen Gesetze und Verordnung auf Diskette. Möglich ist des weiteren eine kostenlose Online-Recherche in diesem Fundstellennachweis. Der Nutzen dieser Suchfunktion ist allerdings dadurch erheblich eingeschränkt, daß die Datenbank nur auf dem Stand vom 31.12.1999 ist und daher die Rechtsnormen der letzten zwei Jahre nicht nachweist. Ob der auf Diskette und in einer Printversion zu beziehende Fundstellennachweis aktueller ist, ist nicht klar ersichtlich und auch deshalb fraglich, weil der Verlag nur bis 1999 von der Sächsischen Staatskanzlei als Herausgeber für die Herstellung und den Versand des Sächsischen Gesetz- und Verordnungsblattes beauftragt war und vermutlich aus diesem Grund recht einfach die notwendigen Informationen zusammentragen konnte.

Die Saxonia Verlag für Recht, Wirtschaft und Kultur GmbH, auf deren Seiten man des weiteren von der offiziellen Sachsen-Homepage auch über die Verweise „Bürger und Freistaat“ und „Recht und Gesetz“ gelangt,[176] verlegt seit 1999 die gedruckten Verkündungsblätter des Landes und bietet in ihrem Online-Angebot sämtliche Ausgaben des laufenden und vergangenen Jahres frei zugänglich im PDF-Dateiformat an.[177] Über die Inhaltsverzeichnisse können die abgedruckten Gesetze und Verordnungen mittels vorhandener Links direkt angesprungen werden. Ihr Ausdruck bzw. Export über die Zwischenablage ist allerdings gesperrt. Es besteht immerhin die Möglichkeit, die gedruckten Papierausgaben auch einzeln zu bestellen.

Darüber hinaus bietet der Verlag ein kostenpflichtiges Online-Angebot. Es besteht aus einer rechtsbereinigten Sammlung sämtlicher geltenden Gesetze und Verordnungen Sachsens. Die Gesetze und einzelnen Vorschriften können über Volltextrecherche, Sachgebietsauswahl, Ressortzuständigkeit oder Fundstellen in den Verkündungsblättern leicht aufgefunden werden. Sie werden dann als HTML-Dokumente präsentiert. Verweise in den Vorschriften auf andere sächsische Normen sind als Links aufgeführt, so daß deren Rechtstexte durch einfachen Mausklick zu erreichen sind.

---

173 http://www.justiz.sachsen.de.

174 http://www.sachsen-abc.de/lrecht/plsqul/gesetze.frame.

175 http://www.recht-sachsen.de.

176 http://www.sachsen.de/de/bf/recht/index.html.

177 http://www.recht-sachsen.de/Gbl1.htm. Am 1.8.2000 war bereits die Ausgabe mit Erscheinungsdatum 31.07.2000 online.

Der Preis für dieses Angebot beträgt 155 DM pro Jahr für Abonennten der Printausgaben und 399 DM für sonstige Interessenten.

14. Sachsen-Anhalt

Das Landesrecht Sachsen Anhalts ist im Internet schlecht abgebildet. Es finden sich auf den offziellen Seiten des Landes[178] lediglich an sehr versteckten Stellen ganz vereinzelt einige Gesetze, wie z.B. die Verfassung und das Wahlgesetz[179].

15. Schleswig-Holstein

Schleswig-Holstein[180] wiederum besitzt ein geradezu vorbildliches Angebot. Das geltende Landesrecht ist vollständig elektronisch erfaßt und schon seit Anfang 1999 kostenlos über das Internet abrufbar. Die konsolidierte Sammlung der Landesregierung[181] enhält neben sämtlichen Gesetzen und Rechtsverordnungen auch Verwaltungsvorschriften. Ihr Bestand beläuft sich auf ca. 1800 Gesetze und Verordnungen[182] und wird laufend nachgeführt. Diese umfangreiche Sammlung kann auf verschiedene Weise durchsucht werden. Möglich ist zum einen, über eine Volltextsuchfunktion entweder in den Titeln sämtlicher Vorschriften oder in deren kompletten Normtexten zu suchen. Möglich ist somit, nach Gesetzestiteln, einzelnen Überschriften, Fundstellen in den Verkündungsblättern, Datum oder Stichworten zu suchen. Alle Suchwörter können logisch miteinander verknüpft werden. Des weiteren kann die Suche über eine systematische Gesetzesgliederung eingegrenzt werden. Schließlich können die gefundenen Gesetze und Verordnungen bzw. Erlasse als HTML-Dokumente mit oder ohne Gesetzesfortschreibung eingesehen werden. Bei der Auswahl mit Historie werden die Änderungen jeweils im Gesetz in der Weise präsentiert, daß die durch Änderungsgesetze veränderten Paragraphen in mehreren gültigen Fassungen hintereinander aufgelistet werden. Auf diese Weise sind die einzelnen Veränderungen sofort optisch erkennbar. Aber auch ohne Historie werden jedenfalls die Fundstellen der ergangenen Änderungsgesetze präsentiert, so daß auch durch Nachschlagen in den Verkündungsblättern eine Verifizierung des Textes möglich ist. Das GVBl. gehört allerdings nicht zum Bestandteil des Angebots.

In den Normen enthaltene Tabellen und Formulare sind weitestgehend in die HTML-Dokumente eingearbeitet. Ansonsten sind einzelne grafische Elemente auch als Grafik-Dateien in die Seiten integriert[183], so daß die Vollständigkeit der Texte anscheinend durchgehend gewährleistet ist.

---

178 Die Startadresse lautet http://www.sachsen-anhalt.de.

179 So unter http://www.mi.sachsen-anhalt.de/min/lwl/fr_lwl.htm.

180 Der Einstieg ist zu finden über http://www.schleswig-holstein.de.

181 http://www.landesregierung-sh.de/landesrecht.

182 Stand August 2000, siehe http://www.landesregierung-sh.de/landesrecht.

183 So enthält beispielsweise die HTML-Datei unter http://193.101.67.34/landesrecht/102.1h.htm, die einen Runderlaß des Innenministers abbildet, sowohl Tabellen in HTML als auch eine optisch eingescannte Anlage als GIF-Grafikdatei.

16. Thüringen

Das Bundesland Thüringen[184] schließlich hat ein nur sehr überschaubares Angebot an Rechtstexten. Lediglich einige Gesetze aus dem Schulbereich und dem Datenschutzrecht liegen neben der Landesverfassung und dem HaushaltsG in konsolidierter Fassung vor. Ansonsten gibt es keine Gesetzestextmaterialien.

III. Kommunale Rechtsnormen

Auch auf kommunaler Ebene ergehen Rechtsnormen, Satzungen genauso wie Rechtsverordnungen. Auch sie werden durchaus im Internet publiziert, wenngleich die Mehrheit der Kommunen (noch) keine derartigen Informationsangebote in elektronischer Form für die Öffentlichkeit unterhalten dürfte[185]. Die Veröffentlichungen derjenigen Kommunen, die das Internet schon heute zur Publikation nutzen, sind in den zwei möglichen Erscheinungsformen einer Gesetzesinformation anzutreffen: Veröffentlichung der amtlichen Verkündungsblätter oder/und Publikation einer konsolidierten Rechtssammlung. Angesichts des im Vergleich zur Gesetzgebung des Bundes oder der Länder deutlich geringeren Adressatenkreises könnte die Vermutung naheliegen, daß die im Zusammenhang mit einer Veröffentlichung im Internet entstehenden Kosten nicht in vernünftiger Relation zum dadurch erreichten Interessentenkreis stünden und daß daher die finanziellen Möglichkeiten kommunaler Haushalte gesprengt werden könnten. Dessen ungeachtet findet sich aber eine ganz offensichtlich immer größer werdende Zahl von Kommunen, die die Möglichkeiten des Internets unabhängig von ihrer Einwohnergröße zur Publikation ihres Ortsrechts nutzen. Dabei ist festzustellen, daß bis heute keine dieser Kommunen der Idee verfallen zu sein scheint, ihr Ortsrecht zu kommerzialisieren und Entgelte für derartige Informationen zu verlangen.[186] Insofern nährt schon diese Feststellung den Verdacht, daß die auf Bundes- und Landesebene zu beobachtende Kostenpflicht nicht nur die Reaktion auf entstandene hohe Kosten ist, sondern sich zumindest auch als Resultat einer größeren Nachfrage darstellt und damit wirtschaftliche Erwägungen den Kalkulationen zugrundeliegen.

Nur exemplarisch wird im folgenden das Angebot einiger zufällig ausgewählter Kommunen dargestellt.

1. Düsseldorf

Das Angebot der Landeshauptstadt Düsseldorf im Internet[187] umfaßt neben vielen anderen Informationen auch die Veröffentlichung des Stadtrechts. So existiert eine Sammlung der wichtigsten Rechts- und Verwaltungsvorschriften[188]. Sie enthält ortsrechtliche Satzungen, Ordnungen, Verordnungen, Verträge, Vereinbarungen, Verwaltungsvorschriften und Tarife. Vorschriften, die nur einmalige oder kurzzeitige Bedeutung haben, sind in dieser Sammlung

[184] http://www.thueringen.de.

[185] Vgl. auch *Hamacher*, StGR 11/1999, S. 23.

[186] So auch die Einschätzung von *Hamacher*, StGR 11/1999, S. 23

[187] Die Hauptseite des Angebotes ist zu finden unter http://www.duesseldorf.de.

[188] http://www.duesseldorf.de/recht/html/stare.htm.

allerdings ebensowenig wie Bebauungspläne wegen ihres erheblichen Umfangs aufgrund des notwendigen Kartenmaterials enthalten[189].

Über eine Sachgebietsgliederung kann man Zugriff auf zahlreiche konsolidierte Rechtstexte nehmen. Die jeweiligen Dokumente liegen als HTML-Dateien vor. Sie enthalten die Fundstellen der erstmaligen Verkündung im Amtsblatt und weisen außerdem den Stand der redaktionellen Bearbeitung nach. Möglich ist außerdem, sich das komplette Normangebot in komprimierter Form als ZIP-Datei[190] auf den eigenen Computer zu laden. Die ca. 1,5 MB große Datei erlaubt es damit, sich in aller Ruhe ohne weitere Verbindungskosten einen Überblick über das geltende Düsseldorfer Stadtrecht zu verschaffen und somit ständig eine ansehnliche Sammlung an ortsrechtlichen Vorschriften präsent zu haben.

Das ganze Angebot ist völlig kostenlos und erfordert auch keine Anmeldung. Die redaktionelle Betreuung durch das Amt für Organisations – und Personalentwicklung scheint kontinuierlich stattzufinden[191].

2. Paderborn

Auch die Stadt Paderborn hat das Internet als Informations-Plattform für sich entdeckt.[192] Neben einigen anderen Informationsmöglichkeiten für den Bürger findet sich auch eine Sammlung des Ortsrechts[193]. Dort sind weit über 100 Satzungen und Rechtsverordnungen in ihrer derzeitigen Fassung jeweils als Word-Dokumente in einer alphabetischen Liste aufgeführt. Ob dieses Angebot vollständig ist und jeweils auch zeitnah aktualisiert wird, bleibt offen. Definitiv nicht enthalten sind Bebauungspläne. Eine Online-Ausgabe des Amtsblattes sucht man schon deshalb vergebens, weil die Stadt Paderborn ihre öffentlichen Bekanntmachungen durch Veröffentlichung in den Lokalausgaben zweier überregionaler Tageszeitungen vollzieht[194] und daher über gar kein eigenes Amtsblatt verfügt.

Das ansonsten aber doch recht umfangreiche Informationsangebot ist völlig kostenlos und ohne Anmeldung zu benutzen. Durch die Benutzung des Word-Dateiformats ist es weiterhin auch völlig unproblematisch möglich, die jeweiligen Satzungen und Rechtsverordnungen auszudrucken oder auch für eigene Zwecke weiterzuverarbeiten.

3. Münster (Westf.)

Die Stadt Münster in Westfalen[195] bedient sich ebenfalls des Internets, um ihre Bürger über das Ortsrecht zu informieren. Sie veröffentlicht kostenlos und völlig frei abrufbar alle seit Januar 2000 erschienenen Ausgaben ihres Amtsblatts[196]. Die Ausgaben des amtlichen Verkündungsblattes der Stadt liegen jeweils als PDF-Dateien vor und sind frei von den mögli-

---

189 So die offizielle Information unter http://www.duesseldorf.de/recht/html/stare_vb.htm.

190 Zu finden über http://www.duesseldorf.de/recht/html/index.htm.

191 So befanden sich im August 2000 zahlreiche Dokumente auf dem redaktionellen Stand von August 2000.

192 Das Angebot ist zu finden unter http://www.paderborn.de.

193 Das Angebot findet sich hinter den Rubriken „Bürger-Info" und „Virtuelles Rathaus" oder direkt über die Adresse http://www1.paderborn.de/buergerservice/buergerserviceweb.nsf/StatuteWeb?OpenView.

194 Vgl. § 28 Abs. 1 Hauptsatzung Paderborn.

195 http://www.muenster.de.

196 Die Adresse für das Angebot lautet http://www.muenster.de/stadt/amtsblatt/index1.html.

chen Benutzungsrestriktionen. Das Abspeichern, Ausdrucken und Herauskopieren von Textpassagen ist damit möglich.

Sonstige Informationen über das Ortsrecht finden sich allerdings nicht.

4. Tönisvorst

Die dem Kreis Viersen angehörige Gemeinde Tönisvorst[197] bietet auf ihren Seiten ebenfalls Ausgaben ihres Amtsblatts an. Verfügbar sind die Ausgaben des amtlichen Blattes hier sogar schon seit dem 30.12.1999[198]. Die ersten Nummern stehen als WORD-Dokumente zur Verfügung. Ab November 1999 sind sämtliche Dokumente im PDF-Format erfaßt und einzeln abrufbar. Von den Sperrmechanismen, die das Dateiformat gestattet, wird kein Gebrauch gemacht. So ist denn auch das Ausdrucken und Herauskopieren von Textstellen möglich. Das Angebot ist ohne Anmeldung auch hier kostenlos von jedermann zu benutzen.

5. Speyer

Die Stadt Speyer[199] publiziert ebenfalls ihr stadteigenes Amtsblatt, in dem sie ihre kommunalen Rechtsvorschriften verkündet.[200] Verfügbar sind sämtliche Ausgaben seit Mai 2000. Sie stehen jeweils als html-Dokumente zur Verfügung. Besonders erwähnenswert erscheint die Volltextsuche, mit der man den kompletten Bestand durchsuchen kann. Das Angebot ist auch hier kostenlos.

6. Föritz

Die kleine Gemeinde Föritz[201], die mit ihren knapp 4000 Einwohnern zum thüringischen Landkreis Sonneberg gehört, bietet einmal zurückgehend bis einschließlich 1994 sämtliche Ausgaben ihres Amtsblattes als PDF-Dateien an.[202] Daneben bietet sie unter der Rubrik „Ortsrecht" eine systematisch gegliederte Zusammenstellung von insgesamt 18 Gemeindesatzungen an, die ebenfalls als PDF-Dateien abgerufen werden können. Sämtliche angebotenen Informationen stehen jedermann kostenlos zur Verfügung.

IV. Europäisches Gemeinschaftsrecht

Auch das Europäische Gemeinschaftsrecht wird im Internet publiziert.

1. Eur-Lex

Unter dem Titel Eur-Lex[203] existiert im Internet ein in allen Amtssprachen der Europäischen Gemeinschaft verfügbares Rechtsinformationssystem. Es wurde von der Kommission initiiert

---

197 http.//www.toenisvorst.de.

198 http://www.toenisvorst.de/seiten/amtsblatt.htm.

199 http://ww.speyer.de.

200 http://www.speyer.de/rathaus/amtsblatt.

201 Einstieg unter http://www.foeritz.de

202 http://www.foeritz.de/1024x768/edit/amtsblatt/amt2001.htm (Im August 2001 waren allerdings erst die Ausgaben ab 1999 verfügbar).

203 Der Einstieg in das deutsche Portal findet sich unter http://europa.eu.int/eur-lex/de/index.html.

und soll allen rechtsinteressierten Bürgern erleichtern, sich umfassend und schnell über juristische Angelegenheiten auf europäischer Ebene zu informieren[204]. Das Informationsangebot ist kostenlos und erfordert keine Anmeldung. Der Nachdruck der Informationen ist unter Angabe der Quelle ausdrücklich gestattet.[205] Die absolute Authenzität der Rechtsinformationen ist allerdings auch hier nicht gewährleistet. Rechtlich verbindlich sind ausschließlich die gedruckten Ausgaben des Amtsblattes der Europäischen Gemeinschaften.[206]

Das umfangreiche Informationsangebot umfaßt zum einen die grundlegenden Verträge über die EU und EG mitsamt Protokollen, Erklärungen und weiteren ergänzenden Dokumenten.[207] Außerdem werden angeboten die Ausgabe des Amtsblattes in den Teilen L (Rechtsvorschriften), C (Mitteilungen, Bekanntmachungen und vorbereitende EU-Rechtsakte) sowie die neue Reihe C E, die ausschließlich elektronisch publiziert wird.[208] Sie sind allerdings nur jeweils 45 Tage lang ab dem Zeitpunkt ihres Erscheinens kostenlos verfügbar.[209] Sie liegen während dieses Zeitraums abrufbar in einem chronologischen und kalendarischen Index vor. Außerdem besteht die Möglichkeit, über die direkte Angabe des Erscheinungsdatums, der Nummer und Seite eines bestimmten Amtsblattes genauso wie über eine Volltextsuche innerhalb eines beliebigen Erscheinungszeitraums ganz bestimmte Ausgaben der Amtsblätter abzurufen.[210] Jede einzelne Ausgabe besitzt ein Inhaltsverzeichnis, über das die jeweiligen Dokumente, die im HTML- und PDF-Format vorliegen, angesprungen werden können. Nach Ablauf der 45-Tages-Frist sind die weiterhin von den Suchfunktionen nachgewiesenen Inhalte der Amtsblätter allerdings nicht mehr kostenlos abrufbar. Sie stehen dann nur noch zahlenden Abonnenten des Informationsdienstes zur Verfügung, die für den Abruf Entgelte entrichten müssen.[211] Schließlich besteht die Möglichkeit, die Dokumente weiterhin in elektronischer Form über die monatlich erscheinende und kostenpflichtige CD-ROM zu beziehen.

Weiterhin kann über das kostenlose Angebot der Eur-Lex-Datenbank das gesamte geltende Gemeinschaftsrecht eingesehen werden. Erfaßt sind einmal sämtliche im Amtsblatt veröffentlichte Rechtsakte[212], auf die über einen Fundstellennachweis einfach zuzugreifen ist. Des weiteren kann der Benutzer Zugriff nehmen auf eine konsolidierte Rechtssammlung der derzeit geltenden Gemeinschaftsrechtsakte[213]. Die vom Amt für amtliche Veröffentlichungen der Europäischen Gemeinschaften hergestellten Rechtstexte können sowohl als HTML- als auch PDF-Dateien abgerufen werden. Zu erreichen sind sie sowohl über ein chronologisches Verzeichnis, das die Rechtsakte in der Reihenfolge ihrer Bearbeitung auflistet, als auch über eine sachgebietliche Gliederung, die sich am Fundstellennachweis orientiert. Die einzelnen konso-

---

204 *Weber*, NJW 1998, 2805 (2805).

205 So der Hinweis auf der Seite http://europa.eu.int/eur-lex/de/copyright.html.

206 Vgl. dazu http://europa.eu.int/eur-lex/de/copyright.html.

207 http://europa.eu.int/eur-lex/de/treaties/index.html.

208 Zu finden unter http://europa.eu.int/eur-lex/de/oj/index.html.

209 Informationen dazu finden sich unter http://europa.eu.int/eur-lex/de/help-about.html.

210 Die entsprechenden Suchmasken sind unter http://europa.eu.int/eur-lex/de/search/search_oj.html zu finden.

211 Die Höhe dieser Entgelte ließ sich allerdings noch nicht in Erfahrung bringen, da bislang der Dokumenten-Lieferdienst EUDOR für die Bereitstellung älterer Dokumente sorgte. Dessen Angebot soll nun aber in das des Eur-Lex-Dienstes integriert werden und ist in der bisherigen Form nicht mehr zugänglich (Stand: August 2001).

212 http://europa.eu.int/eur-lex/de/lif/index.html.

213 http://europa.eu.int/eur-lex/de/consleg/index1.html.

lidierten Texte enthalten eine Auflistung aller eingearbeiteten Änderungen mit ihren jeweiligen Fundstellen im Amtsblatt. Eine Verifizierung der Texte anhand der einzig rechtlich verbindlichen Quelle ist somit leicht möglich.

Außerdem kann man sich über gemeinschaftliche Rechtsakte informieren, die sich in der Vorbereitung befinden und die den Gesetzgebungsprozeß noch nicht vollständig durchlaufen haben.[214]

Alle bislang beschriebenen Datenbanken lassen sich schließlich über eine Suchmaske im Volltext durchsuchen.[215] Die gefundenen Suchergebnisse werden nach Relevanz sortiert. Möglich ist außerdem, das gesuchte Dokument direkt über seine Dokumentennummer (wie z.B. Nummer des Amtsblattes oder einer Entscheidung) aufzurufen.

Schließlich enthält das EUR-Lex-Angebot die neuesten Entscheidungen der europäischen Gerichte[216] sortiert nach Sachgebiet, Entscheidungsdatum oder auch Sachzusammenhang. Möglich ist außerdem, mit Hilfe einer Suchmaske nach ganz bestimmten Entscheidungen zu suchen.

2. Celex

Zu erwähnen ist weiterhin das System Celex[217], das interinstitutionelle System für die automatisierte Dokumentation des Gemeinschaftsrechts. Es ist schon seit 1981 für die Öffentlichkeit zugänglich. Es enthält umfassende Nachweise über das gesamte EU-Recht, die Gründungsverträge und weitere zahlreiche Rechtsvorschriften, die mehrsprachig in ihrem vollen Wortlaut wiedergegeben werden. Seine Benutzung ist allerdings ausschließlich kostenpflichtig möglich. Die Kosten für einen unbeschränkten Zugriff belaufen sich jährlich auf 1140 Euro, während es auch möglich ist, im Wege eines Einzelabonnements für die jeweiligen Benutzungen Entgelte zu entrichten. Fällig werden dann schon für den Suchvorgang 20 Cents, für den Abruf einer Kurz-Information zusätzlich 30 Cents und der Volltext eines Dokuments schlägt schließlich mit 1,20 Euro zu Buche.[218]

V. Recht anderer Länder

Der Blick über die deutschen Landesgrenzen hinweg läßt erkennen, daß auch andere Länder sich der neuen Möglichkeiten des Internets bedienen, um ihren Bürgern als Adressaten des nationalen Rechts die Möglichkeit zu bieten, davon Kenntnis zu nehmen.

Lediglich exemplarisch soll an dieser Stelle das Angebot zweier Länder vorgestellt werden.

1. Österreich

Das österreichische Bundeskanzleramt bietet seit Juni 1997 wesentliche Teile des verwaltungsinternen Rechtsinformationssystems (RIS) im Internet für jedermann an.[219] Der Zugang

---

214 http://europa.eu.int/eur-lex/de/com/index.html.

215 http://europa.eu.int/eur-lex/de/search.html.

216 http://europa.eu.int/jurisp/cgi-bin/form.pl?lang=de.

217 Zu erreichen unter http://europa.eu.int/celex/htm/celex_de.htm.

218 Preisinformationen finden sich unter http://europa.eu.int/celex/htm/doc/de/subscribe_de.htm.

219 http://www.ris.bka.gv.at.

ist völlig kostenlos und steht jedem Interessierten auch ohne Anmeldung offen.[220] Das Angebot an Informationen über Rechtsnormen Österreichs umfaßt zum einen eine konsolidierte Sammlung des Bundesrechts.[221] Neben der Möglichkeit, jede Norm in ihrer derzeitigen Fassung abzurufen, sind auch ältere Fassungen in der Datenbank enthalten. Möglich ist eine Suche nach exaktem Paragraph, Kurztitel des Gesetzes, Fundstelle im Gesetzblatt, Datum oder nach bestimmten Stichworten im Volltext. Abrufbar sind die einzelnen Paragraphen bzw. Artikel in HTML-Dokumenten, die jeweils neben dem Gesetzestext auch die entsprechenden Fundstellen im BGBl. enthalten und darüber hinaus auch die Daten des In- und Außerkrafttretens angeben. Vorhanden ist außerdem eine Sachgebietsgliederung, die es über entsprechende Gliederungsnummern gestattet, Gesetze mit Hilfe einer Suchmaske auch durch systematisches Vorgehen aufzufinden.

Ein weiterer Bestandteil des Rechtsinformationssystems ist das Archiv der Bundesgesetzblätter[222], von denen es in Österreich drei Teile gibt. Sämtliche Ausgaben sind seit 1983 erfaßt. Bis 1999 liegen sie allerdings nur im HTML-Format vor und enthalten keine Grafiken, Skizzen oder umfangreiche Tabellen. Seit 1999 werden die Ausgaben der Gesetzblätter nun fortlaufend im PDF-Format erfaßt und sind seit dem vollständig elektronisch abgebildet.[223] Einzelne Ausgaben können entweder direkt durch Angabe des Erscheinungsdatum oder der laufenden Nummern abgerufen werden oder aber über eine Suchfunktion, die eine Recherche in den Titeln der Inhalte oder auch im Volltext gestattet.

2. Schweiz

Die Schweiz nutzt das Internet ebenfalls zur Publikation ihres Rechts[224]. Bemerkenswert ist dabei zunächst, daß das Angebot des Schweizerischen Bundesrates und der Bundesverwaltung in den drei Amtssprachen Französisch, Italienisch und Deutsch vorhanden ist. Teilweise stehen die Informationen zusätzlich sogar in Rätoromanisch und Englisch zur Verfügung.

In dem schon aus diesen Gründen sehr umfangreichen Angebot findet sich zunächst die Amtliche Sammlung des Bundesrechts[225], in der alle erlassenen Bundesnormen, namentlich Bundesverfassung, die Bundesgesetze, die Bundesbeschlüsse, die völkerrechtlichen und die inter-

---

[220] Die Kostenfreiheit war bislang sogar gesetzlich garantiert: Im Jahr 1998 wurde die kostenlose Bereitstellung der Inhalte des Bundesgesetzblattes und der konsolidierten Fassung der Bundesnormendokumentation im Internet durch eine Änderung des § 7 Abs. 2 BGBlG (BGBl. I Nr. 158/1998) vorgeschrieben. Diese gesetzliche Änderung wurde laut *Hamacher*, StGR 1999, 23 (23) vom österreichischen Parlament einstimmig beschlossen. Inzwischen allerdings ist. Seit 1. Juli 2001 ist allerdings durch eine im Mai 2001 erfolgte Gesetzesänderung (BGBl. I Nr. 47/2001) der Passus der Unentgeltlichkeit ersatzlos weggefallen.

[221] http://www.ris.bka.gv.at/bundesrecht.

[222] http://www.bgbl.at/BGBL/BASIS/bgblmeta/www/bgbl/sf bzw. http://www.ris.bka.gv.at/bgbl/.

[223] Kurioserweise besteht über den Verlag Österreich, der zur ehemaligen Österreichische Staatsdruckerei AG gehört, die Möglichkeit, als zahlender Abonnent ebenfalls die Ausgaben des BGBl. in allen drei Teilen über das Internet als PDF-Datei abzurufen. Das Datenangebot scheint dabei identisch mit dem des RIS zu sein. Mehr noch werden die Benutzer des RIS bei der Abfrage der BGBl.-Ausgaben auf die Internetseiten des Verlages geführt, von denen der Abruf unentgeltlich ist. Selbst das Layout der jeweiligen Suchmasken auf den Webseiten ist beinahe identisch. (Vgl. dazu den Link des RIS, der auf die Seite http://www.verlagoesterreich.at/bgbl/ris führt und die Seiten auf http://www.bgbl.at, die zum Online-Angebot des Verlag Österreich gehören).

[224] http://www.admin.ch. oder http://www.admin.ch/ch/index.de.html für die Eingangsseite in Deutsch.

[225] http://www.admin.ch/ch/d/as/index.html.

kantonalen Verträge laufend publiziert werden. Die Ausgaben erscheinen wochentlich und sind als abrufbare PDF-Dateien ab September 1998 im Internetangebot komplett erfaßt. Dort wird außerdem die Systematische Sammlung seit März 1998 vollständig als elektronische Datenbank angeboten.[226] Sie stellt eine konsolidierte Gesetzessammlung dar, die auch als Loseblattsammlung in einer Printausgabe erscheint und in systematischer Gliederung sämtliche in der Amtlichen Sammlung erschienenen Rechtsnormen in ihrer geltenden Fassung nachweist. In der im Internet angebotenen elektronischen Ausführung lassen sich diese über eine systematische Sachgebietsgliederung abrufen. Des weiteren sind die Gesetze und andere Rechtsnormen auch direkt auffindbar über die Eingabe der entsprechenden Gliederungsnummer. Schließlich können sie auch über eine Suchfunktion, mit der die Gesetzesüberschriften, aber auch der Volltext sämtlicher Vorschriften durchsucht werden können, einfach aufgefunden werden.

Die jeweiligen Gesetze und die übrigen Vorschriften liegen jeweils als HTML-Datei oder im PDF-Format vor und weisen sämtliche Fundstellen der ergangenen Änderungen nach. Über einen einfachen Mausklick ist es des weiteren möglich, den Rechtstext in den beiden anderen Amtssprachen Französisch und Italienisch abzurufen. Die PDF-Dateien weisen keine gesperrten Funktionen auf und dürfen auch gewerblich weiterverarbeitet und weiterverbreitet werden.[227]

Auch wenn die Schweiz konsequent auf das Internet als Publikationsmedium setzt, so besitzen dennoch auch hier ausschließlich die gedruckten Ausgaben der Sammlungen Verbindlichkeit[228], wenngleich das gesamte elektronische Angebot aufgrund der amtlichen Urheberschaft eine hohe Authenzität besitzt.

Das gesamte Internet-Angebot ist kostenlos, was durch eine Gebührenvorschrift explizit festgeschrieben ist,[229] und kann ohne Anmeldung von jedem Interessierten genutzt werden.

VI. Private Angebote

Schließlich gibt es eine nicht zu übersehende Zahl von Angeboten Privater, die im Internet Rechtstexte anbieten. Das Angebot reicht vom Abdruck lediglich einzelner Gesetze in Auszügen in veraltetem Zustand bis zum vollständigen Bundesrecht, das täglich aktualisiert wird.[230] Zumeist werden die Rechtsnormen in konsolidierter Fassung angeboten. Gelegentlich wird aber auch der Inhalt der amtlichen Gesetzblätter wiedergegeben.[231] Herausgegeben werden die Informationen ganz unterschiedlich vom Privatmann, der keine wirtschaftlichen Zwecke da-

---

226 http://www.admin.ch/ch/d/sr/sr.html.

227 Gem. Art. 3 und 4 der Verordnung über die Gebühren für die Abgabe von Gebühren vom 24. Juni 1999, AS 1999, 1699 (in der aktuellen Fassung unter http://www.admin.ch/ch/d/sr/c172_041_12.html in der SR zu finden).

228 Vgl. Art. 14 Abs. 2 Publikationsverordnung vom 15. Juni 1998, AS 1998, 1526 i.d.F. vom 30.17. Mai 2000 (zu finden unter http://www.admin.ch/ch/d/sr/c170_512_1.html).

229 Die rechtlichen Rahmenbedingungen ließen auch die Erhebung einer Gebühr zu. Die Nutzung des Internetangebots ist gem. Art. 1 Abs. 3 der Verordnung über die Gebühren für die Abgabe von Rechtsdaten vom 24. Juni 1999 (zu finden unter http://www.admin.ch/ch/d/sr/c170_041_12.html) allerdings ausdrücklich unentgeltlich.

230 So bspw. beim Angebot des Nomos-Verlags unter http://www.bundesrecht.de und ebenfalls umfangreich, wenn aber wohl nicht vollständig, beim Angebot des Beck-Verlages unter http://www.beck.de.

231 So z.B. von der Makrolog GmbH, http://bgbl.makrolog.de.

mit verfolgt, dem gemeinnützigen Verein bis hin zum wirtschaftlichen Unternehmen, für den die wirtschaftliche Verwertung im Vordergrund steht. Unterschiedlich dürfte auch der Grad der inhaltlichen Authenzität einzustufen sein. Während oftmals die Herkunft und die Aktualität der angebotenen Rechtsnormen offen und damit auch der praktische Nutzen zweifelhaft bleibt, dürften andere Angebote aufgrund von regelmäßigen Aktualisierungen und erkennbarer Schwerpunktsetzung auf zuverlässige Information wenig Anlaß zu Kritik bieten. Meist allerdings steht der Nutzung derartiger Angebote ein hohes Entgelt als Hindernis entgegen.[232]

Da diese privaten Angebote aber keineswegs staatlich initiiert sind, sollen sie keine weitere Berücksichtigung finden.

232 Die Nutzung der Bundesrechtsdatenbank des Nomos-Verlags kostet jährlich 1998 DM, die vorhandenen Landesrechtsdatenbanken jeweils immerhin 498 DM. Der Beck-Verlag verlangt für seine Datenbank-Module „Schönfelder plus“ und „Sartorius plus“ jeweils ca. 120 DM pro Jahr.

Zweiter Teil: Publizität von Rechtsnormen als Rechtspflicht

§ 3 Geschichte und Funktion der Publikation von Rechtsnormen

Die Publikation von Rechtsnormen, also die Verbreitung von Gesetzesinhalten im allgemeinen kann durchaus unterschiedliche Funktionen erfüllen. Die damit verfolgten Zwecke haben sich im Laufe historischer Prägungen ebenso geändert und entwickelt, wie sich auch die konkreten Formen der Publizität mit der Zeit wandelten. Diese Entwicklungstendenzen sollen zunächst im folgenden kurz aufgezeigt werden.

I. Vorläufer der heutigen Gesetzgebung und ihre Publizität

Der Publikation von Rechtsnormen vorgeschaltet und zwingende Voraussetzung für eine solche war zunächst die Entwicklung zum geschriebenen und gesetzten Recht.[233] Im Mittelalter und bis hinein in die Neuzeit gab es zunächst die grundlegende Vorstellung, daß Recht gerade nicht von einem Gesetzgeber eigens geschaffen war, sondern zu verstehen sei als eine natürliche Ordnung, die den Dingen des Lebens innewohne und ewig gültig sei.[234] Der König war als oberster Richter Bewahrer des Rechts. Aber er war kein Gesetzgeber.[235] Die Grundsätze dieser Ordnung bildeten sich im Denken und Fühlen des Stammes bzw. Volkes, ohne daß eine bewußte Rechtsetzung mit Zweckerwägungen erfolgte.[236] Es bestand kein zwingendes Bedürfnis, die Rechtssätze aufzuschreiben. Die Entscheidung darüber, was denn rechtens war, konnte jederzeit durch Anrufen eines Gerichts, das dazu berufen war, Antworten auf eine bestimmte oder aber auch abstrakte Rechtsfrage zu finden, herbeigeführt werden.[237] Das auf diese Weise gefundene Recht konnte man zwar verbessern, indem man es berichtigte oder an neue Gegebenheiten anpaßte, man konnte aber kein Recht setzen.[238] Gleichwohl wurden diese sog. Weistümer teilweise schon aufgeschrieben, erlangten dadurch aber keine weitergehende Gültigkeit.[239] Immerhin wurden die Weistümer aber verlesen und sollten so stets in Erinnerung bleiben.[240] Eine erste Form von Publizität war damit schon erreicht.

Anerkannt war allerdings auch schon damals eine besondere Form von geschaffenem Recht. Die Satzung als rechtsgeschäftliche Absprache und Einigung zwischen einer Gemeinschaft schuf Rechtsregeln und setzte sie nicht schon als existent voraus.[241] Erreicht wurde eine derartige gültige Vereinbarung durch einen Schwur, mit dem sich der einzelne der Satzung un-

---

[233] Vgl. dazu die ausführliche Darstellung bei *Wittling*, Die Publikation der Rechtsnormen, S. 11 ff.

[234] *Ebel*, Geschichte der Gesetzgebung in Deutschland, S. 13; *Grawert*, Jura 1982, 250.

[235] *Ebel*, Geschichte der Gesetzgebung in Deutschland, S. 13; *Berkemann*, Ignorantia juris nocet, S. 84.

[236] *Ebel*, Geschichte der Gesetzgebung in Deutschland, S. 14.

[237] *Grawert*, Geschichtliche Grundbegriffe, „Gesetz", S. 868; *Ebel*, Geschichte der Gesetzgebung in Deutschland, S. 15.

[238] *Ebel*, Geschichte der Gesetzgebung in Deutschland, S. 20-21.

[239] *Ebel*, Geschichte der Gesetzgebung in Deutschland, S. 30 ff; *Mayer-Maly*, Rechtswissenschaft, S. 51.

[240] *Wittling*, Die Publikation der Rechtsnormen, S. 12 f.; *Berkemann*, Ignorantia juris nocet, S. 85; *Ebel*, Geschichte der Gesetzgebung in Deutschland, S. 17.

[241] *Grawert*, Jura 1982, S. 250; *Wittling*, Die Publikation der Rechtsnormen, S. 13.

terwarf.[242] Daraus resultierte aber eine lediglich begrenzte Rechtswirkung. Die Satzungen galten nicht automatisch gegen jedermann und immer nur für einen begrenzten Zeitraum, nach dessen Ende der Eid erneuert werden mußte.[243] Das änderte sich faktisch aber dann, als zur Durchsetzung einer allgemeinen eidlichen Unterwerfung einmal der einseitige Geltungsbefehl der Territorialherrscher kam und zum anderen in die Satzung die Verpflichtung aufgenommen wurde, Eidverweigerer wie Eidbrecher zu behandeln und ihnen somit den Schutz des Landfriedens zu versagen.[244] Eine Publikation der beschworenen Satzungen blieb meistens aus. Der Inhalt war schließlich auch jedem durch seinen Schwur bekannt und wurde durch die notwendigen Erneuerungen des Eids wiederholt ins Gedächtnis gerufen. Eine öffentliche Bekanntmachung war somit überflüssig.[245]

Eine Änderung trat mit zunehmender Herausbildung der Territorialstaaten und deren uneingeschränktem Herrschaftsanspruch ein. Dazu kam, daß alte Satzungen nun auch nicht mehr unbedingt regelmäßig neu zu beschwören waren. Sie galten irgendwann als feststehende Rechtssätze und Teil der natürlichen Ordnung und gerade nicht mehr als eidlich beschworene Satzung.[246] Der absolute Herrschaftsgedanke der Territorialfürsten brachte es außerdem mit sich, daß diese allgemein gültige Regeln schufen, deren Beachtung aufgrund des Herrschaftsgedanken Pflicht war und nicht aufgrund einer Vereinbarung.[247] Besondere Akzeptanz dieser neuen Rechtsregeln entstand im übrigen durch den allgemein schlechten Zustand der Länder, der sich unter anderem in dem Verfall der öffentlichen Ordnung niederschlug.[248] Mit dem neuen hoheitlich gesetzten Recht sollte die alte Ordnung wiederhergestellt werden, was sich einmal vertrug mit der Anwendung der alten Grundsätze einer natürlichen Rechtsordnung und andererseits wegen der offensichtlichen Notwendigkeit eines Eingreifens allgemein akzeptiert wurde. Allmählich wurde diese dadurch gewonnene Rechtsetzungsbefugnis ausgeweitet auf andere Rechtsgebiete.[249] Außerdem begann damit die Entwicklung weg von nachträglich gerichtlich durchzusetzendem Recht hin zu unmittelbar verhaltenslenkenden Geboten.[250] Während anfangs diese Gebote mündlich an Amtsleute der Landesherren ergingen, damit diese sie vor Ort durchsetzten, folgte wenig später deren schrifliches Ergehen. Eine direkte Adressierung an die Untertanen blieb aber weiterhin aus.[251] Im Zuge dieser Entwicklung wurde die Gesetzgebungsgewalt der Territorialfürsten immer mehr anerkannt, bis schließlich allgemein als Geltungsgrund der in dieser Form geschaffenen Gebote nicht mehr die ewige Rechtsordnung oder eine getroffene Vereinbarung, sondern einzig der Wille des Fürsten angesehen

---

242 *Ebel*, Geschichte der Gesetzgebung in Deutschland, S. 47; *Wittling*, Die Publikation der Rechtsnormen, S. 13.

243 *Grawert*, Jura 1982, S. 250; *Ebel*, Geschichte der Gesetzgebung in Deutschland, S. 47.

244 *Ebel*, Geschichte der Gesetzgebung in Deutschland, S. 47.

245 *Conrad*, Deutsche Rechtsgeschichte I, S. 351; *Severin*, Das Bundesgesetzblatt, S. 8; *Lukas*, Über die Gesetzes-Publikation in Österreich und dem Deutschen Reiche, S. 30.

246 *Ebel*, Geschichte der Gesetzgebung in Deutschland, S. 49.

247 *Severin*, Das Bundesgesetzblatt, S. 10.

248 *Wittling*, Die Publikation der Rechtsnormen, S. 18.

249 *Willoweit*, Gesetzgebung und Recht, S. 143; *Ebel*, Geschichte der Gesetzgebung in Deutschland, S. 64.

250 *Willoweit*, Gesetzgebung und Recht, S. 135 ff; *Wittling*, Die Publikation der Rechtsnormen, S. 19.

251 *Willoweit*, Gesetzgebung und Recht, S. 137; *Severin*, Das Bundesgesetzblatt, S. 10.

wurde.[252] Damit hatte sich eine Entwicklung von einer natürlichen hin zu einer von einem Gesetzgeber geschaffenen Rechtsordnung vollzogen.[253]

Im Zeitalter des Absolutismus war es dann das Anliegen der Fürsten, ihre Zentralgewalt zu Lasten der bis dahin mächtigen Stände durchzusetzen. Ein Mittel zur Verwirklichung dieses Ziels war die Gesetzgebung, aber auch die Rechtsprechung, die damals eng mit ihr verbunden war.[254] Mit der Zeit wurde zusehends das mittelalterliche Modell der Findung des schon bestehenden Rechts zugunsten der originären Rechtsetzung durch den Staat verdrängt. Nicht was Recht ist, sondern was Recht sein soll, rückte damit in den Vordergrund.[255]

Um die Beachtung seiner Gesetze noch stärker sicherzustellen, richteten sich bald sämtliche Gebote unmittelbar an die Untertanen und mußten nicht erst durch die Amtsleute vor Ort umgesetzt werden. Um diese unmittelbare Wirkung auch praktisch durchzusetzen, bedurfte es nunmehr auch der Kundbarmachung dieser Regeln gegenüber den Untertanen. Während zunächst die Aufgabe der Verbreitung der Gesetzesinhalte den Amtsleuten vor Ort überlassen wurde, wurde schon bald eine öffentliche Publikation eingeführt. Weil nicht immer von Anfang an offensichtlich war, wer alles die Rechtsregeln zu beachten hatte, wurde eine allgemeine Publikationsform gewählt.[256] Von Nutzen war des weiteren eine verständliche Gesetzessprache, die eine weitgehende Beachtung erst ermöglichte. Allerdings setzte sich die öffentliche Kundgebung als notwendige Voraussetzung für ein Wirksamwerden zunächst nicht durch.[257] Der Landesherr konnte sich nicht nur die Form einer Verkündung und Verbreitung seiner Verordnungen aussuchen, sondern die Verbindlichkeit derartiger Gesetze hing überhaupt nicht von einer förmlichen Publikation ab.[258] Immerhin wurden die Gesetze oftmals verlesen und auch mit Hilfe des inzwischen erfundenen Buchdrucks in schriftlicher Form festgehalte und verbreitet, bevor dann Anfang des 18. Jahrhunderts erste Richtlinien für die Bekanntmachung von Rechtsgeboten auftauchten.[259] Dennoch war der Wandel weg vom aus dem Rechtsgewissen geschöpften hin zum auf Subsumtion unter das Gesetz beruhenden Urteil mit einem entscheidenden Vorteil für den Untertan verbunden: Er konnte sich nun im voraus ausrechnen, welche Folgen sein Tun haben könnte.[260] Die so gewonnene rechtliche Berechenbarkeit bedeutete einen großen Fortschritt in Richtung Rechtsstaat.

Hinzu kam noch eine andere Entwicklung. Die Landesherren waren bestrebt, ihre Herrschaft auszubauen und abzusichern. Dies erreichten sie zum einen durch den Erlaß von Gesetzen, die Verhaltenspflichten für die Untertanen begründeten.[261] Deren allgemeiner Befolgung war es

---

252 *Wittling*, Die Publikation der Rechtsnormen, S. 19.

253 *Ebel*, Geschichte der Gesetzgebung in Deutschland, S. 72.

254 Nach *Ebel*, Geschichte der Gesetzgebung in Deutschland, S. 69, war die Gesetzgebungsgewalt des Fürsten nur ein Annex der ihm unstreitig zustehenden höchsten Gerichtsbarkeit.

255 *Ebel*, Geschichte der Gesetzgebung in Deutschland, S. 102.

256 *Noll*, Gesetzgebungslehre, S. 196; *Wittling*, Die Publikation der Rechtsnormen, S. 25.

257 Statt desen sollte sich ein jeder Untertan selbst um den Inhalt der Gesetze erkundigen, was wegen drohender Strafen oftmals auch in seinem Interesse lag, vgl. dazu *Ebel*, Geschichte der Gesetzgebung in Deutschland, S. 73.

258 *Lukas*, Über die Gesetzes-Publikation in Österreich und dem Deutschen Reiche, S. 46; *Ebel*, Geschichte der Gesetzgebung in Deutschland, S. 72.

259 *Ebel*, Geschichte der Gesetzgebung in Deutschland, S. 73; *Conrad*, Deutsche Rechtsgeschichte I, S. 351 ff.

260 *Ebel*, Geschichte der Gesetzgebung in Deutschland, S. 78.

261 *Wittling*, Die Publikation der Rechtsnormen, S. 20; *Ebel*, Geschichte der Gesetzgebung in Deutschland, S. 69.

förderlich, wenn sie einerseits allgemein bekannt waren, weil sie nur dann wissentlich befolgt werden konnten. Die Herrschaftsmacht der Landesherren wurde aber des weiteren auch dadurch verstärkt, daß die geschaffenen Gesetze von Behörden und Gerichten effektiv und im Sinne der Monarchen durchgesetzt wurden.[262] Dazu diente unter anderem ein Auslegungsverbot an die Gerichte, die sich bei Zweifelsfragen direkt an den Landesherren als Gesetzgeber zu wenden hatten.[263] Mit der Zielsetzung einer direkten Umsetzung des herrschaftlichen Willen wurde daher schon 1715 in Preußen eine erste Gesetzessammlung geschaffen,[264] nachdem zuvor Gesetze teilweise verlesen und öffentlich ausgehängt wurden, aber oftmals nicht in großem Umfang zur Kenntnis genommen wurden. Für die rechtliche Wirksamkeit war aber auch die schriftliche Textsammlung ohne Bedeutung. Sie sollte lediglich die Durchsetzung und Beachtung des Rechts verbessern und dem Rechtsadressaten den Einwand der entschuldbaren Rechtsunkenntnis abschneiden.[265] Daher enthielt sie auch nicht den vollständigen Abdruck sämtlicher Rechtssätze.[266] Gleichwohl setzte sich allgemein die Erkenntnis durch, daß ein erfolgreicher Gesetzvollzug auch eine starke Verbreitung der Rechtstexte voraussetzte.[267]

II. Das Verkündungswesen als Bestandteil der Gesetzgebung

Insofern ist mit der weiter zunehmenden Zentralisierung staatlicher Gewalt ein Bedürfnis dafür entstanden, Gesetze nicht nur zu schaffen, sondern sie auch dem Volk nahe zu bringen. Rechtsstaatliche Erwägungen, die den Schutz des Bürgers als zumeist belasteten Adressaten der geschaffenen Gesetze durch solche Erfordernisse vor Augen hatten, spielten anfangs allerdings keine Rolle. Der Schutz des Bürgers vor Verhaltensanforderungen durch unbekannte Gesetze war reiner Reflex. Dieser gedankliche Unterbau der rechtsstaatlichen Schutzfunktion entstand erst später im Zeitalter der Aufklärung.

Bereits 1793 wurde mit dem französischen „Bulletin des lois" ein Gesetzblatt geschaffen, das sämtliche erlassene Rechtsvorschriften enthielt und auch Privatpersonen portofrei zugänglich war.[268] Es ist der Vorläufer der bis heute in Deutschland[269] geltenden Verkündungsweise[270], die nunmehr als hauptsächliches Motiv den Schutz des Rechtsadressaten hat.[271]

Aber auch die Gründung des Bulletin des lois diente nicht überwiegend den Interessen der Bürger und Gesetzesadressaten. Vielmehr standen ganz andere Motive im Vordergrund: Die Zustände in Frankreich nach der Revolution verlangten nach einer besonderen Durchsetzungskraft eines revolutionär neuen Rechts, das wiederum zentral erlassen wurde. Ein hoher

---

262 *Wittling*, Die Publikation der Rechtsnormen, S. 22; *Drath*, Der Verfassungsrang der Bestimmungen über die Gesetzblätter, in: Gedächtnisschrift für Walter Jellinek, S. 255.

263 *Willoweit*, Gesetzespublikation, S. 618 f; *Conrad*, Deutsche Rechtsgeschichte II, S. 384.

264 *Willoweit*, Gesetzespublikation, S. 604 ff.

265 *Wittling*, Die Publikation der Rechtsnormen, S. 29.

266 *Willoweit*, Gesetzespublikation, S. 608.

267 *Wittling*, Die Publikation der Rechtsnormen, S. 22 ff; *Berkemann*, Ignorantia juris nocet, S. 88, 103 f.; *Hill*, DÖV 1988, 666 (669).

268 *Berkemann*, Ignorantia juris nocet, S. 96.

269 Die deutschen Einzelstaaten folgten dem französischen Beispiel bald: Bayern 1799, Baden 1803, Württemberg 1807, Preußen 1810; vgl. dazu *Maurer*, in: Bonner Kommentar, Art. 82 Rn. 87.

270 *Heydt*, Zum Verkündungswesen im demokratischen Rechtsstaat, in: Demokratie und Verwaltung, S. 465; *Severin*, Das Bundesgesetzblatt, S. 14.

271 *Mayer-Maly*, Rechtswissenschaft, S. 58; *Wittling*, Die Publikation der Rechtsnormen, S. 120 f.

Geltungsanspruch konnte aber nur mit der gesicherten Verbreitung des Rechts durchgesetzt werden. Das Bulletin des lois war als regelmäßig erscheinende Publikation, die sämtliche Gesetze enthielt, dazu geeignet. Zwar erreichte es nicht sämtliche Adressaten, die sich einer Kenntnis widersetzten. Aber rein theoretisch bestand auch für sie die Möglichkeit der Kenntnisnahme. Eine Berufung auf eine Nichtkenntnis wurde somit abgeschnitten. Natürlich wurde noch ein weiterer Vorteil mit dem Gesetzblatt erzielt. Das Recht verbreitete sich unverfälscht recht schnell im ganzen Land und unterstützte damit die Statthalter vor Ort, die mitunter bei ihrer Arbeit von konterrevolutionären Gegenspielern behindert wurden. Viele wollten sich nicht unter die Zentralgewalt Paris stellen.[272] Zugleich war damit gesichert, daß wirklich nur das mit Rechtsgeltung auftrat, was auch von der revolutionären Diktatur als Gesetz gewollt war.[273] Zunächst fand zwar noch eine Kombination von formeller und materieller Verkündung statt. Die Statthalter vor Ort mußten nämlich, um die Gesetze wirksam werden zu lassen, das Gesetzblatt zusätzlich verlesen bzw. aushängen. Alternativ reichte es aber auch, wenn sie durch durchreitende Heertruppen per Trompete und damit praktisch mit Waffengewalt ausgerufen wurden. Damit sicherte sich die Zentralgewalt in Paris ein wirksames Instrument zur Rechtsetzung im ganzen Land.

Eine ähnliche Entwicklung nahm auch das Verkündungswesen in Deutschland. Während die Paulskirchenverfassung noch nicht die Einrichtung eines zentralen Gesetzblattes vorsah und sich statt dessen der Verbreitung der Gesetze durch die einzelnen Länder bediente, erkannte man bei der Gründung des Reiches sehr schnell, daß die zentrale Gesetzgebungsgewalt nur durch ein bundesweit einheitlich erscheinendes Gesetzgebungsblatt sichergestellt war.[274] Nur so konnte man Interventionen der Länder ausschließen und die Adressaten der Gesetze unmittelbar selbst erreichen. 1871 wurde daher ein amtliches Publikationsorgan für Gesetze des Reiches eingerichtet. Jede andere Bekanntmachung, die nicht in dem vom Reichskanzler herausgegebenen Reichsgesetzblatt erfolgte, war unzulässig und vor allem ohne jede rechtliche Wirkung.[275]

Überhaupt ist seit der französischen Revolution in Frankreich, Preußen, Österreich und in anderen kontinental-europäischen Staaten eine Entwicklung der Gesetzespublikation zu strenger Formalisierung dergestalt zu beobachten, daß die ausschließlich verbindliche Bekanntgabe in amtlichen Gesetzeblättern erfolgt.[276]

Somit entstand die Verknüpfung bestimmter Publikationsformen mit dem Wirksamwerden von Gesetzen. Erst ab dem Zeitpunkt einer derartig vorgenommenen Veröffentlichung erhielten die Rechtsnormen nunmehr gleichzeitig für alle Betroffene unabhängig von deren tatsächlichen Kenntnisnahme rechtliche Wirksamkeit.

---

272 Vgl. dazu *Lukas*, Über die Gesetzes-Publikation, S. 82.

273 *Draht*, Der Verfassungsrang der Bestimmungen über die Gesetzblätter, in: Gedächtnisschrift für Walter Jellinek, S. 255.

274 *Drath*, Der Verfassungsrang der Bestimmungen über die Gesetzblätter, in: Gedächtnisschrift für Walter Jellinek, S. 245.

275 *Stern*, Staatsrecht, Band II, S. 633.

276 *Severin*, Das Bundesgesetzblatt, S. 13, *Schneider*, Gesetzgebung, Rn. 483.

III. Rechtsstaatliche Erwägungen

Heutzutage erfolgt die formale Verkündung von Gesetzen allerdings vorwiegend aus rechtsstaatlichen Erwägungen und nicht, um die Gesetzgebungskompetenz des Bundes gegenüber den Ländern abzusichern. Es gilt als absolut unstreitig, daß die Verkündung einen integrierenden Bestandteil des Rechtsetzungsaktes selbst darstellt, ohne den eine Rechtsnorm kein Recht werden kann.[277] Schon Kant verbreitete mit seiner „transzendentalen Formel des öffentlichen Rechts“[278] eine Programmatik vom Range eines ethischen und naturrechtlichen Grundsatzes, der recht bald von den liberalen Staatstheoretikern aufgegriffen wurde.[279] Es galt das Motto: „Alles lichtscheue, leichtsinnige und unordentliche Geheimregieren durch blos schriftliche und blos den Beamten mitgetheilte Geheimregieren höre auf“.[280] Der Gedanke, daß nur bekannte Normen Rechtsgeltung beanspruchen können, geht allerdings sogar schon auf Thomas von Aquin (1225-1274) zurück.[281] Aufgrund dieser Vorstellungen ergab sich für den aufgeklärten Gesetzgeber die Notwendigkeit, seine Gesetze zu publizieren bzw. sonstwie bekanntzumachen, wollte er ihre Geltung erreichen. Diese rechtsstaatliche Verpflichtung einer Publikation wurde in § 12 der Einleitung zum Allgemeinen Landrecht von 1794 aber gleichzeitig verknüpft mit der Pflicht des Bürgers, die Gesetze von sich aus zur Kenntnis zu nehmen, weil die Unkenntnis publizierter Gesetze kein Entschuldigungsgrund sei.[282] Damit wurde zugleich eine alte aus dem römischen Recht rezipierte Rechtsregel festgeschrieben: „ignorantia juris nocet“[283]. Während die regula ignorantia juris nocet in ihren römischen Ursprüngen vor allem dazu diente, die aus der Rechtsunkenntnis resultierenden Nachteile einer Partei zuzuweisen[284], wurde sie nunmehr zu einer Verpflichtung ausgeweitet. Der Rechtsunterworfene trug somit nicht nur die Nachteile, die sich aus der Unkenntnis ergaben, er war außerdem verpflichtet, sich um die Rechtskenntnis zu bemühen.

Der aufgeklärte Gesetzgeber konnte aber trotz dieser angeordneten Informationspflicht eine Rechtsgeltung seiner Normen vernünftigerweise nur fordern, wenn eine ausreichende Informationsmöglichkeit gegeben war.[285] Dem einzelnen mußte es somit möglich sein, mit zumutbarem Aufwand sich die Rechtskenntnis zu verschaffen.[286]

---

277 Vgl. nur *Giese*, Verkündung und Gesetzeskraft, AöR 76 (1950/51), 464 (467); *Hill*, Einführung in die Gesetzgebungslehre, S. 131; *Hallier*, Die Ausfertigung und Verkündung von Gesetzen, AöR 85 (1960), 391 (405); *Maurer*, in: Bonner Kommentar, Art. 82 Rn. 86; *Pieroth*, in: Jarass/Pieroth, GG, Art. 82 Rn. 1; BVerfGE 7, 330 (337); 40, 237 (250); 42, 263 (283); 65, 283 (291); BGHZ 76, 387 (390).

278 „Alle auf das Recht anderer Menschen bezogenen Handlungen, deren Maxime sich nicht mit der Publizität verträgt, sind unrecht“, zitiert aus *Kant*, Zum ewigen Frieden, Anhang II, in: Kleinere Schriften zur Geschichtsphilosophie, Ethik und Politik, Leipzig 1913, S. 161.

279 *Martens*, Öffentlich als Rechtsbegriff, S. 51.

280 Nachgewiesen von *Berkemann*, Ignorantia juris nocet, S. 94.

281 Nachgewiesen bei *Mayer-Maly*, Rechtswissenschaft, S. 58.

282 § 12 Einleitung ALR: „Es ist aber auch ein jeder Einwohner des Staates sich um die Gesetze, welche ihn oder sein Gewerbe und seine Handlungen betreffen, genau zu erkundigen gehalten; und es kann sich niemand mit der Unwissenheit eines gehörig publizierten Gesetzes entschuldigen“.

283 Paul. Digesten 22, 6, 9; vgl. andere Varianten dieses Satzes *Liebs*, Lateinische Rechtsregeln und Rechtssprichwörter, S. 64 (E Nr. 31), S. 86 (J Nr. 10, 12, 13), S. 104 (J Nr. 176).

284 *Mayer-Maly*, Rechtsirrtum und Rechtsunkenntnis, S. 139.

285 *Berkemann*, Ignorantia juris nocet, S. 89; *Wittling*, Die Publikation der Rechtsnormen, S. 29 u. 40.

286 *Heydt*, Zum Verkündungswesen im demokratischen Rechtsstaat, in: Demokratie und Verwaltung, S. 463 ff.; *Martens*, Öffentlich als Rechtsbegriff, S. 75 ff.; *Maurer*, in: Bonner Kommentar, Art. 82 Rn. 91.

Als mögliche Varianten, diesem Informationsbedürfnis und dieser Informationsverschaffungspflicht nachzukommen, werden im großen und ganzen zwei jedenfalls im Ansatz unterschiedliche Formen erkannt.[287]

1. Materielle Verkündung

Die sog. materielle Verkündung[288] ist darauf gerichtet, daß eine tatsächliche Bekanntgabe der Gesetze den Betroffenen gegenüber erfolgt. Möglichst die gesamte Bevölkerung wird somit vom Inhalt der Gesetze in Kenntnis gesetzt.[289] Dies kann auf verschiedene Art und Weise geschehen, z. B. durch Verteilen schriftlicher Textexemplare, öffentlichen Aushang an zentralen Orten, Abdruck in Tageszeitungen, durch Verlesen des Textes an öffentlichen Orten oder über Mitteilung in Rundfunk und Fernsehen.[290] Der Gesetzestext wird somit der Bevölkerung in irgendeiner Form nahe gebracht. Er verläßt den staatlichen Bereich und wird den Bürgern „sozusagen auf dem Präsentierteller" entgegengetragen.[291] Dadurch, daß die Bürger möglichst ohne Ausnahme und direkt ohne eigene Initiative angesprochen werden, sollen möglichst alle Betroffenen tatsächliche Kenntnis über die Gesetze erlangen.[292] Auf diese Weise eine allgemeine Kenntniserlangung zu erreichen, ist aber in der Realität unmöglich, da es auch bei größten Anstrengungen nicht zu vermeiden ist, daß einzelne Personen von den dargebrachten Informationen nicht erreicht werden.[293] Insofern bleibt die Unterrichtung der gesamten Bevölkerung auch bei dieser Form eine Fiktion.[294] Es kann daher auch nicht Voraussetzung für die Rechtsgeltung einer Norm sein, daß sie der gesamten betroffenen Bevölkerung durch die Verkündung tatsächlich bekannt geworden ist. Letztlich bedeutet somit die materielle Verkündung nur, daß die Rechtstexte der Bevölkerung in einer besonderen Weise nahe gebracht werden, die eine tatsächliche Kenntnisnahme wahrscheinlich werden läßt. Der Schwerpunkt einer derartigen Publizität liegt in der Erreichung einer möglichst großen Öffentlichkeit und weiten Verbreitung des Rechts.

2. Formelle Verkündung

Anders verhält es es sich dagegen bei der sog. formellen Verkündung, bei der die tatsächliche Verbreitung der Gesetzeskenntnis nicht im Vordergrund steht. Die Verbreitungsfunktion ist im wesentlichen reduziert auf die Gewährung der schlichten Möglichkeit, sich die Kenntnis zu verschaffen.[295] Vorausgesetzt wird dabei, daß sich die Bürger selbständig um die Kenntnisnahme bemühen müssen.[296] Entscheidend ist nicht, daß tatsächlich viele Betroffene von der

[287] Es handelt sich dabei um eine begriffliche Unterscheidung, die eher technischer als juristischer Natur ist.

[288] Die Bezeichnung geht zurück auf *Liebenow*, Die Promulgation, S. 57 und *Lukas*, Über die Gesetzes-Publikation in Österreich und dem Deutschen Reiche, S. 7 ff.

[289] *Sahlmüller*, Ausfertigung und Verkündung von Gesetzen in Bund und Ländern, S. 71.

[290] Zu weiteren Beispielen *Stern*, Staatsrecht, Band II, S. 633.

[291] *Lukas*, Über die Gesetzes-Publikation in Österreich und dem Deutschen Reiche, S. 7 ff.; ähnlich *Ziegler*, Die Verkündung von Satzungen und Rechtsverordnungen in den Gemeinden, S. 101.

[292] *Severin*, Das Bundesgesetzblatt, S. 11.

[293] Vgl. dazu auch *Maurer*, in: Bonner Kommentar, Art. 82 Rn. 90 f.

[294] So auch *Severin*, Das Bundesgesetzblatt, S. 12; *Maurer*, in: Bonner Kommentar, Art. 82 Rn. 90.

[295] *Severin*, Das Bundesgesetzblatt, S. 11; *Maurer*, in: Bonner Kommentar, Art. 82 Rn. 91.

[296] *Ziegler*, Die Verkündung von Satzungen und Rechtsverordnungen in den Gemeinden, S. 101.

eingeräumten Informationsmöglichkeit Gebrauch machen und daher Kenntnis von den Rechtsnormen erlangen.

Die formelle Verkündung ist streng formalisiert[297] und läßt es dagegen damit bewenden, daß ein bestimmter formeller Akt vollzogen wird. Dieser bewirkt die Fiktion, daß das Gesetz nunmehr allen Betroffenen bekannt ist.[298] Es ist für die formelle Verkündung durchaus ausreichend, aber immerhin auch notwendig, wenn eine Möglichkeit zur Kenntnisnahme geschaffen wird.[299] Erhält der einzelne die Möglichkeit, sich Kenntnis zu verschaffen, so bewirkt dies die Fiktion tatsächlicher Kenntnisnahme und damit den Vollzug der notwendigen Verkündung. Es ist nicht entscheidend, daß tatsächlich viele Betroffene von dieser Möglichkeit Gebrauch machen und sich über das geltende Recht informieren. Allein entscheidend ist, daß sie die Möglichkeit haben, dies zu tun.

Diesem Typus der Verkündung entspricht die Aufnahme der gesetzlichen Vorschriften in ein zentrales Gesetzblatt, dessen Ausgaben von jedermann bezogen werden können. Die Aufnahme sämtlicher Rechtsnormen und die allgemeine Bezugsmöglichkeit stellt dann sicher, daß sich jedermann die Kenntnis von den erlassenen Gesetzen verschaffen kann.

Die Unterscheidung zwischen formeller und materieller Verkündung ist allerdings nicht weiter ergiebig, da beide Formen nicht trennscharf voneinander abzugrenzen sind.[300] So führt auch der formalisierte Abdruck in Gesetzesblättern dazu, daß ein gewisser Personenkreis dadurch direkte Kenntnis von den abgedruckten Gesetzen erhält. Gleichzeitig ermöglicht auch eine materielle Verkündung nicht, daß sämtlichen Teilen der Bevölkerung die verkündeten Gesetze bekannt werden. Letztlich dürften auch beide Varianten die Möglichkeit zur Information und damit die Gelegenheit bieten, sich bei gewisser Eigeninitiative die Kenntnis tatsächlich zu verschaffen. Die Unterscheidung zwischen formeller und materieller Verkündung ist somit rein technischer Natur.[301] Sie zeigt lediglich, daß die Bekanntmachung des Rechts unter verschiedenartiger Schwerpunktsetzung erfolgen kann: Bei der materiellen Verkündung steht eindeutig im Vordergrund die möglichst weitgehende tatsächliche Verbreitung der Rechtskenntnis, während bei der formellen Verkündung anderen Funktionen auf Kosten dieser Zielsetzung mehr Bedeutung zukommt.[302] Durch den fortlaufenden und verbindlichen Abdruck der neu ergehenden Rechtsnormen in einem eigens dafür eingerichteten Gesetzblatt wird eine Informationsquelle geschaffen, mit der eindeutig und ohne Zweifel festgestellt werden kann, wie der exakte Wortlaut aller geltenden Rechtsnormen lautet (Authenzität). Außerdem ist durch die Aufnahme sämtlicher Rechtsnormen sichergestellt, daß nicht noch mit anderweitig ergangenen Rechtsnormen gerechnet werden muß (Vollständigkeit). Schließlich gewährt diese Form der Verkündung die Möglichkeit, daß die Kenntnisnahmemöglichkeit für die gesamte Dauer der Gültigkeit der Rechtsnormen bestehen bleibt und sich nicht auf einen einmaligen Zeitpunkt beschränkt (Dauerhaftigkeit). Dafür mangelt es dieser Form der Bekanntmachung in der Praxis an Akzeptanz; von der Bevölkerung werden die Gesetzblätter

---

297 *Maurer*, in: Bonner Kommentar, Art. 82 Rn. 91.

298 *Hallier*, Die Ausfertigung und Verkündung von Gesetzen, AöR 85 (1960), 391 (408).

299 *Severin*, Das Bundesgesetzblatt, S. 11; *Maurer*, in: Bonner Kommentar, Art. 82 Rn. 91.

300 Severin, Das Bundesgesetzblatt, S. 12.

301 So auch Severin, Das Bundesgesetzblatt, S. 12; *Sahlmüller*, Ausfertigung und Verkündung von Gesetzen in Bund und Ländern, S. 72; *Maurer*, in: Bonner Kommentar, Art. 82 Rn. 91.

302 *Jastrow*, ZgesStW 79 (1925), 40 (50 f.) und auch *Noll*, Gesetzgebungslehre, S. 197 f.

eher selten in Anspruch genommen[303] Sie ist offensichtlich nicht die optimale Form, den Bürgern direkte Rechtskenntnis zu vermitteln (Öffentlichkeit).

Die formelle Verkündung durch Abdruck in Gesetzesblättern hat als Verkündungsform jedenfalls in Deutschland jede andere verbindliche Verkündungsform beinahe vollständig verdrängt.[304] Lediglich im Bereich des örtlich geltenden Rechts gibt es noch gelegentlich davon abweichende Formen, bei denen auf den Abdruck in Gesetz- oder Amtsblättern verzichtet werden kann.[305] Der eindeutige Schwerpunkt der heutigen Verkündung liegt damit in der Gewährleistung von Authenzität, Vollständigkeit und Dauerhaftigkeit.[306]

IV. Unterschied zwischen formaler Verkündung und weitergehender Publizität von Rechtsnormen

Die Verkündung – sei es die materielle oder formelle – ist heute der das Gesetzgebungsverfahren beendende Akt, ohne den kein Gesetz Gültigkeit erlangt.[307] Damit ist im Grunde die Verkündung der Gesetze schon im wesentlichen erklärt. Sie verhilft beschlossenen Gesetzen zu ihrer Wirksamkeit. Darüber hinaus trägt sie – und das ist ihr wesensimmanent – zur allgemeinen Publizität und Verbreitung der Rechtsnormen bei.[308] Denn durch die formale Verkündung wird eine jede Rechtsnorm irgendwie in die Öffentlichkeit getragen, sei es, daß sie durch materielle Verkündung möglichst direkt und tatsächlich an die meisten Gesetzesadressaten gelangt oder aber bei formeller Verkündung diesen derart nahe kommt, daß sie jedenfalls die Möglichkeit einer Kenntnisnahme haben.

Doch die Publizität insgesamt und die allgemeine Verbreitung von Rechtsnormen ergibt sich noch lange nicht allein durch diese Formen der staatlichen Verkündung. Schon früher wurde geltendes Recht aufgrund privater, aber auch landesherrschaftlicher Initiative aufgeschrieben oder verlesen, ohne daß diese Formen der Publizität Auswirkungen auf die Rechtswirksamkeit gehabt hätten.[309] Dennoch war es den Betroffenen nur mit Hilfe dieser eigentlich unverbindlichen Quellen möglich, sich über die geltende Rechtsordnung zu informieren. Die tatsächliche Rechtskenntnis der Bürger entsteht nicht nur durch die Verkündung, die noch Bestandteil des Gesetzgebungsverfahrens ist, sondern durch viele andere Formen, die im Anschluß an diese primäre Veröffentlichung erfolgen.[310]

Der Staat als Produzent von Rechtsnormen kann über die formale Verkündung hinaus, die allein Wirksamkeitsvoraussetzung ist, für eine weitere Verbreitung der Rechtsnormen selbst sorgen. Denkbar sind viele Formen: Von der Zusatzveröffentlichung der erlassenen Geset-

---

303 *Noll*, Gesetzgebungslehre, S. 197; *Maurer*, in: Bonner Kommentar, Art. 82 Rn. 92; *Konzelmann*, Methode landesrechtlicher Rechtsbereinigung; S. 106; *Krüger*, Der Adressat des Rechtsgesetzes, S. 70.

304 *Severin*, Das Bundesgesetzblatt, S. 13; *Berkemann*, Ignorantia juris nocet, S. 99; *Hallier*, Die Ausfertigung und Verkündung von Gesetzen, AöR 85 (1960), 391 (408).

305 Vgl. dazu *Gern*, Deutsches Kommunalrecht, Rn. 284.

306 So auch *Noll*, Gesetzgebungslehre, S. 198; *Jastrow*, ZgesStW 79 (1925), 40 (50 f.); zur Dauerhaftigkeit vgl. auch *Ziegler*, Die Verkündung von Satzungen und Rechtsverordnungen der Gemeinden, S. 112 f.

307 *Stern*, Staatsrecht, Band II, S. 633.

308 So auch *Maurer*, in: Bonner Kommentar, Art. 82 Rn. 92 mit Hinweis auf andere Formen der Publizität.

309 Vgl. *Ebel*, Geschichte der Gesetzgebung in Deutschland, S. 73; *Berkemann*, Ignorantia juris nocet, S. 84.

310 Diese Unterscheidung nimmt bereits *Krüger*, Der Adressat des Rechtsgesetzes, S. 70 vor; vgl. auch *Ziegler*, Die Verkündung von Satzungen und Rechtsverordnungen der Gemeinden, S. 110.

ze[311], deren Zurverfügungstellung in öffentlichen Bibliotheken, der Errichtung einer Hotline, die auf Anfrage Auskünfte erteilt[312], der Kommentierung in Einzelfragen, beispielsweise durch einen Ratgeber in Rentenfragen sind viele Formen denkbar, die diese Funktion erfüllen. Derartiges rein informationelles Handeln, das nicht auf die Herbeiführung von Rechtsfolgen gerichtet ist, läßt sich unter den allgemeinen Begriff staatlicher Öffentlichkeitsarbeit zusammenfassen, worunter all das zu verstehen ist, was der Staat zur Information, Werbung und Aufklärung an die Öffentlichkeit adressiert.[313]

Einen weiteren und vermutlich sogar größeren Beitrag zur Verbreitung der Gesetzeskenntnis leisten allerdings private Multiplikatoren durch ihre Publikationstätigkeit.[314] Rundfunk, Fernsehen und vor allem die Presse berichten – angestoßen von der staatlichen, aber auch einer privaten Publikation – in ganz unterschiedlicher Weise und Umfang über gerade neu ergangene oder auch schon bestehende gesetzliche Regelungen, ohne daß ihre Tätigkeit in irgendeiner Form dem Gesetzgeber oder Staat allgemein zuzurechnen wäre. Dennoch dürften sie faktisch mehr Bürger erreichen als der Staat mit der Gesetzesverkündung bzw sonstigen Publikationen und ihnen so die Gesetze nahe bringen.[315] Dabei kann den Bürgern die Gesetzeskenntnis auf verschiedene Art und Weise vermittelt werden. Notwendig ist nicht immer der genaue Wortlaut einer Rechtsnorm, um deren Inhalt zu vermitteln. Oftmals – gerade für juristische Laien – sind erläuternde Erklärungen und Veranschaulichungen wesentlich erhellender und vermitteln auf effektivere Art und Weise die Rechtskenntnis über bestimmte Rechtsnormen. Allein entscheidend bleibt allerdings immer der Text der Norm, so wie sie verkündet worden ist.

Folglich wird auf vielfältige Weise eine weitergehende Aufklärung über die Gesetze erreicht, ohne die ausschließliche Verbindlichkeit der formal verkündeten Rechtstexte anzutasten.[316] Vielfach dürften diese alternativen Verbreitungswege de facto die einzigen Informationsquellen für interessierte und betroffene Bürger darstellen.[317]

Somit ist zu unterscheiden die formale Verkündung, die Bestandteil des Gesetzgebungsverfahrens ist und durch die ein Gesetz erst rechtswirksam werden kann, von der übrigen Publizität, die sich durch weitere staatliche Information und vor allem durch die Tätigkeit privater Multiplikatoren ergibt. Letztere werden allerdings auf freiwilliger privater Basis tätig und unterliegen dabei nicht den rechtlichen Bindungen, die den Staat treffen.[318] Ihre Aufklärungsarbeit erfolgt nicht zuletzt auch aus diesem Grund, aber vor allem wohl aufgrund verfolgter

---

311 So werden beispielsweise Steuergesetze in der Regel auch in dem vom Bundesfinanzminister herausgegebenen Bundesteuerblatt Teil I abgedruckt, ohne daß dieser Zusatzveröffentlichung irgendwelche Rechtsverbindlichkeit zukäme.

312 Einen derartigen Vorschlag machte *Weichert* auf dem Symposium des Landesbeauftragten für Datenschutz und Akteneinsicht Brandenburg am 25./26. Oktober 1999 in Potsdam, vgl. das Redemanuskript unter http://www.lda.brandenburg.de/internat/Symp99/weichert.pdf.

313 Zum Begriff der staatlichen Öffentlichkeitsarbeit vgl. *Schürmann*, Öffentlichkeitsarbeit der Bundesregierung, S. 53 ff., 74; vgl. auch BVerwGE 82, 76 (80 f.); BVerfG NJW 1989, 3269 (3270).

314 *Noll*, Gesetzgebungslehre, S. 201; *Ziegler*, Die Verkündung von Satzungen und Rechtsverordnungen der Gemeinden, S. 110; *Konzelmann*, Methode landesrechtlicher Rechtsbereinigung; S. 106.

315 *Kirchhof*, DÖV 1982, 397 (399); *Noll*, Gesetzgebungslehre, S. 201.

316 Ähnlich auch *Maurer*, in: Bonner Kommentar, Art. 82 Rn. 92 f. und *Ziegler*, Die Verkündung von Satzungen und Rechtsverordnungen der Gemeinden, S. 110.

317 So auch *Maurer*, in: Bonner Kommentar, Art. 82 Rn. 93.

318 *Berkemann*, Ignorantia juris nocet, S. 109.

wirtschaftlicher Ziele zumeist nur selektiv[319] und durchzieht nicht gleichmäßig alle Ebenen des Rechts[320]. Auch wenn sie im Ergebnis für den Staat unverzichtbar ist, soll diese private Form der Publizität im Rahmen dieser Arbeit keine weitere Berücksichtigung finden. Schwerpunkt sollen vielmehr die Aktivitäten sein, mit denen der Staat seinen Bürgern die Rechtskenntnis über die Gesetze und sämtliche anderen Rechtsnormen direkt selbst vermittelt.

Während die formale Verkündung der Rechtssicherheit dient, indem die Rechtsnormen bestimmt und verbindlich zugänglich gemacht werden, bewirkt eine weitergehende Publizität weitere Aufklärung und Information.[321] Beide Formen können parallel nebeneinander erfolgen. Dabei muß allerdings aus rechtsstaatlichen Gründen ein Schwerpunkt auf der Verbindlichkeit und Bestimmtheit liegen, der es den Bürgern erlaubt, verläßliche Informationen zu erhalten. Die formale Verkündung als Bestandteil und Abschluß des Gesetzgebungsverfahrens – erfolgt sie nun im Gesetzesblatt (formelle Verkündung) oder durch Verlesen, Aushang etc. (materielle Verkündung) – muß damit die Form sein, die allein verbindlich ist und einzig den Wortlaut der Gesetze festlegt. Weitergehende staatliche Publikationen in alternativen Formen staatlicher Öffentlichkeitsarbeit erfolgen daher unverbindlich und rein nachrichtlich. Gleichwohl tragen sie möglicherweise faktisch sogar mehr zu einer tatsächlichen Verbreitung der Rechtskenntnis bei. Schließlich dürfte der Bürger, der sämtliche Ausgaben des Bundesgesetzblattes, des Gesetz- und Verordnungsblattes seines Landes und des Amtsblattes seiner Gemeinde eingehend liest und sich auf diese Weise über die an ihn gestellten rechtlichen Verhaltensanforderungen informiert, in der Praxis nicht häufig anzutreffen sein.[322] Vielmehr sorgt erst die Kombination von vielfältigen rechtlichen Informationen im Rahmen der staatlichen Öffentlichkeitsarbeit und der alleine verbindlichen Veröffentlichung der Gesetzestexte durch die formale Verkündung für die tatsächliche Publizität und Verbreitung des Rechts.[323]

So liegt es nahe, die Untersuchung der rechtlichen Verpflichtung zur staatlichen Verbreitung von Rechtsnormen in diese rechtlichen Kategorien zu fassen und eventuelle Rechtspflichten daran abzuarbeiten.

§ 4 Verpflichtung zur Verbreitung von Rechtsnormen, insbesondere zu ihrer Bereitstellung im Internet

Es stellt sich somit die Frage, ob den Staat aufgrund rechtlicher Gebote die Pflicht trifft, Rechtsnormen zu publizieren und ob diese Pflichten auch insbesondere die Verbreitung über das Medium Internet erfassen. Eine solche rechtliche Pflicht könnte zunächst für die formale Gesetzesverkündung als abschließender Bestandteil des Gesetzgebungsverfahrens gelten. Jedenfalls könnte schon eine Verkündungspflicht eine bestimmte Form und ein besonderes Maß

---

319 *Schürmann*, Öffentlichkeitsarbeit der Bundesregierung, S. 160; *Kriele*, ZRP 1990, 109 (116); vgl. dazu auch unten § 4 II 1. a), S. 121 f.

320 Dazu *Kirchhof*, DÖV 1982, 397 (400 ff.).

321 *Hill*, Einführung in die Gesetzgebungslehre, S. 131; *Noll*, Gesetzgebungslehre, S. 198 f.

322 Vgl. dazu nur *Maurer*, in: Bonner Kommentar, Art. 82 Rn. 93; *Mönkemeyer*, JurPC 1993, 2175 (2175); *Konzelmann*, Methode landesrechtlicher Rechtsbereinigung; S. 106.

323 So auch *Ziegler*, Die Verkündung von Satzungen und Rechtsverordnungen der Gemeinden, S. 110; *Berkemann*, Ignorantia juris nocet, S. 109; *Noll*, Gesetzgebungslehre, S. 201.

an Publizität erfordern, deren Erreichen ohne Zuhilfenahme neuer Medien und ohne das Internet nicht möglich ist.

Zum anderen stellt sich die Frage, ob der Staat außerdem dazu verpflichtet ist, neben der formalen Gesetzesverkündung für eine zusätzliche, wenngleich auch nicht gleichermaßen verbindliche Publikation Sorge zu tragen. Eine von der formalen Verkündung unabhängige und daneben tretende Publikation könnte möglicherweise sogar in effektiverer Weise die Zugänglichkeit der Bürger zu den Rechtsnormen gewährleisten. Weil die formale Gesetzesverkündung immer auch eine authentische Informationsquelle sein muß, deren Schwerpunkt in der verläßlichen Information liegt, leuchtet ein, daß sie sich nur beschränkt dazu eignet, den Bürgern die Gesetzeskenntnis möglichst einfach und wirkungsvoll zu vermitteln. Dieses Defizit, das allerdings insofern systembedingt ist, müßte der Staat vielleicht aus rechtlichen Gründen dadurch ausgleichen, daß er eine weitergehende Publizität herstellt und den Bürgern zusätzliche Informationsangebote unterbreitet, mit denen diese sich über das Recht informieren können.[324]

I. Formale Verkündungsgrundsätze

Derartige Rechtspflichten könnten sich zunächst aus den oben dargestellten Verkündungsgrundsätzen ergeben. Es wäre denkbar, daß die heutzutage als absolut notwendig erachtete Gesetzesverkündung es erfordert, daß Rechtsnormen auf bestimmte Art und Weise in die Öffentlichkeit gelangen müssen und dies zwingend auch unter Zuhilfenahme der Veröffentlichung über das Internet geschehen muß.

1. Verfassungsrechtliche Anforderungen an die formale Verkündung

Da schon das GG und entsprechend auch die Verfassungen der Länder Regelungen über die Gesetzesverkündung enthalten und des weiteren beinahe unisono in Rechtsprechung und Literatur die Feststellung anzutreffen ist, daß sich die Notwendigkeit der formalen Verkündung von Gesetzen schon aus allgemeinen Verfassungsprinzipien, vor allem aus dem Rechtsstaatsprinzip ergebe,[325] bietet es sich an zu untersuchen, ob der Staat nicht schon aufgrund verfassungsrechtlicher Vorgaben auf dargestellte Weise verpflichtet ist.

a) Rechtsstaatsprinzip

Zunächst könnte schon das Rechtsstaatsprinzip als eines der elementaren Prinzipien des Grundgesetzes[326] eine Gesetzesverkündung über das Internet verlangen. Teilweise wird es

---

324 So beispielsweise durch die zusätzliche Publikation der Gesetze in konsolidierter Fassung, in die die formal verkündeten Gesetzesänderungen eingearbeitet sind, ohne daß einer Zusatzveröffentlichung Rechtsverbindlichkeit zukäme. Als eine andere Form wäre aber auch schon die neben der gedruckten Ausgabe erfolgende Veröffentlichung der Gesetzblätter auf alternativen Datenträgern anzusehen, vor allem die heute schon häufig anzutreffende Bereitstellung der Ausgaben im Internet.

325 Vgl. nur BVerfGE 7, 330 (337); 44, 322 (350); BVerwG NJW 1964, 1433 (1434); BGH NJW 1954, 1081 (1082); *Giese*, Verkündung und Gesetzeskraft, AöR 76 (1950/51), 464 (467); *Maurer*, in: Bonner Kommentar, Art. 82 Rn. 89; *Ziegler*, Die Verkündung von Satzungen und Rechtsverordnungen der Gemeinden, S. 115; *Konzelmann*, Methode landesrechtlicher Rechtsbereinigung; S. 121; *von Münch*, Staatsrecht, Band I, Rn. 807.

326 Vgl. schon BVerfGE 1, 14 ff., LS 28 und BVerfGE 20, 323 (331).

auch als allgemeiner Rechtsgrundsatz[327], Leitidee[328], Strukturbestimmung[329] oder Optimierungsgebot[330] bezeichnet. Gleichwohl ist es in Art. 20 Abs. 1 GG, der die verfassungsrechtlichen Grundentscheidungen nennt und daher auch als „Staatsfundamentalnorm“[331] bezeichnet wird, nicht ausdrücklich erwähnt. Insgesamt findet sich der Begriff des Rechtsstaats lediglich zweimal im GG: Ausdrücklich aufgeführt wird der Rechtsstaat einmal in Art. 28 Abs. 1 S. 1 GG. Daneben wird er seit 1992 allerdings lediglich in adjektivischer Form in Art. 23 Abs. 1 S. 1 GG gebraucht. Wenngleich die genaue verfassungsrechtliche Grundlage und Verortung des Rechtsstaatsprinzip nicht eindeutig geklärt ist, ist man sich jedenfalls größtenteils im Ergebnis über die Bedeutung für die Verfassung einig.

aa) Verortung und Geltungsgrund

Das Rechtsstaatsprinzip hat zunächst in zahlreichen Vorschriften des GG eine nähere Konkretisierung erfahren.[332] Dazu gehören bspw. die Grundrechte, der Grundsatz der Gewaltenteilung, der Vorrang der Verfassung, der Rechtsschutz gegenüber der staatlichen Gewalt, das rechtliche Gehör und die Gewährleistung des gesetzlichen Richters.[333] Als allgemeiner Rechtsgrundsatz und Rechtsprinzip enthält es aber einen über diese positivrechtlichen Ausprägungen hinausgehenden Inhalt.[334] Seine genaue verfassungsrechtliche Verortung ist allerdings bis heute nicht eindeutig und einverständlich geklärt. Während das Bundesverfassungsgericht in einer frühen Entscheidung erklärte, das Rechtsstaatsprinzip des GG ergebe sich aus einer Zusammenschau der Bestimmungen des Art. 20 Abs. 3 GG über die Bindung der Einzelgewalten und der Art. 1 Abs. 3, 19 Abs. 4, 28 Abs. 1 S. 1 GG sowie aus der Gesamtkonzeption des Grundgesetzes[335], hat es sich in späteren Entscheidungen jedoch darauf beschränkt, ohne nähere Angaben Art. 20 GG oder sogar nur Art. 20 Abs. 3 GG zu zitieren.[336] Oftmals verzichtet es sogar auf jedweden Bezugspunkt im GG.[337]

Die Literatur sieht meist die Art. 20 und 28 GG als Anknüpfungspunkt. Dabei wird teilweise auf Art. 20 GG allgemein[338] und an anderer Stelle nur auf Art. 20 Abs. 3 GG[339] abgestellt. Au-

327 *Jarass*, in: Jarass/Pieroth, GG, Art. 20 Rn. 29; *Herzog*, in: MD, Art. 20 VII Rn. 35; BVerfGE 7, 89 (92 f.).

328 BVerfGE 2, 380 (403); 49, 148 (164).

329 *Stern*, Staatsrecht I, § 20 II 2, S. 778.

330 *Dreier*, JZ 1985, 353 (356).

331 *Herzog*, in: MD, Art. 20 VIII Rn. 30.

332 *Stern*, Staatsrecht I, § 20 II 2, S. 778; *Maurer*, Staatsrecht, § 8 Rn. 9; *Schulze-Fielitz*, in: Dreier (Hrsg.), GG, Art. 20 (Rechtsstaat) Rn. 42.

333 Eine umfangreichere Aufstellung findet sich bei *Jarass*, in: Jarass/Pieroth, GG, Art. 20 Rn. 28.

334 *Stern*, Staatsrecht I, § 20 II 2, S. 778; *Görisch*, JuS 1997, 988 (992); *Jarass*, in: Jarass/Pieroth, GG, Art. 20 Rn. 29.

335 BVerfGE 2, 280 (403) sowie ebenfalls BVerfGE 25, 269 (290); 45, 187 (246).

336 Vgl. BVerfGE 35, 41 (47); 39, 128 (143); 48, 210 (221) sowie zuletzt BVerfGE 92, 365 (409); 93, 99 (107); 95, 64 (82).

337 So bspw. BVerfGE 7, 305 (319); 9, 137 (152); 50, 42 (48).

338 *Schulze-Fielitz*, in: Dreier (Hrsg.), GG, Art. 20 (Rechtsstaat) Rn. 38; *Bäumlin/Ridder*, in: AK, Art. 20 Abs. 1-3 III, Rn. 35, 36.

339 *Benda*, in: Benda/Maihofer/Vogel (Hrsg.), Handbuch des Verfassungsrechts, § 17 Rn. 1.

ßerdem werden die Art. 20 und Art. 28 GG auch kumulativ zur verfassungsrechtlichen Verortung genannt.[340]

bb) Sammelbegriff oder Prinzip

Daneben gibt es eine als summatives Rechtsverständnis bezeichnete Auffassung,[341] nach der ein eigenständiger Gehalt des rechtsstaatlichen Prinzips des GG zu verneinen ist. Das Rechtsstaatsprinzip dient danach nur als Sammelbegriff, der eine lediglich bündelnde Funktion für bestimmte rechtliche Fragestellungen hat, während die eigentlichen Lösungen dieser Fragen konkreten Vorschriften des Grundgesetzes zu entnehmen sind.[342] Das Rechtsstaatsprinzip beinhaltet demnach keine selbständigen rechtlichen Elemente, sondern setzt sich zusammen aus verfassungsrechtlichen Einzelforderungen, die allesamt im GG ihren positivrechtlichen Niederschlag gefunden haben.[343]

Nach dieser Auffassung könnte das Rechtsstaatsprinzip gar keine rechtlich selbständige Argumentation für eine bestimmte Form der Verkündung stützen. Vielmehr müßten zur Lösung der Frage andere grundrechtliche Vorschriften herangezogen werden.

Dieser bis heute nur vereinzelt vertretene Ansatz hat einige Kritik erfahren. Zum einen wird geleugnet, daß sämtliche Fragestellungen durch Verzicht auf ein selbständiges Rechtsstaatsprinzip zu lösen seien.[344] Dies gelte im Organisations- und Verfahrensrecht und insbesondere gerade für die Fragen der Normpublikation.[345] Außerdem greift diese Auffassung bei der Darlegung der Entbehrlichkeit häufig auf Konstruktionen zurück, die kaum nachvollziehbar sind und textüberschreitende Rechtskonstruktionen darstellen.[346]

Da außerdem die anstelle des selbständigen Rechtsstaatsprinzips heranzuziehenden Normen häufig keine klaren Entscheidungsmaßstäbe liefern, werden die Probleme im Umgang mit rechtsstaatlichen Fragestellungen nur verlagert, aber keineswegs verbessert.[347]

Gegen die Ansicht, wesentliche Elemente des Rechtsstaatsprinzips vor allem direkt aus den Grundrechten herzuleiten, spricht außerdem ein systematisches Argument: Da vom Bundesverfassungsgericht nach Art. 18 GG die Verwirkung von Grundrechten ausgesprochen werden kann, wären danach die von einer Verwirkung Betroffenen nicht vom Gesetzmäßigkeits- und Verhältnismäßigkeitsprinzip vor staatlichen Einwirkungen geschützt, wenn denn diese Prinzipien ausschließlich aus den Grundrechten abzuleiten wären.[348] Diese sinnwidrige Schutzlosig-

---

340 *Ehlers*, DVBl. 1983, 422 (425); *Schmidt-Aßmann*, in: Isensee/Kirchhhof (Hrsg.), HdbStR I, § 24 Rn. 3; *Sachs*, in: Sachs (Hrsg.), GG, Art. 20 Rn. 75.

341 So die Bezeichnung von *Schmidt-Aßmann*, in: Isensee/Kirchhhof (Hrsg.), HdbStR I, § 24 Rn. 7.

342 *Kunig*, Das Rechtsstaatsprinzip, S. 463; *Schnapp*, JuS 1983, 850 (852); *Schnapp*, in: von Münch/Kunig (Hrsg.), GG-Kommentar, Art. 20 Rn. 21; *Leisner*, JZ 1977, 537, 541 f.

343 *Kunig*, Das Rechtsstaatsprinzip, S. 458.

344 *Schmidt-Aßmann*, in: Isensee/Kirchhhof (Hrsg.), HdbStR I, § 24 Rn. 8.

345 *Schmidt-Aßmann*, in: Isensee/Kirchhhof (Hrsg.), HdbStR I, § 24 Rn. 8.

346 *Sobota*, Das Prinzip Rechtsstaat, S. 407 f. am Beispiel der von Kunig vorgenommenen Verortung des Bestimmtheitsprinzips in Art. 33 Abs. 5 GG.

347 *Sobota*, Das Prinzip Rechtsstaat, S. 411; *Görisch*, JuS 1997, 988 (992); *Schmidt-Aßmann*, in: Isensee/Kirchhhof (Hrsg.), HdbStR I, § 24 Rn. 8; *Schulze-Fielitz*, in: Dreier (Hrsg.), GG, Art. 20 (Rechtsstaat) Rn. 43.

348 *Sobota*, Das Prinzip Rechtsstaat, S. 410.

keit entsteht nur dann nicht, wenn das Rechtsstaatsprinzip als objektives Prinzip mehr enthält als seine bloßen Konkretisierungen in der Verfassung.[349]

Schließlich erlaubt gerade diese „Reservefunktion" des Rechtsstaatsprinzips, daß auch neuartige und positivrechtlich ungelöste Konflikte einer Lösung zugeführt werden können, während dies allein mit speziellen Konkretisierungen im Grundgesetz nicht zu leisten ist.[350]

Angesichts dieser vielfältigen Bedenken ist nicht vom einfachen Sammelbegriff Rechtsstaat, sondern von einem eigenständigen Verfassungsprinzip Rechtsstaat auszugehen mit eigenständigem normativen Gehalt, der über die in der Verfassung enthaltenen positivrechtlichen Konkretisierungen hinausgeht.

cc) Konkreter Inhalt des Rechtsstaatsprinzips

Das Rechtsstaatsprinzip als offenes Rechtsprinzip bringt es mit sich, daß es keinen einfachen subsumtionsfähigen Obersatz enthält. Es ist somit nicht leicht möglich, in einem rein kognitiv, logischen Vorgang die Übereinstimmung von Recht und Tatsachen festzustellen.[351] Dies ist die besondere Schwierigkeit von Blankettbegriffen, die im Gegensatz zu eindeutig determinierbaren Rechtsnormen, wie beispielsweise Frist-, Termin-, Form- und Verfahrensvorschriften, schwer zu konkretisieren sind.[352] Der Unterschied ist aber letztlich kein grundsätzlicher, sondern nur ein gradueller. Da die Sprache nur ein unvollkommenes Werkzeug zur Abbildung und Darstellung der Wirklichkeit und gedanklicher Inhalte ist, besitzt grundsätzlich jeder Rechtsbegriff ein bestimmtes Maß an Unbestimmtheit.[353] Der Grad dieser Unbestimmtheit kann allerdings stark variieren und ist beim Begriff des Rechtsstaat besonders hoch.[354] Die besondere Schwierigkeit im juristischen Umgang mit dem Rechtsstaatsprinzip liegt darüber hinaus noch darin, daß der Begriff eine thematische Unabgeschlossenheit[355] aufweist. Er wird nicht nur von einer stets dynamischen Weiterentwicklung unserer Rechtsordnung bestimmt, sondern auch von historischen und rechtsvergleichenden Anknüpfungspunkten beeinflußt. Damit sind Einwirkungen auf verschiedensten Ebenen verbunden, die es im einzelnen schwer machen, die grundsätzliche Abstraktheit aufzulösen und den Begriff eindeutig zu konkretisieren bzw. auszulegen.[356]

Trotz dieser Schwierigkeiten ist eine Auslegung und Interpretation des Rechtsstaatsbegriffs nicht prinzipiell unmöglich. Der Begriff ist auch angesichts seiner semantischen Unbestimmtheit interpretationsfähig. Durch die Auslegung muß das verfassungsmäßig richtige Ergebnis in einem rationalen und kontrollierbaren Verfahren gefunden werden.[357]

---

349 Vgl. auch *Stern*, Staatsrecht I, § 20 II, S. 778.

350 *Schulze-Fielitz*, in: Dreier (Hrsg.), GG, Art. 20 (Rechtsstaat) Rn. 43; *Schmidt-Aßmann*, in: Isensee/Kirchhhof (Hrsg.), HdbStR I, § 24 Rn. 8.

351 *Pieroth*, Rückwirkung und Übergangsrecht, S. 236.

352 *Pieroth*, Rückwirkung und Übergangsrecht, S. 237.

353 *Ossenbühl*, in: Erichsen (Hrsg.), Allgemeines Verwaltungsrecht, § 10 Rn. 23.

354 *Stern*, Staatsrecht I, § 4 III, S. 778.

355 *Pieroth*, Rückwirkung und Übergangsrecht, S. 238.

356 Vgl. auch *Herzog*, in: MD, Art. 20 VII Rn. 3.

357 *Hesse*, Grundzüge des Verfassungsrechts, Rn. 51.

(1) Rechtssicherheit, Berechenbarkeit und Verläßlichkeit des Staatshandelns

Rechtsstaatlichkeit bedeutet schon vom Wortsinn her, daß das Recht Grundbedingung des gesamten staatlichen Wirkens ist.[358] Diese Rechtsgebundenheit soll Willkür und Unrecht bekämpfen.[359] Aus diesem Grund muß mit der Rechtsgebundenheit untrennbar verbunden sein der Gedanke der Rechtssicherheit.[360] Rechtssicherheit wiederum kann nur dann gewährleistet sein, wenn das Handeln des Staates für den Bürger berechenbar ist.[361] Der einzelne Bürger muß durchschauen und verläßlich vorausberechnen können, wie der Staat ihm direkt oder indirekt gegenübertritt und wie er auf ihn durch die Schaffung von allgemeinen Rechtsregeln einwirkt.[362] Dieses Handeln muß für ihn verläßlich sein, damit er sich nicht als bloßes Objekt staatlicher Willkür und Allmacht empfindet.[363] Ein Rechtsnormsystem, in dem sich der Bürger nicht mehr auskennt, führt zu Rechtsunsicherheit.[364] Rechtssicherheit bedeutet daher auch die Forderung nach Orientierungssicherheit.

Aus diesem Grund ist es erforderlich, daß dem Bürger gut zugängliche und zuverlässige Informationsquellen zur Verfügung stehen und ihn eingehend darüber informieren, was Recht ist. Er muß als Rechtsunterworfener Kenntnis darüber erlangen können, welchen Inhalt sämtliche Rechtsnormen haben, um das staatliche Handeln vorausberechnen und sein eigenes soziales Verhalten an die durch das Recht vorgegebenen Maßstäbe ausrichten zu können.[365] Nur eine derartige Informationsmöglichkeit versetzt den Bürger in die Lage, seine Rechte und Pflichten umfassend kennenzulernen und nicht befürchten zu müssen, aufgrund von Unkenntnis Rechtsnachteile erleiden zu müssen.[366] Dies setzt gleichzeitig voraus, daß die Rechtsnormen für den Bürger zu jeder Zeit auffindbar sein müssen.[367] Über den gesamten Zeitraum der Gültigkeit einer Rechtsnorm muß sich ein jeder über ihren Inhalt informieren können, weil nur dann wirklich jedem, auch dem, der zum Zeitpunkt des Inkrafttretens eines Gesetzes noch gar nicht lebte, die Kenntnisnahme von sämtlichen geltenden Rechtsnormen möglich ist. Dies setzt voraus, daß die Informationsquellen eine dauerhafte und nicht nur zeitlich begrenzte

---

[358] *Stern*, Staatsrecht I, § 20 IV, S. 796; *Schmidt-Aßmann*, in: Isensee/Kirchhhof (Hrsg.), HdbStR I, § 24 Rn. 21; *Maurer*, Staatsrecht, § 8 Rn. 13; *Heyde*, Über Schwierigkeiten im praktischen Umgang mit dem Rechtsstaatsprinzip, in:Festschrift Redeker, 187 (189).

[359] *Stern*, Staatsrecht I, § 20 IV, S. 797.

[360] *Herzog*, in: MD, Art. 20 VII Rn. 26 u. 57 ff.; *Stern*, Staatsrecht I, § 20 IV, S. 796; BVerfGE 15, 313 (319); 59, 128 (164) m.w.Nachw.

[361] *Herzog*, in: MD, Art. 20 VII Rn. 62; *Schmidt-Aßmann*, in: Isensee/Kirchhhof (Hrsg.), HdbStR I, § 24 Rn. 81; *Martens*, Öffentlich als Rechtsbegriff, S.67 f.; *Simitis*, Informationskrise des Rechts und Datenverarbeitung, S. 49; BVerfGE 3, 225 (237); 13, 261 (271); 63, 215 (223).

[362] *Stern*, Staatsrecht I, § 20 IV, S. 831; *Jerschke*, Öffentlichkeitspflicht der Exekutive, S. 82; *Wittling*, Die Publikation der Rechtsnormen, S. 128 f.; *Ziegler*, Die Verkündung von Satzungen und Rechtsverordnungen der Gemeinden, S. 116; BVerwGE 44, 244 (249).

[363] *Herzog*, in: MD, Art. 20 VII Rn. 58; *Simitis*, Informationskrise des Rechts, S. 49; *Ricker*, AfP 1981, 320 (323).

[364] *Stern*, Staatsrecht I, § 20 IV, S. 829.

[365] *Simitis*, Informationskrise des Rechts und Datenverarbeitung, S. 49; *Stern*, Staatsrecht I, § 20 IV, S. 830; *Maunz//Zippelius*, Deutsches Staatsrecht, § 13 III, S. 97; *Weis*, Verfassungsrechtliche Fragen einer weiteren Privatisierung der juris GmbH, Teil II, Jur-PC 1996, 384 (394); BVerfGE 78, 205 (212); 87, 234 (263) .

[366] *Martens*, Öffentlich als Rechtsbegriff, S. 76; *Simitis*, Informationskrise des Rechts und Datenverarbeitung, S. 49; *Berkemann*, JurPC 1996, 208 (213).

[367] *Ziegler*, Die Verkündung von Satzungen und Rechtsverordnungen der Gemeinden, S. 116 f; *Martens*, Öffentlich als Rechtsbegriff, S. 77.

Kenntnisnahme ermöglichen. Diese beständige Zugänglichkeit ist aber des weiteren auch deshalb notwendig, weil die große Zahl von Rechtsetzungsakten schon aus objektiven Gründen dazu führt, daß der Bürger die Übersicht verliert und sich zur Kompensation dieses Mißstandes wenigstens im Bedarfsfalle zu jeder Zeit mit Hilfe einer vollständigen Informationsquelle punktuell informieren können muß.[368]

(2) Willkürverbot

Rechtsstaatlichkeit verlangt neben der strikten Bindung an das Recht aber auch, daß der Staat von seinen Bürgern nichts Unmögliches verlangen darf. Er muß sich vielmehr willkürfrei und widerspruchsfrei und dem Bürger gegenüber fair verhalten.[369] Greift er aber durch allgemeine Rechtsnormen in die Sphäre der Bürger ein und verlangt von ihnen, daß sie diese Regeln respektieren, beachten und ihr Verhalten danach ausrichten, dann ist das erst dann nicht unmöglich und unzumutbar, wenn er ihnen Möglichkeiten bietet, überhaupt Kenntnis von diesen Regeln zu nehmen.[370] Sie müssen erkennbar für jedermann, der prinzipiell von ihnen betroffen ist, publiziert worden sein, bevor sie Geltung beanspruchen können.[371]

(3) Gewährleistung des Rechts

Der Rechtsstaat schafft und gestaltet die rechtliche Gesamtordnung, die das Leben des Einzelnen und das Zusammenleben aller Bürger innerhalb des Gemeinwesens bestimmt.[372] Ihm kommt ein Gewaltmonopol zu, das die bürgerliche Friedenspflicht und das Verbot der Selbsthilfe einschließt.[373] Diese Konstellation macht den Staat aber gleichzeitig zum Garanten für die Verwirklichung und Durchsetzung der durch das Recht geordneten Verhältnisse.[374] Als rechtsstaatliche Last ist dies gerade die Kehrseite des Gewaltmonopols[375] und begründet damit beispielsweise die staatliche Pflicht, dem Bürger einen umfassenden und wirkungsvollen Rechtsschutz zur Seite zu Stellen.[376] Der Staat ist somit allgemein verpflichtet, als Vermittler zwischen rechtlichen Vorgaben und ihrer sozialer Verwirklichung einzutreten und für die Beachtung, Befolgung und Umsetzung des Rechts Sorge zu tragen.[377]

Das Rechtsstaatsprinzip verlangt daher auch, daß der Bürger in einem angemessenen Umfang bei seiner freien, aber doch vorgezeichneten Rechtsgestaltung Unterstützung erfährt.[378] Dies kann nur bedeuten, daß der Staat zu Transparenz verpflichtet ist[379] und dem Bürger überhaupt

---

368 So auch *Martens*, Öffentlich als Rechtsbegriff, S. 77.

369 *Stern*, Staatsrecht I, § 20 IV, S. 804; *Wittling*, Die Publikation der Rechtsnormen, S. 102, 122; BVerfGE 1, 14 (45); 40, 95 (99); 41, 246 (249); 46, 202 (210); 78, 123 (126).

370 *Severin*, Das Bundesgesetzblatt, S. 8; *Maurer*, in: Bonner Kommentar, Art. 82 Rn. 88; *Martens*, Öffentlich als Rechtsbegriff, S. 78.

371 BVerfGE 65, 283 (291); 40, 237 (252 f.).

372 *Hesse*, Grundzüge des Verfassungsrechts, Rn. 194.

373 Dazu *Schmidt-Aßmann*, in: Isensee/Kirchhhof (Hrsg.), HdbStR I, § 24 Rn. 71; BVerfGE 54, 277 (292).

374 *Stern*, Staatsrecht I, § 20 IV 5, S. 838 f.; *Scherzberg*, Die Öffentlichkeit der Verwaltung, S. 326.

375 *Schmidt-Aßmann*, in: Isensee/Kirchhhof (Hrsg.), HdbStR I, § 24 Rn. 71.

376 *Jarass*, in: Jarass/Pieroth, GG, Art. 20 Rn. 89; BVerfGE 54, 277 (291); 80, 103 (107); 85, 337 (345).

377 Vgl. zu diesem Gedanken *Herzog*, in: Isensee/Kirchhhof (Hrsg.), HdbStR III, § 58 Rn. 58, 83 und *Isensee*, in: Isensee/Kirchhhof (Hrsg.), HdbStR III, § 57 Rn. 46, 117.

378 *Scherzberg*, Die Öffentlichkeit der Verwaltung, S. 327.

379 So BVerfGE 44, 125 (147 f.).

darlegen muß, welche rechtlichen Rahmenbedingungen ihn betreffend er geschaffen hat. Fehlende Kenntnis des Rechts schmälert die Dispositionsmöglichkeiten des Bürgers und verhindert, daß er seine ihm zustehenden Rechte wahrnimmt.[380]

Durch die Gesetzesverkündung, mit der die Rechtsnormen überhaupt frühestens allgemeine Wirksamkeit erlangen können, ist genau aber diese Kenntnisnahmemöglichkeit gewährleistet. Je einfacher und effektiver der Einzelne dadurch Kenntnis vom Recht nehmen kann, um so mehr trägt der Staat damit auch zur Rechtsgewährleistung bei und kommt damit seiner rechtsstaatlichen Garantenpflicht nach.

(4) Legitimation und Kontrolle

Das rechtsstaatliche Ideal ist es schließlich auch, das unter dem Gesichtspunkt der Kontrolle und Legitimität für eine Öffentlichkeit und Einsichtnahmemöglichkeit in die Vorgänge des Staates streitet.[381] Transparenz und Öffentlichkeit sind Instrumente, mit denen wirksam Macht begrenzt und freiheitssichernde Gegenmacht erzeugt werden kann.[382] Die daraus resultierende Kontrollfunktion der Öffentlichkeit vermag anderweitig bestehende Kontrolldefizite auszugleichen und erzeugt einen Legitimationsdruck auf das staatliche Handeln.[383] In diesem Sinne dient die Öffentlichkeitskontrolle auch der rechtsstaatlichen Gewaltenteilung,[384] die auf eine Optimierung staatlichen Handelns angelegt ist.[385] Daher ist der Staat verpflichtet, gegenüber den Bürgern die Legitimität seines Handelns darzulegen und durch deren Unterrichtung ihre Kontrollmöglichkeiten zu verstärken.[386]

(5) Ergebnis

Das Rechtsstaatsprinzip verlangt danach jedenfalls eindeutig vom Staat, Rechtsnormen der Öffentlichkeit zur Kenntnisnahme zugänglich zu machen, sie also zu verkünden, bevor sie überhaupt zu gültigem Recht werden können.[387] Damit stehen allerdings noch nicht die besonderen Anforderungen fest, denen die Gesetzesverkündung entsprechen muß.

---

380 *Simitis*, Informationskrise des Rechts und Datenverarbeitung, S. 48 f.

381 *Jerschke*, Öffentlichkeitspflicht der Exekutive, S. 83; *Maunz//Zippelius*, Deutsches Staatsrecht, § 13 I, S. 87; *Kunig*, Das Rechtsstaatsprinzip, S. 173; *Rinken*, Das Öffentliche als verfassungstheoretisches Problem, S. 278.

382 *Roßnagel*, Möglichkeiten für Transparenz und Öffentlichkeit, in: Hoffmann-Riem/Schmidt-Aßman (Hrsg.) Verwaltungsrecht in der Informationsgesellschaft, 257 (269).

383 *Roßnagel*, Möglichkeiten für Transparenz und Öffentlichkeit, in: Hoffmann-Riem/Schmidt-Aßman (Hrsg.) Verwaltungsrecht in der Informationsgesellschaft, 257 (269); *Trute*, VVDStRL 57 (1998), 216 (250 f.); *Häner*, Öffentlichkeit und Verwaltung, S. 135.

384 *Scherzberg*, Die Öffentlichkeit der Verwaltung, S. 330 ff.; *Stern*, Staatsrecht I, § 20 IV, S. 794; *Häner*, Öffentlichkeit und Verwaltung, S. 135.

385 BVerfGE 68, 1 (86); DVBl. 1997, 42 (43); *Benda*, in: Benda/Maihofer/Vogel (Hrsg.), Handbuch des Verfassungsrechts, § 17 Rn. 39.; Isensee/Kirchhhof (Hrsg.), HdbStR I, § 24 Rn. 50.

386 *Wittling*, Die Publikation der Rechtsnormen, S. 132 f.; *Scherzberg*, Die Öffentlichkeit der Verwaltung, S. 332; ähnlich auch *Roßnagel*, Möglichkeiten für Transparenz und Öffentlichkeit, in: Hoffmann-Riem/Schmidt-Aßman (Hrsg.) Verwaltungsrecht in der Informationsgesellschaft, 257 (269).

387 So völlig unstreitig *Stern*, Staatsrecht I, § 20 IV 4, S. 831; *Herzog*, in: MD, Art. 20 VII Rn. 59.; *Schmidt-Aßmann*, in: Isensee/Kirchhhof (Hrsg.), HdbStR I, § 24 Rn. 78; *Jarass*, in: Jarass/Pieroth, GG, Art. 20 Rn. 66; *Stein*, Staatsrecht, § 20 II, S. 159; *Schulze-Fielitz*, in: Dreier (Hrsg.), Grundgesetz, Art. 20 (Rechtsstaat) Rn. 189; *Sobota*, Das Prinzip Rechtsstaat, S.141 f., 500, 522; *Maurer*, Staatsrecht, § 17 Rn. 93; *Bleckmann*, Staatsrecht I, Rn. 656; *Ziegler*, Die Verkündung von Satzungen und Rechtsverordnungen der Gemeinden,

Fest steht dagegen, daß der Staat den Bürger umfassend, verläßlich und ohne große Mühen über das Recht informieren muß.[388] Bislang bediente sich der Gesetzgeber bei der Verkündung seiner Gesetze und anderer Rechtsnormen des fortlaufenden Abdrucks in einem in Papierform erscheinenden Gesetzblatt, das von jedermann bezogen werden kann. Damit wurde dem Bürger eine Informationsquelle zur Verfügung gestellt, die ihn verbindlich und vollständig über die geltenden Rechtsnormen informiert. Erst mit ihrer Veröffentlichung in diesen Gesetzesblättern erhalten die Gesetze überhaupt rechtliche Geltung. Damit erhält theoretisch tatsächlich jeder Bürger die Möglichkeit, sich über sämtliche Gesetze, Rechtsverordnungen und Satzungen zu informieren. Er kann einmal als Abonnent sämtliche Ausgaben der Gesetzblätter beziehen oder aber sich nur einzelne Ausgaben auf individuelle Anforderung zusenden lassen.[389] Daneben gibt es für ihn zumeist vielfältige Möglichkeiten, lediglich Einsicht in genau diese Gesetzblätter zu nehmen, beispielsweise in Bibliotheken, Behörden oder sonstigen öffentlichen Einrichtungen.

Dennoch sind mit dieser Form der formalen Gesetzesverkündung Schwierigkeiten verbunden. In der Praxis dürfte daher auch den Gesetzblättern als tatsächliche Informationsquelle keine allzu große Bedeutung zukommen.[390] Das liegt zum einen daran, daß sie schwer lesbar und verständlich sind.[391] Durch die überwiegend praktizierte Änderungsgesetzgebung des Gesetzgebers sind die einzelnen Änderungsbefehle auf den ersten Blick nur schwer durchschaubar und bedürfen der Einordnung in den bestehenden gesetzlichen Zusammenhang, was angesichts der oftmals häufig ergangenen Änderungen einen hohen Arbeitsaufwand bedeuten kann.[392]

Dazu kommt, daß der große Umfang der Gesetzesblätter einer Kenntnisnahme des Rechts auf diesem Weg entgegensteht. Das Anschwellen der Gesetzesproduktion hat notwendigerweise auch dazu geführt, daß der Umfang der Verkündungsblätter stark gewachsen ist.[393] Der

---

S. 115; *Läger*, LKV 1998, 181 (181); *Schürmann*, Öffentlichkeitsarbeit der Bundesregierung, S. 158; *Draht*, Der Verfassungsrang der Bestimmungen über die Gesetzblätter, in: Gedächtnisschrift für Walter Jellinek, S. 237; *Severin*, Das Bundesgesetzblatt, S. 3; *Giese*, Verkündung und Gesetzeskraft, AöR 76 (1950/51), 464 (467); *Hill*, Einführung in die Gesetzgebungslehre, S. 131; *Hallier*, Die Ausfertigung und Verkündung von Gesetzen, AöR 85 (1960), 391 (405); *Schneider*, Gesetzgebung, Rn. 482; *Scherzberg*, Die Öffentlichkeit der Verwaltung, S. 321; *Heydt*, Zum Verkündungswesen im demokratischen Rechtsstaat, in: Demokratie und Verwaltung, S. 463; ebenso die Rspr., vgl. dazu nur BVerfGE 7, 330 (337 f.); BVerfGE 22, 330 (346); BVerfGE 40, 237 (255); BVerfGE 44, 322 (350); BVerfGE 65, 283 (291); BVerfGE 90, 60 (85); BVerwGE 17, 192 (193); BVerwG NJW 1962, 506 (506); NJW 1964, 1433 (1434); BVerwG DÖV 1972, 349 (349); BVerwG NJW 1989, 258 (258); BGH NJW 1954, 1081 (1082); aus der neueren Rechtsprechung bspw. BVerwG NVwZ-RR 1993, 262 (263); OVG Weimar LKV 1996, 137 (138); OVG Greifswald NVwZ-RR 1996, 227 (228).

388 So auch BVerfGE 65, 283 (291); 90, 60 (85); BVerwGE 44, 244 (249); *Stöhr*, NJW 1999, 1440 (1440); *Ziegler*, Die Verkündung von Satzungen und Rechtsverordnungen der Gemeinden, S. 115 ff.; *Martens*, Öffentlich als Rechtsbegriff, S. 77; *Schulze-Fielitz*, in: Dreier (Hrsg.), Grundgesetz, Art. 20 (Rechtsstaat) Rn. 189; *Maurer*, in: Bonner Kommentar, Art. 82 Rn. 89 f.

389 Für den Fall, daß aufgrund übermäßiger nachträglicher Anforderungen bestimmter Ausgaben das anfängliche Druckkontingent überschritten wird, kann jederzeit nachgedruckt werden, vgl. dazu *Severin*, Das Bundesgesetzblatt, S. 70.

390 So die ernüchternde Einschätzung von *Mönkemeyer*, JurPC 1993, 2175 (2175); *Konzelmann*, Methode landesrechtlicher Rechtsbereinigung; S. 106; ähnlich auch *Maurer*, in: Bonner Kommentar, Art. 82 Rn. 93.

391 Dazu *Schneider*, Gesetzgebung, Rn. 447; *Mönkemeyer*, JurPC 1993, 2175 (2178.)

392 Vgl. dazu *Keck*, BayVBl. 1985, 33 (33); *Herberger*, Informatik und Recht 1987, 43 (43).

393 So umfaßte beispielsweise das Bundesgesetzblatt I im Jahr 1970 insgesamt 1880 Seiten, während im Jahr 1998 die Seitenzahl auf 4072 angestiegen ist. Schon *Simitis*, Informationskrise des Rechts und Datenverar-

Wunsch, sich verläßlich direkt mit Hilfe dieser Informationsquellen über das Recht und die einen selbst betreffenden Rechtsnormen zu informieren, gerät damit zum Kraftakt. Die Bürger insgesamt direkt über diese Gesetzesblätter zu erreichen, ist daher sehr aufwendig. Vermutlich ist es schon aus technischen, organisatorischen und vor allem finanziellen Gründen praktisch unmöglich, jedem Bürger sein eigenes Gesetzblatt zu drucken und zukommen zu lassen.[394] Bedacht werden muß nämlich, daß in diesem Fall jede einzelne Seite dieser sehr umfangreichen Ausgaben für jeden Bürger auf Papier gedruckt und ihm auf dem Versandweg zugeschickt werden müßte. Nicht zuletzt auch dieser Umstand dürfte dazu geführt haben, daß sich die amtlichen Gesetzesblätter nicht als direkte Informationsquelle in der Praxis für den Bürger durchgesetzt haben. Der dazu notwendige Aufwand war bislang einfach nicht tragbar. Die Frage, ob vom Bürger erwartet werden kann, sich mit den Ausgaben des Bundesgesetzblattes oder gar der landesrechtlichen Verkündungsblätter eine beinahe schon Bibliotheken füllende Privatsammlung anzulegen, erübrigt sich damit von selbst. Es ist daher nur verständlich, wenn der Jurist und erst recht der juristische Laie beinahe ausschließlich auf die Erzeugnisse privater Verlage zurückgreifen, die für ihre Zwecke einen lesbaren und übersichtlichen Ausschnitt derjenigen Normen bieten, die für sie von Interesse sind, auch wenn sie letztlich nur eine völlig unverbindliche Informationsquelle darstellen.[395]

Dies könnte sich nun durch eine elektronische Publikation über das Internet geändert haben. Bei einer Verkündung über das Internet entfielen die Druck- und Papierkosten für jedes einzelne Exemplar. Da im Internet auch Distanzen keine Bedeutung besitzen, fielen lediglich vernachlässigbare Transportkosten an.[396] Das Gesetzblatt für jedermann rückte damit nicht nur theoretisch, sondern auch praktisch in greifbare Nähe.

Dazu kämen andere Vorteile der elektronischen Verkündung.[397] Der einzelne Bürger könnte dank der elektronischen Recherchemöglichkeiten auf der Suche nach dem Recht ganz gezielt und relativ einfach die Informationen in den Gesetzblättern auffinden, die er nach seinen individuellen Informationsbedürfnissen benötigt. Wegen der nahezu unbegrenzten Speicherungsmöglichkeiten wäre es auch unproblematisch möglich, ihm sämtliche zurückliegenden Ausgaben zur Verfügung zu stellen. Damit wären weiterhin Vollständigkeit und Authenzität gesichert. Gleichzeitig könnte aber mit der elektronischen Verkündung die Verbreitung des Rechts erheblich verbessert werden.[398]

Die Gesetzesverkündung könnte dadurch möglicherweise insgesamt beträchtlich effektiver werden.

---

beitung, S. 12 warnte wegen des schon damals gestiegenen Umfangs des Bundesgestzblatts vor einer Normenlawine.

394 Dazu auch *Berkemann*, JurPC Web-Dok. 188/1999, Abs. 68.

395 Vgl. dazu auch *Herberger*, JurPC 1993, 2256 (2256 f.); *Konzelmann*, Methode landesrechtlicher Rechtsbereinigung; S. 106.

396 Vgl. dazu auch *Burkert*, Wieviel Information gebührt dem Bürger, S. 308.

397 Vgl. dazu auch oben § 1 V, S. 23 ff.

398 Ebenso auch *Roßnagel*, Möglichkeiten für Transparenz und Öffentlichkeit, in: Hoffmann-Riem/Schmidt-Aßman (Hrsg.) Verwaltungsrecht in der Informationsgesellschaft, 257 (277).

dd) Rechtsstaatsprinzip als Optimierungsgebot

Möglicherweise gebietet das Rechtsstaatsprinzip im Ergebnis sogar, diese Verbesserungsmöglichkeiten aufzugreifen und sich ihrer bei der formalen Gesetzesverkündung zu bedienen.

Da das Rechtsstaatsprinzip kein starrer Rechtssatz, sondern umgekehrt entwicklungsoffen ist, könnte es als Optimierungsgebot staatliche Bemühungen einfordern, die die Gesetzesverkündung verbessern und ihren rechtsstaatlichen Zielen näher kommen lassen. Versteht man den Rechtsstaat des Grundgesetzes als ein rechtlich verpflichtendes Ideal, das je nach Maßgabe der gegebenen Umstände soweit wie möglich verwirklicht werden muß[399], liegt es nicht fern, den Einsatz moderner Publikationstechniken als unerläßlich zu bezeichnen.[400] In diesem Sinne enthält der Rechtsstaatsbegriff nicht nur starre und eindeutige Regeln, sondern beinhaltet den grundsätzlichen Auftrag zur fortwährenden Optimierung.[401] Mit den Worten des Bundesverfassungsgerichts ausgedrückt fordert das Rechtsstaatsprinzip daher, daß die durch die Verkündung gewährte Kenntnisnahmemöglichkeit für den Einzelnen „nicht in unzumutbarer Weise erschwert" wird.[402]

Aus diesem Grund drängt es sich förmlich auf, daß das Rechtsstaatsprinzip als „Optimierungsgebot"[403] und „Direktive"[404] tatsächlich eine „adäquate Verkündung" fordert, die sich an die durch neue Medien entstehende Verbesserungen der Kenntnisnahmemöglicheit der Bürger anzupassen hat. Nur dann könnte die Kenntnisnahmemöglichkeit, die durch die erfolgte Verkündung gewährt wird, nicht unzumutbar sein. Solange zur verläßlichen direkten Verbreitung der Rechtskenntnis mittels des Buchdrucks keine Alternative existierte, mögen sich derartige Überlegungen nicht gestellt haben. Mittlerweile aber, wo der technische Fortschritt, die Kostensituation und der allgemeine Verbreitungsgrad des Mediums Internet dieses zu einer ernstzunehmenden Altenative haben werden lassen, kann diesen Fragen aber nicht mehr aus dem Weg gegangen werden. Es ist nicht offensichtlich ausgeschlossen, daß eine Gesetzesverkündung unter Verzicht auf die neuen Medien nicht mehr rechtsstaatlichen Forderungen entspricht.

ee) Konkrete Forderungen in bezug auf die formale Gesetzesverkündung als Thesen

Es ist daher nicht weiter verwunderlich, wenn teilweise in bezug auf die formale Gesetzesverkündung dem Rechtsstaatsprinzip vor allem in der Literatur bestimmte Forderungen entnommen werden, die allesamt darauf hinweisen, daß die gängige Praxis nicht (mehr) dem Rechtsstaatsprinzip des Grundgesetzes entspricht und nicht zuletzt durch die Benutzung der neuen elektronischen Möglichkeiten bei der Verbreitung des Rechts wieder korrigiert werden muß.

---

399 So beispielsweise *Dreier*, JZ 1985, 353 (356); *derselbe*, in: Dreier (Hrsg.), Grundgesetz, Art. 20 (Einführung) Rn. 35.

400 Vgl. nur *Konzelmann*, JurPC Web-Dok. 51/1998, Abs. 2.

401 *Pernice*, Billigkeit und Härteklauseln im öffentlichen Recht, S. 391; ähnlich auch *Schulze-Fielitz*, in: Dreier (Hrsg.), Grundgesetz, Art. 20 (Rechtsstaat) Rn. 41, 48; vgl. ebenfalls BVerfGE 7, 89 (92); 70, 297 (308); 74, 129 (152).

402 BVerfGE 65; 265 (291).

403 *Dreier*, JZ 1985, 353 (356).

404 *Stern*, Staatsrecht I, § 20 II 2, S. 778.

So betont *Tomuschat* im Zusammenhang von Rechtsstaatlichkeit und Normenverkündung die enorme Bedeutung der Gesetzesverkündung.[405] Damit sei es unvereinbar, wenn der Gesetzgeber Recht vor dem Bürger einfach „ablade".[406] Vielmehr müsse er seiner Verpflichtung nachkommen, den Zugang zu den Rechtsquellen zu erleichtern.[407] Die schlichte Veröffentlichung im Gesetzblatt hält er als Erfindung des 19. Jahrhunderts angesichts der großen Zahl an neuen Gesetzen und der daraus ergebenden Unübersichtlichkeit für unzureichend.

Mock konstatiert ebenfalls, daß der immer weiter angewachsene Regelungsbedarf des Gesetzgebers Schwierigkeiten für die Rechtskenntnis mit sich bringe.[408] Der Rechtsunterworfene habe immer größere Schwierigkeiten, sich über das geltende Recht zu informieren. Dies zehre an der Rechtsstaatlichkeit.[409] In diesem Zusammenhang spricht auch er der bislang praktizierten formalen Gesetzesverkündung durch chronologisch geführte Gesetzesblätter die Eignung ab, die sehr häufigen Änderungsgesetze übersichtlich zu halten.[410] Diese Publikationsform genüge den aktuellen Anforderungen nicht mehr, so daß eine andere „angemessene" Form gesucht werden müsse.[411]

Kirchhof erkennt eine unbedingte rechtsstaatliche Pflicht zur möglichst effektiven Verbreitung der Rechtsregeln.[412] Das Rechtsstaatsprinzip verbiete, die Normpublikation nach politischen Gesichtspunkten auszurichten. Maßstab sei vielmehr einzig die durch die Publikation erreichte Kenntnisnahme bei den Rechtsunterworfenen.[413] Diese sei zu maximieren und so sicherzustellen, daß die Verkündung tatsächlich jeden Betroffenen erreichen kann. Besonders kritisch sieht *Kirchhof* die Situation im kommunalen Bereich. Dort erkennt er ein Defizit an zusätzlichen privaten Multiplikatoren, die die insgesamt notwendige Verbreitung und Zugänglichkeit der Rechtstexte häufig nicht sicherstellten. Dieses rechtsstaatliche Defizit müsse durch eine kommunale Zusatzverkündung ausgeglichen werden.[414] Die Art und Weise einer solchen zusätzlichen Publizität werde bestimmt von einer finanziell und technisch vertretbaren Optimierung.[415]

Berkemann vermeidet zwar den letzten Schritt, eine dahingehende Optimierung staatlicher Publikation als konkreten Inhalt und tatsächliche Forderung des Rechtsstaatsprinzips ausdrücklich zu benennen. Seine Erwägungen, mit denen er sich teilweise sehr vehement für den

---

405 *Tomuschat*, Normenpublizität und Normenklarheit in der Europäischen Gemeinschaft, in: Festschrift Kutscher, 461 (465 ff.).

406 *Tomuschat*, Normenpublizität und Normenklarheit in der Europäischen Gemeinschaft, in: Festschrift Kutscher, 461 (468).

407 *Tomuschat*, Normenpublizität und Normenklarheit in der Europäischen Gemeinschaft, in: Festschrift Kutscher, 461 (468).

408 *Mock*, Plädoyer für eine ständige Rechtsbereinigung, in: Gesetzgebung, Winkler/Schilcher (Hrsg.), Gesetzgebung, 167 (167).

409 *Mock*, Plädoyer für eine ständige Rechtsbereinigung, in: Gesetzgebung, Winkler/Schilcher (Hrsg.), Gesetzgebung, 167 (167).

410 *Mock*, Plädoyer für eine ständige Rechtsbereinigung, in: Gesetzgebung, Winkler/Schilcher (Hrsg.), Gesetzgebung, 167 (169).

411 *Mock*, Plädoyer für eine ständige Rechtsbereinigung, in: Gesetzgebung, Winkler/Schilcher (Hrsg.), Gesetzgebung, 167 (167).

412 *Kirchhof*, DÖV 1982, 397 (399).

413 *Kirchhof*, DÖV 1982, 397 (399).

414 *Kirchhof*, DÖV 1982, 397 (402).

415 *Kirchhof*, DÖV 1982, 397 (402).

Einsatz elektronischer Informationsmittel bei der Verbreitung der Rechtstexte einsetzt, sind eher rechtspolitischer Natur. Immerhin läßt aber auch er anklingen, wenn er die Forderung nach leichten und für jedermann erreichbaren Informationsmöglichkeiten als nicht zweifelhaften Gehalt der Rechtsstaatlichkeit bezeichnet[416], daß das Rechtsstaatsprinzip durchaus Quelle konkreter Verpflichtungen in diese Richtung sein kann.[417] Jedenfalls fordert er, daß der Staat das Gesetzesrecht in den Medien dieser Zeit präsentiert[418] und verlangt ausdrücklich, daß die Gesetzestexte über elektronische Bezugsquellen kostenfrei zu erreichen sein müssen.[419]

Schließlich sieht es *Konzelmann* als eindeutig erwiesen an, daß das Rechtsstaatsprinzip eine angemessene Form der Normenpublikation fordert.[420] Die sich daraus ergebenden Anforderungen an die Gesetzesverkündungen erforderten eine ständige Anpassung, insbesondere an die technischen Möglichkeiten.[421] Dabei erwähnt er ausdrücklich die Zuhilfenahme elektronischer Medien, mit denen dieser Verpflichtung nachgekommen werden könnte.[422] Die bisherige Praxis der Verkündung im Gesetzesblatt durch den einfachen Abdruck der vom Gesetzgeber beschlossenen Gesetze, die zumeist nur einzelne Änderungsbefehle enthalten, hält er für unzureichend und erkennt darin einen rechtsstaatswidrigen Zustand.[423] Dagegen bezeichnet er die elektronische Publikation der Gesetzesblätter im Internet als eine Verbesserung der Zugänglichkeit und als „einen mutigen Schritt zur adäquaten Normenpublikation"[424]. Eine derart aus rechtsstaatlichen Gründen gebotene adäquate Publikation werde determiniert von den technischen Möglichkeiten einerseits und den Informationsbedürfnissen andererseits.[425] Diese Grundsätze hält er für eine inzwischen gesicherte Rechtserkenntnis,[426] ohne allerdings im einzelnen auszuführen, wie und wieso sich die von ihm aufgestellten Forderungen tatsächlich aus dem Rechtsstaatsprinzip des Grundgesetzes ergeben. Er führt einzig einen Vergleich an, der den Ausführungen von *Brande*[427] entlehnt ist.[428]

Brande seinerseits sieht in dem Modus, Gesetze lediglich in einem Gesetzesblatt fortlaufend abzudrucken, einen Verstoß gegen das Rechtsstaatsprinzip und stuft dies als verfassungswidrig ein.[429] Das Rechtsstaatsprinzip verlange vielmehr die Verkündung in der Weise durchzuführen, die dem Normadressaten ermögliche, die geltende Rechtslage einwandfrei und ohne

---

416 *Berkemann*, Ignorantia juris nocet, S. 98.

417 In ähnliche Richtung vgl. auch *Berkemann*, JurPC 1996, 208 (213 ff.).

418 *Berkemann*, Ignorantia juris nocet, S. 103; vgl. auch *derselbe*, JurPC Web-Dok. 188/199, Abs. 66, 73 ff.

419 *Berkemann*, JurPC 1996, 208 (216).

420 *Konzelmann*, Methode landesrechtlicher Rechtsbereinigung; S. 121.

421 *Konzelmann*, JurPC Web-Dok. 51/1998, Abs. 2.

422 *Konzelmann*, Methode landesrechtlicher Rechtsbereinigung; S. 121.

423 *Konzelmann*, Methode landesrechtlicher Rechtsbereinigung; S. 124.

424 *Konzelmann*, JurPC Web-Dok. 51/1998, Abs. 2.

425 *Konzelmann*, JurPC Web-Dok. 51/1998, Abs. 2.

426 *Konzelmann*, JurPC Web-Dok. 51/1998, Abs. 3 Seine dazu in Fn. 3 angeführten Literatur- und Rechtsprechungsbelege gehen allerdings teilweise ins Leere.

427 Die Rechtsbereinigung – ein verfassungsimmanentes Gebot, in: Winkler/Schilcher (Hrsg.), Gesetzgebung, 176 (181 f.).

428 *Konzelmann*, Methode landesrechtlicher Rechtsbereinigung; S. 126.

429 *Brande*, Die Rechtsbereinigung – ein verfassungsimmanentes Gebot, in: Gesetzgebung, Winkler/Schilcher (Hrsg.), Gesetzgebung, 173 (182 u. 191).

besonderen Aufwand festzustellen.[430] Angesichts der gestiegenen Zahl geltender Rechtsnormen und der Häufigkeit ergangener Gesetzesänderungen hält er somit eine Verbesserung der Gesetzesverkündung für absolut notwendig und verlangt insofern ebenfalls eine adäquate Verkündung. Als Möglichkeit, eine derartige Optimierung zu erreichen, führt er exemplarisch auch die Benutzung alternativer Datenträger wie Mikrofilm oder Mikrofiche zur Verkündung an.[431]

Eine maßgebliche Begründung für die Thesen von *Brande* und *Konzelmann* ist, daß Gesetzesverweisungen aus weitestgehend anerkannten rechtsstaatlichen Gründen nicht pauschal erfolgen dürfen und nur bei Angabe des Titels der Bezugsnorm samt Datum und Fundstelle zulässig sind.[432] Der Zustand, der ohne eine adäquate Verkündung, allein durch den bislang praktizierten chronologischen Abdruck sämtlicher Gesetze bestünde, sei danach vergleichbar mit dem Fall, daß der Gesetzgeber mit einem „Gültigkeitsgesetz" generell auf sämtliche in Kraft getretenen und nicht wieder außer Kraft gesetzte Vorschriften aus den einschlägigen Verkündungsblättern verweise.[433] Da eine solche Verweisung aber ganz offensichtlich wegen mangelnder Bestimmtheit verfassungswidrig sei, gelte dies auch für die bisher praktizierte Verkündung. Notwendig sei wenigstens ein bereinigtes konstitutives Normenregister[434].

Diese Argumentation wirkt auf den ersten Blick bestechend logisch. Dennoch ist ihr im Ergebnis zu widersprechen. Verfehlt ist nämlich schon die Annahme, daß die Verkündungspraxis bzw. der Zustand, der sich durch sie ergibt, gleichzusetzen ist mit dem Erlaß eines Gültigkeitsgesetzes, das dann pauschal auf sämtlich geltende Gesetze verweist. Durch den Vollzug der Verkündung eines Gesetzes, also mit seiner Veröffentlichung, erlangt ein Gesetz rechtliche Existenz und danach auch seine rechtliche Wirksamkeit.[435] Es gilt damit solange, bis es durch ein neues Gesetz wieder aufgehoben wird. Ein sog. „Gültigkeitsgesetz", das noch einmal auf sämtliche bislang in Kraft getretene und nicht ausdrücklich oder implizit wieder außer Kraft gesetzte Vorschriften aus den Verkündungsorganen verweisen muß, ist daher überflüssig. Eine Gleichsetzung der Verkündungspraxis mit der Schaffung eines „Gültigkeitsgesetzes" ist damit nicht überzeugend. Im übrigen ist schon die Verweisungsproblematik nicht vergleichbar mit dem Problemkreis der Verkündung. Während die Bezugnahme auf andere Rechtsnormen Fragen der inhaltlichen Bestimmtheit und Verständlichkeit der Gesetze betrifft, tangiert die Gesetzesverkündung die Frage, wie die vom Gesetzgeber beschlossenen Gesetze ihren Adressaten nahe zu bringen sind.[436] Daß das Rechtsstaatsprinzip beide Problemkomplexe möglicherweise tangiert, rechtfertigt aber nicht schon ihre pauschale Gleichbehandlung.

---

430 *Brande*, Die Rechtsbereinigung – ein verfassungsimmanentes Gebot, in: Gesetzgebung, Winkler/Schilcher (Hrsg.), Gesetzgebung, 173 (191).

431 *Brande*, Die Rechtsbereinigung – ein verfassungsimmanentes Gebot, in: Gesetzgebung, Winkler/Schilcher (Hrsg.), Gesetzgebung, 173 (177 Fn. 19).

432 Vgl. dazu nur BVerfGE 5, 25 (31 f.); 22, 330 (346 f.); 47, 285 (311 f.); *Maurer*, in: Bonner Kommentar, Art. 82 Rn. 109 f.; *Sobota*, Das Prinzip Rechtsstaat, S. 138.

433 *Brande*, Die Rechtsbereinigung – ein verfassungsimmanentes Gebot, in: Gesetzgebung, Winkler/Schilcher (Hrsg.), Gesetzgebung, 173 (181 f.); *Konzelmann*, Methode landesrechtlicher Rechtsbereinigung; S. 126.

434 Zwar existieren derartige systematische Übersichten, wie beispielsweise der Fundstellennachweis für das Bundesrecht. Sie besitzen aber keine Verbindlichkeit und damit keine konstitutive Wirkung. Allein verbindlich bleibt der Abdruck in den Gesetzblättern.

435 Vgl. nur *Pieroth*, in: Jarass/Pieroth, GG, Art. 82 Rn. 5; *Schneider*, Gesetzgebung, Rn. 481.

436 Ähnlich auch *Maurer*, in: Bonner Kommentar, Art. 82 Rn. 106.

Schließlich finden sich auf der anderen Seite in der Literatur auch Stellungnahmen, die einer rechtsstaatlichen Pflicht zur adäquaten Verkündung widersprechen. So lehnt es *Stöhr* ab, dem Rechtsstaatsprinzip konkrete Gebote für die Art und Weise der Gesetzesverkündung zu entnehmen, die über die allgemeine Forderung nach Zugänglichkeit der Gesetze hinausgehen.[437] Eine derart zurückhaltende Auffassung trägt in jedem Fall der Kritik Rechnung, die vor einer Überstrapazierung dieses fundamentalen Rechtsprinzips warnt.[438] Tatsächlich drängt sich gelegentlich der Eindruck auf, als diene das Rechtsstaatsprinzip als Auffangbecken tagespolitischer Ansichten, denen man mittels ihrer rechtsstaatlichen Herkunft verfassungsrechtliches Gewicht und besondere Durchschlagskraft verleihen möchte. Das Rechtsstaatsprinzip erscheint insofern als Katalysator, mit denen politischen Forderungen rechtliche Durchsetzungskraft gegeben wird.[439] Es verwundert daher nicht weiter, wenn es mitunter beinahe spöttisch als „Zauberkiste"[440] bezeichnet und an anderer Stelle vor einer Entwertung gewarnt wird.[441]

ff) Grenzen und Überprüfbarkeit der Auslegung

Einer Auslegung des Rechtsstaatsprinzips, die diesem eine konkrete Rechtspflicht zur Gesetzesverkündung im Internet entnimmt und sich daher derartiger Kritik ausgesetzt sehen müßte, könnten aber sachliche Erwägungen entgegenstehen. Zum einen ist denkbar, daß das Rechtsstaatsprinzip sich überhaupt nicht so weit, wie es teilweise getan wird, konkretisieren läßt und nur allgemeine Forderungen enthält, die sich jedenfalls nicht hin zur detailliert vorgeschriebenen und notwendigerweise über elektronische Medien erfolgende Gesetzesverkündung verdichten lassen. Zum anderen könnte einer derartigen Konkretisierung des verfassungsrechtlichen Rechtsstaatsprinzips entgegenstehen, daß die Einhaltung der rechtsstaatlichen Gebote des GG nicht bis ins letzte Detail gerichtlich überprüft werden kann und dem Gesetzgeber bei der Art der Gesetzesverkündung daher ein Freiraum zur Verfügung steht.

Ausgangspunkt derartiger Überlegungen ist nicht zuletzt die Stellung des Bundesverfassungsgerichts als „Hüter der Verfassung"[442]. Es ist die letztverbindliche Instanz zur Auslegung und Anwendung des GG. Als oberstes Gericht und durch die zahlreichen ihm von der Verfassung selbst eingeräumten Entscheidungsmöglichkeiten besitzt es Mittel und Wege, auf vielfältige Weise auf den Staat einzuwirken. „Das Grundgesetz gilt ... praktisch so, wie das BVerfG es auslegt."[443] Die Verfassungsauslegung wird damit in erheblichem Maße auf die Interpretation

---

437 *Stöhr*, NJW 1999, 1440 (1440).

438 *Stern*, Staatsrecht I, § 20 III 2, S. 782, *Starck*, in: HdbStR VII, § 164 Rn. 28; *Heyde*, Über Schwierigkeiten im praktischen Umgang mit dem Rechtsstaatsprinzip, in:Festschrift Redeker, 187 (199); *Görisch*, JuS 1997, 988 (992).

439 Vgl. zur Verdrängung der Rechtspolitik durch angeblich dogmatische Auseinandersetzung auf Verfassungsebene auch *Wahl*, NVwZ 1984, 401 (407); kritisch auch *Hesse*, Funktionelle Grenzen, in: Recht als Prozeß und Gefüge, 261 (270).

440 *Püttner*, VVDStRL 32 (1974), 200 (203).

441 So *Heyde*, Über Schwierigkeiten im praktischen Umgang mit dem Rechtsstaatsprinzip, in:Festschrift Redeker, 187 (187).

442 *Stern*, Staatsrecht III/2, § 95 IV, S. 1712; *Brohm*, NJW 2001, 1 (7).

443 So der Befund von *Smend*, Festvortrag zur Feier des zehnjährigen Bestehens des Bundesverfassungsgerichts, in: Bundesverfassungsgericht von 1951-1971, 15 (16).

durch das Bundesverfassungsgericht konzentriert und muß immer im Zusammenhang mit dessen Entscheidungsmacht gesehen werden.[444]

Mit der Zuweisung der letztverbindlichen Entscheidungsmacht an das Bundesverfassungsgericht scheint die Gefahr heraufbeschworen zu sein, daß der parlamentarische Gesetzgebungsstaat sich durch die expandierende Grundgesetzinterpretation des Bundesverfassungsgerichts zu einem Jurisdiktionsstaat wandeln könnte. Sollte also das Bundesverfassungsgericht zu dem Auslegungsergebnis kommen, daß das Rechtsstaatsprinzip des GG tatsächlich eine Gesetzesverkündung unter Zuhilfenahme elektronischer Medien verlange, so wäre der Gesetzgeber bzw. das die Verkündung ausführende Organ gezwungen, sich dieser Auslegung und den daraus ergebenden Anforderungen zu fügen. Er hätte wenig Möglichkeiten, sich dagegen zu wehren. In Betracht käme einzig eine Verfassungsänderung, die aber schon deshalb nicht unproblematisch ist, weil das Rechtsstaatsprinzip von der Ewigkeitsgarantie des Art. 79 Abs. 3 GG jedenfalls prinzipiell miterfaßt wird.[445]

Allein schon aus diesen Erwägungen wird deutlich, daß eine derart extensive Auslegung von einem außerordentlich unbestimmten, wenngleich besonders wichtigen Leitprinzip des Grundgesetzes, wie dem Rechtsstaatsprinzip, heikel sein könnte.[446] Es stellt sich daher die Frage, ob tatsächlich das Rechtsstaatsprinzip im Ergebnis derart detaillierte und gerichtlich überprüfbare Anforderungen an die Gesetzesverkündung stellt, denen durch die heutige Verkündungspraxis nicht entsprochen wird.

(1) Verfassungswidriges Verfassungsrecht

Möglicherweise ist eine derartige konkrete Annahme einer aktuellen rechtsstaatswidrigen Verkündungspraxis aber schon deshalb verfehlt, weil bereits das Grundgesetz in Art. 82 das Verfahren der Verkündung detailliert regelt und ein Abweichen von diesen Regeln – abgesehen von der Verkündung von Rechtsverordnungen – nicht erlaubt. Einer aus rechtsstaatlichen Gründen gebotene Ausweitung der Verkündung auf elektronische Medien könnte die Vorschrift des Art. 82 GG entgegenstehen, falls sie eindeutig ein gedrucktes Gesetzblatt fordern sollte[447]. In einem solchen Fall widersprächen sich verfassungsrechtliche Bestimmungen. Das führt zu der Frage, ob es verfassungswidriges Verfassungsrecht geben kann. Eine solche Konstellation bei einander widersprechenden verfassungsrechtlichen Bestimmungen könnte nur anzunehmen sein, wenn eine Rangordnung zwischen den einzelnen Teilen der Verfassung bestünde. Eine solche besteht aber gerade nicht. Die Verfassung bildet vielmehr eine Einheit.[448] Spezielle Ausnahmeregelungen von allgemeinen verfassungsrechtlichen Grundsätzen sind vielmehr verfassungsrechtlich gewollt. Die so modifizierten Grundsätze sind damit Teil des geltenden Verfassungsrechts. Genauso wenig wie beispielsweise die Beschränkung der

---

444 *Stern*, Staatsrecht III/2, § 95 IV, S. 1703 f.

445 Vgl. dazu allgemein nur *Stern*, Staatsrecht I, § 5 IV, S. 172 f.; *Dreier*, in: Dreier (Hrsg.), Grundgesetz, Art. 79 Rn. 42; 40 ff.; *Evers*, in: Bonner Kommentar, Art. 79 III Rn. 202 ff.; BVerfGE 30, 1 (24 f.).

446 Vgl. dazu *Forsthoff*, Der Staat der Industriegesellschaft, S. 144, nach dessen Befürchtung die Verfassung zum juristischen Weltenei werde, aus dem vom Strafgesetzbuch bis zum Gesetz über Fieberthermometer alles hervorgehe.

447 *Weis*, Verfassungsrechtliche Fragen einer weiteren Privatisierung der juris GmbH, Teil II, Jur-PC 1996, 384 (391) vertritt die Auffassung, daß die elektronische Verkündung gegen Art. 82 GG verstößt; vgl. dazu auch unten § 4 I 1. e) cc), S. 105 ff.

448 BVerfGE 3, 225 (231); *Hesse*, Grundzüge des Verfassungsrechts, Rn. 20; *Maurer*, Staatsrecht, § 22 Rn. 25.

Wehrpflicht auf Männer wegen Verstoßes gegen den Gleichheitsgrundsatz verfassungswidrig ist, kann die Regelung des Art. 82 GG über die Verkündung gegen das verfassungsrechtliche Rechtsstaatsprinzip verstoßen.

Sollte also tatsächlich Art. 82 GG einer Verkündung über neue und elektronische Medien entgegenstehen, was natürlich noch zu begründen wäre,[449] wäre damit gleichzeitig ausgeschlossen, daß das Rechtsstaatsprinzip aus Gründen einer unzumutbaren Erschwerung der Kenntnisnahme die Benutzung dieser Medien gebieten würde. In Betracht käme dann lediglich das rechtsstaatliche Gebot zur Verbreitung der Gesetze über elektronische Medien außerhalb des formalen Verkündungswesens, um auf diese Weise einen gewissen Grad von Publizität der Gesetze sicherzustellen. Es ist aber schlichtweg unmöglich, daß der Art. 82 GG gegen das Rechtsstaatsgebot des GG verstößt, auch wenn er Regelungen enthält, die eine Verkündung über elektronische Medien nicht zulassen.

(2) „Judicial self-restraint"

Eine weitere Beschränkung der Auslegung des Rechtsstaatsprinzips in Richtung einer Verpflichtung zur Verkündung mit Hilfe des Internets könnte sich aus dem Grundsatz des „judicial self-restraint"[450] ergeben. Gemeint ist mit diesem Terminus der richterlichen Selbstbeschränkung der Verzicht des Bundesverfassungsgerichts, Politik zu betreiben und auf diese Weise den politischen Freiraum den Verfassungsorganen freizuhalten. So könnte die Entscheidung, ob die Gesetzesverkündung über elektronische Informationsträger erfolgt, eher als eine politische denn eine rechtliche Frage einzustufen sein. Das Bundesverfassungsgericht könnte sich somit einer Entscheidung ausdrücklich enthalten und die Entscheidung darüber dem Gesetzgeber überlassen.

Die Bezeichnung als „Selbstbeschränkung" ist allerdings unzutreffend und irreführend: Sie impliziert, daß das Gericht sich aus Gründen der Vernunft eine Beschränkung selbst auferlegt, obwohl seine gesetzliche Kompetenzen weiter reichen. Das Ergebnis wäre in diesem Fall, daß staatliche Organe, die aufgrund der Art. 1 Abs. 3 und Art. 20 Abs. 3 GG an das Recht gebunden sind, faktisch innerhalb eines bestimmten Bereiches frei agieren könnten, weil das Bundesverfassungsgericht als Hüter der Verfassung auf seine Überprüfungsmöglichkeiten verzichtet.

Dem ist aber gerade nicht so. Vielmehr kann die beschränke Überprüfungsmöglichkeit nur Auftrag und Bindung an bestehende und insofern tatsächlich begrenzte Kompetenzen sein.[451] Zweifel am Bestehen einer solchen rechtlich vorgegebenen und nicht selbst auferlegten Beschränkung können allerdings zunächst nicht sofort ausgeräumt werden. Betrachtet man die Weite der Zuständigkeiten des Verfassungsgerichts (Verfassungsbeschwerde, Organstreit, Normenkontrollen in verschiedenen Verfahrensarten), die Offenheit im Sinne von Unbestimmtheit vieler Normen und insbesondere die Vielfalt an anerkannten Auslegungsmethoden, so drängt sich auf den ersten Blick der Schluß auf, daß das Gericht immer zu einem ihm genehmen Ergebnis kommen kann und insoweit eine Abgrenzung der Gerichtsbarkeit zur

---

[449] Vgl. die Ausführungen zu Art. 82 GG unten unter § 4 I 1. e) cc), S. 105 ff.

[450] So vom BVerfG ausdrücklich erwähnt, vgl. BVerfGE 35, 257 (262); 36, 1 (14).

[451] *Schlaich*, Das Bundesverfassungsgericht, Rn. 469; *Isensee*, in: Isensee/Kirchhhof (Hrsg.), HdbStR VII, § 162 Rn. 85.

Politik zweifelhaft erscheint.[452] Bedenkt man aber, daß das Gericht genauso wie die anderen Staatsorgane auch zur Einhaltung bestehender Grenzen verpflichtet ist, aber andererseits der Rechtssuchende verlangen kann, daß das Gericht im konkreten Streitfall seine Kompetenzen bis zum äußersten Rand ausschöpft, um Recht zu sprechen, so wird erkennbar, daß die Zurückhaltung der Überprüfung gerade nicht im Belieben des Richters stehen kann.[453] Vielmehr muß das Gericht, wenn es eine einschlägige Verfassungsnorm findet, diese auch anwenden, ganz egal ob die zu entscheidende Frage auch politisch oder möglicherweise sogar hochpolitisch ist.[454]

Es ist schließlich auch nicht völlig klar, ob das Bundesverfassungsgericht in seiner Rechtsprechung von einer eigentlich vorhandenen Prüfungskompetenz keinen Gebrauch machen will oder ob es damit eine bestehende Grenze der Verfassungsinterpretation anerkennt. Es spricht einmal von einem Grundsatz des judicial self-restraint, den es sich auferlege und andererseits von dem beabsichtigten Ziel, den von der Verfassung für die anderen Verfassungsorgane garantierten Raum freier politischer Gestaltung offenzuhalten.[455] Einerseits weist das Gericht somit auf die Verfassung, die aus sich heraus entsprechende Freiräume gewähre, und auf der anderen Seite will es sich einen Grundsatz selbst auferlegen, ohne dafür auf normative Grundlagen zurückzugreifen.[456]

(3) Verfassung als Rahmenordnung zur Reduzierung der Inhaltsdichte

Es erscheint damit notwendig, nach tatsächlich bestehenden begrenzten gerichtlichen Überprüfungsmöglichkeiten zu suchen, und nicht auf eine freiwillige Zurücknahme von Entscheidungskompetenzen zu vertrauen.

Wie schon mehrfach angeklungen, erscheint es auf den ersten Blick durchaus heikel, aus einem außerordentlich unbestimmten Rechtsbegriff wie dem Rechtsstaatsprinzip konkrete und detaillierte Forderungen abzuleiten, die das staatliche Handeln stark beeinflussen und in bestimmten Konstellationen wenig bis gar keinen Freiraum lassen.[457]

Begreift man die Verfassung nur als äußeren Rahmen, der nur bestimmte Grenzen vorgibt, aber im Grundsatz Entfaltungsspielräume gewähren möchte[458], erscheint eine solch konkrete Auslegung von vornherein als unzulässig. Bei einem derartigen Verständnis liegt der Schluß nahe, daß der Begriff des Rechtsstaatsprinzips gerade keine hohe Konkretisierungsdichte aufweist und vieles gerade nicht normativ vorausbestimmt.

---

452 Ähnlich auch *Schlaich*, Das Bundesverfassungsgericht, Rn. 470.

453 *Simon*, in: Benda/Maihofer/Vogel (Hrsg.), Handbuch des Verfassungsrechts, § 34 Rn. 47; *Isensee*, in:Isensee/Kirchhhof (Hrsg.), HdbStR VII, § 162 Rn. 85; *Schauer*, Die Eigenart des Staatsorganisationsrechts, S. 75.

454 *Stern*, Staatsrecht III/2, § 95 IV, S. 1711.

455 BVerfGE 36, 1, (14 f.).

456 Kritisch ebenfalls *Starck*, in: Isensee/Kirchhhof (Hrsg.), HdbStR VII, § 164 Rn. 15; *Stern*, Staatsrecht I, § 4 III, S. 135.

457 In ähnlicher Richtung kritisch *Jarass*, in: Jarass/Pieroth, GG, Art. 20 Rn. 29.

458 *Stern*, Staatsrecht I, § 3 III, S. 83 f.; *Hesse*, Grundzüge des Verfassungsrechts, Rn. 21 ff.

In diesem Sinne wird in der Literatur tatsächlich vertreten, daß die Verfassung nur als Rahmenordnung anzusehen ist.[459] Sie gibt die äußeren Grenzen staatlicher Tätigkeit vor, läßt aber immer die Entscheidung offen, wie der sich daraus ergebende Freiraum zu nutzen ist. Die Verfassung bedient sich danach ganz bewußt auch unbestimmter und weitgefaßter Rechtsbegriffe, damit ein solcher Freiraum überhaupt entsteht. Vertreter dieser Auffassung warnen daher ausdrücklich vor der Überfrachtung der Verfassung. Für sie ist es ausgeschlossen, daß aus den besonders grundlegenden, aber gleichzeitig auch unbestimmten Leitprinzipien wie dem Rechtsstaatsprinzip bis ins Detail gehende Ge- und Verbote resultieren.[460] Diese müssen vielmehr erst noch durch gesetzgeberische Regelungen konkretisiert werden, um zu vollziehbarem Recht zu werden.[461] Die Verfassung ist danach als Rechtsnorm einfach weniger „dicht" als normale Gesetze, wenngleich sie natürlich an einigen Stellen ausgesprochen präzise und ins Detail gehende Regelungen enthält.[462] Aus dieser Sicht erscheint es schon von vornherein ausgeschlossen, daß das Rechtsstaatsprinzip verlangen kann, daß die Verkündung von Gesetzen mit Hilfe neuer elektronischer Medien zu geschehen hat. Vielmehr ergibt sich beinahe zwingend, daß aus dem Rechtsstaatsprinzip nur hergeleitet werden kann, daß aus Gründen der Rechtssicherheit und Voraussehbarkeit Gesetze überhaupt derart zu verkünden sind, damit der einzelne die Möglichkeit erhält, in für ihn zumutbarer Weise Kenntnis davon zu erlangen. Erst wenn die gewählte Verkündungspraxis diesem Maßstab nicht mehr gerecht wird, kann das Rechtsstaatsprinzip auf diesem Gebiet relevant werden. Es kann dann allerdings nur eine grundsätzliche Verbesserung der Verkündungsmethodik und einfachere Zugänglichkeit fordern, nicht dagegen die konkreten Mittel und Wege vorgeben, um eine solche zu bewirken.[463]

Aus diesem Grund kann die Verfassung dann auch keine Optimierungsgebote im Sinne von maximal erreichbaren konkreten Zielpunkten enthalten.[464] Es ist einleuchtend, daß eine Gesetzesverkündung jedenfalls theoretisch derart verbessert werden könnte, daß die Informationsmöglichkeit für jedermann leichter wäre. Zu denken wäre beispielsweise daran, daß das Bundesgesetzblatt jedem Bundesbürger unaufgefordert und kostenlos zugeschickt würde oder aber in irgendeiner Form zusätzlich über die Fernseh- und Rundfunksender verbreitet würde. Theoretisch könnten sicher etliche Maßnahmen ergriffen werden, um eine verbesserte Verkündung vorzunehmen. Selbst dann wäre aber eine darüber hinausgehende Verbesserung weiter denkbar. Ein optimaler Zustand wäre somit praktisch nie zu erreichen, da immer noch weitere Möglichkeiten für eine Verbesserung zur Verfügung stünden.

Die Verfassung als Rahmenordnung enthält somit nach dieser Auffassung grundsätzlich keine Kriterien für die Frage, ob ein bestimmter Mittel-, Höhe- oder Optimalpunkt erreicht werden muß, sondern nur, ob das in Rede stehende staatliche Handeln innerhalb des vorgegebenen

---

459 *Starck*, in: Isensee/Kirchhhof (Hrsg.), HdbStR VII, § 164 Rn. 4 ff; *Böckenförde*, Staat, Verfassung, Demokratie, S. 17; ähnlich auch *Stern*, Staatsrecht I, § 3 III, S. 84; *Scherzberg*, Grundrechtsschutz und Eingriffsintensität, S. 114 f.; 134.

460 *Böckenförde*, Staat, Verfassung, Demokratie, S. 17.

461 *Böckenförde*, Staat, Verfassung, Demokratie, S. 17; *Schneider*, Verfassungsinterpretation aus theoretischer Sicht, in: Schneider/Steinberg (Hrsg.), Verfassungsrecht zwischen Wissenschaft und Richterkunst, 39 (45).

462 Vgl. *Stern*, Staatsrecht I, § 3 III, S. 83.

463 Vgl. *Schneider*, Verfassungsinterpretation aus theoretischer Sicht, in: Schneider/Steinberg (Hrsg.), Verfassungsrecht zwischen Wissenschaft und Richterkunst, 39 (46) für die mangelnde Überprüfbarkeit, ob die jeweils gerechteste oder zweckmäßigste Lösung gefunden worden ist.

464 *Lerche*, Die Verfassung als Quelle von Optimierungsgeboten, in: Festschrift für Stern, 197 (204 f.); *Starck*, in: Isensee/Kirchhhof (Hrsg.), HdbStR VII, § 164 Rn. 7.

Rahmens liegt.[465] Somit wird deutlich, daß bei einem Verständnis der Verfassung als Rahmenordnung die grundlegenden Prinzipien des GG keine Antwort auf die Frage enthalten, ob die elektronischen Medien zur Gesetzesverkündung benutzt werden *müssen*. Sie geben allenfalls eine Antwort darauf, ob sich bei Zuhilfenahme dieser neuen Möglichkeiten die Verkündung innerhalb des vorgebenen Rahmens bewegt. Für die in Frage stehenden Probleme läßt sich damit mit Bestimmtheit sagen, daß angesichts zahlreicher alternativer Verkündungsformen das Rechtsstaatsprinzip jedenfalls nicht zwingend die Verwendung elektronischer Medien zur Verkündung erfordert.

(4) Funktionell-rechtlicher Ansatz zur Reduzierung der Kontrolldichte

Zu einem vergleichbaren Ergebnis, aber auf vollständig anderem Weg gelangt man dann, wenn man zwar die inhaltliche Reduzierung der verfassungsrechtlichen Normen ablehnt, aber dennoch dem Gesetzgeber einen gestalterischen Freiraum dadurch einräumt, daß man die Kontrollkompetenz des Gerichts begrenzt. Ausgehend von der Erkenntnis, daß die Verfassung sowohl Grund und Grenze des Funktions- und Kompetenzbereiches des Bundesverfassungsgerichts ist[466], drängt sich aufgrund der Stellung des Verfassungsgerichts als letztverbindliche Instanz einerseits und der Unbestimmtheit vieler grundrechtlicher Normen andererseits die Beobachtung auf, daß damit zwar faktisch dem Gericht die Möglichkeit eingeräumt ist, über eine extensive Auslegung sich selbst neue Kompetenzen zu schaffen und so zu einer verfassungsgerichtlichen Übermacht zu werden. Andererseits lassen andere dem GG zu entnehmende Grundsätze dieses Ergebnis als offensichtlich verfehlt erscheinen: So läßt sich ihm etwa an zahlreichen Stellen der Grundsatz der Gewaltenteilung entnehmen, der sich gerade nicht durch eine simple Aufteilung der Gewalten, sondern durch vielfältige Be- und Verschränkungen und eine ausgeklügelte Machtbalancierung auszeichnet.[467] Ein Verfassungsgericht, das gänzlich unkontrolliert und absolut umfassend über die Verfassung bestimmen kann, ist mit diesem Grundsatz offensichtlich nicht vereinbar. In einem gewaltenteilenden System dürfen nicht nur Legislative und Exekutive, sondern darf überhaupt kein Organ allmächtig werden.[468]

Daneben ist es der Gedanke der parlamentarischen Demokratie, der dem GG zu entnehmen ist. Die Verfassung legt sich eindeutig fest auf eine Demokratie und keine richterliche Oligarchie.[469] Das GG betont die Regelungsbefugnis des demokratisch gewählten Gesetzgebers, dem innerhalb der bestehenden Rangordnungen zwischen den Gewalten eine Vorrangstellung zukommt.[470]

Somit weist die Verfassung den Gewalten unterschiedliche Funktionen zu und begrenzt auf diese Weise den scheinbar allumfassenden Entscheidungsspielraum der Verfassungsgerichts-

465 *Starck*, in: Isensee/Kirchhhof (Hrsg.), HdbStR VII, § 164 Rn. 8; *Wahl*, Der Vorrang der Verfassung, Der Staat 20 (1981), 485 (507).

466 *Schlaich*, Das Bundesverfassungsgericht, Rn. 470.

467 *Hesse*, Grundzüge des Verfassungsrechts, § 14 Rn. 482; *derselbe*, Funktionelle Grenzen, in: Recht als Prozeß und Gefüge, 261 (265); *Stern*, Staatsrecht I, § 20 IV, S. 792; BVerfGE 7, 183 (188); 34, 52 (59).

468 *Bryde*, Verfassungsentwicklung, S. 335; *Oebbecke*, Weisungs- und unterrichtungsfreie Räume in der Verwaltung, S. 131 f.; kritisch zur Gefahr einer allmächtigen Justiz auch *Müller*, Juristische Methodik, S. 91.

469 *Brohm*, NJW 2001, 1 (9).

470 *Dreier*, JuS 1997, 249 (256); *Schlaich*, Das Bundesverfassungsgericht, Rn. 478.

barkeit.[471] Ganz ähnlich dem im Verwaltungsrecht anerkannten Begriff des Beurteilungsspielraums[472], der im übrigen auf der gleichen Problematik der gerichtlichen Allmacht beruht, wird somit die verfassungsgerichtliche Überprüfbarkeit reduziert, was zwingend auch Auswirkung auf die Verfassungsinterpretation hat.[473] Dies geschieht im einzelnen auf unterschiedlichen Wegen:

(a) Differenzierung zwischen Handlungs- und Kontrollnorm

Häufig wird differenziert zwischen Handlungsnorm und Kontrollnorm.[474] Um die umfassende Bindung aller staatlichen Gewalt an die Verfassung weiterhin aufrecht zu erhalten, aber trotzdem eine justizstaatliche Verdrängung der demokratischen und gewaltenteilenden Funktionsordnung zu vermeiden, wird nach dieser Auffassung die Verfassung einerseits als Handlungsmaßstab für die Staatsorgane und als Kontrollmaßstab für das Bundesverfassungsgericht unterschieden.[475] Eine Verfassungsnorm besitzt danach als Handlungsanweisung an die staatlichen Organe einen umfassenderen Gehalt als dieselbe Norm als Kontrollmaßstab für das Bundesverfassungsgericht. Nur anhand des Kontrollmaßstabes kann das Gericht die Handlungen der Organe überprüfen.[476] Beide Maßstäbe sind in ein und derselben Norm enthalten, ohne daß dies im Grundgesetz ausdrücklich formuliert würde.[477] Als Musterbeispiel einer solchen Auslegung dient häufig der Art. 3 Abs. 1 GG: Als Handlungsnorm gebietet diese Vorschrift dem Gesetzgeber eine materielle Gleichbehandlung und damit letztlich eine materiell gerechte Behandlung, während das Verfassungsgericht eine Ungleichbehandlung nur daraufhin überprüfen darf, ob sie auch auf sachgerechten Erwägungen beruht und daher gerechtfertigt ist. Auch der Grundsatz der Verhältnismäßigkeit läßt sich derart aufteilen: Als Handlungsnorm erwartet der Grundsatz geeignete, taugliche und alle beteiligten Interessen optimal fördernde Entscheidungen. Die aus der Kontrollnorm abgeleitete Feststellung des Bundesverfassungsgerichts, der Verhältnismäßigkeitsgrundsatz sei durch den Gesetzgeber in verfassungswidriger Weise verletzt, erfolgt aber nach der Rechtsprechung des Gerichts nur, wenn die betreffende Regelung „evident“ bzw. „schlechthin“ untauglich und unzumutbar ist.[478]

Eine derartige inhaltliche Aufspaltung verhindert, daß dem Bundesverfassungsgericht ein Monopol über die Definition des Sinnes der Verfassung eingeräumt wird, welches der sorg-

---

471 *Heun*, Funktionell-rechtliche Schranken der Verfassungsgerichtsbarkeit, S. 12; *Isensee*, in: Isensee/Kirchhhof (Hrsg.), HdbStR VII, § 88 Rn. 89; *Dreier*, JZ 1985, 353 (357); *Brohm*, NJW 2001, 1 (9).

472 *Bleckmann*, Staatsrecht I, Rn. 143 spricht explizit von einem den politischen Organen eingeräumten breiten Beurteilungsspielraum.

473 *Schuppert*, DVBl. 1988, 1191 (1194); *Schlaich*, Das Bundesverfassungsgericht; Rn. 479; *Starck*, in: Isensee/Kirchhhof (Hrsg.), HdbStR VII, § 164 Rn. 13; *Heun*, Funktionell-rechtliche Schranken der Verfassungsgerichtsbarkeit, S. 15.

474 *Bryde*, Verfassungsentwicklung, S. 306 ff.; *Murswiek*, DÖV 1982, 529 (534 f.); *Hesse*, Funktionelle Grenzen, in: Recht als Prozeß und Gefüge, 261 (269); *Scherzberg*, Grundrechtsschutz und Eingriffsintensität, S. 115 ff.

475 Vgl. dazu *Bryde*, Verfassungsentwicklung, S. 306 f.

476 *Bryde*, Verfassungsentwicklung, S. 307; *Schlaich*, Das Bundesverfassungsgericht, Rn. 480; *Forsthoff*, Über Maßnahmegesetze, S. 233.

477 *Schlaich*, Das Bundesverfassungsgericht; Rn. 480; *Schauer*, Die Eigenart des Staatsorganisationsrechts, S. 77.

478 *Schlaich*, Das Bundesverfassungsgericht, Rn. 482 mit Nachweisen der Rspr. des BVerfG.

fältig ausbalancierten Zuordnung von Funktionen zu unterschiedlich spezialisierten Organen widerspräche.[479]

Aus dieser Überlegung heraus ergeben sich nunmehr für die einzelnen staatlichen Organe Konkretisierungskonkurrenzen, mit denen der Kompetenz vornehmlich des Verfassungsgerichts Grenzen gezogen werden können und mit denen umgekehrt Handlungsspielräume entstehen.[480]

(b) Identität von Handlungs- und Kontrollnorm

Teilweise wird dagegen gerade die Aufspaltung in Handlungs- und Kontrollnorm energisch bestritten und statt dessen von einer Identität zwischen beiden Norminhalten ausgegangen. Kritisiert wird zunächst, daß infolge der mangelnden Kontrollmöglichkeit der Handlungsnormen deren „Wirkkraft“ verloren gehe.[481] Sie würden ihrer Funktion beraubt, wenn sie nicht nur keine Durchsetzungs- oder Sanktionsmöglichkeit besitzen, sondern sogar noch nicht einmal die Feststellung eines Verstoßes erlauben würden. Bestritten wird des weiteren die normative Grundlage für eine Trennung zwischen Handlungs- und Kontrollnorm.[482] Schließlich wird diese Aufspaltung deshalb für sinnlos gehalten, weil sie die Normativität der Verfassung nicht verstärken kann, obwohl sie gerade das leisten soll.[483]

Durch eine systematische Auslegung des Grundgesetzes sind statt dessen die Verfassungsnormen aus funktionell-rechtlichen Erwägungen inhaltlich insgesamt zu reduzieren.[484] Funktionell-rechtliche Gründe sprechen dagegen, aus oft nur punktuellen, weiten und unbestimmten Normtexten des Grundgesetzes detaillierte Handlungsanweisungen für den Gesetzgeber zu entnehmen.[485] Diese Normen lassen statt dessen insofern Freiräume, als sie tatsächlich normativ offen sind.[486] Der Interpretation und Auslegung – und damit vor allem der durch das Bundesverfassungsgericht – sind damit Grenzen gezogen.[487]

Der Sache nach ist diese Auffassung im Ergebnis gleichzusetzen mit der Anerkennung der Verfassung als bloße Rahmenordnung.[488]

---

479 *Bryde*, Verfassungsentwicklung, S. 307 f.; *Sommermann*, Staatsziele und Staatszielbestimmungen, S. 429.

480 *Schlaich*, Das Bundesverfassungsgericht, Rn. 481; *Stern*, Staatsrecht III/2, § 95 IV, S. 1712.

481 *Bender*, Die Befugnis des Bundesverfassungsgerichts, S. 173; *Heun*, Funktionell-rechtliche Schranken der Verfassungsgerichtsbarkeit, S. 48.

482 *Sachs*, in: Sachs (Hrsg.), GG, Einf. Rn. 51; *Heun*, Funktionell-rechtliche Schranken der Verfassungsgerichtsbarkeit, S. 49; *Wahl*, Der Vorrang der Verfassung, Der Staat 20 (1981), 485 (501); *Bender*, Die Befugnis des Bundesverfassungsgerichts, S. 173.

483 *Heun*, Funktionell-rechtliche Schranken der Verfassungsgerichtsbarkeit, S. 50; *Starck*, in: Isensee/Kirchhhof (Hrsg.), HdbStR VII, § 164 Rn. 14.

484 *Sachs*, in: Sachs (Hrsg.), GG, Einf. Rn. 51; *Wahl*, Der Vorrang der Verfassung, Der Staat 20 (1981), 485 (502 ff.); *Heun*, Funktionell-rechtliche Schranken der Verfassungsgerichtsbarkeit, S. 48.

485 *Hesse*, Funktionelle Grenzen, in: Recht als Prozeß und Gefüge, 261 (270); *Schneider*, Verfassungsinterpretation aus theoretischer Sicht, in: Schneider/Steinberg (Hrsg.), Verfassungsrecht zwischen Wissenschaft und Richterkunst, 39 (44).

486 *Sachs*, in: Sachs (Hrsg.), GG, Einf. Rn. 47 u. 51.

487 Diese inhaltliche Reduktion schließt nicht aus, den grundrechtlichen Vorschriften neben ihrer verpflichtenden Wirkung als Rechtsgebot auch appellative Funktionen beizumessen, vgl. *Heun*, Funktionell-rechtliche Schranken der Verfassungsgerichtsbarkeit, S. 50 Fn. 159.

488 Ebenso *Buchwald*, Prinzipien des Rechtsstaats, S. 322.

(c) Gemeinsamkeit funktionell-rechtlicher Ansätze

Egal welcher konkreten Ausgestaltung funktionell-rechtlicher Ansätze man sich anschließt, läßt sich aus diesen doch die grundsätzliche Aussage ableiten, daß das Bundesverfassungsgericht bei der Bestimmung von Ge- oder Verboten aus der Verfassung mit umso größerer Vorsicht verfahren muß, je abstrakter die anzuwendende Verfassungsnorm sich darstellt.[489] Denn eben darin, daß sie abstrakt formuliert ist, sich unbestimmter und mit juristischen Mitteln nur begrenzt eindeutig konkretisierbarer Begriffe bedient, liegt eine Funktionszuweisung an andere als die zur Rechtsprechung berufenen Staatsorgane.[490] Diese können zum einen unter demokratischen Gesichtspunkten funktionell besser zur Entscheidungsfindung geeignet sein.[491] In einem dem Gesetzgeber von der Verfassung vorgegebenen Entscheidungsprozeß findet in einem pluralistischen und konfliktiven Verfahren auf möglichst breiter Basis eine Willensbildung statt, die durch eine Mehrheitsentscheidung ihren Abschluß findet. Hinzu kommt außerdem trotz der im Repräsentativsystem liegenden Unabhängigkeit der Parlamentarier eine Anbindung und Rückkopplung an die Meinung des Volkes. Diese wird gewährleistet nicht nur durch regelmäßige Wahlen, sondern auch über die Arbeit der Parteien und Verbände, über die öffentliche Meinung und schließlich über institutionalisierte (Petitionsrecht) und informelle (Abgeordnetensprechstunde) Zugangsmöglichkeiten des einzelnen.[492] Auf diese Weise kann die Gestaltung der gesellschaftlichen Verhältnisse in einer besonders wirksamen Art und Weise erfolgen, vor allem unter Berücksichtigung des Umstandes, daß diese Aufgabe nicht von einem wissenschaftlich erkannten Ziel definiert ist, sondern in ständiger Auseinandersetzung aller an der Gestaltung des sozialen Lebens beteiligten Menschen und Gruppen ermittelt werden soll.[493]

Zum anderen ist es der Gedanke der Gewaltenteilung, der einmal Hemmung und Mäßigung der Machtausübung[494] und andererseits eine sinnvolle Verteilung staatlicher Aufgaben auf unterschiedlich spezialisierte Funktionsträger[495] leisten soll. Dazu werden bestimmte Staatsfunktionen bestimmten Organen zugeordnet, für deren Erfüllung sie einerseits einen gesicherten Raum eigenständiger Entscheidung haben.[496] Andererseits sind die Organe aber von einander abhängig und kontrollieren sich gegenseitig.[497] Eine allmächtige judikative Gewalt, die sich einer Kontrolle komplett entzieht, widerspricht diesem Prinzip allerdings in eklatanter

---

489 *Simon*, in: Benda/Maihofer/Vogel (Hrsg.), Handbuch des Verfassungsrechts, § 34 Rn. 57; *Klein*, Der demokratische Grundrechtsstaat, in: Bitburger Gespräche, Jahrbuch 1995/I, 81 (88); ähnlich auch *Schuppert*, Funktionell rechtliche Grenzen, S. 44.

490 *Hesse*, Funktionelle Grenzen, in: Recht als Prozeß und Gefüge, 261 (265 u. 270); *Klein*, Der demokratische Grundrechtsstaat, in: Bitburger Gespräche, Jahrbuch 1995/I, 81 (88).

491 *Stern*, Staatsrecht III/2, § 95 IV, S. 1712; *Hesse*, Grundzüge des Verfassungsrechts, Rn. 504.

492 *Bryde*, Verfassungsentwicklung, S. 343.

493 *Bryde*, Verfassungsentwicklung, S. 342 u. BVerfGE 5, 85 (197 ff.) zur Beschreibung der Gestaltung der gesellschaftlichen Verhältnisse.

494 BVerfGE 5, 85 (199); 9, 268 (279).

495 *Hesse*, Grundzüge des Verfassungsrechts, Rn. 492 f.

496 BVerfGE 9, 268 (280 f.); *Hesse*, Funktionelle Grenzen, in: Recht als Prozeß und Gefüge, 261 (265).

497 BVerfGE 9, 268 (279); 22, 106, 106 (111); *Maurer*, Staatsrecht, § 12 Rn. 15; *Bryde*, Verfassungsentwicklung, S. 334; kritisch hinsichtlich einer möglichen Kontrolle der Gerichte allerdings *Hesse*, Grundzüge des Verfassungsrechts, Rn. 479. Aber immerhin kann durch Bestellung und Beförderung der Richter und vor allem durch die Gesetzgebung Einfluß genommen werden, wenn eine bestimmte Gesetzesauslegung von der Legislative nicht gebilligt wird, vgl. dazu auch *Maurer*, Staatsrecht, § 12 Rn. 15.

Weise. Der Gewaltenteilungsgrundsatz ist damit ein weiteres entscheidendes kompetenzabgrenzendes Kriterium.[498] Dies gilt umso mehr, als das Bundesverfassungsgericht mit Hilfe der offenen Maßstäbe der Verfassung durch eine allumfassende Konkretisierung eine lückenlose und bis in alle Einzelheiten gehende Kontrolle des Gesetzgebers vornehmen könnte. Gerade der funktionale Aspekt des Gewaltenteilungsprinzips läßt sich für eine nähere Ausgestaltung der Konkretisierungskompetenzen fruchtbar machen. Das Grundgesetz macht den Gesetzgeber zum zentralen Akteur in der Gestaltung der Gesellschaft durch staatliche Entscheidung.[499] Diese Aufgabe hat der Gesetzgeber zwar gerade unter Beachtung der Verfassung zu erfüllen, und es ist die Aufgabe des Bundesverfassungsgerichts, die Einhaltung dieser Grenzen zu kontrollieren. Bei Ausübung dieser Kontrolltätigkeit hat gerade dieses Gericht, wie aber auch andere staatliche Organe allerdings die primäre Kompetenz des Gesetzgebers zur Gesellschaftsgestaltung zu achten.[500] Dazu kommt ein wichtiger formaler Unterschied. Gerichte handeln ausschließlich in spezialisierten Verfahren, immer reaktiv, punktuell und ohne Eigeninitiative.[501] Der Gesetzgeber dagegen wird auf eigene Initiative gestaltend und umfassend tätig.[502] Seine zentrale Rolle in der Verfassungsentwicklung, die ihm aufgrund seiner Vorhandstellung zufällt, ist daher nicht nur eine faktische Chance zur Präjudizierung des Verfassungssinns, sondern verfassungsrechtlich verliehene Kompetenz. Sie verleiht ihm die Möglichkeit, komplexe Sachzusammenhänge sachgerecht zu erfassen, zu gestalten und weiter zu entwickeln. Der punktuelle Eingriff eines Verfassungsgerichts, der typischerweise durch die Kassation der Norm erfolgt, ist immer in der Gefahr, Zusammenhänge lediglich eindimensional zu erfassen und unübersehbare Folgeprobleme auszulösen.[503] Der Richterspruch ist somit dem Gesetz als Instrument der Gesellschaftsgestaltung unterlegen und erweist sich daher nicht als der am besten geeignete Träger für die Fortbildung der Verfassung.[504] Diese strukturelle Unterlegenheit von Gerichten als Träger von Wandlungsprozessen ist ein weiteres und entscheidendes Argument dafür, daß das BVerfG nicht nur berechtigt, sondern verfassungsrechtlich verpflichtet ist, dem Gesetzgeber die Möglichkeit zur Verfassungsverwirklichung einzuräumen. Es muß sich daher bloß politisch motivierten Zweckmäßigkeitserwägungen und sonstiger Billigkeitsentscheidungen enthalten. Dies gilt umso mehr, je abstrakter und damit wertungsoffener sich die anzuwendende Verfassungsnorm darstellt.[505]

Damit ergibt sich, ohne daß diese funktionell-rechtlichen Erwägungen schon konkrete Maßstäbe für die Verfassungskonkretisierung und gerichtliche Überprüfbarkeit erkennen ließen,

---

498 *Schlaich*, Das Bundesverfassungsgericht, Rn. 477; *Bryde*, Verfassungsentwicklung, S. 335; *Hesse*, Funktionelle Grenzen, in: Recht als Prozeß und Gefüge, 261 (265).

499 *Sommermann*, Staatsziele und Staatszielbestimmungen, S. 429; *Dreier*, JuS 1997, 249 (253); *Martens*, Öffentlich als Rechtsbegriff, S.186; *Hesse*, Funktionelle Grenzen, in: Recht als Prozeß und Gefüge, 261 (270); *Maurer*, Staatsrecht, § 13 Rn. 119; BVerfGE 33, 125 (157 ff.); 50, 290 (336 ff.).

500 *Bryde*, Verfassungsentwicklung, S. 335 f.; *Sommermann*, Staatsziele und Staatszielbestimmungen, S. 429 u. 437; *Dreier*, JuS 1997, 249 (256); *derselbe*; Jura 1997, 249 (256); *Simon*, in: Benda/Maihofer/Vogel (Hrsg.), Handbuch des Verfassungsrechts, § 34 Rn. 55.

501 *Schlaich*, Das Bundesverfassungsgericht, Rn. 476; *Simon*, in: Benda/Maihofer/Vogel (Hrsg.), Handbuch des Verfassungsrechts, § 34 Rn. 51.

502 *Bryde*, Verfassungsentwicklung, S. 337.

503 *Bryde*, Verfassungsentwicklung, S. 337.

504 *Krüger*, Verfassungswandlung und Verfassungsgerichtsbarkeit, S. 160; *Bryde*, Verfassungsentwicklung, S. 338; kritisch auch *Simon*, in: Benda/Maihofer/Vogel (Hrsg.), Handbuch des Verfassungsrechts, § 34 Rn. 59.

505 *Klein*, Der demokratische Grundrechtsstaat, in: Bitburger Gespräche, Jahrbuch 1995/I, 81 (88).

für den verfassungsgerichtlichen Umgang mit dem sehr unbestimmten Begriff des Rechtsstaatsprinzips immerhin folgende Richtschnur: das Bundesverfassungsgericht hat sich damit zurückzuhalten, dieses Verfassungsprinzip unmittelbar auf konkrete Fallgestaltungen anzuwenden. Es hat vielmehr bei Konkretisierung und Auslegung des Begriffes behutsam umzugehen.[506]

Aus diesem Grund ist es schlechterdings nicht möglich, daß schon das Rechtsstaatsprinzip die Gesetzesverkündung derartig stark vorbestimmt, daß diese nur unter Zuhilfenahme elektronischer Medien rechtsstaatlichen Anforderungen entspricht. Angesichts der Vielzahl von Gestaltungsmöglichkeiten, durch die eine Gesetzesverkündung dem einzelnen einen mehr oder weniger guten Zugang zum Recht gewährt, kann jedenfalls eine gerichtliche Festlegung über die konkreten Anforderungen an die rechtsstaatliche Verkündung nicht erfolgen. Insofern läßt sich das Rechtsstaatsprinzip des GG nicht als Argument für eine Verpflichtung des Gesetzgebers zur elektronischen Gesetzesverkündung heranziehen. Die Aussage, das Rechtsstaatsprinzip fordere eine „adäquate Verkündung“ läßt sich somit insofern nicht aufrechterhalten, als sie darauf hindeutet, daß der Grad der notwendigen Adäquanz eindeutig bestimmbar wäre. Soweit damit allerdings nur zum Ausdruck gebracht werden soll, daß die Anforderungen an die Verkündung nicht statisch sind, sondern sich an wandelnde äußere Umstände mit der Zeit anzupassen haben, ist dieser Aussage dagegen beizupflichten. Dies ist allerdings nicht eine Besonderheit der rechtsstaatlichen Anforderungen, sondern ein wesentliches Merkmal der Verfassung in ihrer Gesamtheit. Sie ist gerade offen für eine stetige Weiterentwicklung[507] und will sich einer solchen gerade nicht in den Weg stellen. Aus dieser Sicht ist der Gesetzgeber gut beraten, den Modus seiner Verkündung von Zeit zu Zeit zu überprüfen und dabei gerade auch die neuen Möglichkeiten zu berücksichtigen, die ihm durch die Weiterentwicklung der elektronischen Medien eröffnet werden. Wenn dadurch die rechtsstaatlichen Ziele der formalen Verkündung besser verwirklicht werden, könnte damit der Bedeutung des Rechtsstaatsprinzips als elementares Rechtsprinzip des Grundgesetzes in besonderer Weise Rechnung getragen werden. Eine Verpflichtung, sich aber zur Umsetzung des Rechtsstaatsprinzips zwingend bei der Verkündung von Gesetzen des Internet zu bedienen, besteht aber gerade nicht.

gg) Rechtsprechung des BVerfG und anderer Gerichte

Auch die Rechtsprechung des Bundesverfassungsgerichts und anderer Gerichte, vornehmlich der Verwaltungsgerichte, stützt einen derartigen Befund. Wie zwar bereits festgestellt, verlangt das BVerfG, daß die Kenntnisnahme der erlassenen Rechtsnormen aus rechtsstaatlichen Gründen nicht unzumutbar erschwert wird.[508] Das Gericht bemüht sich aber sogleich nach Erwähnung dieser Anforderung zu betonen, daß nähere Anforderungen gerade nicht dem Rechtsstaatsprinzip entnommen werden können, sondern die konkrete Ausgestaltung dem

---

506 *Schulze-Fielitz*, in: Dreier (Hrsg.), Grundgesetz, Art. 20 (Rechtsstaat) Rn. 42; *Klein*, Der demokratische Grundrechtsstaat, in: Bitburger Gespräche, Jahrbuch 1995/I, 81 (88); *Jarass*, in: Jarass/Pieroth, GG, Art. 20 Rn. 29; gerade in bezug auf die Publikation des Rechts vgl. auch *Weis*, Gutachten: Verfassungsrechtliche Fragen einer weiteren Privatisierung der juris GmbH, JurPC 1996, 340 (395).

507 *Simon*, in: Benda/Maihofer/Vogel (Hrsg.), Handbuch des Verfassungsrechts, § 34 Rn. 59; *Bryde*, Verfassungsentwicklung, S. 20 ff., 254 ff.; *Hesse*, Grundzüge des Verfassungsrechts, Rn. 46; *Dreier*, in: Dreier (Hrsg.), GG, Art. 20 (Einführung) Rn. 10; *Lücke*, in: Sachs (Hrsg.), GG, Art. 79 Rn. 7 f.

508 Vgl. oben § 4 I 1. a) dd).

Gesetzgeber obliege.[509] In zahlreichen anderen Entscheidungen hat es mehrfach betont, daß im Umgang mit dem Rechtsstaatsprinzip mit Behutsamkeit vorzugehen sei: Bereits 1957 hat es erstmals festgestellt, daß das Rechtsstaatsprinzip „keine in allen Einzelheiten eindeutig bestimmten Gebote oder Verbote von Verfassungsrang" enthält.[510] Vielmehr bedürfe es der Konkretisierung je nach den sachlichen Gegebenheiten, wobei die Entscheidung des Gesetzgebers, wie er sich im Einzelfall entscheidet, vom Bundesverfassungsgericht dann nicht beanstandet werden könne, wenn sie ohne Willkür getroffen werde.[511] Es sei grundsätzlich seine Sache, „dem Rechtsstaatsprinzip bei der Normsetzung Rechnung zu tragen".[512] Schließlich erkennt das BVerfG in einer jüngeren Entscheidung an, daß dem Rechtsstaatsprinzip nicht die Form der Verkündung zu entnehmen sei, sondern auf dieser grundsätzlichen verfassungsrechtlichen Ebene es dem zuständigen Normgeber obliege, das Verkündungsverfahren auszugestalten.[513] Das Gericht erkennt somit einen Gestaltungsspielraums des Gesetzgebers an und zieht nicht das Rechtsstaatsprinzip heran, um konkrete Forderungen für die Ausgestaltung der Gesetzesverkündung zu erheben.

Auch die Verwaltungsgerichte haben sich bereits öfter mit dem Rechtsstaatsprinzip beschäftigt und dabei ebenfalls eine eher zurückhaltende Tendenz verfolgt. So beruft sich das Bundesverwaltungsgericht dafür auf rechtsstaatliche Gründe, daß Rechtsnormen in einer für die Betroffenen zugänglichen und erkennbaren Weise verkündet werden müssen.[514] Auf der anderen Seite erkennt aber auch dieses Gericht an, daß das Rechtsstaatsprinzip keine in allen Einzelheiten bestimmten Gebote oder Verbote von Verfassungsrang enthalte[515] und folgt damit der Rechtsprechung des Bundesverfassungsgerichts.

Allerdings haben Verwaltungsgerichte speziell zu der Zeit, als für die Städte und Gemeinden als Normgeber noch keine vom Landesgesetzgeber vorgeschriebenen Verkündungsvorschriften existierten, die Verkündung durch zeitlich begrenzten Aushang der Normtexte mehr als einmal für rechtsstaatswidrig erklärt.[516] Sie waren der Auffassung, daß der bloße Aushang jedenfalls in größeren Gemeinden dem einzelnen nicht mehr die Möglichkeit gewähre, tatsächlich Kenntnis von den erlassenen Rechtsnormen zu erlangen. Bedeutsam dafür sei die Einwohnerzahl der Gemeinde und die Länge des Wegs, den ein nicht unerheblicher Teil der Einwohner von der Wohnung bis zur Bekanntmachungstafel zurückzulegen habe.[517] Außerdem sei von entscheidender Bedeutung die Dauer, innerhalb derer der Normtext an der Tafel hinge. Während einmal eine Frist von nur 3 Tagen rechtsstaatlichen Anforderungen genügen sollte[518], wurde in einem anderen Fall eine zweiwöchige Frist für unzureichend erachtet.[519]

---

509 BVerfGE 65, 283 (291).

510 BVerfGE 7, 89 (92) u. danach ständige Rspr., bspw. BVerfGE 25, 269 (290); 28, 264 (277); 35, 41 (47); 57, 250 (276); 65 283 (290); 70, 297 (308); 74, 129 (152).

511 BVerfGE 25, 269 (290 f.).

512 BVerfGE 65, 283 (290).

513 BVerfGE 90, 60 (85).

514 So bspw. BVerwG BVerwGE 17, 192 (193); NJW 1964, 1434; DÖV 1972, 349

515 BVerwG in Buchholz 401.84 Nr. 25, nachgewiesen von *Ziegler*, Die Verkündung von Satzungen, S. 135

516 OVG NW OVGE 21, 311 (319 f.); 22, 44 (47 f.); Hess VGH ESVGH 14, 26 (28 f.); OVG Lüneburg DÖV 1971, 821 (821).

517 OVG NW KStZ 1964, 56 (57).

518 OVG NW KStZ 1964, 56 (58).

519 OVG NW DWW 1967, 178 (180 f.).

Schließlich wurde die Verkündung durch Aushang von einigen Verwaltungsgerichten in Abhängigkeit von der Einwohnerzahl als absolut unzulässig gesehen. Während die Grenze teilweise bei 35.000 Einwohnern gezogen wurde[520], wurde sie von anderen Gerichten schon bei 10.000 Einwohnern als überschritten angesehen.[521]

Diese Entscheidungspraxis spricht zwar auf den ersten Blick gegen einen zurückhaltenden Umgang mit dem Rechtsstaatsprinzip. Auf den zweiten, genaueren Blick wird aber ersichtlich, daß auch diese Rechtsprechung das Rechtsstaatsprinzip nicht überdehnt und letztlich nur eine eingeschränkte Kontrolle vornimmt. Dem Normgeber wird auch in den beschriebenen Fällen der grundsätzliche Spielraum bei der Entscheidung, wie dem Rechtsstaatsprinzip für die Verkündung zu entsprechen ist, überlassen. Die Verkündung durch Aushang wird nicht allgemein als rechtsstaatswidrig erklärt. Statt dessen überprüft das Gericht unter Berücksichtigung der jeweiligen konkreten Umstände, für die vor allem Ort und Zahl der Tafeln, Größe der Gemeinde und Dauer des Aushangs maßgeblich sind, und anderer unstreitig effektiverer Verkündungsalternativen wie Amtsblatt oder Veröffentlichung in der Tagespresse, ob die gewählte Verkündung noch als vertretbar erscheint. Nur in den Fällen, wo dies offensichtlich nicht der Fall ist, weil beispielsweise die Größe der Gemeinde es dem einzelnen Bürger schwer macht, sich durch eine einzige Tafel zu informieren oder die Aushangsfrist sehr kurz bemessen ist, gehen die Gerichte von einer Verletzung des Rechtsstaatsprinzips aus.

Die Verwaltungsgerichte schreiben aber nicht im Detail in jedem Fall einzuhaltende Verfahrensmodalitäten vor, sondern lassen im Gegenteil vieles offen. Gerade aus diesem Grund entstand auf kommunaler Ebene eine sehr uneinheitliche Bekanntmachungspraxis und eine erhebliche Rechtsunsicherheit über die genauen Anforderungen. Erst die Einführung von einheitlichen und detaillierten Bekanntmachungsverordnungen durch die Landesgesetzgeber beendete diese Unsicherheit[522], die allerdings die logische Folge der den Gerichten gezogenen und im wesentlichen auch von ihnen erkannten Grenzen im Umgang mit dem Rechtsstaatsprinzip darstellt. Auch diese Rechtsprechung zur Verkündung kommunaler Rechtsnormen, wenngleich sie in Einzelfällen konkret auf die Verkündung eingewirkt hat, benutzt das Rechtsstaatsprinzip nicht zur Statuierung konkreter und detaillierter Pflichten. Sie ist damit nicht unvereinbar mit der vorangehend dargestellten Judikatur und steht damit nicht im Widerspruch zu dem gefundenen Ergebnis.

hh) Zusammenfassung und Ergebnis

Nach alledem ist zu konstatieren, daß das Rechtsstaatsprinzip eine formale Gesetzesverkündung erfordert, die den Einzelnen in die Lage versetzt, Kenntnis von den Rechtsnormen nehmen zu können. Soweit aber an die Verkündung aufgrund des Rechtsstaatsprinzips Anforderungen gestellt werden, die über diese allgemeine Forderung hinausgehen und vor allem auch Fragen des zu benutzenden Mediums umfassen, sind sie verfehlt.

Das Rechtsstaatsprinzip beläßt gerade in diesen Fragen einen Gestaltungsspielraum und verlangt daher nicht, daß die Gesetzesverkündung elektronisch über das Internet erfolgt.

---

520 OVG NW OVGE 21, 311 (314 ff.).

521 VG Kassel HGZ 1968, 183 f.

522 Vgl. dazu *Rehn/Cronauge*, GO, § 7 V, S. 16.

Es darf aber dennoch erstens nicht übersehen werden, daß dieser Freiraum nicht unbegrenzt ist und daß zweitens das Rechtsstaatsprinzip – ebenso wie das GG insgesamt – nicht bloß statische Regelungen enthält, sondern sich an die mit der Zeit wechselnden Wertvorstellungen und äußeren Umständen anpaßt und sich dementsprechend mit entwickelt.[523]

Aus diesem Grund muß die bisherige Verkündungspraxis nicht für immer rechtsstaatlichen Anforderungen entsprechen und kann tatsächlich irgendwann einmal von den Gerichten gerügt werden. Gerade weil sich durch die fortschreitende technologische Entwicklung neue Publikationsmöglichkeiten ergeben, die den klassischen Informationsträgern in vielerlei Hinsicht überlegen sind und auch in der Bevölkerung zunehmende Akzeptanz finden, könnte auch die Verkündung an diese geänderten äußeren Rahmenbedingungen anzupassen sein. Dies gilt umso mehr, als durch die immer weiter wachsende Gesetzgebungstätigkeit es auf der anderen Seite immer schwieriger wird, den Überblick über die Gesetzgebungstätigkeit zu bewahren. Aufgrund dieser geänderten faktischen Rahmenbedingungen kann es tatsächlich unvermeidlich werden, den Verkündungsmodus umzustellen und Gesetze wenigstens auch über das Internet zu verkünden. Die bisherige Praxis der Veröffentlichung über herkömmliche Printmedien könnte dann tatsächlich aus rechtsstaatlichen Erwägungen offensichtlich unzureichend sein, weil die sich für den Einzelnen ergebende Kenntnisnahmemöglichkeit nicht ausreichend einfach ist.[524] Insofern verlangt das Rechtsstaatsprinzip nämlich nicht einfach nur die theoretische Möglichkeit der Kenntnisnahme, sondern besitzt einen weitergehenden, gleichsam in die elektronische Zukunft gerichteten Inhalt.

So ist das Rechtsstaatsprinzip schließlich immerhin eindeutig der rechtliche Appell, die Gesetzesverkündung für den Bürger effizient auszugestalten. Die Effizienz ist aber immer abhängig von den zur Verfügung stehenden Möglichkeiten. Wenn sich durch neue Technologien Instrumente zur Verbesserung ergeben, sollte es gerade aufgrund des Rechtsstaatsprinzips selbstverständlich sein, wenn ihr Einsatz für eine wirkungsvolle Verkündung zumindest überprüft wird. Eine Optimierung der Verkündung erscheint jedenfalls durch die Benutzung des Internets naheliegend. Da aber auch damit im Vergleich zu der Verbreitung über die Printmedien Nachteile verbunden sind, die hauptsächlich darin begründet liegen, daß zur Benutzung des Internets neben bestimmten technischen Anforderungen auch ein gewisser geübter Umgang mit Computern vorausgesetzt wird, erscheint es wiederum als fraglich, ob tatsächlich ein Schritt in die Richtung optimaler Gesetzesverkündung getan wäre.[525] Die im Zusammenhang mit dieser Frage bedeutsamen Erwägungen der Authenzität, Vollständigkeit, Dauerhaftigkeit und Öffentlichkeit sind schon für sich genommen teilweise gegenläufig und nicht unbedingt miteinander in Einklang zu bringen. Dazu kommt aber auch schon die Schwierigkeit, sie im Hinblick auf eine elektronische Verkündung eindeutig zu beurteilen. Derartige Schwierigkeiten zeigen aber erneut die Notwendigkeit auf, diese Entscheidung darüber nicht schon der

---

[523] *Maurer*, Staatsrecht, § 6 Rn. 9; *Hesse*, Grundzüge des Verfassungsrechts, Rn. 46; *Bryde*, Verfassungsentwicklung, S. 20 ff., 254 ff.; *Dreier*, in: Dreier (Hrsg.), GG, Art. 20 (Einführung) Rn. 10.

[524] *Konzelmann*, Methode landesrechtlicher Rechtsbereinigung; S. 94 ff. hat eine ansehnliche Sammlung von Gesetzen zusammengestellt, die allesammt in der Vergangenheit und noch heute zu erheblichen Erkennbarkeitsdefiziten führten bzw. führen.

[525] Vgl. dazu auch *Roßnagel*, Möglichkeiten für Transparenz und Öffentlichkeit, in: Hoffmann-Riem/Schmidt-Aßman (Hrsg.) Verwaltungsrecht in der Informationsgesellschaft, 257 (312), der allerdings betont, daß es „kein Menschenrecht auf Papier" existiert.

Verfassung zu entnehmen, sondern sie dem freien Spiel gesellschaftlicher Kräfte und Einschätzungen zu überlassen.

b) Demokratieprinzip

Neben dem Rechtsstaatsprinzip kommt auch das Demokratieprinzip als Quell einer verfassungsrechtlichen Pflicht zur formalen Gesetzesverkündung in Betracht.

Das Grundgesetz enthält in Art. 20 Abs. 1 GG eine Strukturentscheidung für einen demokratischen Staat[526] und statuiert somit das Demokratieprinzip als geltende Verfassungsbestimmung. Daneben konkretisieren Art. 20 Abs. 2 S. 1 und S. 2 Hs. 1 GG und viele andere Bestimmungen das Staatsstrukturprinzip inhaltlich.[527] Genau wie beim Rechtsstaatsprinzip steht die fundamentale Bedeutung des demokratischen Strukturprinzips außer Frage.[528] Ebenso wie dort wird trotz zahlreicher vorhandener positivrechtlicher Konkretisierungen angenommen, daß das demokratische Prinzip des GG einen über diese Bestandteile hinausgehenden Gehalt als allgemeines Prinzip hat.[529] Es ist daher nicht weiter verwunderlich, wenn gerade diese Eigenschaft dazu geführt hat, daß auch dem Demokratieprinzip Konturenlosigkeit und Beliebigkeit vorgeworfen worden ist.[530] Hinzu kommt, daß sich das Demokratieprinzip teilweise mit anderen Strukturentscheidungen des Art. 20 GG überschneidet.[531] Die Rspr. entnimmt daher auch so manche Folgerung sowohl dem Rechtsstaats- als auch dem Demokratieprinzip.[532]

aa) Konkreter Inhalt des Demokratieprinzips

Das Grundgesetz normiert „Demokratie" nicht im Sinne eines feststehenden und vollständigen Modells, anhand dessen alle auftauchenden problematischen Konstellationen zu lösen wären, sondern schafft die für die Funktion demokratischer Ordnung unerläßlichen Regeln und Grundstrukturen.[533] Das Demokratieprinzip ist daher auch nicht als Gesamtheit institutioneller Sicherungen freiheitlicher Verfassungsstaaten sozusagen als Inbegriff alles Guten, Wahren und Schönen beinahe allumfassend zu verstehen.[534]

Durch die Konkretisierung des Demokratieprinzips in Art. 20 Abs. 2 S. 1 GG bestimmt das GG, daß das Volk Träger der Staatsgewalt ist.[535] Grundlage des demokratischen Prinzips ist die Volksherrschaft im Gegensatz zur Alleinherrschaft in der autokratischen Monarchie und Aristokratie.[536] Dies bedeutet aber selbstverständlich nicht, daß das Volk in allen Belangen über sich selbst bestimmt. Die Herrschaft braucht nicht unbedingt vom Volk ausgeübt zu werden, sie muß nur durch dieses gerechtfertigt sein und muß auf das Volk zurückgeführt

---

526 *Maurer*, Staatsrecht, § 7 Rn. 18; *Jarass*, in: Jarass/Pieroth, GG, Art. 20 Rn. 1.

527 *Maurer*, Staatsrecht, § 7 Rn. 20; *Jarass*, in: Jarass/Pieroth, GG, Art. 20 Rn. 1;

528 Nach *Herzog*, in: MD, Art. 20 I Rn. 1 ist es das zentrale Verfassungsprinzip schlechthin.

529 *Stern*, Staatsrecht I, § 18 II, S. 599; *Jestaedt*, Demokratieprinzip und Kondominialverwaltung, S. 149 f.

530 Nachweise bei *Stern*, Staatsrecht I, § 18 I, S. 588 Fn. 14.

531 *Jarass*, in: Jarass/Pieroth, GG, Art. 20 Rn. 2.

532 Vgl. dazu *Jarass* , in: Jarass/Pieroth, GG, Art. 20 Rn. 2.

533 *Kloepfer*, in: Isensee/Kirchhhof (Hrsg.), HdbStR II, § 35 Rn. 45; *Hesse*, Grundzüge des Verfassungsrechts, Rn. 129.

534 *Dreier*, Jura 1997, 249 (249).

535 BVerfGE 44, 125 (138); 47, 253 (271 f.); 83, 60 (71); BVerfG DVBl. 1995, 1291 (1291); *Dreier*, Jura 1997, 249 (250); *Pieroth*, in: Jarass/Pieroth, GG, Art. 20 Rn. 4.

536 *Stern*, Staatsrecht I, § 18 I, S. 592 f.; *Jestaedt*, Demokratieprinzip und Kondominialverwaltung, S. 159.

werden können.[537] Jegliche Staatsmacht muß somit letztlich immer vom Volk ausgehen, sich somit von „unten nach oben" vollziehen und legitimieren. Erforderlich sind damit Legitimationsstränge, die sich immer auf das Volk zurückführen lassen. Das Volk besitzt somit immer auch einen Anteil an der Bildung des Staatswillens. Nach Art. 20 Abs. 2 S. 2 GG übt das Volk die Staatsgewalt durch Wahlen und Abstimmungen aus. Dies sind die Instrumente zur Legitimierung der Herrschaftsausübung durch staatliche Organe.[538] Die Wahlentscheidung ist damit Kernbestandteil der demokratischen Ordnung[539] und wichtige Beteiligungsform des Staatsvolks an der Ausübung der Staatsgewalt. Der Einfluß des Volkes auf die politische Willensbildung beschränkt sich aber nicht auf die Teilnahme an Wahlen und Abstimmungen.[540] Statt dessen kann das Volk ebenfalls über die öffentliche Diskussion, die „öffentliche Meinung" permanent Einfluß auf die Staatsleitung nehmen.[541] Die Kommunikationsgrundrechte sichern diesen Einfluß ab und sorgen damit ebenfalls dafür, gerade auch im Hinblick auf die periodisch stattfindenen Wahlen, daß das Parlament die Meinung des gemeinen Volkes bei seinen Entscheidungen berücksichtigt, wenn es ihr auch nicht immer folgt. Das Bewußtsein, von der Öffentlichkeit beobachtet zu werden, erhöht damit den Legitimationsdruck[542] und vermag die Wahrscheinlichkeit sachgerechter Entscheidungen zu erhöhen.

Eine öffentliche Diskussion kann aber nur dann vernünftig geführt werden, wenn der Diskussionsgegenstand feststeht und klar umrissen ist. Nur ein aufgeklärtes Volk kann seine Beteiligungsrechte, die ihm durch die einzelnen demokratischen Elemente eingeräumt worden sind, tatsächlich im vollen Umfang ausüben.[543] Dies setzt voraus, daß das Volk Kenntnis über die Tätigkeit der Staatsorgane, also auch über die Tätigkeit des Gesetzgebers erlangt und dahingehend informiert ist.[544] Diesen Informationsbedarf stillen in erster Linie die privaten Medien. Diese wiederum sind ihrerseits aber auch auf Informationsquellen angewiesen. Aber auch der einzelne Bürger hat ein Interesse daran, ungefilterte Informationen aus erster Hand über die

---

537 *Stern*, Staatsrecht I, § 18 I, S. 593 u. 604; *Hesse*, Grundzüge des Verfassungsrechts, Rn. 131; BVerfGE 47, 253 (272 ff.); 77, 1 (40); 93, 37 (66 ff.).

538 *Stern*, Staatsrecht I, § 18 II, S. 606; *Dreier*, Jura 1997, 249 (253).

539 *Hesse*, Grundzüge des Verfassungsrechts, Rn. 145.

540 BVerfGE 20, 56 (98 f.); *Hesse*, Grundzüge des Verfassungsrechts, Rn. 149; *Scherzberg*, Die Öffentlichkeit der Verwaltung, S. 298; *Gurlit*, Die Verwaltungsöffentlichkeit, S. 112; *Dreier*, Jura 1997, 249 (255).

541 BVerfGE 20, 56 (98 f.); 162 (174 f.); *Stern*, Staatsrecht I, § 18 II, S. 618; *Hesse*, Grundzüge des Verfassungsrechts, Rn. 150; *Schürmann*, Öffentlichkeitsarbeit der Bundesregierung, S. 128 f.; *Krüger*, Die öffentlichen Massenmedien, S. 6.

542 *Schürmann*, Öffentlichkeitsarbeit der Bundesregierung, S. 131; vgl. dazu auch *Kriele*, VVDStRL 29 (1971), 46 (68); *Hesse*, Grundzüge des Verfassungsrechts, Rn. 152; *Scherzberg*, Die Öffentlichkeit der Verwaltung, S. 302.

543 *Martens*, Öffentlich als Rechtsbegriff, S. 60; *Schürmann*, Öffentlichkeitsarbeit der Bundesregierung, S. 130 f.; *Roßnagel*, Möglichkeiten für Transparenz und Öffentlichkeit, in: Hoffmann-Riem/Schmidt-Aßman (Hrsg.) Verwaltungsrecht in der Informationsgesellschaft, 257 (268); *Wittling*, Die Publikation der Rechtsnormen, S. 135; *Gurlit*, Die Verwaltungsöffentlichkeit, S. 110; *Engelbert/Kutscha*, NJW 1993, 1233 (1236); *Scherzberg*, Die Öffentlichkeit der Verwaltung, S. 304; ebenso BVerfGE 44, 125 (147).

544 *Jerschke*, Öffentlichkeitspflicht der Exekutive, S. 75; *Hill*, JZ 1988, 377 (379); *Martens*, Öffentlich als Rechtsbegriff, S. 60; *Pieroth*, in: Jarass/Pieroth, GG, Art. 20 Rn. 11; *Häberle*, JZ 1977, 361 (366); *Konzelmann*, Methode landesrechtlicher Rechtsbereinigung; S. 132; *Hofsähs/Pollmann*, Das Presse- und Informationsamt der Bundesregierung, S. 17.

staatliche Tätigkeit zu erhalten, auch wenn er in der Praxis einen Großteil seiner Informationen darüber über die Massenmedien als Multiplikatoren bezieht.[545]

Eine formale Verkündung ist in diesem Sinne geeignet, den einzelnen Bürger über die staatliche Tätigkeit in Kenntnis zu setzen. Das gilt in besonderem Maße dann, wenn sich die formale Gesetzesverkündung unter Umgehung der vorhandenen privaten Multiplikatoren direkt an ihn wendet. Neben den herkömmlich auf Papier gedruckten Gesetz- und Verordnungsblättern, die von jedermann zu beziehen sind, erfüllt diese Informationsfunktion auch ein Online-Angebot im Internet, das die Inhalte derartiger Gesetzblätter abbildet und für jedermann elektronisch abrufbar bereit hält.

bb) Staatsfreie Willensbildung

Gerade aber diese Umgehung der vorhandenen gesellschaftlichen Multiplikatoren, namentlich der privaten Massenmedien wie Presse und Rundfunk, läßt eine derartige Verkündung im Rahmen des Demokratieprinzips als problematisch erscheinen. Grundsätzlich hat nämlich in der Demokratie des Grundgesetzes die Willensbildung vom Volk zu den Staatsorganen und nicht umgekehrt von den Staatsorganen zum Volk hin zu erfolgen.[546] Entscheidend ist, daß die Meinung nicht durch ein Beherrschen entstehen, sondern vielmehr umgekehrt vom Meinen her Einfluß auf das Herrschen genommen werden soll.[547] Den Staatsorganen ist es grundsätzlich verwehrt, in diesen Prozeß lenkend einzuwirken. Vielmehr muß der Prozeß der Willensbildung staatsfrei sein. Er muß sich frei, offen und unreglementiert vollziehen.[548] Es ist Aufgabe der gesellschaftlichen Kräfte, innerhalb dieser Rahmenbedingungen für derartige Prozesse selbst zu sorgen. Dies ist aber nur dann möglich, wenn alle Beteiligten und damit beispielsweise auch die Presseschaffenden ungehindert von staatlichen Einwirkungen auf dem Meinungsmarkt agieren können.[549] Amtliche Verlautbarungen, die in welcher Form auch immer in diese Prozesse eingreifen, sind daher bedenklich, weil sie den Willen des Volkes unzulässig beeinflussen könnten. Dies gilt insbesondere für eigene staatliche Publikationen gleich welcher Art. Eventuelle Betätigungen in diesem Bereich sind allerdings in jedem Fall dann mit den Grundsätzen der freien und offenen Meinungs- und Willensbildung vereinbar, wenn sie durch einen besonderen, sie verfassungsrechtlich legitimierenden Grund gerechtfertigt werden können.[550] Eine derartige Legitimation liegt aber für die formale Gesetzesverkündung schon auf der Hand: Ihre Zugehörigkeit zum Gesetzgebungsverfahren, das sie als grundsätzlich notwendig vorsieht und seinen Abschluß erst nach erfolgter Verkündung findet, erfordert zwingend die eigene staatliche Publikation, ohne die die Rechtsnormen gar keine rechtliche Existenz erhalten. Den Staatsorganen muß es grundsätzlich möglich sein, Informationen über ihren innerstaatlichen Bereich den Bürgern mitzuteilen.[551] Gerade auch die rechtsstaatliche Verpflichtung, Rechtsnormen derart zugänglich zu machen, daß jedermann die

---

545 *Wittling*, Die Publikation der Rechtsnormen, S. 138; *Schürmann*, Öffentlichkeitsarbeit der Bundesregierung, S. 136, 141.

546 BVerfGE 20, 56 (99); 44, 125 (140); 69, 315 (346); *Dreier*, in: Dreier (Hrsg.), GG, Art. 20 (Demokratie) Rn. 72.

547 *Klein*, Konkurrenz auf dem Markt der geistigen Freiheiten, S. 271.

548 BVerfGE 20, 56 (99); 44, 125 (140 f.).

549 *Klein*, Konkurrenz auf dem Markt der geistigen Freiheiten, S. 271.

550 BVerfGE 20, 56 (99); *Kremmer*, Die rechtliche Problematik des kommunalen Pressewesens, S. 59 f.

551 Vgl. nur *Klein*, Konkurrenz auf dem Markt der geistigen Freiheiten, S. 281; *Ricker*, AfP 1981, 320 (321 f.).

Möglichkeit der Kenntnisnahme hat, verlangt nach dieser Möglichkeit direkter staatlicher Publikation. Das bloße Vertrauen darauf, daß die privaten Multiplikatoren für diese Informationsmöglichkeit sorgen, kann nicht ausreichen.[552] Damit wäre eine umfassende und allgemeine Kenntnisnahmemöglichkeit jedenfalls nicht sicherzustellen, weil der einzelne immer darauf angewiesen wäre, aber gleichzeitig keinen Anspruch darauf hätte, daß die privaten Medien ihm auf freiwilliger Basis die notwendigen Informationen vermitteln. Schließlich muß es dem Staat möglich sein, wenn er schon die Möglichkeit hat, allgemein verbindliche Rechtsnormen für jedermann zu schaffen, diese auch den Adressaten unmittelbar mitzuteilen, um so deren Beachtung zu erreichen.[553]

So wird auch trotz zahlreicher grundsätzlicher Bedenken hinsichtlich der Publikationstätigkeit des Staates in Rechtsprechung und Literatur allgemein die Publikation im Rahmen der formalen Gesetzesverkündung ohne Einschränkung zugelassen.[554] Derartige Veröffentlichungen eröffnen im übrigen grundsätzlich nicht die Möglichkeit, den Willensbildungsprozeß zu manipulieren, weil sie nur das wiedergeben, was als Recht tatsächlich gesetzt worden ist. Sie enthalten keinerlei wertende Stellungnahmen oder sonstige Meinungen, sondern stellen lediglich durch absolut objektive und authentische Information die Transparenz staatlichen Handelns her. Die direkte und unmittelbare Aufklärung ist somit geradezu auch Voraussetzung für eine politische Meinungs- und Willensbildung. Die öffentliche Meinung nimmt daher nicht im Sinne einer „Einbahnstraßenkommunikation" auf die Bildung des Staatswillens Einfluß,[555] sondern ist auch umgekehrt in einem System wechselseitiger Einflußnahme auch den Einwirkungen des Staates ausgesetzt.[556]

Das Demokratieprinzip erfordert daher die Öffentlichkeit der staatlichen Beratungs- und Entscheidungsprozesse, ohne daß der Grundsatz der staatsfreien Willensbildung entgegensteht.[557]

Eine solche Öffentlichkeit wird dem Bürger gerade auch durch eine aktive staatliche Unterrichtung und speziell durch die formale Verkündung geboten. Diese gewährt ihm einen verläßlichen und vollständigen Überblick über die gesamte Tätigkeit des Gesetzgebers. Eine qualitativ vergleichbare Informationsquelle ist schließlich auch nicht in den Parlamentsprotokollen und –drucksachen zu sehen. Sie beinhalten zwar ebenfalls die Texte der beschlossenen und zustande gekommenen Parlamentsgesetze, bieten aber aufgrund ihres Umfangs und der Wiedergabe des vollständigen Gesetzgebungsverfahrens einerseits nicht die gleiche Über-

---

552 Dazu schon *Simitis*, Informationskrise des Rechts und Datenverarbeitung, S. 108.

553 Die grundsätzliche Entscheidungsfreiheit, in welchen Handlungsformen Öffentlichkeitsarbeit betrieben wird, betont auch VerfGH NW NVwZ 1992, 467 (469).

554 Vgl. nur *Ricker*, AfP 1981, 320 (322, 325); *Lenz*, Öffentlichkeitsarbeit der Regierung im Rechtsstaat, S. 342; *Klein*, Konkurrenz auf dem Markt der geistigen Freiheiten, S. 281; *Plenge*, Die Zulässigkeit staatlicher Zeitungen und Zeitschriften, S. 106; *Jarass*, Die Freiheit der Massenmedien, S. 271; *Groß*, Die Institution Presse, S. 154.

555 *Schmitt Glaeser*, in: Isensee/Kirchhhof (Hrsg.), HdbStR II, § 31 Rn. 30; *Engelbert/Kutscha*, NJW 1993, 1233 (1234).

556 *Gramm*, Aufklärung durch Publikumsinformationen, Der Staat 30 (1991), 51 (66); *Schmitt Glaeser*, in: Isensee/Kirchhhof (Hrsg.), HdbStR II, § 31 Rn. 31; *Stern*, Staatsrecht I, § 18 II, S. 616 f.

557 BVerfGE 70, 324 (358); *Jarass*, in: Jarass/Pieroth, GG, Art. 20 Rn. 11; *Stern*, Staatsrecht I, § 18 II, S. 618; *Pieroth*, JuS 1981, 625 (626); *Hesse*, Grundzüge des Verfassungsrechts, Rn. 152; *Rinken*, Das Öffentliche als verfassungstheoretisches Problem, S. 263; *Hofsähs/Pollmann*, Das Presse- und Informationsamt der Bundesregierung, S. 16 f.

sichtlichkeit.[558] Zum anderen finden sich dort nur die formellen Gesetze und nicht auch sonstige materielle Rechtsnormen.

Durch eine mit der formalen Verkündung erzielte Aufklärung besitzt der einzelne eine breite und ungefilterte Beurteilungsgrundlage, mit deren Hilfe er einmal sein Wahlrecht sachgerecht ohne Beeinflussung ausüben kann und zum anderen an der Bildung der öffentlichen Meinung wirksam teilnehmen kann.

Der Schwerpunkt der Einflußnahme durch die öffentliche Meinung auf die Gesetzgebung liegt allerdings zeitlich vor der Verkündung der dann schon beschlossenen Gesetze. Schon vor der Einleitung konkreter Gesetzgebungsverfahren kann die öffentliche Meinung auf die Schaffung besonderer Gesetze drängen. Im Gesetzgebungsverfahren, das durch die Öffentlichkeit der Parlamentsarbeit und durch den vorgegebenen Verfahrensablauf sich besonders dafür eignet, auch äußere Einflüsse und Informationen aufzunehmen und zu verarbeiten, kann ebenfalls noch konkreter Einfluß genommen werden. Zum Zeitpunkt der formalen Gesetzesverkündung ist dies dann zwar zu spät. Aber im Hinblick auf Gesetzesänderungen und -anpassungen wird die Verkündung auch für diese Art der Einflußnahme und Teilhabe an der staatlichen Leitung wieder bedeutsam. Gleichwohl ist festzuhalten, daß dieser Aspekt der Teilhabe tatsächlich mehr Bedeutung für den Zeitraum vor der Gesetzesverkündung hat.[559]

Das Demokratieprinzip des GG verlangt somit eine staatliche Aufklärungstätigkeit auch und gerade über die Ergebnisse der Gesetzgebung und stützt insofern ebenfalls die Forderung nach formaler Gesetzesverkündung. Dabei ist genauso wie beim Rechtsstaatsprinzip jedenfalls prinzipiell denkbar, daß diese Anforderungen auch eine bestimmte effektive Form der Aufklärung verlangen und daher ohne den Einsatz elektronischer Medien wie dem Internet dem Demokratieprinzip nicht voll entsprochen wird.

cc) Grenzen und Überprüfbarkeit

Ganz genau wie beim Rechtsstaatsprinzip bestehen allerdings auch beim Demokratieprinzip Grenzen, die einer universalen Anwendung auf alle Problemstellungen und Detaillösungen entgegenstehen.

(1) Rahmenordnung

Zum einen ist es möglich anzunehmen, daß das Demokratieprinzip nur einen rechtlichen Rahmen vorgibt, innerhalb dessen dem Gesetzgeber Gestaltungsspielräume für die Konkretisierung demokratischer Elemente bleiben.[560] Bei einer solchen Betrachtung ist eine vollständige positive Beschreibung seines Inhalts nicht möglich.[561] Das Demokratieprinzip beantwortet statt dessen nur die Frage, ob eine bestimmte Regelung entweder verfassungskonform ist und

---

558 So auch *Wittling*, Die Publikation der Rechtsnormen, S. 138.

559 *Ziegler*, Die Verkündung von Satzungen, S. 119 lehnt es vermutlich aus diesem Grund gänzlich ab, die Forderung nach Verkündung aus demokratischen Erwägungen abzuleiten.

560 Vgl. *Starck*, in: Isensee/Kirchhhof (Hrsg.), HdbStR VII, § 164 Rn. 4 ff.; *Böckenförde*, Staat, Verfassung, Demokratie, S. 17 allgemein zur Verfassung als Rahmenordnung und *Stern*, Staatsrecht I, S. 603; *Hesse*, Grundzüge des Verfassungsrechts, Rn. 129; *Stein*, in: AK, Art. 20 Abs. 1-3 II Rn. 19 zum Demokratieprinzip als Rahmenregelung.

561 So auch *Jestaedt*, Demokratieprinzip und Kondominialverwaltung, S. 148; *Böckenförde*, Verfassungsfragen der Richterwahl, S. 77.

damit innerhalb des rechtlichen Rahmens liegt oder aber verfassungswidrig ist, weil sie den Rahmen des Demokratieprinzips sprengt. Für die in Rede stehende Verkündungsproblematik ließe sich somit jedenfalls definitiv nicht eine bestimmte Form der Verkündung als aufgrund des Demokratieprinzips geboten bezeichnen.

(2) Funktionell-rechtliche Einschränkungen

Des weiteren lassen auch funktionell-rechtliche Erwägungen einen ähnlichen Schluß zu, der es verbietet, dem Gesetzgeber aufgrund eines derart konkretisierungsbedürftigen wie -fähigen Rechtsbegriffs wie des Demokratieprinzips verbindliche Vorgaben bis ins letzte Detail zu machen. Aus derartigen Überlegungen[562] läßt sich die Quintessenz gewinnen, daß den einzelnen Organen, speziell dem Gesetzgeber ein gerichtlich jedenfalls nicht voll überprüfbarer Entscheidungsspielraum im Umgang mit dem Demokratieprinzip des GG einzuräumen ist. Aus Gründen der Gewaltenteilung und gerade auch aus demokratischen Erwägungen können die fundamentalen Staatsprinzipien, zu denen auch das Demokratieprinzip gehört, nicht voll justiziabel sein, so daß im Ergebnis die Entscheidung, in welcher Form Gesetze konkret zu verkünden sind, lediglich aufgrund des Demokratieprinzips nicht verbindlich zu beantworten ist.

Das BVerfG hat sich nur in relativ wenigen Entscheidungen mit dem Demokratieprinzip ausdrücklich befaßt.[563] Die rechtliche Pflicht und Notwendigkeit, Gesetze formal zu verkünden, hat es bislang jedenfalls offensichtlich genauso wie die Fachgerichtsbarkeit einzig auf das Rechtsstaatsprinzip gestützt.[564]

(3) Zusammenfassung und Ergebnis

Wieweit Demokratisierung im Sinne von Partizipation im Einzelfall rechtlich notwendig, wünschenswert oder auch nur möglich ist, folgt daher im wesentlichen nicht aus dem Demokratieprinzip, sondern ist der Gestaltung des Gesetzgebers und den politischen Kräften überlassen.[565] Das Demokratieprinzip kann daher nicht herangezogen werden, um eine rechtliche Verpflichtung zur Benutzung neuer elektronischer Medien zur Gesetzesverkündung zu stützen. Dies gilt um so mehr, als man den doch im Vergleich zum Rechtsstaatsprinzip schwächeren demokratischen Bezug berücksichtigt.[566]

Was damit bleibt, ist die erneute Feststellung, daß eine Verbesserung der Verkündungspraxis zwar ganz im Sinne des Demokratieprinzips wäre und ihm keineswegs widersprechen würde, eine Veränderung auf diesem Gebiet allein wegen neuer technischer Möglichkeiten aber gerade nicht grundsätzlich geboten ist. Schließlich müssen nicht unbedingt diese neuen Instrumente benutzt werden, sondern es kommen zahlreiche andere Varianten in Betracht, so daß letztlich eine Festlegung auf einen ganz konkreten Verkündungsmodus nicht möglich ist.

---

562 Vgl. auch die Ausführungen zu funktionell-rechtlichen Ansätzen beim Rechtsstaatsprinzip oben § 4 I 1. a) ff), S. 82 ff.

563 So die Einschätzung von *Bleckmann*, Staatsrecht I, Rn. 323 und *Kriele*, VVDStRL 29 (1971), 46 (47).

564 Vgl. nur BVerfGE 22, 330 (346); 40, 237 (255); 44, 322 (350); 65, 283 (291); 90, 60 (85).

565 *Dreier*, Jura 1997, 249 (249) mwN; ähnlich auch Jarass, NJW 1981, 193 (195).

566 Teilweise wird ja die Ableitung der Verpflichtung, Gesetze zu verkünden, explizit nicht auch dem Demokratieprinzip entnommen. Vgl. dazu bspw. *Ziegler*, Die Verkündung von Satzungen, S. 119.

c) Sozialstaatsprinzip

Auch das Sozialstaatsprinzip wird vom GG als geltendes Verfassungsprinzip statuiert. Textliche Erwähnung findet es in Art. 20 Abs. 1 und Art. 28 Abs. 1 S. 1 GG. Im Gegensatz zum Rechtsstaats- und Demokratieprinzip, die jeweils durch zahlreiche Einzelregelungen des GG konkretisiert werden, lassen sich im GG nur wenige Vorschriften finden, in denen dieses Staatsprinzip zum Ausdruck kommt.[567] Es ist jedoch unzweifelhaft nicht nur ein allgemeiner Programmsatz, sondern verbindliche Verfassungsnorm.[568]

Das Sozialstaatsprinzip beinhaltet als Ziel die Herstellung sozialer Gerechtigkeit.[569] Aus diesem Blickwinkel könnten sich Folgerungen für die formale Verkündung ergeben.

Um sowohl bestehende Rechte gegen den Staat oder Dritte wahrzunehmen als auch Rechte Dritter und allgemeine Verbote zu achten, ist es in der Regel zwingend notwendig, die entsprechenden rechtlichen Regelungen zu kennen. Die Gesetzesverkündung ist grundsätzlich dazu geeignet, diese Kenntnis zu vermitteln. Indem für die Art und Weise der Verkündung vielfältige Varianten in Betracht kommen und ja teilweise auch unterschiedlich benutzt werden, variiert entsprechend dem gewählten Modus auch der Grad der Erkennbarkeit des Rechts. Nicht jede denkbare Verkündungsform ist gleich gut geeignet, die geschaffenen Rechtsregeln jedem einzelnen zur Kenntnis zu bringen. Daraus resultierende Schwierigkeiten im Umgang mit dem Recht gehen typischerweise zu Lasten der sozial schlechter gestellten Bevölkerungsschichten. Denn die besser gestellten Gesellschaftsschichten können Rückgriff auf andere (private) Informationsquellen nehmen, die eine bessere bzw. einfachere Erkennbarkeit des Rechts garantieren. Auf diese Weise können sie die Unzulänglichkeiten der staatlichen Verkündung kompensieren. Auf diese sozialen Zusammenhänge wurde schon im Jahre 1794 dadurch hingewiesen, daß die durch mangelnde staatliche Gesetzespublikation entstehende Benachteiligung der „Unwissenden" den Möglichkeiten des „vornehmen Verbrechers", sich seiner Strafe zu entziehen, gegenübergestellt wurden.[570]

Wenn die Gesetzesverkündung in möglichst optimaler Form die Möglichkeit gewährt, Kenntnis über die Rechtsregeln zu erlangen, dient dies folglich offensichtlich der Herstellung sozialer Gerechtigkeit und damit auch sozialstaatlichen Zwecken.[571] Die Benutzung elektronischer Medien bei der Verkündung zur Verbesserung der allgemeinen Zugänglichkeit zum Recht könnte somit wegen ihrer besonderen Eignung aus sozialstaatlichen Erwägungen zu fordern sein.[572]

Dem Sozialstaatsprinzip des GG werden allerdings nur ganz vereinzelt konkrete Leistungspflichten entnommen.[573] Im Vergleich zu den übrigen Staatsprinzipien des Art. 20 GG fehlt

---

[567] So Art. 6 Abs. 4, 6 Abs. 5, 14 Abs. 2 und Art. 3 Abs. 3 S. 2 GG, vgl. auch *Maurer*, Staatsrecht, § 8 Rn. 60.

[568] *Stern*, Staatsrecht I, § 21 I, S. 914; *Jarass*, in: Jarass/Pieroth, GG, Art. 20 Rn. 102; *Maurer*, Staatsrecht, § 8 Rn. 69.

[569] *Stern*, Staatsrecht I, § 21 II, S. 911.

[570] *Klein*, Ist es zuträglich, daß der gemeine Mann die Gesetze wisse?, in: Annalen der Gesetzgebung und der Rechtsgelehrsamkeit in den Preußischen Staaten, 2 (1794), 21 (23).

[571] So auch *Jerschke*, Öffentlichkeitspflicht der Exekutive, S. 83 ff.; *Hill*, JZ 1988, 377 (379); allgemein für den sozialsstaalichen Bezug bei der Wissensvermittlung vgl. auch *Scherzberg*, Die Öffentlichkeit der Verwaltung, S. 333 ff.

[572] In diese Richtung zielend *Hill*, JZ 1988, 377 (379); *derselbe*, DÖV 1988, 666 (669).

[573] *Maurer*, Staatsrecht, § 8 Rn. 72; *Jarass*, in: Jarass/Pieroth, GG, Art. 20 Rn. 103.

diesem in besonderem Maße eine spezielle Ausformung und Konkretisierung.[574] Aus diesem Grund muß in besonderem Maße mit Behutsamkeit bei der Interpretation vorgegangen werden. Im Gegensatz zum Rechtsstaats- und auch Demokratieprinzip werden dem Sozialstaatsprinzip bis auf ganz wenige Ausnahmen überhaupt keine konkreten Pflichten und Forderungen entnommen.[575] Statt dessen ist einvernehmlich anerkannt, daß es grundsätzlich Sache des Gesetzgebers ist, dem sozialen Handlungsauftrag nachzukommen und die Sozialstaatlichkeit nach eigenen Bewertungsmaßstäben zu verwirklichen.[576] Das Sozialstaatsprinzip gibt im Grundsatz immer nur das Ziel vor, läßt aber die Wege dorthin offen.[577] Die dazu notwendige Konkretisierung dieses staatstragenden Prinzips ist vielmehr dem Gesetzgeber als bindende Aufgabe übertragen.[578] Bei der Erfüllung dieser Aufgabe kommt ihm notwendigerweise ein weiter Gestaltungsspielraum zu.[579] Das Sozialstaatsprinzip kann aus diesem Grund insbesondere keine ziffernmäßig bestimmten Leistungen verlangen.[580] Ebensowenig können sich subjektive Rechte direkt aus diesem Prinzip ergeben.[581]

Damit ist es ausgeschlossen, daß das Sozialstaatsprinzip des GG verbindliche Vorgaben für den Modus der Verkündung enthält. Obwohl die formale Gesetzesverkündung auch die Sozialstaatlichkeit berührt, kann das Sozialstaatsprinzip nicht der Rechtsgrund für eine bestimmte Form oder andere Mindestanforderungen herhalten und insofern objektive Rechtspflichten begründen. Es mögen zwar gerade auch aus sozialstaatlichen Erwägungen viele Gründe dafür sprechen, das Verkündungssystem effektiv auszugestalten. Gleichwohl erfordert das Sozialstaatsprinzip gerade nicht einen ganz konkreten Grad von gesetzlicher Erkennbarkeit. Der Versuch, alles Wünschenswerte in ein grundlegendes und unbestimmtes Staatsprinzip hineinzulegen, muß damit auch für das Sozialstaatsprinzip fehlschlagen.[582]

d) Grundrechte als Leistungspflichten

Des weiteren könnten auch die Grundrechte eine verfassungsrechtliche Pflicht zur Verkündung über das Internet begründen. Grundrechte sind allerdings in erster Linie Rechtsnormen, durch die dem einzelnen Abwehrrechte gegenüber dem Staat verliehen werden.[583] Auf diese Weise soll die Freiheitssphäre des einzelnen vor Eingriffen der öffentlichen Gewalt gesichert werden.[584] Diese subjektiv-rechtliche Seite kommt überwiegend schon im Wortlaut der

---

[574] *Stern*, Staatsrecht I, § 21 II, S. 912.

[575] *Stern*, Staatsrecht I, § 21 III, S. 916; *Maurer*, Staatsrecht, § 8 Rn. 72; *Hesse*, Grundzüge des Verfassungsrechts, Rn. 215; *Herzog*, in: MD, Art. 20 VIII Rn. 28; *Jarass*, in: Jarass/Pieroth, GG, Art. 20 Rn. 103; BVerfGE 27, 253 (283); 65, 182 (193); 70, 278 (288); 82, 60 (80); 94, 241 (263).

[576] *Stern*, Staatsrecht I, § 21 III, S. 916; *Maurer*, Staatsrecht, § 8 Rn. 72; *Hesse*, Grundzüge des Verfassungsrechts, Rn. 215; *Jarass*, in: Jarass/Pieroth, GG, Art. 20 Rn. 103; *Schnapp*, in: von Münch/Kunig (Hrsg.), GG-Kommentar, Art. 20 Rn. 19; *Karpen*, Der Rechtsstaat des Grundgesetzes, S. 103.

[577] BVerfGE 22, 180 (204).

[578] BVerfGE 51, 115 (125); 59, 231 (262 f.); 65, 182 (193).

[579] BVerfGE 70, 278 (288); 82, 60 (80); 97, 169 (185); 98, 169 (204).

[580] So die st. Rspr. des BVerfG, zuletzt BVerfGE 94, 241 (263).

[581] BVerfGE 27, 253 (283); 82, 60 (80).

[582] So auch *Hesse*, Grundzüge des Verfassungsrechts, Rn. 215.

[583] BVerfGE 7, 198 (204 f.); 21, 362 (369); 50, 290 (336 f.); 61, 82 (101); 68, 193 (205) und vgl. die Beispiele aus der Literatur *Dreier*, Jura 1994, 505 (505); *Jarass*, in: Jarass/Pieroth, GG, Vorb. vor Art. 1 Rn. 6; *Stern*, Staatsrecht III/1, S. 558 ff, 620 ff.

[584] BVerfGE 7, 189 (204); *Pieroth/Schlink*, Grundrechte, Rn. 58.

Grundrechte zum Ausdruck. Darin erschöpft sich aber gerade nicht nach heute weithin geteilter Auffassung ihr Inhalt. Sie stellen vielmehr zugleich auch objektiv-rechtliche Wertentscheidungen der Verfassung dar, die für alle Bereiche der Rechtsordnung gelten und Richtlinien für Gesetzgebung, Verwaltung und Rechtsprechung aufstellen.[585] Damit ist im Grunde zunächst nichts anderes gemeint, als daß die Grundrechte auch objektives Recht darstellen und insoweit für den Staat negative Kompetenznormen bilden.[586] Der Begriff „Werte" ist in diesem Zusammenhang nur zur Kennzeichnung des normativen Inhalts der Grundrechte zu verstehen.[587] Dies bedeutet aber nicht, daß die Grundrechte bloße programmatische Leitsätze so wie in der Weimarer Republik sind. Der objektive und insoweit auch verbindliche Gehalt der Grundrechte erschöpft sich nicht allein in der Konstituierung von Abwehrrechten. Statt dessen ergibt sich daraus, daß die Rechtsordnung das Maß der Freiheitsbetätigung des einzelnen bestimmt, die Unabdingbarkeit einer freiheitlichen Rechtsordnung. Die Aufgabe der Grundrechte ist es dabei, Richtlinien und Impulse für Gesetzgebung, Verwaltung und Rechtsprechung zu geben.[588] Aus diesem Verständnis der Grundrechte als objektive Wertordnung kann sich im Einzelfall die staatliche Verpflichtung ergeben, Gesetze und Verfahren so auszugestalten, daß sie einen ausreichenden Schutz der Grundrechte gewährleisten.[589] Der Staat kann also unter objektiv-rechtlichen Gesichtspunkten verpflichtet sein, durch aktives Handeln die Voraussetzungen für die Grundrechtsausübung zu schaffen.[590] Die Grundrechte als Richtlinien und Impulse sprechen damit eine positive Verpflichtung des Staates aus, von sich aus tätig zu werden, um Grundrechte zu schützen und ihre Ausübung zu ermöglichen, auch wenn hierauf ein subjektiver Anspruch des Bürgers nicht besteht.[591]

Mit dieser Erweiterung der Grundrechte um eine objektiv-rechtliche Dimension, die im Ergebnis positive Leistungspflichten des Staates begründet, erscheint wiederum die Gefahr des Jurisdiktionsstaats heraufbeschworen zu sein. Wenn also die insoweit oftmals sehr unbestimmten Grundrechte prinzipiell Leistungen des Staates fordern können, so bleiben diese Leistungspflichten gleichwohl textlich weitgehend unbestimmt und bedürfen der Konkretisierung.[592] Es besteht damit eine gleich doppelte Gefahr: Nicht nur der objektiv-rechtliche Gehalt bleibt unklar, sondern auch der Weg, diesen zu verwirklichen. Es liegt somit beinahe auf der Hand, daß die anderen staatlichen Organe durch Verdikte des BVerfG zu ganz bestimmten

---

585 BVerfGE 6, 55 (71); 7, 198 (204 f.); 49, 89 (141 f.); 56, 54 (73); 73, 261 (269); 92, 26 (46); *Jarass*, in: Jarass/Pieroth, GG, Vorb. vor Art. 1 Rn. 4; *Stern*, Staatsrecht III/1, § 69 I, II, S. 890 ff.; *Hesse*, Grundzüge des Verfassungsrechts, Rn. 290 ff.

586 *Hesse*, Grundzüge des Verfassungsrechts, Rn. 291; *Pieroth/Schlink*, Grundrechte, Rn. 75; *Dreier*, Jura 1994, 505 (509).

587 *Hesse*, Grundzüge des Verfassungsrechts, Rn. 299.

588 BVerfGE 7, 198 (205); *Jerschke*, Öffentlichkeitspflicht der Exekutive, S. 92.

589 *Scherzberg*, Die Öffentlichkeit der Verwaltung, S. 342.

590 *Dreier*, Jura 1994, 505 (512); *Scherzberg*, DVBl. 1989, 1128 (1131); *Hesse*, Grundzüge des Verfassungsrechts, Rn. 298.

591 *Pieroth/Schlink*, Grundrechte, Rn. 82; *von Münch*, in: von Münch/Kunig (Hrsg.), GG-Kommentar, Vorb. Art. 1-19 Rn. 22; *Hesse*, EuGRZ 1978, 427 (433); *Scherzberg*, DVBl. 1989, 1128 (1131); *derselbe*, Die Öffentlichkeit der Verwaltung, S. 342.

592 Vgl. auch *Scherzberg*, DVBl. 1989, 1128 (1132).

Handlungen und Leistungen verpflichtet werden können und damit ihren eigenen Entscheidungsspielraum verlieren.[593]

Der Gesetzgeber besitzt aber nach allgemeiner Auffassung bei der Konkretisierung objektiver Grundrechtsgehalte einen weiten Spielraum.[594] Insofern muß auch hier – genauso wie bei den Rechtsprinzipien des Art. 20 GG – beachtet werden, daß anderenfalls die Gefahr des verfassungsgerichtlichen Jurisdiktionsstaates drohte, in dem das Verfassungsgericht und nicht der Gesetzgeber im wesentlichen gestaltend tätig würde, so daß daher aus funktionell-rechtlichen Gründen Begrenzungen notwendig sind. Darüber hinaus darf nicht übersehen werden, daß auch nach dem heutigen Verständnis die Grundrechte in erster Linie individuelle (subjektive) Rechte darstellen.[595] Insofern besteht die wesentliche Funktion der Grundrechte in ihrer Eigenschaft als objektive Prinzipien darin, ihre Geltungskraft zu verstärken und die Bedingungen effektiver Grundrechtsausübung herzustellen.[596]

Die Erweiterung der Grundrechte über die Abwehransprüche hinaus hat also ebenso wie die Ableitung konkreter rechtlicher Pflichten aus den Fundamentalgrundsätzen des Art. 20 GG behutsam zu erfolgen.[597]

aa) Informationsfreiheit des Art. 5 Abs. 1 GG

Art. 5 Abs. 1 Satz 1, 2. Halbsatz GG gewährt eine Informationsmöglichkeit mit Hilfe allgemein zugänglicher Quellen. Eine Informationsquelle ist immer dann der Allgemeinheit zugänglich, wenn sie erstens technisch geeignet und zweitens dazu bestimmt ist, der Allgemeinheit und damit einem nicht bestimmbaren Personenkreis Informationen zu verschaffen.[598] Damit wird ersichtlich, daß die Verfügungsbefugnis über eine Nachrichtenquelle nur ihrem Inhaber zusteht. Grundsätzlich kann jeder Inhaber einer Information und damit letztlich auch der Staat als Inhaber der von ihm geschaffenen Rechtstexte selbst darüber bestimmen, ob er eine Information zu einer öffentlichen machen will oder nicht. Demnach zwingt das Grundrecht der Informationsfreiheit den Staat oder eine öffentlich-rechtliche Körperschaft grundsätzlich nicht dazu, allgemein zugängliche Informationsquellen einzurichten.[599] Dies könnte allerdings im Extremfall dazu führen, daß der Staat jedenfalls die Informationen, über die er ein Monopol besitzt, die aber gleichwohl von öffentlichem Interesse sind, alleine durch Verschweigen von jeglicher öffentlicher Kenntnisnahme ausschließen kann.[600] Um sich aber umfassend auch über derartige Bereiche zu informieren, ist der einzelne auf die staatliche Mit-

---

593 *Böckenförde*, Staat, Verfassung, Demokratie, S. 191 ff. zeigt diese Gefahren ausführlich auf und setzt sich erneut dafür ein, die Verfassung nur als „Rahmenordnung“ und nicht als „rechtliche Grundordnung“ zu verstehen.

594 *Jarass*, in: Jarass/Pieroth, GG, Vorb. vor Art. 1 Rn. 5; *Scherzberg*, DVBl. 1989, 1128 (1132); *Brohm*, NJW 2001, 1 (9 f.); BVerfGE 35, 79 (116 ff.); 39, 1 (44 f.); 66, 116 (135).

595 BVerfGE 50, 290 (337); *Jeand'Heur*, JZ 1995, 161 (163); *Dreier*, Jura 1994, 505 (505).

596 *Hesse*, Grundzüge des Verfassungsrechts, Rn. 298; *Scherzberg*, DVBl. 1989, 1128 (1132).

597 Zur Vergleichbarkeit mit den Prinzipien der Art. 20 Abs. 1 u. Art. 28 Abs. 1 GG vgl. auch *Stern*, Staatsrecht III/1, § 69 II, S. 921.

598 BVerfGE 27, 71 (83); 33, 52 (65); 90, 27 (32); *Schulze-Fielitz*, in: Dreier (Hrsg.), GG, Art. 5 I, II Rn. 58; *Lerche*, Jura 1995, 561 (565 f.); *Degenhart*, in: Bonner Kommentar, Art. 5 Abs. 1 u. 2 Rn. 324.

599 BVerwG DÖV 1979, 102 (102); *Schoch*, VVDStRL 57 (1998), 158 (189); *Wendt*, in: von Münch/Kunig (Hrsg.), GG-Kommentar, Art. 5 Rn. 28; *Jerschke*, Öffentlichkeitspflicht der Exekutive, S. 109.

600 *Degenhart*, in: Bonner Kommentar, Art. 5 Abs. 1 u. 2 Rn. 361; *Schürmann*, Öffentlichkeitsarbeit der Bundesregierung, S. 163; *Wendt*, in: von Münch/Kunig (Hrsg.), GG-Kommentar, Art. 5 Rn. 28.

wirkung angewiesen, da ansonsten andere allgemein zugängliche Informationsquellen gar nicht erst entstehen können.[601] In diesem Zusammenhang ist auch die Informationsfreiheit als Voraussetzung für die freie Meinungsbildung und –äußerung von Bedeutung.[602] Um sich eine wirklich freie Meinung bilden zu können, ist eine vollständige Kenntnis von Fakten und anderen Meinungen unverzichtbar. Schließlich ist die Informationsfreiheit als eine der wichtigsten Voraussetzungen der freiheitlichen Demokratie zu sehen.[603] Der Bürger wird dadurch in den Stand versetzt, sich selbst die notwendigen Voraussetzungen zur Ausübung seiner persönlichen und politischen Aufgaben zu verschaffen, um im demokratischen Sinne verantwortlich handeln zu können.[604]

Diese Regelungsanliegen der Informationsfreiheit wären indes nicht nur dann verfehlt, wenn den Grundrechtsträgern der Zugang zu allgemein zugänglichen Quellen mit für sie wesentlichen Inhalten verwehrt wäre, sondern in vergleichbarer Weise auch dann, wenn die ihnen offenstehenden Quellen derartige Inhalte gar nicht enthielten. Dies läßt erkennen, daß die Bürger unter Umständen zwingend darauf angewiesen sein können, daß der Staat bei der Beschaffung der Informationen aktiv mitwirkt und es nicht nur einfach unterläßt, vorhandene Informationsmöglichkeiten nachteilig zu beeinflussen. Die Informationsfreiheit kann in ihrer objektiv-rechtlichen Funktion daher die objektive Schutzpflicht beinhalten, Voraussetzungen für die freiheitliche Kommunikation durch ausreichend informationelle Grundlagen zu schaffen.[605] Dies bedeutet nicht zwangsläufig, daß die Bürger darauf einen Anspruch hätten. Die Grundrechte und damit auch die Informationsfreiheit des Art. 5 Abs. 1 GG können vielmehr ein positives Tun auch da verlangen, wo dem einzelnen gerade keine subjektiven Rechte zustehen.[606] In dieser Hinsicht läßt sich die Informationsfreiheit des Art. 5 Abs. 1 S. 1, 2. Halbsatz GG durchaus als objektives Gebot zur Herstellung von Öffentlichkeit auffassen,[607] das eine angemessene und vollständige Information über staatliches Handeln gegenüber dem Bürger gebietet.[608] Dazu muß dann zwangsläufig auch gehören, daß der objektiv-rechtliche Gehalt der Informationsfreiheit den grundsätzlichen staatlichen Auftrag zur Schaffung von ausreichenden und effektiven Informationsmöglichkeiten über gesetzliche Rechte und Pflichten beinhaltet.

---

601 *Scherzberg*, Die Öffentlichkeit der Verwaltung, S. 343; ähnlich auch *Roßnagel*, Möglichkeiten für Transparenz und Öffentlichkeit, in: Hoffmann-Riem/Schmidt-Aßman (Hrsg.) Verwaltungsrecht in der Informationsgesellschaft, 257 (267).

602 BVerfGE 27, 71 (81); *Degenhart*, in: Bonner Kommentar, Art. 5 Abs. 1 u. 2 Rn. 361; *Scherzberg*, Die Öffentlichkeit der Verwaltung, S. 346; *Lerche*, Jura 1995, 561 (562).

603 BVerfGE 27, 71 (81); *Schulze-Fielitz*, in: Dreier (Hrsg.), GG, Art. 5 I, II Rn. 56, 62; *Schoch*, VVDStRL 57 (1998), 158 (187).

604 BVerfGE 27, 71 (81 f.).

605 *Degenhart*, in: Bonner Kommentar, Art. 5 Abs. 1 u. 2 Rn. 360; *Scherzberg*, Die Öffentlichkeit der Verwaltung, S. 346; *Schulze-Fielitz*, in: Dreier (Hrsg.), GG, Art. 5 I, II Rn. 170; *Trute*, VVDStRL 57 (1998), 216 (250).

606 *Pieroth/Schlink*, Grundrechte, Rn. 82; im Hinblick auf die Informationsfreiheit s. auch *Wendt*, in: von Münch/Kunig (Hrsg.), GG-Kommentar, Art. 5 Rn. 28.

607 *Degenhart*, in: Bonner Kommentar, Art. 5 Abs. 1 u. 2 Rn. 361; *Hoffmann-Riem*, in: AK, Art. 5 Rn. 99; *Wendt*, in: von Münch/Kunig (Hrsg.), GG-Kommentar, Art. 5 Rn. 28; *Trute*, VVDStRL 57 (1998), 216 (250 f.); *Gurlit*, Die Verwaltungsöffentlichkeit, S. 103; dagegen hauptsächlich auf das Demokratieprinzip abstellend *Herzog*, in: MD, Art. 5 I, II Rn. 101.

608 *Hill*, JZ 1988, 377 (379); *derselbe*, DÖV 1988, 666 (669); *Scherzberg*, Die Öffentlichkeit der Verwaltung, S. 346 f.; *Häberle*, JZ 1977, 361 (366); *Schürmann*, Öffentlichkeitsarbeit der Bundesregierung, S. 163.

Da aber eine derartige sehr unbestimmte Verfassungsdirektive große Gestaltungsspielräume beläßt[609], kommen grundsätzlich verschiedene Wege in Betracht, um diesem Verfassungsauftrag in ausreichendem Maße nachzukommen. Die Gestaltungsspielräume beziehen sich einerseits auf den Umfang der öffentlich gemachten Informationen und andererseits vor allem auch auf die Form, in der die Öffentlichkeit Möglichkeiten zur Information erhält.

Die Informationsfreiheit des Art. 5 Abs. 1 GG bietet somit zwar gewisse Anhaltspunkte für die Statuierung allgemeiner Publizitätspflichten, nicht aber so sehr auch für konkrete Publikationspflichten und deren Umfang. Vielmehr kann sie im Grunde wieder nur als verfassungsrechtlicher Appell verstanden werden, der Publizität unter anderem auch durch eigene Publikationen einen hohen Stellenwert einzuräumen. Sie aber als Quell konkreter Publikationspflichten, insbesondere für eine Gesetzesverkündung im Internet zu deuten, hieße, sie falsch zu verstehen.

bb) Rechtsschutzgarantie des Art. 19 Abs. 4 GG

Schließlich könnte die Rechtsschutzgarantie des Art. 19 Abs. 4 GG als objektive Wertentscheidung auf die Anforderungen für die formale Gesetzesverkündung ausstrahlen. Das Justizgrundrecht des Art. 19 Abs. 4 GG enthält eine Strukturentscheidung zugunsten des Individualrechtsschutzes.[610] Es sichert den Rechtsschutz gegenüber der öffentlichen Gewalt und enthält damit einen wichtigen Teilbereich des ansonsten aus dem Rechtsstaatsprinzip abgeleiteten Justizgewährungsanspruchs.[611] Es kommt immer dann zum Tragen, wenn ein Grundrechtsinhaber durch die öffentliche Gewalt in seinen subjektiven Rechten verletzt ist.

Die Ausgestaltung dieses Rechtswegs obliegt der normativen Regelung des Gesetzgebers. Dieser muß dabei trotz seiner ihm insoweit zustehenden Entscheidungsfreiheit das Ziel verfolgen, wirkungsvollen Rechtsschutz zu gewährleisten.[612] Einzuhaltende Parameter sind dabei die Eignung, Angemessenheit und Zumutbarkeit im Hinblick auf den Rechtssuchenden.[613] Dessen Rechtsschutzmöglichkeiten werden aber schon dann erheblich behindert, wenn er sie aufgrund fehlender Rechtskenntnis und insoweit mangelnder Möglichkeiten und bestehender Schwierigkeiten, sich eine solche zu verschaffen, nicht wahrnimmt, weil er sie schlichtweg nicht kennt.[614] Über seine gesetzlich eingeräumten Rechtsschutzmöglichkeiten informiert zu sein, bedeutet die Freiheit zu haben, entweder seine Rechte durchzusetzen oder aber darauf zu verzichten. Dies ist ebenfalls eine Variante effektiven Rechtsschutzes.[615]

Insofern enthält die Rechtsweggarantie des Art. 19 Abs. 4 GG zwar die objektiv-rechtliche Verpflichtung des Staates zur Leistung von Individualrechtsschutz und damit zu geeigneten Vorkehrungen, um diesen Auftrag auch wirksam zu verwirklichen. Eingeschränkt wird dieser

---

609 Vgl. dazu allgemein *Jarass*, in: Jarass/Pieroth, GG, Vorb. vor Art. 1 Rn. 5; BVerfGE 35, 79 (116 ff.); 39, 1 (44 f.); 66, 116 (135). und für die Öffentlichkeit als Verfassungsauftrag im besonderen *Jarass*, AfP 1979, 228 (230 f.); *Herzog*, in: MD, Art. 5 I, II Rn. 101; *Scherzberg*, Die Öffentlichkeit der Verwaltung, S. 351.

610 *Jarass*, in:Jarass/Pieroth, GG, Art. 19 Rn. 22; *Schulze-Fielitz*, in: Dreier (Hrsg.), GG, Art. 19 IV Rn. 5.

611 *Jarass*, in:Jarass/Pieroth, GG, Art. 19 Rn. 23; *Schulze-Fielitz*, in: Dreier (Hrsg.), GG, Art. 19 IV Rn. 27.

612 BVerfGE 35, 263 (274); 35; 382 (401 f.); 37, 150 (153); 51, 268 (284); 84, 34 (49); *Krüger*, in: Sachs (Hrsg.), GG, Art. 19 Rn. 109; *Schulze-Fielitz*, in: Dreier (Hrsg.), GG, Art. 19 IV Rn. 61; *Lorenz*, Jura 1983, 393 (393).

613 BVerfGE 60, 253 (269); 77, 275 (284); *Maunz/Zippelius*, Deutsches Staatsrecht, § 13 III, S. 100.

614 Vgl. auch *Schürmann*, Öffentlichkeitsarbeit der Bundesregierung, S. 161 f.

615 Zu diesem Gesichtspunkt siehe nur BVerwG NJW 1990, 2761 (2762); NJW 1990, 2765 (2766).

Gedanke aber dadurch, daß Art. 19 Abs. 4 GG nur den Rechtsschutz gegenüber Exekutive und Legislative sichert[616] und daher für Streitigkeiten zwischen Privatpersonen und deren gerichtliche Entscheidung nicht einschlägig ist. Darüber hinaus verlangt Art. 19 Abs. 4 GG, daß eine Verletzung von subjektiven Rechten vorliegt bzw. geltend gemacht wird.[617] Insofern kann Art. 19 Abs. 4 GG keine objektiv-rechtliche Verpflichtung enthalten, auch über die Rechtsnormen aufzuklären, die nicht im Zusammenhang mit dem gerichtlichen Verfahren stehen und die außerdem keine subjektiven Rechte gewähren. Es erscheint daher auch bedenklich, allgemeine Aufklärungspflichten an die Gewährung punktueller Rechtsgewährleistungspflichten wegen Rechtsverletzungen zu koppeln.[618]

Schließlich ist darauf hinzuweisen, daß auch Art. 19 Abs. 4 GG in seiner Funktion als objektiv-rechtlicher Gestaltungsauftrag Gestaltungsspielräume enthält und insofern nur einen Mindeststandard gewährleistet.[619]

Für die formale Gesetzesverkündung, die für sämtliche Vorschriften des Rechtsschutzes zu gelten hat, enthält die Rechtsschutzgarantie des Art. 19 Abs. 4 GG somit keine verbindlichen Maßstäbe.

e) Art. 82 GG und entsprechende Regelungen in den Landesverfassungen

Wenn schon die allgemeinen verfassungsrechtlichen Grundprinzipien und auch die Grundrechte die Frage des Verkündungsmediums offen lassen und dazu keine eindeutigen Anforderungen enthalten, kommen damit auf der Ebene der Verfassung schließlich aber noch die speziellen, wenn auch sehr knapp formulierten Bestimmungen über die Gesetzesverkündung im GG und den Landesverfassungen in Betracht, um Anhaltspunkte für eine notwendige elektronische Publikation über das Internet für die Gesetzesverkündung festzuschreiben.

Diese Regelungen finden sich auf Bundesebene im Art. 82 GG und inhaltlich entsprechend in den jeweiligen Landesverfassungen[620]. Danach sind vom Gesetzgeber beschlossene formelle Gesetze und Rechtsverordnungen zunächst auszufertigen und anschließend in einem Gesetzblatt zu verkünden. In Abhängigkeit von einem im jeweiligen Gesetz angeordneten Zeitpunkt oder aufgrund der in den Verkündungsvorschriften enthaltenen Fristen treten sie erst nach dieser Veröffentlichung in Kraft, niemals aber vor ihrer Veröffentlichung in den Gesetzblättern. Schon aufgrund dieser Vorschriften ist daher die formale Verkündung unverzichtbare Voraussetzung für das Inkrafttreten von formellen Gesetzen und Rechtsverordnungen.

---

616 *Krüger*, in: Sachs (Hrsg.), GG, Art. 19 Rn. 120 ff.; *Pieroth/Schlink*, Grundrechte, Rn. 1008 ff.

617 *Pieroth/Schlink*, Grundrechte, Rn. 1012.

618 Kritisch auch *Hirschberger*, Der Zugang des Bürgers zu staatlichen Informationen, S. 135.

619 *Schenke*; JZ 1988, 317 (325 f.); *Krüger*, in: Sachs (Hrsg.), GG, Art. 19 Rn. 133; *Krebs*, in: von Münch/Kunig (Hrsg.), GG-Kommentar, Art. 19 Rn. 49; *Lorenz*, Jura 1983, 393 (400); *Schmidt-Aßmann*, in: MD, Art. 19 IV Rn. 14.

620 Bis auf Berlin, das Fragen der Gesetzesverkündung ausschließlich in einem einfachen Gesetz regelt, enthalten alle Länderverfassungen entsprechende Verkündungsvorschriften. Allerdings unterscheiden sich die Vorschriften Berlins nicht inhaltlich, sondern nur in ihrem Gesetzesrang. Rechtliche Unterschiede sind damit nicht verbunden, vgl. dazu *Draht*, Der Verfassungsrang der Bestimmungen über die Gesetzblätter, in: Gedächtnisschrift für Walter Jellinek, S. 239 ff.

aa) Existenz des Bundesgesetzblatts und der Gesetz- und Verordnungsblätter in den Ländern

Art. 82 GG und die entsprechenden Regelungen der Landesverfassungen sichern somit zunächst einmal die Existenz der Gesetzesblätter verfassungsrechtlich ab.[621] In der Tat sind die heutigen offiziellen Gesetzesblätter eigens für die Verkündung nach diesen Vorschriften geschaffen worden.[622] Ihre Bezeichnung ist dagegen durchaus unterschiedlich.[623] Folglich bestimmen schon die jeweiligen Verfassungen die Veröffentlichung von Rechtsnormen in bestimmten amtlichen Werken. Doch eine weitergehende Regelung, die über die einfache Festschreibung ihrer Existenz hinausgeht, ist den Vorschriften jedenfalls nicht auf den ersten Blick zu entnehmen.[624] Sowohl das GG als auch die Landesverfassungen enthalten somit lediglich eine äußerst knappe Normierung der formalen Verkündungsgrundsätze.

bb) Umfang der Veröffentlichung

In diesem Zusammenhang ist fraglich, in welchem Umfang die verfassungsrechtlichen Vorgaben eine Veröffentlichung erfordern. Der an und für sich karge Wortlaut dieser Vorschriften ergibt zumindest hinsichtlich dieser Fragestellung eindeutig, daß sie vollständig, so wie sie beschlossen wurden und in Kraft treten sollen, in den Gesetzesblättern veröffentlicht werden müssen.[625] Wenn die Regelungen von Gesetzen und Rechtsverordnungen sprechen, die auszufertigen und anschließend zu verkünden sind, so versteht sich von selbst, daß damit nur eine vollständige Veröffentlichung gemeint sein kann. Nur auf diese Weise kann das Ziel, das hinter den Regelungen steckt, dem Betroffenen die Möglichkeit zu gewähren, sich verbindlich über den Inhalt zu informieren, erreicht werden.[626] Die in der Praxis zu beobachtende Ausnahme, die Haushaltsgesetze wegen ihres gewaltigen Umfangs nicht komplett abzudrucken, und die Problematik, ob die Zustimmungsgesetze zu völkerrechtlichen Verträgen samt ihrer Anlagen in sämtlichen Vertragssprachen abzudrucken sind[627], können an dieser Stelle unbehandelt bleiben. Denn für die Fragestellung, ob sich aus Art. 82 GG und den entsprechenden Vorschriften der Länder Anforderungen auch für die Publikation via Internet ergeben, hat diese Problemkonstellation keine Relevanz, wenngleich natürlich bei einer Publikation via Internet der immense Umfang gerade dieser oftmals sehr umfangreichen Gesetze[628] nicht so

---

621 So auch *Severin*, Das Bundesgesetzblatt, S. 5.

622 *Noll*, Gesetzgebungslehre, S. 197. In der ersten Ausgabe des Bundesgesetzblattes wurde das GG auf Anordnung des Parlamentarischen Rates gem. Art. 145 Abs. 3 GG veröffentlicht, ohne daß das Bundesgesetzblatt allerdings selbst zuvor durch einen besonderen Rechtsakt geschaffen wurde. Seine Existenz wurde schlichtweg als sicher und notwendig vorausgesetzt, vgl. dazu *Schneider*, Gesetzgebung, Rn. 484.

623 In den alten Bundesländern tragen sie die Bezeichnung „Gesetz- und Verordnungsblatt“ mit Ausnahme Baden-Württembergs und Bremens, in denen sie schlicht „Gesetzblatt“ heißen, lediglich im Saarland ist mit „Amtsblatt“ eine völlig andere Bezeichnung gewählt worden.

624 Teilweise wird sogar angenommen, die Vorschrift enthielte hauptsächlich eine Kompetenzregelung zur Ausfertigung und Verkündung, vgl. dazu *Drath*, Der Verfassungsrang der Bestimmungen über die Gesetzblätter, in: Gedächtnisschrift für Walter Jellinek, S. 241. Die Absicherung und Festschreibung der Gesetzesblätter als Institution entsteht danach nur als Nebenprodukt.

625 *Maurer*, in: Bonner Kommentar, Art. 82 Rn. 101; *Ziegler*, Die Verkündung von Satzungen und Rechtsverordnungen der Gemeinden, S. 187; *Schneider*, Gesetzgebung, Rn. 488.

626 *Maurer*, in: Bonner Kommentar, Art. 82 Rn. 101.

627 *Severin*, Das Bundesgesetzblatt, S. 23; *Langner*, DÖV 1967, 413 (414).

628 Speziell der Bundeshaushaltsplan wird auch anderweitig veröffentlicht und ist daher allgemein zugänglich. Vgl. dazu *Maurer*, in: Bonner Kommentar, Art. 82 Rn. 102.

schwer ins Gewicht fiele wie bei der gedruckten Ausgabe. Dort entstehen Druck- und Versandkosten, die mit zunehmendem Seitenumfang immer weiter steigen. Außerdem leidet die Handhabbarkeit und wird das Lesen bei mehreren tausend Seiten Umfang erschwert. Diese umfangreichen Gesetze nicht abzudrucken, ist allerdings nach der Rechtsprechung des Bundesverfassungsgerichts und nach der überwiegenden Literaturmeinung unter bestimmten Voraussetzungen mit der Vorschrift des Art. 82 GG und vermutlich ebenfalls mit den entsprechenden Vorschriften der Länder zu vereinbaren.[629]

Ansonsten herrscht Einigkeit über die Notwendigkeit vollständiger Publikation der Gesetze und Rechtsverordnungen, die selbstverständlich bei einer elektronischen Verkündung über das Internet möglich wäre.

cc) Form / Informationsträger

Entscheidender ist daher die Frage, ob Art. 82 GG und die entsprechenden landesverfassungsrechtlichen Vorschriften Regelungen in bezug auf den Informationsträger enthalten. Gerade weil jedenfalls eine unmißverständliche Festschreibung der Publikationsform nicht ersichtlich ist, ist zu klären, ob die bislang ausschließlich zu beobachtende Erscheinungsweise auf bedrucktem Papier die einzig mögliche und damit vorgeschriebene Form ist, oder ob nicht auch andere Medienträger für eine formale Verkündung denkbar sind.[630] Neben der insofern zu beantwortenden Frage, ob eine Veröffentlichung im Internet möglich ist, kommen als alternative Formen durchaus auch andere elektronische Varianten, wie beispielsweise die Verbreitung auf Diskette und CD-ROM, aber auch Mikrofiche oder Mikrofilm als Veröffentlichungsmedium in Betracht.

Denkbar ist somit, daß die herkömmliche Erscheinungsweise in Druckform die einzig mögliche ist. Andererseits könnte wenigstens als Ergänzung auch das Erscheinen auf anderen Medienträgern gestattet sein, während als dritte Möglichkeit auf das Druckformat zugunsten neuer Medien, wie beispielsweise dem Internet, gänzlich verzichtet werden könnte bzw. ja vielleicht sogar werden müßte.

Eine eindeutig erkennbare Regelung über die notwendige Form und den Informationsträger enthalten die Bestimmungen in den Verfassungen nicht. Sie enthalten lediglich die Vorgabe, die Gesetze in den bezeichneten Verkündungssammlungen zu verkünden. Weitere Angaben dazu, auf welchem Datenträger, in welchem Format oder gar in welcher Schriftart oder –größe dies zu geschehen hat, machen sie nicht. So reduziert sich die Frage darauf, ob die Angabe „Bundesgesetz*blatt*" bzw. „Gesetz- und Verordnungs*blatt*" oder „Amts*blatt*" nicht doch gewisse Vorgaben wenigstens für den Informationsträger enthält. Es liegt nahe, daß „Blatt" im Sinne von Blatt *Papier* zu verstehen ist und somit tatsächlich die Vorschriften eine Entscheidung für den Informationsträger enthalten.[631] Offensichtlich zwingend ist dies indes nicht. Es ist nicht von vornherein ausgeschlossen, daß mit der ausdrücklichen Bezeichnung dem Ver-

---

629 BVerfGE 20, 56 (93); *Schneider*, Gesetzgebung, Rn. 491; *Maurer*, in: Bonner Kommentar, Art. 82 Rn. 102; *Jarass*, in: Jarass/Pieroth, GG, Art. 110 Rn. 13.

630 Die bislang schon gelegentlich zu beobachtende Veröffentlichung der Gesetzblätter im Internet erfolgt bislang ausschließlich ohne Gewähr und ohne jede Verbindlichkeit. Sie stellt damit nur eine weitere unverbindliche Informationsquelle dar und ist gerade keine formale Gesetzesverkündung, sondern eine besondere Form staatlicher Öffentlichkeitsarbeit.

631 So ausdrücklich *Brande*, Die Rechtsbereinigung, in: Winkler/Schilcher (Hrsg.), Gesetzgebung, 173 (177 f.).

kündungsorgan nur ein Name gegeben werden soll. Unter historischen Gesichtspunkten spricht sogar einiges dafür, denn bei Einführung der Gesetzesblätter stellte sich überhaupt keine Alternative zum Buchdruck auf Papier. Vor allem die elektronischen Informationsträger, aber auch die inzwischen beinahe schon in die Jahre gekommenen alternativen optischen Datenträger wie Mikrofilm und Mikrofiche standen damals noch gar nicht zur Verfügung. Wenn aber schon aus faktischen Gründen kein anderer Informationsträger in Betracht kam, ist kein Grund dafür ersichtlich, daß der Buchdruck und die Papierform ausdrücklich festgelegt werden sollten.

Genauso läßt sich aber auch in die andere Richtung argumentieren: Die Gesetz- und Verordnungsblätter sollten anknüpfen an die alte Tradition der Gesetzesverkündung, die mit dem französischen „bulletin des lois" begonnen hatte und ihre Fortsetzung erst im Norddeutschen Bund, dann im Deutschen Reich und später in der Weimarer Republik fand[632]. Diese historischen Vorläufer erschienen allesamt im Buchdruck und hatten sich gerade für hohe Auflagen und die weite Verbreitung des Rechts bewährt. Da mag es sich angeboten haben, diese Erscheinungsform auch für die neuen Gesetz- und Verordnungsblätter verbindlich vorzusehen.

Entscheidend dürfte allerdings ein anderer Gesichtspunkt sein: Die Bezeichnung des Verkündungsorgans als „Blatt" hat einen weiteren Hintergrund. Sie gibt dem einzelnen einen Anhaltspunkt dafür, wie er denn die offiziellen Verkündungssammlungen erreicht und wie er die gesuchten Rechtstexte auffinden kann.[633] Weiß er, daß die Gesetzestexte gedruckt auf Papier erscheinen, kann er auf den wohl jedem bekannten Wegen über Buchhändler und Bibliotheken versuchen, Exemplare dieser Publikationen zu erlangen. Die enorm wichtige Funktion der formalen Verkündung, nämlich dem einzelnen die Möglichkeit zu gewähren, sich verläßliche und zumutbare Kenntnis vom Recht zu verschaffen[634], gebietet es, die dazugehörigen Vorschriften eng auszulegen. Durch die Veröffentlichung der Verkündungsorgane als gedruckte Papierausgaben wird ein nicht zu unterschätzender Anhaltspunkt dafür gegeben, wie die Ausgaben zu beziehen und einzusehen sind.[635] Die dem normalen Bürger grundsätzlich offenstehenden Wege über Buchhandel, Bibliotheken u.ä. erlauben es, relativ einfach zu den Verkündungsorganen zu finden. Für denjenigen, der sich das erste Mal mit einem Verkündungs*blatt* beschäftigt, dürfte es doch eher verwirrend sein, wenn dieses gerade nicht als gedrucktes Exemplar zur Verfügung steht, sondern beispielsweise nur als Verkündungs*datei*. Es dürfte für den juristisch nicht weiter geschulten Laien schon schwer genug sein, nur auf Grund der Regelung des Art. 82 GG, die ja ansonsten keinerlei weitere Hinweise auf die Bezugsmöglichkeiten gibt, zu einem Exemplar zu gelangen. Woher soll er beispielsweise wissen, daß Herausgeber des BGBl. das Bundesjustizministerium ist, ihm die Schriftleitung obliegt und als Verlag die Bundesanzeiger Verlagsgesellschaft mbH mit Sitz in Köln und Bonn fungiert und er über diesen Weg in jedem Fall zu einem Exemplar dieser Verkündungspublikation gelangen könnte. Wenn er erst noch Nachforschungen anstellen müßte, ob das Gesetzes*blatt* vielleicht nicht doch in Wirklichkeit eine Verkündungs*datei* oder gar ein Verkündungs*film* ist, stünde er vor weiteren Schwierigkeiten.

---

632 Vgl. zur historischen Entwicklung nur *Severin*, Das Bundesgesetzblatt, S. 14 f.

633 So auch *Noll*, Gesetzgebungslehre, S. 198.

634 Vgl. dazu die Ausführungen oben § 4 I 1. a) cc), S. 70 ff.

635 Ähnlich auch *Noll*, Gesetzgebungslehre, S. 198.

Schließlich spricht noch eine weitere Überlegung dafür, daß die Vorschriften über die Verkündung die Papierform eindeutig festlegen. Die Verkündungsblätter sollen eine authentische Nachschlagequelle[636] sein, jedermann die Möglichkeit einräumen, sich verläßlich Kenntnis über das gesamte geltende Recht zu verschaffen[637] und diese Möglichkeit nicht unzumutbar erschweren.[638] Bislang wurden sämtliche verbindlichen Gesetzesblätter auf Papier gedruckt. Parallel dazu vorgenommene Veröffentlichungen in elektronischer Form erfolgten dagegen lediglich unverbindlich. Das einzig verbindliche Nachschlagewerk ist damit bisher immer nur die gedruckte Ausgabe des Gesetzblattes. Wenn aber nun auch die elektronische Publikation als verbindliche Gesetzesverkündung möglich wäre und tatsächlich auch praktiziert würde, vertrüge sich dies zwar durchaus mit der Funktion der Gesetzesblätter als authentische Nachschlagequelle. Denn in diesem Fall behielten die bislang auf Papier veröffentlichten Gesetzblätter ihre Verbindlichkeit. Es entstünde dann aber die Situation, daß das gültige Recht teilweise in den alten, auf Papier erschienenen Gesetzesblättern und gleichzeitig aber – soweit es sich um jüngere Rechtsnormen handelt – teilweise auch in den elektronischen Ausgaben verkündet worden wäre. Dieses Auseinanderfallen, das mit einem Auswechseln des Informationsträgers für die formale Verkündung notwendigerweise verbunden wäre, zehrte an der Übersichtlichkeit und am einfachen Umgang mit diesen Nachschlagewerken und könnte damit die Kenntnisnahmemöglichkeit im Ergebnis erschweren.

Daher sind die Regelung des Art. 82 GG und die entsprechenden landesverfassungsrechtlichen Regelungen eng auszulegen: Die verfassungsrechtliche Vorgabe lautet folglich, daß die Verkündungspublikationen zwingend wie bislang praktiziert als herkömmliche Printausgabe und nicht auf sonstigen Informationsträgern zu erscheinen haben.[639] „Blatt" ist also im gebräuchlichen Sinne von Papier zu verstehen. Eine Änderung dieses Modus machte damit auch eine Grundgesetzänderung erforderlich.[640] Sie wäre gleichwohl keineswegs ausgeschlossen, weil die Frage der konkreten Art und Weise der formalen Gesetzesverkündung von der Verfassung im übrigen gerade nicht verbindlich festgelegt wird.

Damit verbietet sich schließlich auch eine parallele Verkündung sowohl in Form des Buchdrucks als auch über elektronische Medien. Die Verkündungsvorschriften regeln die verbindliche Verkündung abschließend.[641] Es ist folglich schlechthin nicht möglich, daß einer etwaigen Veröffentlichung der Gesetzblätter im Internet Verbindlichkeit zukommen kann.[642] Die parallele Veröffentlichung der Gesetzesblätter über elektronische Medien und speziell über das Internet ist gleichwohl aber so lange auch mit den Verkündungsregelungen unproblema-

---

636 Vgl. dazu schon *Jastrow*, ZgesStW 79 (1925), 40 (50).

637 Vgl. nur *Ziegler*, Die Verkündung von Satzungen und Rechtsverordnungen der Gemeinden, S. 108; *Noll*, Gesetzgebungslehre, S. 197 f.; *Maurer*, in: Bonner Kommentar, Art. 82 Rn. 88.

638 BVerfGE 65, 283 (291).

639 Eine elektronische Datenbank für die Verkündung wegen der Vorgaben des Art. 82 Abs. 1 GG ablehnend auch *Weis*, Gutachten: Verfassungsrechtliche Fragen einer weiteren Privatisierung der juris GmbH, JurPC 1996, 340 (390); *Herberger*, Informatik und Recht 1987, 43 (44); im Ergebnis auch *Brande*, Die Rechtsbereinigung, in: Winkler/Schilcher (Hrsg.), Gesetzgebung, 173 (177 f.) und *Schulze-Fielitz*, AfP 1998, 447 (451), der eine rechtliche Regelung für die Verkündung im Internet verlangt.

640 Nur in Berlin, das die Gesetzesverkündung nicht schon in der Landesverfassung regelt, ist eine einfach gesetzliche Änderung möglich.

641 Vgl. *Maurer*, in: Bonner Kommentar, Art. 82 Rn. 92.

642 So auch *Konzelmann*, JurPC 51/1998, Abs. 5; allgemein zu dem Problem der kumulativen Gesetzesverkündung auch *Ziegler*, Die Verkündung von Satzungen und Rechtsverordnungen der Gemeinden, S. 171 ff.

tisch vereinbar, als ihr keine Verbindlichkeit zukommt und sie rein nachrichtlich erfolgt. Ihren praktischen Informationswert dürfte dies allerdings kaum negativ beeinflussen. Da die elektronischen Ausgaben in aller Regel direkt durch unmittelbare elektronische Auswertung der Druckvorlagen für die offiziellen Verkündungsblätter hergestellt werden oder aber zumindest genaue optische Kopien der Originalausgaben darstellen, besitzen sie eine hohe Verläßlichkeit und kommen den Papierausgaben in dieser Hinsicht jedenfalls faktisch schon sehr nahe.[643] In der Praxis dürfte dieser eher theoretisch bestehende Nachteil der fehlenden Verbindlichkeit durch die Vorteile der einfacheren Zugänglichkeit und etwaiger Suchfunktionen mehr als kompensiert werden. Eine derartige Veröffentlichung ist dann aber gerade nicht Teil des formalen Verkündungsvorganges, sondern zu verstehen als eine besondere Form der Öffentlichkeitsarbeit.

f) „Recht nur als veröffentlichtes Recht denkbar"

Möglicherweise verlangen aber schon die Begriffe der „Rechtsetzung" und „Rechtsordnung" durch ein ihnen immanentes Prinzip, daß jedwedes Recht der Öffentlichkeit zwingend bekannt gemacht werden muß, bevor es überhaupt zum Recht werden kann. Gelegentlich findet sich in der Literatur tatsächlich die dahingehende Auffassung, daß allgemeine Rechtsnormen schon alleine deshalb bekannt zu machen sind, weil dies dem Vorgang der Rechtsetzung und der Struktur einer Rechtsordnung als unerläßlicher Bestandteil innewohnt.[644] Recht ist in diesem Sinne schon begrifflich grundsätzlich nur als veröffentlichtes Recht denkbar. Einer Ableitung der Pflicht zur Gesetzesverkündung aus allgemeinen Verfassungsprinzipien bzw. anderen Rechtsgrundsätzen bedarf es danach gar nicht.[645] Dies als zutreffend zugrunde gelegt, liegt es nicht mehr fern, an diese grundsätzliche Bekanntmachungspflicht auch bestimmte Anforderungen zu stellen, denen in der heutigen Zeit nur noch durch eine Zuhilfenahme der neuen Medien, insbesondere des Internets entsprochen werden kann.

Zunächst ist anzuerkennen, daß die These „Recht ist nur als veröffentlichtes Recht denkbar" recht gut geeignet ist, anschaulich die jedem einleuchtende Notwendigkeit der Publizität von Rechtsnormen deutlich zu machen, weil ohne eine solche aus logischen Gründen wohl kaum eine Befolgung zu erwarten sein kann.[646] Es ist in der Tat nicht vorstellbar, daß der Staat allgemeine Rechtsvorschriften schafft, deren Verbindlichkeit gegenüber jedermann er voraussetzt und deren ausnahmslose Einhaltung er verlangt, ohne den davon Betroffenen ihren Inhalt in irgendeiner Form mitzuteilen. Ohne diese Information wäre kaum zu erwarten, daß die Regelungen tatsächlich auch Beachtung finden könnten. Doch hat die Geschichte der Rechtsetzung gezeigt, daß ein Staat durchaus auch auf eine Adressierung an die Allgemeinheit und eine jedermann zugängliche Publikation seiner Rechtsnormen verzichten kann, ohne dadurch

---

[643] *Konzelmann*, JurPC 51/1998, Abs. 7 konstatiert für das elektronisches BGBl. ein etwas höheres Risiko im Vergleich zur Printausgabe, erkennt aber andererseits aufgrund der (Mit-)Herausgeberschaft der Bundesregierung einen sehr hohen Vertrauenstatbestand an. Für eine gleichzeitige (unverbindliche) Veröffentlichung auf unterschiedlichen Datenträgern auch *Brande*, Die Rechtsbereinigung, in: Winkler/Schilcher (Hrsg.), Gesetzgebung, 173 (177).

[644] So *Kunig*, Das Rechtsstaatsprinzip, S. 391; ähnlich auch *Severin*, Das Bundesgesetzblatt, S. 8.

[645] *Kunig*, Das Rechtsstaatsprinzip, S. 391.

[646] *Uhlig*, Rechtsinformationssystem im Rechtsstaat, in: Steinmüller (Hrsg.), Informationsrecht und Informationspolitik, 25 (26); *Wittling*, Die Publikation der Rechtsnormen, S. 22 ff; *Berkemann*, Ignorantia juris nocet, S. 88.

seine Existenz zu gefährden.[647] Es gibt insgesamt zahlreiche historische Beispiele dafür, daß ein Staat allgemeine Rechtsnormen nicht aus dem staatlichen Innenbereich heraus ließ und sie damit geheim oder jedenfalls für ihre eigentlichen Adressaten nur sehr schwer zugänglich waren.[648] Derartige Verhaltensprogramme mögen dann nach heutigem Verständnis nicht mehr als „Recht" bezeichnet werden. Ein derartiges „Rechtsverständnis" ist aber nicht schon aus sich heraus zwingend, sondern ergibt sich erst aus heute in unserer Rechtsordnung normativ verankerten rechtsstaatlichen und anderen Gründen. Die Verkündungspflicht sozusagen als dem Wesen des Rechts immanent zu bezeichnen, würde zurückgreifen auf ein diesem Begriff vorgelagertes Verständnis, das allerdings keine dogmatische Grundlage findet und genauso gut auch völlig anders lauten könnte.

Die These „Recht ist nur als veröffentlichtes Recht denkbar" läßt sich daher nur verstehen als Zusammenfassung der verfassungsgeschichtlichen Entwicklung.[649] Sie ist somit nur geeignet zur deskriptiven Beschreibung und nicht als normatives Argument. Eine eigenständige Verortung einer Rechtspflicht zur Publikation von Rechtsnormen kann in ihr daher nicht erblickt werden.

2. Einfachgesetzliche Vorschriften

Es könnten aber auch auf der Ebene des einfachen Rechts Regelungen bestehen, die die Frage einer notwendigen formalen Gesetzesverkündung und damit auch die Fragen der Verkündung mit Hilfe des Internets direkt bzw. wenigstens indirekt regeln.

a) Bundesrecht

Zunächst könnte Bundesrecht, das gem. Art. 31 GG dem Landesrecht vorgeht, die Normsetzer zu einer bestimmten formalen Verkündungspraxis anhalten.

aa) Gesetz über die Verkündung von Rechtsverordnungen

Auf der Ebene des einfachen Bundesrechts existiert das Gesetz über die Verkündung von Rechtsverordnungen[650], das Vorschriften zur Verkündung von Rechtsverordnungen enthält. Der Gesetzgeber hat mit diesen Regelungen von der Ermächtigung des Art. 80 Abs. 1 S. 2 GG Gebrauch gemacht, nach der die Verkündung von Rechtsverordnungen abweichend von dem allgemeinen Grundsatz einer Verkündung im Bundesgesetzblatt auch anderweitig vorgenommen werden kann. Nach dieser gesetzlichen Regelung können Rechtsverordnungen wahlweise wie gewöhnlich im Bundesgesetzblatt oder aber auch im Bundesanzeiger verkündet werden. Der Bundesanzeiger ist Nachfolger der bereits 1819 gegründete Allgemeinen Preußischen Staatszeitung und des Deutschen Reichsanzeigers.[651] Er wird genau wie das Bundesgesetzblatt vom Bundesjustizministerium herausgegeben und enthält einen amtlichen und einen nichtamtlichen Teil. Außerdem ermächtigt das Gesetz dazu, gewisse Verordnungen in

647 *Wittling*, Die Publikation der Rechtsnormen, S. 154.

648 Vgl. auch die Nachweise bei *Schneider*, Gesetzgebung, Rn. 482.

649 So auch *Wittling*, Die Publikation der Rechtsnormen, S. 155.

650 Gesetz vom 30. 01.1950 (BGBl. I 1950, 23), zuletzt geändert am 25.08.1998 (BGBl. I 1998, 2432), Sartorius Nr. 20.

651 *Heydt*, Zum Verkündungswesen im demokratischen Rechtsstaat, in: Demokratie und Verwaltung, S. 469.

anderen Amtsblättern zu veröffentlichen. So können vom Bundesverkehrsministerium festgesetzte oder genehmigte Verkehrstarife beispielsweise auch im Verkehrsblatt verkündet werden. Dies führt zu einer gewissen Zersplitterung des Rechts, weil somit nicht alles, was zum Bundesrecht gehört, im Bundesgesetzblatt zu finden ist.[652] Immerhin schreibt das Gesetz in § 1 Abs. 2 vor, daß bei anderweitiger Verkündung ein Nachweis samt Fundstelle im Bundesgesetzblatt zu erscheinen hat. Ein Fehlen dieses Hinweises berührt allerdings nicht die Wirksamkeit der Rechtsverordnung und ist somit nicht Bestandteil des Verkündungsvorgangs.[653]

Das Gesetz regelt folglich im wesentlich nur die Möglichkeit, Rechtsverordnungen statt im Bundesgesetzblatt auch in anderen Amtsblättern zu veröffentlichen. Darüber hinaus wird der Verkündungsvorgang nicht geregelt. Das Gesetz enthält somit keine besonderen rechtlichen Maßstäbe für die Art und Weise der Verkündung, die maßgeblich für die Beurteilung einer Veröffentlichung unter Zuhilfenahme elektronischer Medien sein könnten.

bb) Gesetz über vereinfachte Verkündungen und Bekanntgaben

Weiterhin existiert seit 1975 das Gesetz über vereinfachte Verkündungen und Bekanntgaben[654], das die Verkündung im Verteidigungsfall (Art. 115 a ff. GG) regelt. Insoweit werden die Vorschriften des GG, die in Art. 115 d Abs. 3 i.V.m. Art. 115 a Abs. 3 S. 2 GG die Verkündung außerhalb des Bundesgesetzblattes im Falle unmöglicher rechtzeitiger Veröffentlichung gestatten, konkretisiert. Es werden bestimmte Anforderungen an eine anderweitige Verkündung gestellt, die eine möglichst gute Verbreitung der Normtexte gewähren sollen.[655] Da eine herkömmliche Veröffentlichung im Bundesgesetzblatt aber dennoch alsbald nachzuholen ist und die vereinfachte Verkündung wirklich nur im Notstandsfall zulässig ist, sind diese Vorschriften für die grundsätzliche Gesetzesverkündung ohne Relevanz. Sie betonen lediglich noch einmal die Bedeutung der Verkündung im Bundesgesetzblatt für die Gesetzgebung. Im übrigen enthalten sie keinerlei Hinweise für eine elektronische Verkündung über das Internet.

cc) § 5 UrhG

Das Urhebergesetz[656] nimmt in § 5 Abs. 1 Gesetze und Verordnungen sowie amtliche Erlasse und Bekanntmachungen vom urheberrechtlichen Schutz aus. Damit steht einem weiteren Abdruck sämtlicher Rechtstexte in staatlichen und vor allem privaten Werken der Urheberrechtsschutz nicht entgegen und ermöglicht somit deren freie Verbreitung. Von § 5 UrhG wird aber nicht der Informationszugang oder die Art der Verbreitung des Rechts festgeschrieben.[657] Die Regelung läßt lediglich erkennen, daß der Staat sich der weiteren Verbreitung der Rechtstexte nicht entgegenstellen möchte, sondern daß statt dessen dem Interesse der Allgemeinheit an ungehinderter und auch durch private Dritte vermittelter Informationsmöglichkeiten Rech-

---

652 So auch *Schneider*, Gesetzgebung, Rn. 490.

653 *Schneider*, Gesetzgebungs, Rn. 490.

654 Gesetz vom 18.07.1975 (BGBl. I 1975, 1919, zuletzt geändert am 23.7.1992 (BGBl. I 1992, 1370), Sartorius Nr. 71.

655 *Schneider*, Gesetzgebung, Rn. 489.

656 Gesetz vom 9.09.1965 (BGBl. I 1965, 1273); Schönfelder Nr. 65.

657 *Hoffmann-Riem*, JZ 1989, 637 (637).

nung getragen werden soll.[658] Durch die Freistellung vom Urheberrechtsschutz soll eine weitgehende Publizität der Rechtsnormen und damit die Verbreitung der Rechtskenntnis über private Multiplikatoren gefördert werden.

Ein darüber hinaus gehender Regelungsinhalt zur Frage, inwiefern der Staat zu dieser Publizität beitragen kann, ist dieser Vorschrift aber nicht zu entnehmen. Sie berührt insbesondere nicht die Anforderungen, die an die formale Verkündung von materiellen Gesetzen zu stellen sind.

dd) Baurechtliche Vorschriften

Im Bereich des Baurechts finden sich ebenfalls Vorschriften zur formalen Verkündung von Rechtsvorschriften. Gem. § 6 Abs. 5 S. 1 BauGB ist die Erteilung einer Genehmigung eines Flächennutzungsplanes ortsüblich bekanntzumachen. Erst durch diese Bekanntmachung erlangen die Flächennutzungspläne nach § 6 Abs. 5 S. 2 BauGB ihre Wirksamkeit. Derartige Pläne sind allerdings nach ganz überwiegender Meinung hoheitliche Maßnahmen eigener Art und ohne Rechtsnormqualität.[659] Vorschriften, die im Zusammenhang mit ihrer Verkündung stehen, sind somit jedenfalls ohne direkten Einfluß auf die Frage der Publizität von Rechtsormen. Statt dessen ist eine solche Relevanz bei den Vorschriften über Bebauungspläne zu erkennen. Gem. § 10 Abs. 1 BauGB werden Bebauungspläne von den Gemeinden als Satzung beschlossen und weisen insofern Rechtsnormqualität auf. Aus diesem Grund müssen sie nach den Verkündungsgrundsätzen, die für gemeindliche Satzungen gelten, bekanntgemacht werden. Diese Form der Bekanntmachung ist im einzenen geregelt in den jeweiligen Gemeindeordnungen und besonderen Bekanntmachungsverordnungen.[660] § 10 Abs. 3 S. 5 BauGB macht davon allerdings insofern eine Ausnahme, als eine Bekanntmachung des gesamten Bebauungsplans nach diesen Vorschriften unterbleiben kann. Statt dessen ist nach § 10 Abs. 3 S. 1 BauGB lediglich der Beschluß des Planes bzw. bei erforderlicher Genehmigung die Erteilung dieser ortsüblich bekanntzumachen. Lediglich diese Bekanntmachung richtet sich dann nach der im Gemeinderecht vorgeschriebenen Form der Verkündung für Satzungen.[661] Darüber hinaus ist der Plan zur Einsicht gem. § 10 Abs. 3 S. 2 BauGB in der Verwaltung bereitzuhalten und Interessierten Einsicht und Auskunft zu gewähren. Mit dieser von den üblichen Verfahrensweisen abweichenden Regelung soll der besonderen Schwierigkeit Rechnung getragen werden, die mit der Veröffentlichung von farbigen und großformatigen graphischen Plänen verbunden ist.[662] Diese können oftmals nur schlecht auf herkömmliche Art und Weise vervielfältigt werden, weil dazu ein hoher technischer und vor allem finanzieller Aufwand notwendig wäre. Darüber hinaus beeinträchtigt ihre Aufnahme in die üblichen kommunalen Verkündungsblätter, seien es nun Amtsblätter oder aber Tageszeitungen, aufgrund ihres Umfangs und ihrer Größe die Übersichtlichkeit, so daß insgesamt die Rechtssicherheit leiden würde.[663] Aus diesem Grund hat der Gesetzgeber für den Bebauungsplan als Rechtsnorm eine Ersatzverkün-

---

658 *Katzenberger*, in: Schricker (Hrsg.), Urheberrecht, § 5 Rn. 27.

659 *Battis/Krautzberger/Löhr*, BauGB, § 5 Rn. 45.

660 Vgl. dazu die folgenden Ausführungen unter § 4 I 2. b) cc), S. 114 ff.

661 *Battis/Krautzberger/Löhr*, BauGB, § 10 Rn. 34.

662 *Battis/Krautzberger/Löhr*, BauGB, § 10 Rn. 32.

663 *Battis/Krautzberger/Löhr*, BauGB, § 10 Rn. 32.

dung angeordnet.[664] Damit legt schon das BauGB fest, daß der Bebauungsplan so, wie er angefertigt wurde, als Gegenstand der Einsichtnahme zu dienen hat. Nur in der ursprünglichen Form, d.h. nicht nur in der absoluten Übereinstimmung seines Inhalts, sondern auch in der gleichen Darreichungsform des Originals kann überhaupt eine Einsichtmöglichkeit gewährt werden. Gerade weil der Gesetzgeber die besonderen Schwierigkeiten der Veröffentlichung von Bebauungsplänen erkannt hat, verzichtet er auf eine solche und schreibt statt dessen vor, daß unmittelbar die Pläne selbst zur Information und Kenntniserlangung heranzuziehen sind. So ist auch unbestritten, daß das Bereithalten des Planes zur Einsichtnahme gem. § 10 Abs. 3 S. 2 BauGB erfordert, daß entweder das Original oder eine diesem genau entsprechende Kopie auszulegen ist.[665]

Folglich legt das BauGB für die Einsichtmöglichkeit nach § 10 BauGB zwar nicht direkt den Informationsträger fest. Da aber auch Bebauungspläne vor ihrer Bekanntmachung auszufertigen sind[666] und damit der Inhalt des zustandegekommenen Planes festgestellt wird[667], werden Bebauungspläne jedenfalls bis zum heutigen Tag auf Papier und nicht auf elektronischen Datenträgern erstellt.

Solange aber die Bebauungspläne auf Papier erstellt werden, wenngleich dies vielleicht inzwischen häufig mit elektronischer Hilfe geschieht, scheidet die elektronische Veröffentlichung als verbindliche Verkündungsform für die Bebauungspläne de lege lata aus.

Davon abgesehen wird es von dieser Regelung selbstverständlich nicht untersagt, die etwaig ohnehin in elektronischer Form vorhandenen Plänen zusätzlich auch über das Internet zur Einsicht anzubieten. Durch ein solches Angebot wäre die Gemeinde aber dennoch nicht von ihrer Pflicht befreit, eine Einsehmöglichkeit an einer bestimmten Stelle anzubieten. Insofern verlangt die Ersatzverkündung, daß tatsächlich jedermann vor Ort Einsicht in die Pläne nehmen kann, da eine bloße Bereitstellung im Internet zwangsläufig bedeuten würde, daß nur diejenigen, die über den notwendigen Anschluß an das Internet und gewisse Qualifikationen im Umgang mit Computer und Internet verfügen, die angebotenen Informationen überhaupt abrufen könnten.

b) Landesrecht

Auch auf der Ebene des einfachgesetzlichen Landesrechts könnten rechtliche Verpflichtungen existieren, die Einfluß auf die Praxis der formalen Verkündung haben und insbesondere Relevanz für die Frage der elektronischen Verkündung über das Internet besitzen.

aa) Presserechtlicher Auskunftsanspruch

In sämtlichen Pressegesetzen der Länder ist ein Auskunftsanspruch[668] normiert, der Ansprüche gegen staatliche Stellen, insbesondere auch gegen Bundesbehörden[669], regelt. Derartige An-

---

[664] *Ziegler*, Die Verkündung von Satzungen und Rechtsverordnungen der Gemeinden, S. 68; *Battis/Krautzberger/Löhr*, BauGB, § 10 Rn. 33; vgl. zum Begriff auch *Kirchhof*, DÖV 1982, 397 (398).

[665] *Ernst/Zinkahn/Bielenberg*, BauGB, § 10 Rn. 121; *Battis/Krautzberger/Löhr*, BauGB, § 10 Rn. 37.

[666] Zur Notwendigkeit der Ausfertigung schon aus rechtsstaatlichen Gründen vgl. *Ernst/Zinkahn/Bielenberg/Krautzberger*, BauGB, § 10 Rn. 102 und BVerwG NVwZ 1990, 258 (258).

[667] Zur Funktion der Ausfertigung bei Gesetzen vgl. *Schneider*, Gesetzgebung, Rn. 465.

[668] Jeweils § 4 LPresseG, nur in Hessen § 3 LPresseG.

sprüche können sich möglicherweise auch auf die Information über erlassene und zu verkündende Rechtsnormen erstrecken.[670] Die Vorschriften normieren aber lediglich den Anspruch einzelner Auskunftsberechtigten und nicht die staatliche Auskunftstätigkeit gegenüber der gesamten Bevölkerung. Sie gelten vielmehr ausschließlich für Pressevertreter und nicht schlechthin für jeden Bürger. Durch sie soll gerade die der Presse zugewiesene öffentliche Aufgabe, die Beschaffung und Verbreitung von Nachrichten sowie die Verbreitung von Kritik, gefördert werden[671] und daher nur indirekt die Informationsmöglichkeiten aller Bürger verbessert werden.

Schließlich normieren die Auskunftsansprüche nur die Information im Einzelfall und konstituieren keine Pflicht – wenn auch nur gegenüber den anspruchsberechtigen Pressevertretern – zur regelmäßigen Information.[672] Rechtliche Verpflichtungen hinsichtlich einer formalen Verkündung können sich daraus jedenfalls nicht ergeben.

bb) Sonstige Informationsrechte

Schließlich haben einige Bundesländer seit kurzem umfassende Informationsrechte gesetzlich geschaffen.[673] Nach diesen hat der einzelne ein Recht auf Akteneinsicht in grundsätzlich sämtliche amtliche Unterlagen, soweit nicht überwiegende Interessen dagegen sprechen. Durch diese Regelungen wird die bislang bestehende Rechtslage genau umgekehrt, nach der ein solches Recht nur ausnahmsweise besteht. Das staatliche Handeln wird dadurch zwar zweifellos transparenter. Derartige Informationsrechte gewähren aber immer nur die Möglichkeit der Einsichtnahme und verlangen insofern keine Übermittlung von Informationen durch Bekanntgabe. Des weiteren betreffen sie genauso wie beispielsweise der presserechtliche Auskunftsanspruch nur den Einzelfall und verlangen im übrigen immer einen Antrag auf Information. Die Behörden müssen insofern nicht von sich aus initiativ tätig werden. Immerhin dürften aber auch die offiziellen Verkündungsblätter als Akten bzw. Informationen im Sinne dieser Gesetze von den Einsichtsrechten erfaßt sein, weshalb damit im Ergebnis auf Antrag im Einzelfall auch der Zugang zu ihren Inhalten zu gewähren ist. Dies gilt allerdings natürlich nur für den Fall, daß diese Gesetzesblätter tatsächlich in der Behörde vorhanden sind.[674]

---

669 Die Verpflichtung der Bundesbehörden durch die Pressegesetze der Länder ist anerkannt, auch wenn diese grundsätzlich nicht der Gesetzgebungskompetenz der Länder unterliegen, vgl. dazu nur *Soehring*, Presserecht, Rn. 4.17 und VG Berlin, AfP 1994, 175 (176), dieses Problem dagegen offenlassend OVG NW NWVBl. 2000, 304 (305).

670 Vgl. auch *Groß*, DÖV 1997, 133 (143) zum umfassenden, auch Rechtsauskünfte beinhaltenden Umfang des Auskunftsrecht.

671 Dazu *Soehring*, Presserecht, Rn. 4.9; *Groß*, DÖV 1997, 133 (134) und die jeweiligen §§ 3 der Landespressegesetze.

672 Ähnlich zur Herausgabe regelmäßiger Pressemitteiliungen auch *Soehring*, Presserecht, Rn. 4.35.

673 So existiert seit 1998 in Brandenburg das Akteneinsichts- und Informationszugangsgesetz (vom 10. März 1998, GVBl. I S. 46), seit 1999 in Berlin ein Informationsfreiheitsgesetz (vom 15. Oktober 1999, GVBL. S. 546) und in Schleswig-Holstein seit 2000 das Informationsfreiheitsgesetz (vom 25. Februar 2000, GVOBl. S. 166).

674 Zwingend vorhanden sein müssen sie aber mindestens immer beim Herausgeber der Verkündungsblätter, der sich auch für die Erstellung verantwortlich zeigt, beispielsweise also beim Bundesjustizminister für das BGBl.

Eine Publikationstätigkeit der öffentlichen Hand im allgemeinen und damit logischerweise erst recht die Verkündung von Rechtsnormen über das Internet wird folglich von diesen Regelungen nicht berührt.[675]

Eine gewisse Ausnahme bildet allerdings § 17 Informationsfreiheitsgesetz Berlin insofern, als danach für gewisse amtliche Informationen Veröffentlichungspflichten bestehen. Erfaßt werden von dieser Regelung allerdings nur umweltrelevante Pläne (wie z.B. Luftreinhalte-, Abfallwirtschafts- und Abwasserbeseitigungspläne sowie forstliche Rahmenpläne). Darüber hinausgehende Publikationspflichten werden dadurch aber nicht geschaffen.

cc) Regelungen für die kommunale Gesetzesverkündung

Schließlich könnten für die Ebene des kommunalen Rechts Spezialregelungen bestehen, die für die kommunalen Rechtssetzer Maßstab für die formale Verkündung sind. Auch auf dieser Ebene wird für den Bürger Recht in Form von Satzungen und Rechtsverordnungen geschaffen, das eine immer weiter zunehmende Regelungsdichte aufweist.[676]

Fraglich ist, wie dieses Recht formal zu verkünden ist.

Zunächst ist auffällig, daß die Vorschriften über die Verkündung kommunaler Rechtsnormen das Wort „Verkündung“ selbst nicht enthalten, sondern statt dessen ausschließlich die Bezeichnung „Bekanntmachung“ zu finden ist. Der Grund für diese unterschiedliche Terminologie ist nicht ersichtlich. Es handelt sich aber eindeutig lediglich um eine abweichende Bezeichnung des gleichen rechtlichen Vorgangs.[677] Daß gemeindliche Rechtsnormen, vor allem kommunale Satzungen, genau wie formelle Gesetze als Voraussetzung ihrer Rechtsgeltung einer Verkündung bedürfen, ist noch nicht so lange wie bei diesen anerkannt.[678] Inzwischen besteht daran aber kein Zweifel mehr.[679]

Die Landesgesetzgeber haben in sämtlichen Bundesländern detaillierte Vorschriften zum Verkündungsvorgang in den Gemeindeordnungen und vor allem in eigens dafür geschaffenen Rechtsverordnungen erlassen.[680] Diese Regelungen waren nicht immer derart konkret und ließen lange Zeit wesentliche Modalitäten offen, was zu erheblicher Rechtsunsicherheit bei der Wahl der Verkündungsform führte,[681] obgleich die prinzipielle Erforderlichkeit einer Ver-

---

675 In Schleswig-Holstein ist es aber gem. § 5 Abs. 6 InformationsfreiheitsG der auskunftspflichtigen Behörde immerhin möglich, auf eine erfolgte Veröffentlichung im Internet unter der Angabe der Fundstelle zu verweisen und damit immerhin den jeweiligen Informationszugangsanspruch durch eine an die Allgemeinheit gerichtete elektronische Publikation zu erfüllen.

676 Vgl. dazu *Kirchhof*, DÖV 1982, 397 (397).

677 So auch *Ziegler*, Die Verkündung von Satzungen und Rechtsverordnungen der Gemeinden, S. 50 und *Wolff/Bachof/Stober*, Verwaltungsrecht I, § 28 Rn. 6.

678 Zu der geschichtlichen Entwicklung vgl. *Ziegler*, Die Verkündung von Satzungen und Rechtsverordnungen der Gemeinden, S. 46 ff.

679 Siehe dazu nur BVerwG NVwZ-RR 93, 262 (263); *Gern*, Deutsches Kommunalrecht, Rn. 282; *Wansleben*, in: Held/Becker, Kommunalverfassungsrecht NW, § 7 Anm. 5, S. 14.

680 Vgl. dazu die Durchführungsverordnungen der Gemeindeordnungen und die Bekanntmachungsverordnungen der Länder Baden-Württemberg, Bayern, Brandenburg, Hessen, Mecklenburg-Vorpommern, Niedersachsen, Nordrhein-Westfalen, Rheinland-Pfalz, Saarland, Sachsen, Sachsen-Anhalt, Schleswig-Holstein und Thüringen.

681 So verlangte bspw. die GO NW bis 1969 nur eine öffentliche Bekanntmachung, ohne diese näher festzulegen. Damit überließ sie die Wahl der Form der Entscheidung des Gemeinderates. Ausführlich dazu *Rehn/Cronauge*, GO, § 7 V, S. 16.

kündung von Ortsrecht zu diesem Zeitpunkt schon grundsätzlich anerkannt war.[682] Nach den nunmehr bestehenden Vorschriften können die Gemeinden grundsätzlich zwischen verschiedenen Formen für die Verkündung wählen. Als Regelformen sind angeordnet einmal die Verkündung in einem eigenem kommunalen Verkündungsblatt oder alternativ der Abdruck in einer örtlichen Tageszeitung bzw. in sonstigen presserechtlichen Erzeugnissen.[683] Zunehmend seltener wird die Bekanntmachung durch Anschlag[684] und Offenlegung[685] zugelassen. Die früher oftmals als zulässig erachtete Form der Bekanntmachung durch öffentlichen Ausruf ist nur noch als Notverkündung zugelassen.[686] Im wesentlichen ist daher entweder in einem eigenen kommunalen Amtsblatt oder aber in periodisch erscheinenden Zeitungen privater Herausgeber zu verkünden.

(1) Kommunales Amtsblatt

Soweit die Gemeinde die Form des kommunalen Amtsblattes wählt, ergibt sich grundsätzlich insoweit keine abweichende Bewertung von Art. 82 GG und den entsprechenden Vorschriften in den Landesverfassungen[687]. Einige Ländervorschriften sehen allerdings weitergehend detaillierte Regelungen über diese Form der Verkündung vor. So fordert beispielsweise § 4 Nr. 1 BekVO Brandb, daß das kommunale Amtsblatt in ausreichender Auflage nach Bedarf erscheint. § 6 Abs. 1 Nr. 5 KV-DVO M-V schreibt außerdem vor, daß die Ausgaben des Amtsblattes einzeln und im Abonnement beziehbar sein müssen. Die Beziehbarkeit einzelner Ausgaben wird beispielsweise auch von § 5 Abs. 2 Nr. 4 BekVO NW und § 1 Nr. 3 BekVO Thür festgeschrieben. Teilweise werden schließlich auch Vorgaben hinsichtlich des Inhalts gemacht.[688] Soweit besondere inhaltliche Vorgaben einzuhalten sind, wirken sich diese Vorschriften allerdings keineswegs auf die Fragen der Form und des Zugangs aus. Dies könnte allerdings hinsichtlich der Regelungen über die Beziehbarkeit der Fall sein. Durch die ausdrückliche Feststellung, daß das kommunale Amtsblatt im Abonnement und außerdem einzeln zu beziehen sein muß, wird betont, daß der einzelne auf seinen Wunsch hin die Möglichkeit haben muß, Ausgaben der Amtsblätter für sich persönlich zu erhalten. Die Zugangsmöglichkeit für jedermann erhält damit besonderes Gewicht. Prinzipiell läßt sich die allgemeine Beziehbarkeit auch bei einer elektronischen Erscheinungsweise gewährleisten. Sollten die Amtsblätter auf Diskette, CD-ROM oder im Internet erscheinen, so stünde dies einem regel-

---

682 *Läger*, LKV 1998, 181 (181 f.).

683 Vgl. hierzu § 1 DVO GemO BW; Art. 26 Abs. 2 GemO Bay iVm § 1 BekVO Bay; § 1 f. BekVO Brandb; § 1 BekVO Hess; § 1 f. BekVO M-V; § 4 BekVO NW; § 7 BekVO RhPf; § 1 BekVO Saarl; § 1 BekVO Sachsen; § 1 BekVO S-Anhalt; § 1 BekVO S-H; § 1 BekVO Thür; § 1 BekVO Nds sieht nur die Verkündung im Amtsblatt vor.

684 *Kirchhof*, DÖV 1982, 397 (398). Siehe bspw. § 1 Abs. 1 Nr. 3 DVO GemO BW und § 1 Abs. 2 Nr. 3 BekVO Brandb., nach denen durch Anschlag Satzungen verkündet werden dürfen lediglich in Gemeinden mit weniger als 5000 bzw. 10000 Einwohnern; vgl. außerdem bspw. § 4 Abs. 3 BekVO NW, nach dem nur in kreisangehörigen Gemeinden mit Ausnahme der Großen kreisangehörigen Städte die öffentl. Bekanntmachung durch Anschlag lediglich für die gem. § 48 Abs. 1 GO erforderliche Bekanntmachung von Zeit, Ort und Tagesordnung der Ratssitzungen gestattet ist.

685 Die Offenlegung als grundsätzliche Verkündungsform für Satzungen ist nur noch in Bayern gem. Art. 26 Abs. 2 GO Bay zugelassen.

686 So bspw. ausdrücklich § 1 Abs. 4 DVO GemO BW.

687 Vgl. dazu oben § 4 I 1. e), S. 103 ff.

688 Bspw. regelt § 4 Nr. 3 BekVO Brandb den Abdruck von Werbung und befaßt sich § 2 Abs. 1 Nr. 5 BekVO Thür mit dem Abdruck eines nichtamtlichen Teils.

mäßigen oder einzelnen Bezug offensichtlich nicht entgegen. Da aber diese Informationsträger faktisch nicht von jedermann genutzt werden können, weil längst nicht jedermann einen dazu notwendigen Computer besitzt und auch entsprechend bedienen kann, ginge diese Erscheinungsweise zu Lasten der allgemeinen Zugänglichkeit und spricht von daher gegen die Zulässigkeit der elektronischen Publikation.

In ähnlicher Richtung weist auch die Forderung einer angemessenen Auflagenstärke[689]. Eine solche Regelung machte keinen Sinn, wenn die Amtsblätter über das Internet verbreitet würden, weil dort eine prinzipiell unbegrenzte Abrufmöglichkeit besteht.

Die Regelungen über die Beziehbarkeit lassen somit einmal mehr erkennen, daß der herkömmliche Informationsträger Papier das vorgegebene Medium auch für die kommunale Verkündung ist und eine elektronische Verkündung, insbesondere über das Internet, zumindest nach der geltenden Rechtslage nicht möglich ist.

Eine Besonderheit gilt darüber hinaus für Brandenburg. Dort verlangte § 4 Nr. 3 S. 1 BekVO Brandb[690], daß das Amtsblatt die Größe DIN A 4 hatte. Mit dieser Regelung, die auf den ersten Blick lediglich eine einfache Größenvorgabe darstellte, wurde die Benutzung eines elektronischen Medienträgers definitiv unmöglich gemacht. Es wurde unmißverständlich deutlich, daß das Amtsblatt nur gedruckt auf Papier erscheinen durfte. Insofern enthielt das Brandenburgische Recht eine besonders deutliche Festlegung der Papierform. Inzwischen ist zwar genau diese eindeutige Festlegung des Erscheinungsformats ersatzlos entfallen.[691] Mit dieser Änderung sollte vermutlich aber weniger die Möglichkeit der Benutzung neuer Medien zur Verkündung geschaffen werden, als den Gemeinden mehr Freiraum bei der Wahl des Größenformats eingeräumt werden.[692]

(2) Sonstige Zeitungen

Eine andere Beurteilung könnte sich aber daraus ergeben, daß die kommunalrechtlichen Verkündungsvorschriften eine Bekanntmachung durch Abdruck in Zeitungen zulassen. Die Regelungsdichte hinsichtlich dieser Verkündungsform ist in den jeweiligen Ländern vergleichbar mit der Situation bei den kommunalen Amtsblättern recht unterschiedlich. Teilweise wird lediglich von „Zeitung“ gesprochen. Gebräulich ist auch der Terminus „Tageszeitung“[693]. Schließlich findet sich auch die Beschreibung als „regelmäßig erscheinendes Druckwerk“[694]. Gerade die Bezeichnung als „Druckwerk“ läßt eindeutig erkennen, daß auch für den Abdruck in fremden Publikationen die Papierform vorgeschrieben ist. Wenngleich die Begriffe „Zeitung“ oder „Tageszeitung“ keinen starken Anknüpfungspunkt an den Informationsträger enthalten, so dürfte für sie allerdings im Zusammenhang mit den Regelungen für die kommunalen Amtsblätter nichts anderes gelten.[695] In diesem systematischen Kontext müssen auch sie in

---

689 So bspw. § 4 Nr. 1 BekVO Brandb.

690 Verordnung vom 25.04.1994, GVBl. II S. 314.

691 Sie wurde aufgehoben durch die Erste Verordnung zur Änderung der BekVO v. 12.11.1994, GVBl. II S. 970.

692 Vgl. auch den Runderlass III Nr. 3/1995 des Brandenburgischen Innenministeriums vom 18.01.1995, S. 6, http://www.brandenburg.de/land/mi/kommunales/runderlasse/1995/r0395.pdf.

693 Vgl. § 4 Abs. 1 b BekVO NW.

694 So in Art. 26 Abs. 1 GO Bay.

695 Symptomatisch dafür ist, daß auch die „Tageszeitung“ bspw. in § 6 Abs. 4 BekanntmVO NRW zusammen mit dem „Amtsblatt“ als „Druckwerk“ bezeichnet wird und insofern vergleichbar mit diesem ist.

der klassischen Papierform erscheinen. Dafür spricht schließlich auch, daß einige Bekanntmachungsverordnungen Vorgaben für das Verbreitungsgebiet dieser Zeitungen enthalten[696], was auf die klassische Papierform weist, weil im Internet keine räumlichen Grenzen existieren.[697]

Damit enthalten auch die landesrechtlichen Vorschriften genauso wie die Regelung in Art. 82 GG und den entsprechenden landesrechtlichen Verfassungsvorschriften ein Verbot für die formale Verkündung über alternative Medienträger. Einer etwaigen Verkündung über das Internet stünde damit geltendes Recht entgegen.

3. Rechtsgrundsätze der Europäischen Gemeinschaft

Auf Ebene des europäischen Gemeinschaftsrechts gibt es zwar keine Rechtsvorschriften, die unmittelbar auf die nationale Gesetzesverkündung Einfluß haben. Gleichwohl ist die Einstellung der gemeinschaftlichen Organe zur Öffentlichkeit und Offenlegung ihrer internen Vorgänge und derer mit Außenwirkung eine andere als auf deutscher Ebene.

Auf Aufforderung des Europäischen Rates, dem Bürger einen möglichst umfassenden Zugang zu Informationen zu gewähren[698], erließen Rat und Kommission 1993 einen Verhaltenskodex mit gemeinsamen Grundsätzen für den Zugang der Öffentlichkeit zu Kommissions- und Ratsdokumenten,[699] der durch getrennte Beschlüsse praktisch umgesetzt wurde.[700] Damit sollte den Bürgern ein möglichst vollständiger Zugang zu jeglichen Dokumenten der Kommission und des Rates verschafft werden.

Seit dem Amsterdamer Vertrag vom 2.10.1997 ist nunmehr weitergehend ein grundsätzliches Öffentlichkeitsgebot primärrechtlich verankert: Art. 255 EGV sieht seitdem das Recht eines jeden Unionbürgers vor, Zugang zu sämtlichen Dokumenten der Organe der Gemeinschaft zu erhalten. In der zur Konkretisierung dieses grundsätzlichen Zugangsrechts ergangenen Verordnung[701] wird trotz grundsätzlich erforderlichen vorherigen Antrags auf Information mehrfach die Bedeutung des direkten Zugangs zu den Informationen ohne jeweils individuelle Anfrage betont.[702] Dieser soll gerade auch elektronisch, also beispielsweise mit Hilfe des Internets erfolgen.[703]

Unabhängig von dieser Entwicklung hat die Kommission bereits in den Jahren 1989 und 1994 die unterstützende Rolle hervorgehoben, die dem öffentlichen Sektor als Produzent und Anbieter von Primärdaten und informationellen Dienstleistungen bei der Entwicklung eines funktionierenden privaten Informationsmarktes zukommt.[704] Dabei sah sie die Information des

---

696 So verlangt bspw. § 2 Nr. 2 KomBekVO Sachsen, daß sich die Verbreitung der Zeitung mindestens auf das gesamte Gemeindegebiet erstreckt.

697 *Riefler*, Zeitungen Online, S. 115.

698 Bulletin EG 6/1993, S. 16.

699 Verhaltenskodex für den Zugang der Öffentlichkeit zu Rats- und Komm

700 Beschluß des Rates über den Zugang der Öffentlichkeit zu Ratsdokumenten, 93/731/EG, ABl. 1993 L 340, S. 43 f. und Beschluß der Kommission ber den Zugang der Öffentlichkeit zu den der Kommission vorliegenden Dokumenten, 94/90/EGKS/EG/Eurotom, ABl. 1994 L 46, S. 58.

701 Verordnung (EG) Nr. 1049/2001, ABl. 2001 L 145 S. 43-48.

702 Vgl. Art. 2 Abs. 4, Art. 12 Abs. 1-2 VO 1049/2001 und den Erwägungsgrund Nr. 6 zum Erlaß dieser Verordnung.

703 So ausdrücklich Art. 12 VO 1040/2001.

704 Vgl. dazu Kommission der EG, Leitlinien zur Verbesserung, S. 3 und die Mitteilung der Kommission v. 19.7.1994, KOM (94) 347 endg.

öffentlichen Sektors als bisher nicht ausreichend erschlossene Ressource an[705] und empfahl mit Nachdruck, Strategien zu entwickeln, um derartige Informationen allgemein leichter zugänglich zu machen.[706] Zu derartigen Informationsquellen des öffentlichen Sektors gehören insbesondere auch die formalen Verkündungsblätter, deren Inhalt grundsätzlich sogar für jeden Bürger von großer Bedeutung für sein Handeln sein kann. Gerade die Informationen über Gesetze werden von der Kommission als für das funktionierende demokratische Gemeinwesen unerläßliche Informationen bezeichnet.[707]

Die Herstellung umfassender und einfacher Zugangsmöglichkeiten zu staatlichen Informationen entspricht damit durchaus den Strukturen der Rechtsordnung der Gemeinschaft und ihren Zielen.

In diesem Zusammenhang ist es dann nur konsequent, wenn das Europäische Parlament, die Kommission und der Rat einstimmig die Absicht bekundet haben, gerade den direkten elektronischen Versand ihrer Dokumente weiterzuentwickeln,[708] wozu letztlich auch die Dokumente der formalen Verkündung nach Art. 254 EGV gehören. Allerdings beschränken sich diese Ankündigungen rechtlich zwingend lediglich auf eine zusätzliche elektronische Veröffentlichung, die rein informatorischen Charakter hat und die Alleinverbindlichkeit der Papierausgaben nicht berührt.[709] Insoweit ordnet Art. 254 EGV genauso wie auch Art. 82 GG und die entsprechenden landesverfassungsrechtlichen Vorschriften zur Verkündung die herkömmliche Erscheinungsweise auf Papier als ausschließlich rechtsgültige Veröffentlichungsform an. Im übrigen stellen sich derartige Publikationsausweitungen als insofern lediglich freiwillige Bemühungen zum Nutzen der Unionsbürger dar. Sie erfolgen gerade nicht in Erfüllung rechlich verbindlicher Handlungsanweisungen. Verpflichtet sind die Organe der EG nach den rechtlichen Rahmenbedingungen weiterhin nur, auf Antrag individuellen Zugang zu den Dokumenten zu gewähren und nicht von sich aus allgemeine und direkte Zugangsmöglichkeiten zu schaffen. Aktive Informationsvermittlung ist daher im wesentlichen der Gestaltungsfreiheit der Organe überlassen.

Aufgrund der für die nationale Gesetzesverkündung rechtlich ohnehin nicht verbindlichen gemeinschaftsrechtlichen Rechtsgrundsätze ergeben sich daher prinzipiell keine weiteren neuen Erkenntnisse für die formale Gesetzesverkündung. Immerhin wird aber die europäische Entwicklung offensichtlich auch auf nationaler Ebene aufmerksam registriert und scheint dieser mitunter auch Impulse zu geben.[710]

---

705 So Mitteilung der Kommission v. 30.5.1995, KOM (95) 149 endg., S. 36.

706 Kommission der EG, Leitlinien zur Verbesserung, S. 5, 8 f. und Mitteilung der Kommission v. 30.5.1995, KOM (95) 149 endg., S. 36, 37.

707 Kommission der EG, KOM (1998) 585 endg., S. 13.

708 So die Ausführungen der Kommission, vgl. KOM (2001) 299 endg., S. 5 und KOM (1998) 585 endg., S. 11 f.

709 Vgl. dazu auch den Haftungsausschluß unter http://www.europa.eu.int/eur-lex/de/copyright.html.

710 In einer Antwort auf eine Kleine Anfrage erklärte beispielsweise die Bundesregierung im Juli 2000, nachdem sie zunächst die Möglichkeiten und Chancen des Internets zur Verbesserung staatlicher Transparenz betont hatte, die europäische Entwicklung zur Verbesserung des Zugangs zu Informationen der öffentlichen Hand zu beobachten und bei eigenen Planungen zu berücksichtigen; vgl. BT-Drucksache 14/3909, S. 7 f.

4. Zusammenfassung und Ergebnis

Es wurde gezeigt, daß zahlreiche rechtliche Anknüpfungspunkte für die formale Gesetzesverkündung existieren. Sie alle belegen die enorme Bedeutung, die die staatliche Veröffentlichung von Rechtsnormen hat. Gleichwohl lassen die Regeln in den meisten Fällen einigen Spielraum. Sie lassen sich nicht derart verdichten und konkretisieren, daß eine rechtliche Verpflichtung zur Benutzung der neuen elektronischen Medien und insbesondere zum Einsatz des Internets eindeutig zu bejahen wäre. Die grundsätzlichen Verfassungsprinzipien und in erster Linie das Rechtsstaatsprinzip enthalten zwar tatsächlich verbindliche Forderungen und Vorgaben für die formale Gesetzesverkündung. Es ist aber nicht möglich, sie als zwingende Instrumente zur Durchsetzung von Idealvorstellungen zu benutzen.

Die ausdrücklichen Regelungen des Art. 82 GG, der entsprechenden Vorschriften in den Verfassungen der Länder und die Bekanntmachungsvorschriften für die Gemeinden geben zwar im Vergleich zu den allgemeinen Verfassungsprinzipien detailliertere Vorgaben, legen sich damit aber gleichzeitig auch eindeutig auf eine bestimmte Form der Verkündung fest. Sie verhindern damit, daß die neuen Medien und insbesondere das Internet zur formalen Gesetzesverkündung überhaupt zum Einsatz kommen können. Die bereits heute vorhandenen Angebote an Gesetzesinformationen im Internet können daher nach heutiger Rechtslage keine Verkündungsfunktion besitzen, sondern stellen lediglich eine im Grunde völlig unverbindliche Informationsquelle auf freiwilliger Basis dar. Eine Änderung dieser Situation und ein Umstellen auf eine elektronische Verkündung würde daher eine Verfassungsänderung auf Bundes- und Länderebene und eine einfachgesetzliche Änderung auf kommunaler Ebene erforderlich machen. Sie wären gleichwohl nicht von vornherein ausgeschlossen. Dennoch müßten bei einer solchen Entscheidung tatsächlich auch die Nachteile einer verbindlichen formalen Verkündung über das Internet berücksichtigt werden. Da gerade bei der Verkündung jedenfalls nicht überwiegend der Gesichtspunkt der Publizität, sondern vor allem doch die Authenzität und Dauerhaftigkeit im Vordergrund stehen[711], dürfte nicht darüber hinweggesehen werden, daß beispielsweise ein momentan einfach möglicher Zugriff auf die Daten wegen der fortschreitenden technologischen Entwicklung und der damit möglicherweise verbundenen Entstehung von Inkompatibilitäten nicht unbedingt für immer gesichert erscheint.[712] Außerdem mag die Öffentlichkeitsfunktion im ganzen gesehen bei der elektronischen Publikation im Vergleich zur herkömmlichen Print-Publikation effektiver sein. Da aber der Zugang immer nur über elektronische Hilfsmittel möglich ist und damit der Inhalt nicht wie beim Buchdruck unmittelbar präsent ist, dürften dadurch für einzelne Bürger nicht zu unterschätzende Zugangshindernisse entstehen. So verfügt doch trotz der enormen Popularität dieses neuen Mediums heute und wohl auch in absehbarer Zukunft noch lange nicht jeder Bürger über einen Zugang zum Internet oder wenigstens über die zu seiner Nutzung notwendigen Kenntnisse.[713]

---

[711] *Noll*, Gesetzgebungslehre, S. 197 f. und schon *Jastrow*, ZgesStW 79 (1925), 40 (51).

[712] Vgl. auch *Käfer*, juris auf dem Weg ins neue Jahrtausend, in: *Herberger/Berkemann* (Hrsg.), Standort juris, S. 67 f. zu den Vorteilen des klassischen Buchdrucks gegenüber den elektronischen Publikationsvarianten und *Kafsack*, FAZ v. 30.07.01, S. 9.

[713] Vgl. auch das Grünbuch der Europäischen Kommission, KOM (1998) 585 endg., S. 12.

II. Weitergehende Publikation als einfache Öffentlichkeitsarbeit

Die formale Gesetzesverkündung stellt nun aber lediglich eine Variante der Verbreitung des Rechts dar. Praktisch erfüllt sie gerade diese Funktion – jedenfalls im derzeitigen Modus der fortlaufenden Publikation mit Hilfe klassischer Datenträger – nicht sonderlich effektiv. In der Realität ergibt sich die Rechtskenntnis des Bürgers nicht durch diese Form der Bekanntmachung, sondern durch für ihn einfacher zugängliche Informationsquellen. Er verläßt sich mehr oder minder bewußt aus Praktikabilitätsgründen auf Informationsquellen „aus zweiter Hand“[714], die keine Gewähr für ihre inhaltliche Richtigkeit übernehmen können.

Gerade aber die rechtliche Unverbindlichkeit des bereits heute schon im Internet bereitgestellten Informationsangebotes, die nicht kollidiert mit den allein entscheidenden Gesetzblättern, ermöglicht es dem Staat, wirkungsvolle Maßnahmen parallel zur formalen Verkündung zu ergreifen, um die Gesetzeskenntnis derjenigen, von denen er Beachtung der Gesetze verlangt, zu verbessern. Dies gestattet ihm, ohne die Verbindlichkeit und Funktionen der verbindlichen Gesetzesverkündung zu beeinträchtigen, deren Nachteile zu kompensieren.[715] So läßt sich schon durch eine Zusatzveröffentlichung der Gesetzesblätter auf alternativen Datenträgern deren Öffentlichkeitswirkung verstärken, während sich durch die Herausgabe konsolidierter Texte geltender Gesetze im Vergleich zu der Verkündungspraxis, bei der häufig kurze Änderungsbefehle hintereinander veröffentlicht werden, ohne Rücksicht auf den Datenträger einfacher die rechtliche Situation erkennen läßt[716]. Die Möglichkeiten, neben der formalen Gesetzesverkündung die Rechtskenntnis der Bevölkerung auf andere Art und Weise zu verbessern, sind vielfältig.

Es ist somit zu prüfen, ob nicht nur die rechtliche Möglichkeit zu einer dahingehenden Öffentlichkeitsarbeit, sondern vielmehr sogar eine weitergehende Verpflichtung dazu besteht. Eine derartige Verpflichtung könnte sich auch auf ein Angebot im Internet erstrecken, mit dem sich ein jeder auf besonders einfache und umfassende Art und Weise über das geltende Recht informieren könnte.

1. Verfassungsrechtliche Anforderungen

Genau wie die formale Verkündung können schon Verfassungsprinzipien eine Öffentlichkeitsarbeit[717] auf dem Gebiet der Gesetzesinformation erfordern.

a) Rechtsstaatsprinzip

Das Rechtsstaatsprinzip enthält das Gebot der Rechtssicherheit als eines der wichtigsten Elemente.[718] Der Rechtsunterworfene soll darauf vertrauen können, daß er die staatlichen Eingriffe und sonstigen Einwirkungen, die ihm gegenüber möglich sind und ihn direkt oder nur mit-

---

714 *Herberger*, JurPC 1993, 2256 (2256).

715 *Berkemann*, Ignorantia juris nocet, in: *Herberger/Berkemann* (Hrsg.), Standort juris, S. 109.

716 Vgl. *Mönkemeyer*, JurPC 1993, 2175 (2178); *Keck*; BayVBl. 1985, 33 (33)

717 Zum Begriff der Öffentlichkeitsarbeit vgl. *Schürmann*, Öffentlichkeitsarbeit der Bundesregierung, S. 53 ff.

718 Vgl. nur *Sobota*, Das Prinzip Rechtsstaat, S.154; *Stern*, Staatsrecht I, § 20 IV 4, S. 796 ff.; *Görisch*, JuS 1997, 988 (989) und für die Rspr. BVerfGE 2, 380 (403); 3, 225 (237); 7, 89 (92); 45, 142 (168); 82, 6 (12); 86, 288 (327).

telbar betreffen, voraussehen und sich darauf einrichten kann.[719] Gleiches gilt auch für zu seinen Gunsten gesetzlich eingeräumte Rechte.[720] In diesem Zusammenhang ist auch die Forderung nach der Öffentlichkeit des Staatshandelns angesiedelt. Ohne diese Öffentlichkeit blieben die staatlichen Hoheitsakte unverständlich und unberechenbar. Der von solchen Akten betroffene Bürger würde sich als bloßes Objekt staatlicher Gewalt sehen.[721] Um dies zu verhindern, ist die formale Verkündung von Rechtsnormen nicht nur verfassungsrechtlich zulässig, sondern geradezu rechtliche Pflicht.[722] Daneben treten unterstützend etwa die Öffentlichkeitspflicht, die für die Organe der Gesetzgebung existiert (z. B. Art. 42 Abs. 1 Satz 1 GG für den Bundestag), die Kontrollrechte des Bundestages gegenüber der vollziehenden Gewalt (z. B. Art. 43 Abs. 1 GG) und die Einrichtung von Untersuchungsausschüssen (Art. 44 Grundgesetz auf Bundesebene).[723]

Durch die formale Gesetzesverkündung erhält der einzelne zwar die theoretische Möglichkeit der Kenntnisnahme. Tatsächlich wird in der Praxis von dieser Möglichkeit aber eher selten Gebrauch gemacht.[724] Die Gesetz- und Verordnungsblätter weisen einerseits nur einen geringen Verbreitungsgrad auf und sind andererseits aufgrund der in der Regel praktizierten Änderungsgesetzgebungstechnik der Gesetzgeber schwer lesbar.[725] Dies macht gerade aus rechtsstaatlichen Gründen die Hinzuziehung anderer Verbreitungsformen notwendig, weil eine derartige schlichte Veröffentlichung faktisch nicht ausreicht, die notwendige Kenntnis auch tatsächlich zu vermitteln.[726] Durch im einzelnen effektivere Varianten der Verbreitung von Rechtstexten und damit der Rechtskenntnis kann auf diese Weise die entstandene Lücke zwischen Rechtsstaatsgebot und rechtsstaatlicher Praxis geschlossen werden.[727] Gerade aus diesen Erwägungen heraus spricht viel für eine rechtsstaatliche Verpflichtung, über die formale Gesetzesverkündung hinaus durch besondere Formen der Öffentlichkeitsarbeit die bestehenden informatorischen Defizite auszugleichen. Dagegen einzuwenden wäre lediglich, daß ein derartiger Ausgleich von Informationsdefiziten schon heute durch vor allem private Multiplikatoren vorgenommen wird. Durch die laufende Berichterstattung in sämtlichen Medien und besonders durch die Betätigung juristischer Fachverlage wird in der Tat das Angebot an rechtlicher Information vergrößert.[728] Bedacht werden muß allerdings, daß diese aufklärerische Tätigkeit privater Dritter auf freiwilliger Basis geschieht und in ihrem Bestand nicht gesichert

---

719 BVerfGE 7, 89 (72); 13, 261 (271); 82, 6 (12); *Herzog*, in: MD, Art. 20 VII Rn. 62; *Ricker*, AfP 1981, 320 (323).

720 *Jarass*, NJW 1981, 193 (194).

721 *Ricker*, AfP 1981, 320 (323).

722 Vgl. dazu die Ausführungen unter § 4, S. 63 ff.

723 *Sobota*, Das Prinzip Rechtsstaat, S.140.

724 Vgl. nur *Ziegler*, Die Verkündung von Satzungen und Rechtsverordnungen in den Gemeinden, S. 110; *Maurer*, in: Bonner Kommentar, Art. 82 Rn. 93; *Konzelmann*, Methode landesrechtlicher Rechtsbereinigung; S. 106.

725 Dazu beispielsweise *Keck*, BayVBl. 1985, 33 (33).

726 *Weis*, Verfassungsrechtliche Fragen einer weiteren Privatisierung der juris GmbH, Teil II, Jur-PC 1996, 384 (394).

727 So auch *Kirchhof*, DÖV 1982, 397 (399); *Schürmann*, Öffentlichkeitsarbeit der Bundesregierung, S. 160 und *Berkemann*, Ignorantia juris nocet, S. 109.

728 *Kirchhof*, DÖV 1982, 397 (399) sieht aufgrund der Informationstätigkeit von privater Seite auf der Ebene des Bundes- und Landesrecht das rechtsstaatliche Informaitonsgebot als erfüllt an und erkennt nur ein Defizit auf dem Gebiet des kommunalen Rechts.

ist. Zudem besitzt dieses Angebot zumeist nur einen selektiven Charakter. Das privat vermittelte Informationsangebot kommt nach wirtschaftlichen Gesichtspunkten zustande und beschränkt sich in den meisten Fällen auf besonders populäre oder umstrittene Rechtsvorschriften.[729] Außerdem durchzieht das Informationsangebot privater Dritter nicht gleichmäßig alle Ebenen des Bundes-, Landes- und Kommunalrechts, sondern folgt jedenfalls tendenziell der in diese Richtung sinkenden Nachfrage.[730] Schließlich ist ebenfalls zu bedenken, daß besonders die Informationsangebote der Massenmedien wie Fernsehen und Rundfunk, die die höchste Reichweite besitzen, oftmals nur unvollständig und verkürzt berichten[731] und von daher keine vollständige Rechtskenntnis ermöglichen und eine in diese Richtung gehende Nachfrage nicht vollständig befriedigen können.

Schließlich sind die geltenden Rechtsvorschriften oftmals wegen ihrer hohen Komplexität und Technizität nur schwer verständlich.[732] Der Bürger wird daher erst durch eine weitergehende Information über den Inhalt von Gesetzen in die Lage versetzt, seine ihm von der Rechtsordnung verliehenen Rechte wahrzunehmen und die ihn treffenden Gebote zu achten.[733]

Es sprechen daher gute Gründe dafür, schon im Rechtsstaatsprinzip die rechtlich bindende Verpflichtung zur staatlichen Öffentlichkeitsarbeit zu erkennen, die neben der formalen Gesetzesverkündung für eine weitere Verbreitung der Rechtskenntnis sorgt.[734]

Anders als bei der formalen Gesetzesverkündung, bei der ein besonderer Schwerpunkt auf Authenzität und Vollständigkeit liegt, um tatsächlich jedem einzelnen die Möglichkeit einzuräumen, sich über den Gesetzesinhalt zu informieren, gibt es bei einer nur unverbindlichen weiteren Aufklärung über gesetzgeberische Aktivitäten wesentlich mehr Mittel und Wege. Neben der Frage, über welchen Datenträger die Informationen vermittelt werden sollen, stellt sich außerdem noch die Frage, in welcher Form die Gesetze der Öffentlichkeit präsentiert

---

729 *Schürmann*, Öffentlichkeitsarbeit der Bundesregierung, S. 160; ähnlich auch *Scherzberg*, Die Öffentlichkeit der Verwaltung, S. 314; *Kriele*, ZRP 1990, 109 (116); a. A. allerdings *Kirchhof*, DÖV 1982, 397 (399).

730 Auch *Kirchhof*, DÖV 1982, 397 (400) erkennt ein Defizit auf der kommunalen Rechtsebene.

731 Vgl. dazu *Scherzberg*, Die Öffentlichkeit der Verwaltung, S. 183 ff., 314.

732 Dazu nur *Schürmann*, Öffentlichkeitsarbeit der Bundesregierung, S. 167.

733 BVerfGE 44, 125 (148).

734 Gerade für Öffentlichkeitsarbeit auf dem Gebiet der Gesetzgebung als Rechtspflicht *Schürmann*, Öffentlichkeitsarbeit der Bundesregierung, S. 162 u. 171; *Konzelmann*, Methode landesrechtlicher Rechtsbereinigung; S. 120 f.; *derselbe*, JurPC Web-Dok. 51/1998, Abs. 2 grundsätzlich und auf den sozialen Rechtsstaat rekurrierend *Jarass*, NJW 1981, 193 (194 f.) und *Hofsähs/Pollmann*, Das Presse- und Informationsamt der Bundesregierung, S. 18; ebenfalls eine prinzipielle Rechtspflicht aus dem Rechtsstaatsprinzip bejahend *Kirchhof*, DÖV 1982, 397 (398 f.), der allerdings die Publikation neben der formalen Gesetzesverkündung als Rechtspflicht nur für das kommunale Ortsrecht erkennt, weil auf der Ebene des Bundes- und Landesrechts schon die formale Gesetzesverkündung und dadurch ausgelöste private Multiplikatoren ausreichende Informationsquellen schaffen; eine allgemeine Pflicht zur Öffentlichkeit bejaht auch *Jerschke*, Öffentlichkeitspflicht der Exekutive, S. 77 ff; *Tomuschat*, Normenpublizität und Normenklarheit, in: Europäische Gerichtsbarkeit und nationale Verfassungsgerichtsbarkeit, S. 468 spricht von einer Pflicht des Staates, den Zugang zu Rechtsquellen zu erleichtern, die er aus Gründen der Rechtssicherheit und Rechtsklarheit ableitet; zurückhaltender dagegen *Wittling*, Die Publikation der Rechtsnormen, S. 125 u. Fn. 63, die Forderungen nach einer zusätzlichen Veröffentlichung neben dem herkömmlichen Abdruck von Gesetzen in den amtlichen Verkündungsblättern eher als rechtspolitische Empfehlung ansieht; ebenfalls zurückhaltender *Berkemann*, Ignorantia juris nocet, S. 106 ff., *derselbe*, JurPC 1996, 208 (213 ff.) der ebenfalls mehr von rechtspolitischen Gründen spricht.

werden sollen. Denkbar sind beispielsweise generelle Erläuterungen[735], Gesetzeskommentierungen, das Angebot der Gesetze in konsolidierter Fassung oder natürlich der freilich für die Geltung der Rechtsnormen unbeachtliche zusätzliche Abdruck der Texte aus den offiziellen Gesetzesblättern. Im Vordergrund derartiger Überlegungen sollte nun – anders als bei der formalen Gesetzesverkündung – die Wirksamkeit und Effektivität dieser Formen staatlicher Publizität stehen. Da die Authenzität der Informationen schon durch die fomale Gesetzesverkündung gewährleistet ist, können durch eine zusätzliche Öffentlichkeitsarbeit neue Wege beschritten werden, mit denen der Bürger tatsächlich auch erreicht werden kann und die Defizite der Gesetzesverkündung in dieser Hinsicht kompensiert werden. Gerade aus diesem Grund drängt sich die Internet-Publikation von einfachen Gesetzestexten förmlich auf, weil auf diese Weise der Bürger ebenfalls die Möglichkeit erhält, schnell, zuverlässig und umfassend Kenntnis von den geltenden Rechtsnormen zu nehmen. Gerade auch die besonderen Vorteile, die bei einer derartigen elektronischen Publikation im Vergleich zur Distribution mittels herkömmlich auf Papier gedruckten Informationen anzuerkennen sind, könnten die Aufklärung besonders effektiv werden lassen.[736] Dies gilt zunächst schon für die einfache Veröffentlichung der Inhalte der gedruckten Gesetzblätter, besonders aber auch für eine darüber hinausgehende Publikation konsolidierter Gesetzestexte, weil diese das derzeit geltende Recht übersichtlich präsentieren. Sie sind damit nicht nur wegen des in der Regel für den Bürger direkteren und einfacheren Zugangs eine Alternative zu den gedruckten Verkündungsblättern, sondern können gerade wegen ihres insofern aufbereiteten Inhalts für den einzelnen eine leichtere Erkennbarkeit des Rechts bieten.

Wenn aber schon das Rechtsstaatsprinzip für die Frage der formalen Gesetzesverkündung in bezug auf die Publikation über das Internet keine konkreten Vorgaben enthält[737], so kann es diese erst recht nicht für eine in der abstrakten Bedeutung weniger wichtige und in noch viel mehr verschiedenen Varianten denkbare Öffentlichkeitsarbeit statuieren.

Es hat zwar rechtsstaatlichen Bezug und ist der Verwirklichung des Rechtsstaats durchaus förderlich, wenn durch eine staatliche Öffentlichkeitsarbeit, die sich auch des Mediums Internet bedient, der Zugang zu den Rechtsnormen verbessert wird. Gerade dieses Medium erlaubt, bei verhältnismäßig geringem Aufwand eine große Zahl von potentiellen Interessierten zu erreichen. Ein rechtliches Gebot, ein solches Informationsangebot für jedermann vorzuhalten, kann aber dem Rechtsstaatsprinzip gerade nicht entnommen werden.

b) Demokratieprinzip

Das Demokratieprinzip des GG wird oftmals herangezogen, um klarzustellen, daß amtliche Öffentlichkeitsarbeit nicht nur zulässig, sondern gerade auch geboten ist.[738]

Eine durch den Staat erfolgende Aufklärungsarbeit wird vom BVerfG nicht nur als bloß hinzunehmende Ausnahme von einem grundsätzlichen Verbot[739], sondern als vielmehr notwendig

---

735 Tatsächlich halten zahlreiche Ministerien rechtsaufklärende Informationen aus allen Bereichen des täglichen Lebens bereit, vgl. dazu die beispielhafte Auflistung bei *Gramm*, Aufklärung durch Publikumsinformationen, Der Staat 30 (1991), 51 (56).

736 Siehe § 1 V, S. 23 ff.

737 Vgl. dazu die Ausführungen zur formalen Gesetzesverkündung, oben § 4 I 1. a) hh), S. 89 ff.

738 BVerfGE 44, 125 (147), *Leisner*, Öffentlichkeitsarbeit der Regierung im Rechtsstaat, S. 86; *Jarass*, NJW 1981, 193 (194 f.).

erachtet, um den Grundkonsens, das für die Demokratie nötige Einverständnis der Bürger mit der vom Grundgesetz geschaffenen Staatsordnung lebendig zu halten.[740] Dabei spricht das BVerfG nicht von einer bloßen Bekanntmachung, sondern vielmehr von „Darlegung und Erläuterung“[741] und läßt damit erkennen, daß die Öffentlichkeitsarbeit nicht nur schlichte objektive Tatsacheninformation beinhalten, sondern darüber hinausgehend sogar Überzeugungsarbeit leisten soll.[742]

Das Funktionieren der „öffentlichen Meinung“ verlangt geradezu nach einer aufgeklärten Allgemeinheit.[743] Insbesondere ein Informationsangebot über die Gesetzgebungstätigkeit, die gewiß einen großen Anteil an der parlamentarischen Arbeit insgesamt hat, trägt dazu bei, daß der Informationsstand der Öffentlichkeit über das staatliche Handeln allgemein verbessert werden kann. Dies kann einmal direkt geschehen, indem der Staat den einzelnen Bürger als Co-Autor der „öffentlichen Meinung“ unmittelbar mit seinen Informationen erreicht, oder aber indirekt durch die Vermittlung der Medien, die ihrerseits Verlautbarungen im Rahmen der staatlichen Öffentlichkeitsarbeit für ihre journalistische Tätigkeit in Anspruch nehmen, um sie dann in irgendeiner Weise zu veröffentlichen.[744] Genau diese Aufklärungsarbeit der Medien läßt allerdings gleichzeitig unter dem Aspekt der Staatsunabhängigkeit der Medienarbeit eine damit gleichsam konkurrierende staatliche Öffentlichkeitsarbeit als bedenklich erscheinen.[745] Im Gegensatz zur formalen Gesetzesverkündung, die den derart veröffentlichten Rechtsnormen erst zu ihrer Wirksamkeit verhilft, ist die insoweit lediglich informative Veröffentlichung und Aufklärung ohne direkte rechtliche Relevanz und besitzt damit erheblich weniger den Charakter einer amtlichen Verlautbarung. Die Überlegung, daß der Staat als Normsetzer die unmittelbaren Produkte seiner rechtschöpferischen Tätigkeit den Normadressaten auch zwingend selbst nahebringen können muß, um überhaupt ihre Befolgung sicherzustellen, gilt jedoch prinzipiell auch für eine weitergehende Aufklärung über die Gesetzgebungsarbeit. Es besteht im Grunde kein wesentlicher Unterschied, der gegen die weitergehende publizistische Tätigkeit des Staates auf diesem Gebiet der Gesetzesinformaton spricht.[746] Letztlich gehört auch eine derartige Öffentlichkeitsarbeit zum Bereich der Eigeninformation, mit der der Staat über die von ihm geschaffenen Rechtsregeln informiert.

Der Bereich der Medien hingegen muß dagegen nur deshalb staatsfrei sein, damit sich die öffentliche Meinung frei und unbeeinflußt von staatlicher Einwirkung bilden kann und ihrer-

---

739 Dahingehend allerdings noch zu verstehen BVerfGE 20, 56 (99 f.), vgl. auch *Rauschning*, JZ 1967, 346 (348 f.).

740 BVerfGE 44, 125 (147); 63, 320 (242 f.); BVerwGE 82, 76 (80); eine allgemeine Informationspflicht des Staates aus dem Demokratieprinzip halten für existent oder jedenfalls denkbar *Wendt*, in: von Münch/Kunig (Hrsg.), GG-Kommentar, Art. 5 Rn. 25; *Herzog*, in: MD, Art. 5 I, II Rn. 101; *Starck*, in: v.Mangoldt/Klein, GG, Art. 5 I, II Rn. 49, Fn. 126.

741 BVerfGE 20, 56 (100); 44, 125 (147); 63, 230 (243).

742 *Schürmann*, Öffentlichkeitsarbeit der Bundesregierung, S. 154; nur objektive Tatsacheninformation billigend *Kempen*, Grundgesetz, amtliche Öffentlichkeitsarbeit und politische Willensbildung, S. 265 f.; *Kremmer*, Die rechtliche Problematik des kommunalen Pressewesens, S. 72.

743 *Leisner*, Öffentlichkeitsarbeit der Regierung im Rechtsstaat, S. 83; *Hesse*, Grundzüge des Verfassungsrechts, Rn. 152; *Schürmann*, Öffentlichkeitsarbeit der Bundesregierung, S. 131; *Pieroth*, JuS 1981, 625 (626); vgl. auch § 4 I 1. b) bb), S. 94 f.

744 Vgl. *Hirschberger*, Der Zugang des Bürgers zu staatlichen Informationen, S. 106.

745 Vgl. dazu schon oben § 4 I 1. b) bb), S. 93 ff.

746 Nach BVerfGE 44, 125 (148) zählt gerade die allgemeine Rechtsinformation zur Aufgabe staatlicher Öffentlichkeitsarbeit, da aufgrund der hohen Technizität viele Gesetze ohne weiteres nicht verständlich seien.

seits gerade das staatliche Handeln beeinflußt. Ein publizistisches staatliches Informationsangebot, das ohne wertende Stellungnahmen lediglich über die geltende Rechtslage durch die Publikation der Gesetzestexte informiert, ist offensichtlich nicht in der Lage, lenkenden Einfluß auf den Willensbildungsprozeß zu nehmen, und vermag ihn daher grundsätzlich nicht zu hindern.

Letztlich kann aber genau diese Frage offenbleiben.[747] Aufgrund der bereits an anderer Stelle aufgezeigten Grenzen vermag nämlich das Demokratieprinzip ebensowenig wie auch das Rechtsstaatsprinzip dem Staat konkrete Maßstäbe für die Art, Form und den Umfang von Öffentlichkeitsarbeit aufzuerlegen.[748] Grundsätzlich sollte allerdings außer Frage stehen, daß der Staat durchaus im Sinne des Demokratieprinzips handelt, wenn er die Bürger über Gesetze und die Rechtsordnung allgemein hinreichend selbst aufklärt und diesen Informationsprozeß nicht ausschließlich den privaten Medien überläßt.

c) Sozialstaatsprinzip

Die staatliche Leistungs- und Daseinsverwaltung gehört prinzipiell zur rechtlichen Verpflichtung des Sozialstaates[749], mit der unter anderem die Herstellung sozialer Gerechtigkeit erreicht werden soll.[750]

Es ist gerade auch ein sozialstaatliches Anliegen, die Bürger über ihre bestehenden Rechte aufzuklären.[751] Soweit dies gerade durch die formale Gesetzesverkündung nicht ausreichend erfolgt bzw. auch gar nicht zu leisten ist, bietet sich gerade eine darüber hinausgehende Öffentlichkeitsarbeit als Mittel an, diese Aufklärung herzustellen.[752] Solange nicht nur die Gesetze ohne qualifizierten juristischen Beistand schwer verständlich sind, sondern schon in ihrem Wortlaut schwer zugänglich sind, ist es kaum vermeidbar, daß auch der Zugang zum Recht soziale Auswirkungen hat. Eine Rechtsunkenntnis dürfte zunächst dazu führen, daß gesetzliche Leistungsansprüche nicht wahrgenommen werden und vorteilhafte Rechtspositionen nicht ausgenutzt werden, weil sie schlichtweg unbekannt sind.[753] Dadurch werden tendenziell sozial schwächere Bevölkerungsgruppen als Adressaten solcher Regelungen getroffen. Gerade diesen Personen stehen auch durchweg weniger professionelle Informationsquellen[754] zur Verfügung, mit deren Hilfe sie in die Lage versetzt werden, ihre gesetzlich eingeräumten Rechte wahrzunehmen und ihren gesetzlichen Verpflichtungen nachzukommen.[755]

---

747 Das Problem der Staatsfreiheit der Medien stellt sich allerdings noch einmal unten unter § 6 I 3, S. 142 ff.

748 Ähnlich ablehnend hinsichtlich konkreter Publizitätspflichten *Kloepfer*, in: Isensee/Kirchhof (Hrsg.), HdbStR II, § 35 Rn. 59 u. *Jarass*, NJW 1981, 193 (195).

749 *Hesse*, Grundzüge des Verfassungsrechts, Rn. 213; *Stern*, Staatsrecht I, § 21 II 3, S. 897; *Maurer*, Staatsrecht, § 8 Rn. 74.

750 *Stern*, Staatsrecht I, § 21 II, S. 911.

751 Vgl. dazu oben § 4 I 1. c), S. 97 ff.

752 Auch *Berkemann*, Ignorantia juris nocet, S. 109 fordert aus sozialstaatlichen Gründen, die benötigte Rechtskenntnis, die durch die formale Verkündung nicht zu erreichen ist, durch den Einsatz anderer Mittel und Wege zu vermitteln.

753 *Wittling*, Die Publikation der Rechtsnormen, S. 139 f.; ähnlich auch *Jerschke*, Öffentlichkeitspflicht der Exekutive, S. 85.

754 Dies resultiert daraus, daß die Gesetzeskenntnis zum marktfähigen Gut geworden ist, das man sich erkaufen muß, vgl. dazu *Berkemann*, Ignorantia juris nocet, S. 102 u. *Konzelmann*, Methode landesrechtlicher Rechtsbereinigung; S. 106.

755 Den sozialen Aspekt betonend auch *Berkemann*, Ignorantia juris nocet, S. 104 f.

Gerade eine Aufklärung und Informationsmöglichkeit über das geltende Recht, die nicht nur wie die formale Verkündung eine eher theoretische Möglichkeit der Kenntnisnahme schafft, sondern wesentlich konkreter und deutlicher die rechtliche Situation aufzeigt, wäre ein sozialstaatlicher Gewinn.

Dieser sozialstaatliche Bezug läßt sich allerdings wieder nicht verdichten zu einer verfassungsrechtlichen Pflicht, die ein bestimmtes Informationsangebot auf dem Gebiet der Gesetzgebung als unverzichtbar konstituiert. Im Vergleich zu den übrigen Staatsprinzipien des GG fehlt es dem Sozialstaatsprinzip in besonderem Maße an spezieller Ausformung und Konkretisierungen.[756] Ihm werden grundsätzlich bis auf wenige Ausnahmen keine konkreten Rechtspflichten entnommen.[757] Vielmehr ist es grundsätzlich Sache des Gesetzgebers, dem sozialen Handlungsauftrag nachzukommen und die Sozialstaatlichkeit nach eigenen Vorstellungen zu verwirklichen.[758] Dabei kommt ihm ein weiter Gestaltungsspielraum zu.[759]

Folglich ist das Sozialstaatsprinzip des GG zwar ein weiteres Argument dafür, auf dem Gebiet der Aufklärung über das geltende Recht tätig zu werden und gerade auch über den Einsatz neuer Informationstechnologien nachzudenken. Ein zwingendes Argument für eine entsprechende Handlungspflicht stellt aber auch das Sozialstaatsprinzip nicht dar.

d) Grundrechte als Leistungspflichten

Des weiteren könnten auch die Grundrechte in ihrer Eigenschaft als Elemente einer objektiven Werteordnung eine verfassungsrechtliche Pflicht zur Publikation von Rechtstexten über das Internet begründen.[760]

aa) Informationsfreiheit

Die Informationsfreiheit des Art. 5 Abs. 1 Satz 1, 2. Halbsatz GG enthält als objektive Wertentscheidung die Verfassungsdirektive, dafür Sorge zu tragen, daß den Bürgern Informationsmöglichkeiten zur Verfügung stehen.[761] Eine derartige Pflicht wird umso wichtiger, als der Staat selbst Inhaber der Information ist und durch ein Verschweigen verhindern könnte, daß die Informationen überhaupt in die Öffentlichkeit gelangten.

Dieser objektive Verfassungsauftrag beläßt aber große Gestaltungsspielräume und enthält damit keine direkten Vorgaben, wie dieser Pflicht nachzukommen ist. Da außerdem gerade auf dem Gebiet der Gesetzgebung schon durch die Öffentlichkeitspflicht des Art. 42 Abs. 1 GG, durch die vorgeschriebene formale Gesetzesverkündung und letztlich auch durch die Einrichtung eines öffentlichen Bibliothekenwesens zahlreiche staatliche Informationsmöglichkeiten geschaffen worden sind, kann Art. 5 Abs. 1 S. 1, 2. Halbsatz GG auch nicht bei

---

756 *Stern*, Staatsrecht I, § 21 II, S. 912.

757 *Hesse*, Grundzüge des Verfassungsrechts, Rn. 215; *Stern*, Staatsrecht I, § 21 III, S. 916; *Maurer*, Staatsrecht, § 8 Rn. 72; BVerfGE 59, 231 (263); 82, 60 (80); 94, 241 (263).

758 *Stern*, Staatsrecht I, § 21 III, S. 916; *Maurer*, Staatsrecht, § 8 Rn. 72; *Hesse*, Grundzüge des Verfassungsrechts, Rn. 215; *Jarass*, in: Jarass/Pieroth, GG, Art. 20 Rn. 103; BVerfGE 22, 180 (204); 51, 115 (125); 59, 231 (262 f.); 65, 182 (193).

759 BVerfGE 70, 278 (288); 97, 169 (185); 98, 169 (204).

760 Vgl. dazu auch oben § 4 I 1. d), S. 98 f.

761 *Degenhart*, in: Bonner Kommentar, Art. 5 Abs. 1 u. 2 Rn. 361; *Hoffmann-Riem*, in: AK, Art. 5 Rn. 99; *Wendt*, in: von Münch/Kunig (Hrsg.), GG-Kommentar, Art. 5 Rn. 28; dagegen hauptsächlich auf das Demokratieprinzip abstellend *Herzog*, in: MD, Art. 5 I, II Rn. 101; vgl. auch oben § 4 I 1. d) aa), S. 100 ff.

einer Auslegung über die Abwehrfunktion hinaus ein konkreter Verfassungsauftrag zur Öffentlichkeitsarbeit im Internet entnommen werden.

bb) Rechtsschutzgarantie

Die Rechtsweggarantie des Art. 19 Abs. 4 GG ist eines der im GG nur selten anzutreffenden ausdrücklichen Leistungsgrundrechte[762] und enthält die objektive Verpflichtung, effektiven gerichtlichen Rechtsschutz zu gewährleisten.[763] Einem solchen effektiven Rechtsschutz ist es durchaus zuträglich, wenn staatlicherseits über Rechts- und Entscheidungsgrundlagen informiert wird.[764] Dadurch wird der einzelne in die Lage versetzt, vorab entscheiden zu können, ob ihm Rechte zustehen, die er erfolgreich geltend machen könnte. Gerade für den juristischen Laien besonders nützlich können dabei weitergehende Informationen sein, die inhaltlich mehr als den bloßen Gesetzestext aus den formalen Verkündungsorganen enthalten. Schon eine bereinigte Textsammlung erlaubt es, ein Gesetz ohne ansonsten notwendiges Nachschlagen in zahlreichen Ausgaben der Gesetz- und Verordnungsblätter in seinem kompletten gültigen Zustand zu erfassen[765]. Insofern besitzt eine Gesetzesinformation, die über den Abdruck der formalen Verkündungsorgane hinausgeht, gerade im Sinne eines effektiven Rechtsschutzes einen besonderen Wert.

Dennoch läßt sich auch dieser Gedanke nicht verdichten zu einer objektiv-rechtlichen Pflicht, derartige Informationen über das Internet anzubieten, da einerseits Art. 19 Abs. 4 GG nur den Rechtsschutz gegenüber der öffentlichen Gewalt erfaßt und damit für zivilrechtliche Streitigkeiten keine Bedeutung hat und andererseits wiederum Gestaltungsspielräume hinsichtlich des Umfangs, aber natürlich auch in bezug auf die Verbreitungsform der Informationen beläßt.

2. Einfachgesetzliche Vorschriften

Genauso wie für die formale Gesetzesverkündung können auch für die davon unabhängig erfolgende allgemeine staatliche Information über Rechtsnormen einfachgesetzliche Vorschriften existieren, die direkt oder wenigstens indirekt auch das Internet als Informationsmedium betreffen.

a) Bundesrecht

Auf der Ebene des Bundesrechts existiert im ganzen gesehen eine stattliche Zahl von gesetzlichen Regelungen, die die Vermittlung von Informationen der öffentlichen Hand als Rechtspflicht festschreiben und damit die staatliche Öffentlichkeitsarbeit mehr oder weniger stark beeinflussen.

aa) Vorschriften zur Rechtsbereinigung

Einen besonderen Bezug zur Publikation von Gesetzestexten weisen zunächst die Vorschriften zur Rechtsbereinigung auf. Aufgrund der besonderen geschichtlichen Entwicklung der Bundesrepublik entstand schon wenige Jahre nach ihrer Gründung das Bedürfnis, die Masse

762 *Pieroth/Schlink*, Grundrechte, Rn. 61.

763 Vgl. dazu oben § 4 I 1. d) bb), S. 102.

764 *Schürmann*, Öffentlichkeitsarbeit der Bundesregierung, S. 161.

765 *Keck*, BayVBl. 1985, 33 (33).

der geltenden Gesetze und Rechtsverordnungen einer Bereinigung zu unterziehen.[766] Dies erschien um so notwendiger, als nach Art. 123 GG deutsches Recht aus der Zeit vor Zusammentritt des Bundestages fortgilt, soweit es dem GG nicht widerspricht. Aus diesem Grund ergab sich eine große Unübersichtlichkeit und Unklarheit, welche Rechtsvorschriften aus der Zeit vor dem Grundgesetz noch galten und welche gegenstandslos geworden waren. Zur Beseitigung dieser Mißstände wurde im Jahr 1958 das Gesetz über die Sammlung des Bundesrechts verabschiedet.[767] Es sah vor, das Bundesrecht vollständig zu erfassen und nach Sachgebieten geordnet einmalig in einem besonderen Teil des Bundesgesetzblattes, dem Teil III, zu veröffentlichen. Diese Sammlung hatte der Bundesjustizminister in Zusammenarbeit mit den Bundesländern vorzubereiten. Nach zunächst erfolgter Aufstellung einer systematischen Gliederung wurde jeweils ein rechtsbereinigtes Rechtsgebiet heftweise im Bundesgesetzblatt Teil III veröffentlicht. Bis zum Abschluß der Arbeiten im Jahr 1968 erschienen auf diese Weise insgesamt über 100 Folgen dieser Textsammlung. Sie wurde förmlich durch ein Abschlußgesetz[768] beendet und präsentierte am 28. Dezember 1968 einen bereits 5 Jahre zurückliegenden Stand der Gesetzgebung. Immerhin stand damit aber erstmals eine Sammlung des vollständigen Bundesrechts in konsolidierter Fassung zur Verfügung. Sie wurde allerdings nicht weiter fortgeführt. Ein Gesetzentwurf aus dem Jahr 1980 sah zwar eine erneute Bereinigung des Bundesrechts mit wiederum vollständiger Veröffentlichung im Bundesgesetzblatt Teil III vor.[769] Mit dem Ablauf der Wahlperiode wurde dieser Entwurf allerdings hinfällig. Fortgeführt wird bis heute immerhin der Fundstellennachweis des Bundesjustizministeriums, der jährlich als Beilage des Bundesgesetzblattes gedruckt erscheint. Er weist die Titel und Fundstellen aller zeitlich nach Abschluß des BGBl. III im Bundesgesetzblatt oder Bundesanzeiger verkündeten Gesetze und Rechtsverordnungen nach.[770] Dabei werden jeweils die Stammvorschriften neben dazu ergangenen Änderungen in einer systematischen Gliederung aufgelistet, die der des BGBl. III folgt. Der Text der Vorschriften wird insoweit aber nicht mehr nachgewiesen. Die Fortsetzung dieses Fundstellennachweises erfolgt allerdings anders als die Erstellung des BGBl. III ohne gesetzliche Grundlage und anders als das BGBl. III nicht in Erfüllung einer einfachgesetzlichen Rechtspflicht.

Erst 1979 wurden aufgrund eines einfachen Beschlusses der Bundesregierung wieder die Arbeiten zur Textfeststellung aufgenommen, die in den Aufbau der heute bei der Juris GmbH vorgehaltenen und laufend nachgeführten elektronischen Bundesrechtssammlung mündeten.[771] Diese Sammlung setzte auf den Inhalt des Bundesgesetzblatts Teil III mit dem Stand von 1963 auf[772] und führt diesen Teil des Gesetzblattes damit letztlich bis zum heutigen Tage fort.

Die Vorschriften zur Rechtsbereinigung und Erstellung des BGBl. III haben für diese elektronische Rechtsdatenbank allerdings nur rechtshistorische Bedeutung und beeinflussen die Publikationstätigkeit des Bundes auf diesem Gebiet nicht weiter.

---

766 *Schneider*, Gesetzgebung, Rn. 693.

767 Gesetz v. 10.07.1958 (BGBl. I S. 430).

768 Gesetz v. 28.12.1968 (BGBl. I S. 1451).

769 *Schneider*, Gesetzgebung, Rn. 697.

770 *Schlagböhmer*, JZ 1990, 262 (268).

771 *Schlagböhmer*, JZ 1990, 262 (268).

772 *Herberger*, JurPC 1993, 2256 (2259); *Weis*, Gutachten: Verfassungsrechtliche Fragen einer weiteren Privatisierung der juris GmbH, JurPC 1996, 340 (345).

bb) Bekanntmachungs-, Unterrichtungs- und Beratungsgebote

Neben den insoweit für eine Veröffentlichung von Gesetzestextinformationen speziellen Rechtsbereinigungsvorschriften gibt es insgesamt eine große Zahl von gesetzlichen Regelungen, die mehr oder weniger punktuelle Bekanntmachungs- und Unterrichtungsgebote statuieren. Zu nennen in diesem Zusammenhang ist beispielsweise § 2 Abs. 1 Nr. 2 UBAG, durch den das Umweltbundesamt zur Aufklärung der Bevölkerung in Umweltfragen verpflichtet wird. Des weiteren gibt es ebenfalls auf dem Gebiet des Umweltschutzes durch die §§ 39 und 57 S. 2 KrW-/AbfG die Pflicht des zuständigen Ministers zur Unterrichtung über den erreichten Stand der Kreislaufwirtschaft und zur Aufklärung über den umweltgerechten Umgang mit Abfällen. § 9 Abs. 1 StrVG sieht die Abgabe von Empfehlungen des Ministers für das Verhalten im Fall von Strahlungsgefahren vor und § 11 UIG verpflichtet die Bundesregierung dazu, Berichte über den Zustand der Umwelt im Bundesgebiet zu veröffentlichen.

Schließlich erfordert die BWahlO in ihren §§ 20, 43, 48, 79, 86 die öffentliche Bekanntmachung von Informationen im Zusammenhang mit Wahlen.

Sämtliche Beispiele mögen zwar teilweise sogar erhebliche aktive Informationsvermittlungspflichten begründen. Sie bestehen allerdings – genauso wie andere vergleichbar existierende Regelungen – immer nur partiell, betreffen im Grundsatz gerade nicht die Informationen über den Inhalt geltender Gesetze und schreiben vor allem nicht vor, über welche Datenträger die Informationen vermittelt werden müssen.

Sie bieten daher keinerlei Anhaltspunkte für die Publikation von Rechtsnormen im Internet.

Keine weitere Relevanz haben schließlich auch die Vorschriften, die den Staat gegenüber den Bürgern zur Beratung verpflichten.[773] Auch sie betreffen immer nur Informationspflichten gegenüber einzelnen und wenden sich insofern an einen ganz bestimmten Kreis von Betroffenen.[774] Die sich daraus ergebenden Informationspflichten unterscheiden sich daher grundsätzlich von einer Informationsvermittlung an die gesamte Öffentlichkeit.[775]

cc) Auskunfts- und Einsichtsregelungen

Gleiches gilt für ebenso zahlreich existierende gesetzliche Auskunfts- und Einsichtsrechte, die neben der Bekanntmachung weitere Unterfälle der Zugänglichkeit von staatlichen Informationen darstellen.[776] Gerade die Regelungen in bezug auf öffentliche Register und Verzeichnisse sehen häufig die Möglichkeit einer allgemeinen Einsichtnahme vor.[777] Teilweise ist diese Einsichtnahmemöglichkeit allerdings an das Vorliegen eines berechtigten Interesses gebunden.[778] Des weiteren sehen bspw. auch § 29 VwVfG, § 26 Abs. 3 BundesdiziplinarO und § 193 BundesentschädigungsG Einsichtsrechte innerhalb von Verwaltungsverfahren vor.

Derartige Regelungen haben aber wiederum keinen besonderen Bezug zur Publizität von Rechtsnormen, weshalb zusammenfassend zu konstatieren ist, daß einfachgesetzliche Normen

---

773 Vgl. bspw. §§ 13 ff. SGB I, § 89 AO, § 25 VwVfG, § 2 Abs. 2 9. BImSchV.

774 *Oebbecke*, DVBl. 1994, 147 (150).

775 *Oebbecke*, DVBl. 1994, 147 (150).

776 Zu dieser Systematisierung *Hirschberger*, Der Zugang des Bürgers zu staatlichen Informationen, S. 6 f.

777 Vgl. die Nachweise bei *Hirschberger*, Der Zugang des Bürgers zu staatlichen Informationen, S. 92 ff.

778 So bspw. § 12 Abs. 1-3 GBO, § 6 Abs. 3 HandwerksO und § 1 Abs. 5 BundesfernstraßenG.

auf der Ebene des Bundesrechts, die eine grundsätzliche Öffentlichkeitsarbeit auf dem Gebiet der Gesetzesinformation gebieten, nicht existieren.

b) Landesrecht

Auch auf der Ebene des Landesrechts gibt es keine offensichtlich einschlägigen Regelungen

aa) § 20 Abs. 2 KSVG Saarl und § 15 Abs. 4 GemO Rh-Pf

Immerhin lassen sich Regelungen mit einem unmittelbaren Bezug zur Bereitstellung von Gesetzestextinformationen teilweise in den Kommunalverfassungen der Länder finden: Nach den inhaltlich insoweit übereinstimmenden Vorschriften des § 20 Abs. 2 KSVG Saarl[779] und des § 15 Abs. 4 GemO Rh-Pf ist eine jede Gemeinde im Saarland und in Rheinland-Pfalz[780] dazu verplichtet, vollständige Textsammlungen aller geltenden Gesetze und Verordnungen des Bundes, des Saarlands bzw. des Landes Rheinland-Pfalz und des eigenen Ortsrechts anzulegen und ständig auf dem neuesten Stand zu halten. Diese Sammlungen müssen für jeden Einwohner einsehbar sein.

Durch diese gesetzliche Regelung werden die saarländischen und rheinland-pfälzischen Kommunen zur Information ihrer Einwohner über das geltende Bundes-, Landes- und Ortsrecht verpflichtet. Diese Pflicht beinhaltet zwar nicht unbedingt eine aktive Veröffentlichungstätigkeit. Die Gemeinden müssen aber – und das unterscheidet diese Regelungen von den neu geschaffenen allgemeinen Akteneinsichtsrechten – von sich aus die Sammlungen permanent nachführen, um ihren Bürgern auf Anfrage jederzeit die Kenntnisnahme über das geltende Recht zu ermöglichen. Dies erfordert im übrigen, daß die Sammlungen sämtliche Gesetze und Verordnungen in einer konsolidierten Fassung enthalten.[781] Insoweit können sich die Gemeinden nicht darauf beschränken, lediglich das Bundesgesetzblatt und das Verkündungsblatt des Landes bereitzuhalten.

Die Regelungen schreiben nicht ausdrücklich vor, ob die Gesetzessammlungen herkömmlicherweise als Druckschriften anzulegen sind oder aber ausschließlich in elektronischer Fassung vorgehalten werden können. Dadurch könnte es den Gemeinden möglich sein, sich zur Rechtsdokumentation der inzwischen immer zahlreicher werdenden elektronischen Angebote beispielsweise der Juris GmbH (CD-ROM, Benutzung der online-Datenbank) oder aber des Nomos Verlags für das Bundesrecht zu bedienen. Dies ersparte den Gemeinden die Notwendigkeit, regalfüllende und nicht unerheblichen Raum einnehmende Loseblattsammlungen anlegen zu müssen, und könnte möglicherweise auch zu Kosteneinsparungen führen. Nach den gesetzlichen Regelungen ist letztlich entscheidend nur die Informationsmöglichkeit des Bürgers. Dieser muß vor Ort, d.h. in der Gemeindeverwaltung die Möglichkeit haben, sämtliche Rechtsvorschriften einsehen zu können und sich außerdem Abschriften oder Kopien anferti-

[779] § 20 Abs. 2 KSVG Saar: „Bei der Gemeinde ist eine Sammlung der geltenden Gesetze und Rechtsverordnungen des Bundes und des Landes sowie eine Sammlung aller in ihrem Gebiet geltenden Satzungen und Verordnungen anzulegen und zu gewährleisten, daß jedermann während der Geschäftszeiten der Gemeindeverwaltung Einsicht nehmen und sich auf seine Kosten Abschriften oder Ablichtungen anfertigen lassen kann."

[780] In Rheinland-Pfalz ordnet darüber hinaus § 11 Abs. 3 LKO RhPf für die Kreisverwaltungen des Landes eine entsprechende Rechtspflicht an.

[781] Vgl. auch *Konzelmann*, Methode landesrechtlicher Rechtsbereinigung; S. 89.

gen zu können. Wenn also tatsächlich die notwendigen Textsammlungen von der Gemeinde ausschließlich elektronisch vorgehalten werden, so muß diese dann aber auch die technischen Einrichtungen vorhalten, die eine Benutzung vor Ort ermöglichen.[782] In der Gemeindeverwaltung muß es dann möglich sein, die jeweils gewünschten Textdokumente auszudrucken, um auf diese Weise individuelle Abschriften zu erhalten. Die notwendigen Gesetzessammlungen über das Internet in elektronischer Form anzubieten, würde von dieser Regelung zwar nicht untersagt. Durch ein solches Angebot wäre die Gemeinde aber dennoch nicht von ihrer Pflicht befreit, eine Einsehmöglichkeit vor Ort in der Gemeindeverwaltung mit ggf. ausreichender Anweisung und Hilfestellung anzubieten. Insofern verlangen diese Regelungen ein ganz bestimmtes Mindestmaß an Zugänglichkeit für wirklich jedermann, da eine bloße Bereitstellung im Internet zwangsläufig bedeuten würde, daß nur diejenigen, die über den notwendigen Anschluß an das Internet und gewisse Qualifikationen im Umgang mit Computer und Internet verfügen, die angebotenen Informationen überhaupt abrufen könnten.

Aus diesem Grund begründen auch die Regelungen des § 20 Abs. 2 KSVG Saarl. und des § 15 Abs. 4 GemO RhPf letztlich keine Rechtspflicht für eine Öffentlichkeitsarbeit auf dem Gebiet der Gesetzesinformation über das Internet.

bb) § 4 BekVO Bayern und § 6 Abs. 6 GO Niedersachsen

Ganz vergleichbare Regelungen existieren mit der Vorschrift des § 4 BekVO Bayern[783] und des § 6 Abs. 6 GO Niedersachen[784]. Danach sind die Gemeinden aber lediglich verpflichtet, das eigene Ortsrecht – in Niedersachsen sogar nur die gemeindlichen Satzungen - zur Einsicht bereitzuhalten. Auf diese Weise sind die Gemeinden in diesen Bundesländern ebenfalls in der Pflicht, ihre Bürger auf deren Verlangen über das geltende Recht zu informieren und so den Zugang zum Recht zu ermöglichen. Ansonsten ergeben sich aber keine Abweichungen zu der insoweit umfangreicheren saarländischen und rheinland-pfälzischen Regelung. Sie erfassen insbesondere nicht eine zwingende Öffentlichkeitsarbeit im Internet.

cc) Vorschriften zur Rechtsbereinigung

In den meisten Ländern sind im Laufe der Zeit zumeist zahlreiche gesetzliche Regelungen zur Rechtsbereinigung ergangen.[785] Im Zusammenhang mit derartigen Vorschriften wurde oftmals eine Veröffentlichung des zu einem bestimmten Stichtag geltenden vollständigen Landesrechts vorgenommen. Rechtsnormen, die in diese Sammlung keine Aufnahme fanden, wurden dann durch die Bereinigungsgesetze aufgehoben, soweit sie nicht schon vorher anderweitig ihre Geltung eingebüßt hatten (sog. Ausschlußwirkung). Damit boten diese Rechtsbereinigungsgesetze mit ihren umfangreichen Anlagen einen lesbaren kompletten Überblick über das geltende Landesrecht.

---

[782] So auch *Konzelmann*, Methode landesrechtlicher Rechtsbereinigung; S. 90.

[783] § 4 BekVO Bayern: „Die Vorschriften sind zu sammeln und für die Dauer ihrer Gültigkeit zur Einsicht bereitzuhalten; auf Verlangen sind Abschriften oder Ablichtungen zu erteilen. Das gilt auch für Vorschriften, die vor dem Inkrafttreten dieser Verordnung erlassen worden sind."

[784] § 6 Abs. 6 GO Niedersachsen: „Jedermann hat das Recht, Satzungen einschließlich aller Anlagen und Pläne innerhalb der öffentlichen Sprechzeiten einzusehen und sich gegen Erstattung der dadurch entstehenden Kosten Abschriften geben zu lassen."

[785] Vgl. die Nachweise bei *Schneider*, Gesetzgebung, Rn. 707 ff. und *Konzelmann*, Methode landesrechtlicher Rechtsbereinigung; S. 311 ff.

Teilweise werden derartige rechtsbereinigte Gesetzessammlungen bis zum heutigen Tage fortgeführt und regelmäßig aktualisiert.[786] Soweit dies ohne rechtliche Grundlage insofern fakultativ geschieht, ist es für eine rechtlich verpflichtende Publikation im Internet ohne Belang. In einigen Ausnahmefällen allerdings basiert die Fortführung auf gesetzlicher Regelung: So bestimmt § 6 Abs. 1 4. RechtsbereinigungsG Saarl[787] ausdrücklich die Weiterführung der Textsammlung durch das Justizministerium. Ganz ähnlich verlangt § 7 Abs. 6 Gesetz zur Bereinigung des Hessischen Landesrechts[788] vom hessischen Justizministerium die fortgesetzte Aktualisierung der bereinigten Sammlung als sog. Zweiter Teil des Gesetz- und Verordnungsblattes. Da die Vorschriften aber jeweils Bezug nehmen auf die ursprüngliche Sammlung, der im Rahmen der Rechtsbereinigung eine negative Ausschlußwirkung zukam und die wegen dieser gesetzlichen Wirkungen formal verkündet wurde, ist davon auszugehen, daß sie wiederum die Papierform verbindlich festschreiben und gerade nicht eine ausschließlich elektronische Publikation erlauben. Eine Bereitstellung der konsolidierten Gesetzestextinformationen im Internet kann daher wiederum keine Erfüllung dieser gesetzlichen Vorgaben darstellen.

dd) Bekanntmachungs-, Auskunfts-, Beratungs- und Einsichtsregelungen

Wie bereits für die formale Gesetzesverkündung festgestellt, besitzen die in den Landespressegesetzen geregelten allgemeinen Auskunftsansprüche[789] genauso wie die in einigen Ländern seit einiger Zeit existierenden anderweitigen allgemeinen Informationsansprüche[790] keine Relevanz für eine allgemeine Öffentlichkeitsarbeit, in deren Rahmen Informationen über Rechtsnormen verbreitet werden müßten. Sie berühren nicht eine dahingehende allgemeine staatliche Publikation von Informationen an die Allgemeinheit, sondern betreffen vielmehr immer nur die individuelle Einsicht in im übrigen bereits schon vorhandenes Informationsmaterial. Im übrigen erfordern sie einen Antrag und damit nicht eine unabhängig von individueller Nachfrage erfolgende staatliche Unterrichtung.

Im Ergebnis nichts anderes gilt für die insgesamt zahlreich vorhandenen Regelungen, die durch die Schaffung von Bekanntmachungsgeboten[791], Einsichtsregelungen[792] und Auskunfts- bzw. Beratungspflichten[793] weitere Formen des Zugang zu Informationen der öffentlichen Hand anordnen. Derartige Informationspflichten betreffen zumeist nur die Information beschränkter Adressatenkreise. Darüber hinaus bestehen sie immer nur sehr partiell und beinhalten keine besonderen Veröffentlichungsgebote von Rechtsnormen.

---

786 Bspw. von Berlin, Nordrhein-Westfalen, dem Saarland und von Hessen; alle Sammelwerke erscheinen als gedruckte Loselbattsammlungen.

787 Gesetz v. 26.1.94, Amtsblatt S. 509.

788 Gesetz v. 6.2.62, GVBl. S. 21.

789 Vgl. oben § 4 I 2. b) aa), S. 112 f.

790 Vgl. oben die Regelungen der Länder Berlin, Brandenburg und Schleswig-Holstein unter § 4 I 2. b) bb), S. 113 f.

791 Wie z.B. § 55 Landeshaushaltsordnung NW, § 111 Abs. 2 Landeswassergesetz RhPf, § 3 Abs. 2 Eigenbetriebsverordnung NW, § 6 Abs. 2 Eigenbetriebsverordnung RhPf, § 27 Abs. 2 Eigenbetriebsverordnung (EigV) Brandb; § 27 Abs. 4 Eigenbetriebsgesetz (EigBGes) Hessen, § 35 Abs. 6 Meldegesetz Hessen (HMG)

792 Vgl. nur bspw. § 9 LandesarchivG S-H und §§ 14, 17 ArchivG Hessen und die Akteneinsichtsrechte im Verwaltungsverfahren nach den jeweiligen Verwaltungsverfahrensgesetzen.

793 Vgl. nur § 39 ASchO NW, § 3 LAbfG NW, § 11 LFoG NW.

Nichts anderes ergibt sich schließlich auch aus den Unterrichtungspflichten der Gemeinden, die in den Kommunalverfassungen der Länder geregelt sind.[794] Danach sind die Gemeinden zwar grundsätzlich verpflichtet, die Einwohner über bedeutsame Angelegenheiten ihres Wirkungskreises zu unterrichten,[795] wozu im Einzelfall sicher auch gemeindliche Rechtsvorschriften gehören. Eine Pflicht zur grundsätzlichen Information der Bürger läßt sich aber darin gerade nicht erblicken. Im übrigen stellen diese Regelungen die Form der Unterrichtung in das Ermessen der Gemeinde.[796]

III. Zusammenfassung und Ergebnis

Das Ergebnis der Untersuchung etwaiger rechtlicher Pflichten zur Publizität von Rechtsnormen im Internet ist dürftig. Während auf einer grundsätzlichen Ebene festgestellt werden konnte, daß sowohl die formale Gesetzesverkündung als aber auch ein darüber hinausgehendes Informationsangebot rechtlich geboten sind, ließen sich für die Erfüllung dieser Pflicht jedenfalls nicht immer konkrete Maßstäbe aufzeigen. Gerade im Hinblick auf die Verbreitung der Inhalte über das Internet mußte festgestellt werden, daß die geltende Rechtslage einer über dieses Medium erfolgenden formalen Verkündung sogar entgegensteht, selbst wenn sich dadurch für den Bürger als Adressaten eine Optimierung erzielen ließe. Um so mehr müßte daher eigentlich die Nutzung der sich durch dieses Transportmedium ergebenden Vorteile für eine davon unabhängig erfolgende unverbindliche Publikation des Rechts geboten erscheinen.[797]

Immerhin dürfte doch die grundsätzliche Notwendigkeit und Gebotenheit derartiger Informationen durch die verfassungsrechtlichen Belege hinreichend deutlich geworden sein. Wenn auch dem Staat insgesamt einiger Gestaltungsspielraum bei der Erfüllung dieser Aufträge zukommen dürfte, sollte er sich durchaus von dem Gedanken tragen lassen, für eine informationelle Grundversorgung von Gesetzestexten als deren ursprünglicher Erzeuger verantwortlich zu sein. In dem Zusammenhang spielt eine Rolle, daß die zweifellos unentbehrliche und derartige staatlichen Informationen ergänzende Tätigkeit der privaten Multiplikatoren immer nur lückenhaft bleiben wird bzw. dauerhaft nicht gesichert ist, weil sie von wirtschaftlichen Parametern abhängig ist. Daher sollte das Informationsangebot des Staates, mit dem er die Bürger unmittelbar selbst erreicht, insofern vollständig sein und möglichst sämtliche Rechtsnormen umfassen, weil nur dann tatsächlich eine wirklich lückenlose Grundversorgung erzielt werden kann. Dies kann natürlich schon durch eine zusätzliche Internet-Ausgabe der Gesetz- und Verordnungsblätter geschehen, weil darin sämtliche formellen Gesetze und die meisten Rechtsverordnungen zu finden sind. Vermutlich für die tägliche Arbeit effektiver wäre aber die Veröffentlichung der Rechtsnormtexte in konsolidierter Form, weil diese dann auf einen Blick ohne Rückgriff auf möglicherweise zahlreiche andere Ausgaben der Gesetzblätter zu erfassen sind.

Gerade aber gegen die Veröffentlichung der schlichten Texte der Rechtsnormen, für die hier eingetreten wird, ist gelegentlich der Einwand zu hören, daß derartige staatliche Aktivitäten

---

794 So bspw. §§ 23 GO NW, 20 GemO BW; 16 GO Brandb; 16 a GO S-H.

795 *Gern*, Deutsches Kommunalrecht, Rn. 556.

796 *Rehn/Cronauge*, GO, § 23, S. 4; *Gern*, Deutsches Kommunalrecht, Rn. 556.

797 Vgl. dazu nur *Berkemann*, Ignorantia juris nocet, S. 109.

an der tatsächlichen Nachfrage der Bürger vorbei gingen.[798] Nackte Gesetzestextinformationen seien für den normalen Bürger und damit für die überwiegende Mehrheit der Bevölkerung in der Regel nutzlos und unverständlich.[799] Sie dienten einzig einer absoluten Minderheit, die derartige Informationen zur beruflichen Nutzung benötigt: Einzig Juristen und namentlich Rechtsanwälte seien dadurch von der für sie bislang zugegebenermaßen mitunter aufwendigen und kostenintensiven Beschaffung von Gesetzestexten befreit. Insofern erführen sie einen Sondervorteil, der dann aber von der Allgemeinheit getragen werden müsse und der einem Ausbau derartiger Informationssysteme entgegenstehe.[800]

Das Argument der Unverständlichkeit der Rechtsnormen für den normalen Bürger und die daraus resultierende fehlende breite Akzeptanz etwaiger Informationssysteme läßt sich aber nicht als entscheidender Grund gegen die Schaffung derartiger Einrichtungen anführen. Dagegen dürfte schon der wohl grundsätzlich unbestrittene Grundsatz sprechen, wonach gerade aus rechtsstaatlichen Erwägungen[801] notwendig ist, daß Gesetze bestimmt, klar und verständlich sein müssen.[802] Sie mögen zwar wegen ihrer notwendigen Abstraktheit und Technizität der Regelungskomplexe im Einzelfall schwer verständlich sein. Im Grundsatz haben Rechtsnormen aber klar und verständlich zu sein; jedermann soll möglichst genau und einfach erkennen können, was rechtens ist.[803] Den Nutzen ihres exakten Wortlauts für den Durchschnittsbürger aber grundsätzlich in Abrede zu stellen, hieße, dieses rechtsstaatliche Erfordernis zu negieren. Rechtsnormen sollen und dürfen aber nicht grundsätzlich nur für eine geistige Elite verständlich sein. Über den einfachen Gesetzeswortlaut hinausgehende Erläuterungen und Erklärungshilfen mögen zwar im Einzelfall nützlich, wenn nicht sogar mitunter unentbehrlich für ihr Verständnis sein. Allein verbindlich bleibt aber immer ausschließlich der Gesetzestext, selbst wenn dieser unter Umständen einer komplizierten Auslegung bedarf. Schon aus diesem Grund sollte er auch jedermann möglichst mühelos als primäre Informationsquelle und Ausgangspunkt einer juristischen Orientierung zugänglich sein.

Für den normalen Bürger muß es schon sehr mißlich erscheinen, wenn das vom Staat geschaffene Recht für ihn mitunter nicht verständlich, aber dennoch verbindlich ist. Aus seiner Sicht aber noch weniger nachvollziehbar muß für ihn sein, wenn man ihm schon von vornherein die Möglichkeit verwehrt, trotz dieser inhaltlichen Unzulänglichkeiten wenigstens Versuche zu unternehmen, die Rechtsvorschriften dennoch zu verstehen und ihren Inhalten zu entsprechen. Es sollte als absolutes Minimum und als Selbstverständlichkeit gelten, sich wenigstens auf einfache Art und Weise Kenntnis von dem Wortlaut der allgemeinen gesetzlichen Regelungen verschaffen zu können, wenn schon die Erfassung ihrer inhaltlichen Bedeutung und Tragweite mitunter erhebliche Schwierigkeiten bereitet. Es mögen für den Staat in der Vergangenheit

---

798 *Stöhr*, NJW 1999, 1440 (1441); ähnlich auch die Einschätzung der Landesregierung NRW, LT-Drucksache 13/463, S. 2.

799 Vgl. auch die Zusammenfassung derartiger Kritik bei *Berkemann*, JurPC Web-Dok. 188/1999, Abs. 69 und die Nachweise bei *Junker*, JurPC Web-Dok 194/1999, Abs. 16 u. 22.

800 *Stöhr*, NJW 1999, 1440 (1441).

801 Zur Ableitung auch aus dem Demokratieprinzip und den einzelnen Grundrechten vgl. aber auch *Papier/Möller*, AöR 122 (1997), 177 (181).

802 Vgl. dazu nur BVerfGE 17, 306 (314); 35, 382 (400); 50, 166 (173); 84, 133 (149); 87, 287 (317); 93, 213 (238); BVerwGE 96, 110 (111); *Stern*, Staatsrecht I, § 20 IV, S. 829 f.; *Sachs*, in: Sachs (Hrsg.), GG, Art. 20 Rn. 126.

803 BVerfGE 17, 306 (314); 37, 132 (147); 50, 166 (173); 59, 104 (114); *Stern*, Staatsrecht I, § 20 IV, S. 830

selbst der Verwirklichung dieser einfachen Mindestforderung unüberwindbare Hindernisse entgegengestanden haben. Schließlich hätte es einen völlig unvertretbaren Kostenaufwand bedeutet, jedermann mit Gesetzblättern oder vollständigen rechtsbereinigten Sammlungen kostenlos zu versorgen, weil es an geeigneten Verbreitungsmedien fehlte, die diese Versorgung und damit die Überbrückung der räumlichen Distanz zwischen Staat und Bürger zu vertretbarem Aufwand ermöglicht hätten. Wenn nun aber mit dem Internet ein neues Verbreitungsmedium zur Verfügung steht, für das räumliche Distanzen keine Rolle mehr spielen und bei dem die Kosten für den Transport vernachlässigbar erscheinen[804], dann muß es mehr als wundern, wenn sich die daraus ergebenden Möglichkeiten nur zögerlich wahrgenommen werden bzw. durch eine weiter fortschreitende Kommerzialisierung eher mißbraucht werden.

Im übrigen erscheint es fraglich, der allgemeinen Akzeptanz und dem Grad der Inanspruchnahme einen derartig entscheidenen Wert beizumessen, wie es gelegentlich den Anschein hat. Der Wert und die Bedeutung von Rechten und Rechtsgütern resultiert auch im normalen Wirtschaftsleben nicht ausschließlich und vermutlich nicht einmal überwiegend aus deren Popularität, sondern ergibt sich aus einer Vielzahl von Faktoren. Darüber hinaus ist zu bedenken, daß die Möglichkeit, sich auf einfache Art und Weise Rechtstexte verschaffen zu können, nicht alleine die Bedeutung hat, einen konkret existierenden Bedarf der Bevölkerung an derartigen Informationen abzudecken. Sie dient vielmehr auch prinzipiell der Legitimation staatlichen Handelns und der Erfüllung verfassungsrechtlicher Aufträge. Aus diesem Grund erhalten entsprechende Informationssysteme ihren besonderen Wert schon durch ihre bloße Existenz und bedürfen nicht einer ständigen Rechtfertigung durch tatsächliche Akzeptanz, die alleine durch quantitative Maßstäben bestimmt wird. Die im Grundgesetz vorhandenen Rechte und Werte lassen sich eben nicht als eine Bestsellerliste auffassen, die losgelöst von Qualitäts- auf Quantitätskriterien abstellt.[805]

Schließlich ist auch darin zu erinnern, daß der Staat mit der Einrichtung derartiger Informationssysteme nicht nur den Interessen seiner Bürger und Rechtsadressaten Rechnung trägt, sondern diese auch als Instrument zur Verbesserung des Gesetzesvollzugs begreifen sollte.[806]

Es bleibt damit auf dieser allgemeinen Ebene festzuhalten, daß die vom Staat im Internet hergestellte Publizität von Rechtsnormen aus zahlreichen verfassungsrechtlichen und rechtspolitischen Erwägungen eine besonders wichtige staatliche Aufgabe darstellt. Ihr sollte entsprochen werden, auch wenn sich derartige staatliche Maßnahmen als rein freiwillige[807], d.h. rechtlich nicht zwingende Leistungen an den Bürger darstellen.

---

804 *Burkert*, Wieviel Information gebührt dem Bürger, S. 308; ähnlich auch *Berkemann*, JurPC Web-Dok. 188/1999, Abs. 68.

805 *Burkert*, Wieviel Information gebührt dem Bürger, S. 306.

806 Zum Zusammenhang zwischen Rechtskenntnis und effektivem Gesetzesvollzug vgl. nur *Wittling*, Die Publikation der Rechtsnormen, S. 22 ff; *Berkemann*, Ignorantia juris nocet, S. 88, 103 f.; *Uhlig*, Rechtsinformationssystem im Rechtsstaat, in: Steinmüller (Hrsg.), Informationsrecht und Informationspolitik, 25 (26); *Hill*, DÖV 1988, 666 (669).

807 Vgl. dazu auch die Einschätzung des Bundesjustizministeriums, dargestellt von *Harks*, Handelsblatt v. 25.7.01, S. R2.

Dritter Teil: Der Zugang zu den publizierten Informationen

§ 5 Rechtsform für das Informationsangebot

In der Momentaufnahme des schon heute vorhandenen Internetangebots wurde einerseits deutlich, daß es trotz fehlender eindeutiger Rechtspflicht insgesamt durchaus eine nicht geringe und offensichtlich immer weiter zunehmende Zahl von Informationsangeboten gibt, die den Bürgern die Möglichkeit bietet, sich mittels der angebotenen Gesetzestexte auf direkte Weise über das geltende Recht zu informieren. Auf der anderen Seite wurde deutlich, daß die vorhandenen Informationsdienste hinsichtlich ihres Umfangs und ihrer Zugangsbedingungen mitunter beträchtlich variieren. Feststellbar war schließlich auch, daß die Angebote in ganz unterschiedichen Organisationsformen realisiert sind: Sie werden teilweise nicht direkt von öffentlichen Stellen betrieben, sondern von auf den ersten Blick ganz gewöhnlichen Wirtschaftsunternehmen, die sich gerade dadurch, daß sie für ihre Angebote Entgelte verlangen, von privaten Unternehmern aus der Sicht ihrer Benutzer tatsächlich nicht weiter unterscheiden. Als Beispiel sei hierfür nur erwähnt die Juris GmbH mit der von ihr offerierten Bundesrechtsdatenbank. Ganz ähnlich verhält es sich mit der VD-BW Vorschriftendienst Baden-Württemberg GmbH, deren Online-Angebot das baden-württembergische Landesrecht umfaßt.[808] Demgegenüber werden einem die Angebote jedenfalls teilweise auch direkt von als solche eindeutig zu erkennenden öffentlich-rechtlichen Stellen unterbreitet, die allerdings überwiegend wieder mit privatrechtlichen Verlagen oder Computerunternehmen zusammen auftreten: So wird beispielsweise das Landesrechtsinformationssystem (= LARIS) Mecklenburg-Vorpommerns direkt vom dortigen Innenministerium verantwortet und mit der technischen Unterstützung einer GmbH und eines eingetragenen Vereins betrieben.[809] Schließlich gibt es ebenfalls Gesetzestextangebote, die komplett von öffentlichen Stellen im Internet bereitgestellt werden: Das Innenministerium Nordrhein-Westfalens beispielsweise tritt nach außen als alleiniger Anbieter und Ansprechpartner auf.[810]

I. Wahlfreiheit der Organisations- und Handlungsform

Dieser Befund der offensichtlich vielfältig ausgewählten Organisationsformen, derer sich die öffentliche Hand im Zusammenhang mit dem Betrieb ihrer Informationsangebote bedient, deckt sich mit der Wahlfreiheit, die ihr jedenfalls auf dem Gebiet der sog. Leistungsverwaltung zukommt: Ihr steht es nach ganz überwiegender Auffassung in Literatur und Rechtspre-

---

808 Im Unterschied zur juris GmbH, an der der Bund nicht nur als größter Gesellschafter beteiligt ist, sondern mit der er mehrere vertragliche Vereinbarungen über die Zusammenarbeit und Tätigkeit getroffen hat, scheint sich bei der VD-BW GmbH der Einfluß des Landes Baden-Württemberg auf die finanzielle Beteiligung zu beschränken. Immerhin geht aber deren Dokumentationstätigkeit nach eigener Auskunft auf einen Auftrag der Landesregierung an das Innenministerium aus dem Jahr 1992 zurück, nach dem ein eigenes elektronisches Informationssystem geschaffen werden sollte. Im Unterschied zur juris GmbH erfolgt die dortige Versorgung mit den notwendigen Rechtsdaten auch nicht direkt über das Land, obgleich das wohl möglich wäre, sondern über die Verlage der amtlichen Gesetzblätter, die allerdings wiederum herausgegeben werden vom Staatsministerium Baden-Württemberg.

809 Vgl. dazu http://www.mv-regierung.de/laris/pages/maininfo.htm.

810 Die technische Unterstützung leistet dabei das Landesamt für Datenverarbeitung, wie sich aus der Antwort des Innenministers auf eine Kleine Anfrage ergibt, vgl. LT-Drs. 13/463 vom 27.11.2000.

chung frei, sich einerseits zwischen öffentlich-rechtlicher und privatrechtlicher Organisationsform zu entscheiden und des weiteren bei Verwendung öffentlich-rechtlicher Organisationsformen die Rechtsverhältnisse wahlweise nach Maßgabe des öffentlichen oder privaten Rechts auszugestalten.[811] Auch die Rechtsprechung geht ganz überwiegend von der allgemeinen Zulässigkeit privatrechtlicher Tätigkeit der öffentlichen Rechtsträger aus, solange nicht umgekehrt etwas anderes vorgeschrieben ist bzw. die Tätigkeiten zwingend nur im Verhältnis von Über- und Unterordnung ausgeführt werden können.[812]

Da sämtliche in Rede stehende Informationsangebote im Internet gerade außerhalb der formalen Gesetzesverkündung erfolgen und somit in den Bereich der einfachen Daseinsvorsorge fallen, ist daher von der grundsätzlichen Statthaftigkeit privatrechtlicher Organisationsformen auszugehen. Dies erlaubt neben der Gründung von Eigengesellschaften des privaten Rechts auch die einfache Beteiligung an solchen.[813] Schließlich ist es ohne weiteres möglich, bei der Abwicklung derartiger Leistungsangebote auch weitere Privatrechtssubjekte als sog. „Erfüllungsgehilfen" bzw. „Verwaltungshelfer" einzubinden.[814]

II. Wahlfreiheit und anwendbares Recht

Diese Organisationswahlfreiheit und die im Bereich der Daseinsvorsorge vorhandene Möglichkeit der öffentlichen Hand, sich neben öffentlich-rechtlicher auch privatrechtlicher Handlungsformen zu bedienen, bedeutet aber nicht unweigerlich, daß die Verwaltung sich auf diese Weise von ihren öffentlich-rechtlichen Bindungen befreien kann. Soweit die öffentliche Hand öffentlich-rechtliche Aufgaben in Privatrechtsformen verfolgt, kommt ihr gerade keine vollständige Privatautonomie zu. Sie kann sich zwar grundsätzlich der Privatrechtsformen bedienen; die Regelungen des Privatrechts werden aber nach der Lehre des sog. Verwaltungsprivatrechts durch Bestimmungen des öffentlichen Rechts ergänzt, überlagert oder modifiziert.[815] Im Ergebnis unterliegt daher die öffentliche Hand auch im Rahmen von privatrechtlichen Handlungsformen weiterhin zahlreichen öffentlich-rechtlichen Bindungen.[816] Soweit sie der Veröffentlichung von Rechtsnormtexten im Internet entgegenstehen, werden sie im folgenden zu untersuchen sein.

---

811 *Wolff/Bachof/Stober*, Verwaltungsrecht I, § 23 Rn. 5 ff.; *Schmidt*, Öffentliches Wirtschaftsrecht, § 11, S. 492 ff., 509 ff; *derselbe*, ZGR 1996, 345 (349); *Maurer*, Allgemeines Verwaltungsrecht, § 3 Rn. 9; *Püttner*, Die öffentlichen Unternehmen, S. 76 ff.; *Fischedick*, Die Wahl der Benutzungsform kommunaler Einrichtungen, S. 11 ff.; *Gusy*, JA 1995, 166 (170); *derselbe*, Jura 1985, 578 (582 f.); *Koch*, Der rechtliche Status kommunaler Unternehmen in Privatrechtsform, S. 24 ff.; *Brohm*, NJW 1994, 281 (284)

812 BVerwGE 13, 47 (54); 35, 103 (105); 47, 247 (250); NJW 1993, 2695 (2697); NJW 1994, 1169 (1169); BGHZ 38, 49 (50); 61, 296 (299); 91, 84 (95 f.).

813 *Koch*, Der rechtliche Status kommunaler Unternehmen in Privatrechtsform, S. 34.

814 Vgl. dazu nur *Schoch*, DÖV 1993, 377 (378); *Koch*, Der rechtliche Status kommunaler Unternehmen in Privatrechtsform, S. 194 f.

815 BVerfGE 12, 205 (244); BVerwGE 35, 103 (106); DÖV 1990, 614 (615); NVwZ 1991, 59 (59); *Maurer*, Allgemeines Verwaltungsrecht, § 3 Rn. 9; *Wolff/Bachof/Stober*, Verwaltungsrecht I, § 23 Rn. 29; *Schmidt*, Öffentliches Wirtschaftsrecht, § 10 II, S. 493.

816 *Wolff/Bachof/Stober*, Verwaltungsrecht I, § 23 Rn. 29.

§ 6 Informationsangebot als wirtschaftliche und publizistische Betätigung

Eine Öffentlichkeitsarbeit des Staates, zu der auch das Angebot von Informationen über Rechtstexte zählt, ist zwar einerseits verfassungsrechtlich geboten[817] und aus diesem Grund zunächst auch grundsätzlich zulässig. Andererseits begibt sich die öffentliche Hand, wenn sie im Rahmen einer solchen Tätigkeit für die Verbreitung von öffentlich bedeutsamen Informationen sorgt, oftmals in einen bestehenden Wettbewerb privater Dritter, die mit der Vermittlung derartiger Informationen Geld verdienen. Dies gilt jedenfalls dann, wenn sich der Staat unter Umgehung der zahlreich vorhandenen privaten Informationsvermittler direkt und unmittelbar an die Bevölkerung richtet. Denn gerade die privaten Medien sind es, die ansonsten die Allgemeinheit mit Informationen über die Tätigkeit der Staatsorgane versorgen und damit gleichzeitig Geld verdienen. Ihre Tätigkeit könnte für die Bürger dann entbehrlich werden, wenn diese entsprechende Information sozusagen aus erster Hand direkt von der öffentlichen Hand erhalten.[818]

Dies gilt in besonderem Maße für Informationen über Gesetze und andere Rechtsnormen. Bislang erreichten derartige Informationen in hohem Maße den Bürger überhaupt nur durch die Vermittlung der privaten Medien, weil die insofern bisher bereits jedermann direkt zugänglichen staatlichen Informationsmöglichkeiten, wie beispielsweise die Gesetzblätter, von nur wenigen tatsächlich genutzt wurden. Es hat sich ein beachtliches Angebot an juristischen Fachinformationen privater Verlage auf dem Markt entwickelt, das angefangen von schlichten Gesetzessammlungen bis hin zu umfangreichen Kommentaren und Monographien eine breite Palette an rechtlichen Informationen beinhaltet. Gerade schon zur Beschaffung von schlichten Gesetzestexten bedienten sich bislang juristisch Sachkundige, aber letztlich die gesamte Bevölkerung dieses kommerziellen Angebots privater Unternehmer,[819] die mit diesem Verkauf der Ware „Gesetz" mitunter recht einträgliche Gewinne erzielten.[820] Allmählich entdecken diese privaten Verlage auch das Internet für ihre Zwecke: Es entwickelt sich ein stetig wachsendes kommerzielles Online-Angebot mit derartigen Informationen.[821]

Wenn nun aber die bislang eher unzulänglichen staatlichen Informationsquellen mit vergleichbaren Inhalten ergänzt werden durch wesentlich einfacher zugängliche staatliche Online-Angebote, liegt es nicht fern, daß die Bürger auf diese neuen Angebote tatsächlich verstärkt zurückgreifen, um ihren Informationsbedarf zu stillen. Als zwangsläufige Folge könnten die privaten Verlage Probleme dabei bekommen, ihre eigenen Publikationen in gleichem Maße weiterhin gewinnbringend abzusetzen. Die Aktivitäten der öffentlichen Hand könnten daher als unliebsame Konkurrenz empfunden und objektiv auch als solche zu werten sein. Dies gilt ganz besonders für vergleichbare Online-Angebote privater Verlage. Nicht von

---

817 Vgl. dazu nur BVerfGE 44, 125 (147).

818 Vgl. auch schon *Uhlig*, Rechtsinformationssystem im Rechtsstaat, in: Steinmüller (Hrsg.), Informationsrecht und Informationspolitik, 25 (41).

819 *Berkemann*, Ignorantia juris nocet, S. 102; *Konzelmann*, Methode landesrechtlicher Rechtsbereinigung; S. 106.

820 *Berkemann*, JurPC Web-Dok. 188/1999, Abs. 20.

821 So haben nur beispielsweise der Beck- und der Nomos-Verlag inzwischen mit der Online-Vermarktung von konsolidierten Gesetzestexten begonnen; inzwischen wird sogar der Inhalt der Gesetz- und Verordnungsblätter von privaten Unternehmern kostenpflichtig im Internet angeboten, vgl. dazu das Angebot der Makrolog GmbH unter http://bgbl.makrolog.de.

vornherein auszuschließen ist außerdem, daß ein staatliches Online-Angebot auch Auswirkungen auf den Absatz der klassischen auf Papier gedruckten Informationen hat. Aus Gründen der einfacheren Zugänglichkeit und geringerer Kosten entscheiden sich möglicherweise viele Interessenten für den Abruf der elektronischen Informationen, anstatt sich diese Informationen wie früher allein möglich – auf dem Buchmarkt zu beschaffen. Das Internet könnte insofern das Buch substituieren bzw. es zumindest in Einzelfällen als entbehrlich erscheinen lassen.

Aus diesen Überlegungen erscheint es notwendig, die Zulässigkeit und die Grenzen einer insofern eindeutig auch wirtschaftlichen Betätigung der öffentlichen Hand zu untersuchen. In diesem Zusammenhang ist es dabei grundsätzlich nicht entscheidend, ob die öffentliche Hand sich mit einem derartigen Informationsangebot an der wirtschaftlichen Wertschöpfung tatsächlich beteiligt, d.h. die Ware „Gesetze" entgeltpflichtig anbietet, anstatt die Rechtstexte kostenfrei bereitzustellen. In jedem Fall trifft ein derartiges Engagement auf konkurrierende Angebote privater Unternehmer. Mag der Konkurrenzdruck bei hohen Entgelten für die Privatwirtschaft weniger stark und bei gänzlich kostenlosen Angeboten vielleicht sogar unerträglich sein, so ist dies nur eine Frage des entsprechenden Grades. Eine wie auch immer gestaltete Preisgestaltung für die Information über Rechtsnormen hebt aber die grundsätzlich bestehende Konkurrenzsituation nicht auf. Dies gilt letztlich nicht nur für die insofern mit der privaten Verlagstätigkeit vergleichbare unverbindliche Informationstätigkeit, sondern trifft prinzipiell auch auf eine hypothetisch über das Internet erfolgende formale Gesetzesverkündung zu: Je effektiver der Staat den Inhalt der Gesetze in welcher Form auch immer dem einzenen nahe bringt, umso weniger bedarf dieser zusätzlicher Information durch private Verlage.

I. Verfassungsrechtliche Grenzen einer wirtschaftlichen und publizistischen Betätigung

1. Allgemeines Subsidiaritätsprinzip

Ausgehend von der Feststellung, daß bis auf die formalen Verkündungsblätter der Staat selbst bislang insgesamt doch eher wenig Informationen über den Inhalt seiner von ihm geschaffenen Gesetze herausgegeben hat und sich faktisch die gesamte Öffentlichkeit bisher über die privaten Medien unterrichtet hat – sei es nun die allgemeine Berichterstattung in Rundfunk und Fernsehen oder aber juristische Fachliteratur – könnte ein generelles Subsidiaritätsprinzip verlangen, daß der Staat sich einer eigenen publizistischen und insofern ja auch wirtschaftlichen Tätigkeit enthält und sich möglicherweise statt dessen darauf beschränkt, diese bereits bestehenden privaten Informationswege zu fördern. Ein derartiges Rechtsprinzip könnte den Vorrang der Privatwirtschaft gegenüber der Betätigung der öffentlichen Hand begründen.

Ein dahingehendes wirtschaftliches Subsidiaritätsprinzip ist aber der Verfassung nach weitgehender Übereinstimmung von Literatur und Rechtsprechung gerade nicht zu entnehmen.[822] Dagegen spricht schon die Erwähnung von Unternehmen und Betrieben des Bundes in Art.

---

[822] BVerwGE 23, 304 (306); 39, 329 (336 f.); 71, 183 (193); *Ehlers*, JZ 1990, 1089 (1096); *Reidt*, in: Jarass, Wirtschaftsverwaltungsrecht mit Wirtschaftsverfassungsrecht, § 12 Rn. 30; a.A. allerdings *Dürig*, in: MD, Art. 2 Abs. 1 Rn. 52.

110 Abs. 1 und Art. 135 Abs. 6 GG, die damit eine zur privaten Wirtschaft parallel erfolgende eigene Betätigung des Staates voraussetzen.[823] Die ausdrückliche Aufnahme eines derartigen Subsidiaritätsprinzips in das GG wurde zwar im Verfassungskonvent von Herrenchiemsee verlangt, konnte aber nicht durchgesetzt werden.[824] Vielmehr gibt das GG gerade kein wirtschaftspolitisches Ordnungsmodell vor und ist in dieser Hinsicht neutral.[825] Schließlich erlaubt Art. 15 GG nach wie vor eine Sozialisierung und damit den vollständigen Übergang bestimmter Güter in die Regie des Staates[826], was eine totale Umkehrung eines etwaigen Subsidiaritätsprinzips bedeuten würde.

2. Verbot rein erwerbswirtschaftlicher Tätigkeit

Nicht selten wird außerdem die Meinung vertreten, eine rein erwerbswirtschaftliche, also ausschließlich auf Gewinn ausgerichtete Betätigung sei verfassungsrechtlich unzulässig.[827] Begründet wird dies in erster Linie damit, daß das GG bis auf einige wenige Ausnahmen die erwerbswirtschaftliche Profiterzielung nicht vorsehe, sondern im Gegenteil sogar hinreichend deutlich mache, daß staatliche Einnahmen durch Steuern zu erfolgen hätten.[828] Außerdem verfolge derartiges Handeln kein öffentliches Interesse und verstoße damit gegen die bestehende Gemeinwohlbindung, die für das gesamte staatliche Handeln gelte.[829] Unabhängig von gegen eine derartige Unzulässigkeit sprechenden Gründen[830] ist auch nach dieser strengen Auffassung nur das wirtschaftliche Handeln unzulässig, das ausschließlich oder wenigstens überwiegend Gewinnerzielungsabsichten verfolgt. Steht dagegen ein öffentlicher Zweck im Vordergrund und erfolgt ein finanzieller Überschuß nur als gewünschter Nebeneffekt oder um anderenfalls brach liegende Wirtschaftspotentiale auszunutzen, bestehen auch nach dieser Auffassung keine grundsätzlichen Bedenken.[831]

Durch eine Veröffentlichung von Rechtsnormen im Internet wird der Bevölkerung die Möglichkeit eingeräumt, sich über das geltende Recht zu informieren, dessen Beachtung der Staat von ihr verlangt. Die staatliche Aufklärung über den Inhalt von Gesetzen und anderen Rechtsnormen ist aus einigen verfassungsrechtlichen Gründen grundsätzlich unbedingt angezeigt, wenngleich die dazu notwendigen Formen nicht immer vorgeschrieben sind.

Es kann unterstellt werden, daß die öffentlich-rechtlichen Betreiber derartiger entgeltpflichtiger Informationsdienste gerade oder jedenfalls auch deshalb tätig werden, um genau diesen öffentlich-rechtlichen Forderungen nachzukommen, und nicht, weil sich damit auf leichte Art und Weise Geld verdienen läßt. Es wird im Gegenteil oftmals als Argument gegen die Ein-

---

[823] *Reidt*, in: Jarass, Wirtschaftsverwaltungsrecht mit Wirtschaftsverfassungsrecht, § 12 Rn. 30; *Berg*, GewArch 1990, 225 (227).

[824] *Herzog*, Der Staat 1963, 399 (412).

[825] BVerfGE 4, 7 (17 f.); 50, 290 (337 f.); *Ehlers*, JZ 1990, 1089 (1096); *Reidt*, in: Jarass, Wirtschaftsverwaltungsrecht mit Wirtschaftsverfassungsrecht, § 12 Rn. 30.

[826] *Jarass*, in: Jarass/Pieroth, GG, Art. 15 Rn. 2.

[827] *Ehlers*, JZ 1990, 1089 (1091); *derselbe*, Verwaltung in Privatrechtsform, S. 92 f.; *Berg*, GewArch 1990, 225 (228 f.); *Burmeister*, in: Festgabe zum 70. Geburtstag von Unruh, 623 (649).

[828] *Ehlers*, Verwaltung in Privatrechtsform, S. 93; *Dürig*, in: MD, Art. 2 Abs. 1 Rn. 52; *Stober*, Eigenwirtschaftliche Betätigung der öffentlichen Hand, BB 1989, 716 (719 f.).

[829] *Berg*, GewArch 1990, 225 (228); *Dürig*, in: MD, Art. 2 Abs. 1 Rn. 52.

[830] Vgl. dazu nur *Schliesky*, Öffentliches Wettbewerbsrecht, S. 164 ff. u. 181 ff.

[831] *Ehlers*, Verwaltung in Privatrechtsform, S. 93; *Dürig*, in: MD, Art. 2 Abs. 1 Rn. 52.

richtung derartiger Online-Informationsdienste angeführt, daß sie hohe Kosten erzeugten.[832] Selbst wenn sich vielleicht trotz der insoweit beklagten hohen finanziellen Aufwendungen gelegentlich sogar ein Gewinn erzielen läßt oder erzielen ließe, spricht dies auch nach dieser insoweit restriktiven Auffassung nicht gegen die grundsätzliche Zulässigkeit derartiger Angebote.

3. Staatsunabhängigkeit der Presse und sonstiger Medien

Aufgrund der Einwirkungsmöglichkeiten auf die öffentliche Meinung, die eine staatliche Öffentlichkeitsarbeit mit publizistischen Elementen grundsätzlich haben kann, ist ihre Zulässigkeit nicht nur im Hinblick auf das Demokratieprinzip[833], sondern auch im Zusammenhang mit der institutionellen Bedeutung der Medienfreiheiten des Art. 5 Abs. 1 GG problematisch. Einer eigenen publizistischen Betätigung des Staates könnten diese entgegenstehen.

Die Pressefreiheit, ebenso wie die sonstigen Grundrechte des Art. 5 Abs. 1 S. 2 GG gewährleisten einmal das subjektiv öffentliche Recht auf ungehinderte Betätigung im Presse-, Rundfunk- und Filmbereich. Damit wird den von diesen Grundrechten geschützten Personen ein Abwehrrecht gegen unzulässige staatliche Eingriffe in diese Schutzbereiche zugewiesen. Daneben enthalten diese Grundrechtsbestimmungen aber auch einen objektiv-rechtlichen Gehalt. Dieser hat eine freiheitsverstärkende Funktion[834] und ergänzt damit den subjektiv-rechtlichen Abwehrgehalt. Insgesamt ist dadurch die Freiheit der öffentlichen Meinungsbildung in einem umfassenden Sinn geschützt.[835]

Art. 5 Abs. 1 S. 2 GG ermöglicht seinen Grundrechtsträgern, sich allumfassend publizistisch zu entfalten, und garantiert ihnen damit zugleich, sich gegenüber anderen durch freie geistige Leistungskonkurrenz am Meinungsmarkt durchzusetzen.[836] Dies soll in erster Linie ohne staatliche Einwirkung geschiehen. Dennoch sind staatliche Maßnahmen nicht von vornherein unzulässig. Es existiert, wie die Schranke des Art. 5 Abs. 2 GG deutlich zeigt, kein absolutes Interventionsverbot. Möglich sind danach Grundrechtseingriffe durch allgemeine Gesetze. Damit wird zugleich aber deutlich, daß der Staat sich inhaltlich absolut neutral zu verhalten und sich grundsätzlich jeder steuernden Einflußnahme auf den Inhalt der massenmedialen Kommunikation zu enthalten hat.[837] Des weiteren folgt schon aus dem Wortlaut des Art. 5 Abs. 1 S. 2 GG, daß der Tatbestand der Presse, aber auch des Rundfunks und Films nicht schon durch wertende Qualifikationen verkürzt werden darf.[838]

Nach der Rechtsprechung des BVerfG ist eine freie, nicht von der öffentlichen Gewalt gelenkte und keiner Zensur unterworfene Presse ein Wesenselement des freiheitlichen Staates.[839] Für den Bereich des Rundfunks gilt ebenso, daß die Staatsfreiheit der Berichterstattung ein

---

[832] Vgl. dazu die Antwort des Innenministers NW auf eine Kleine Anfrage, LT-Drs. 13/463 und das Grußwort der Bundesjustizministerin Däubler-Gmelin zum 8. EDV-Gerichtstag, http://edvgt.jura.uni-sb.de/Tagung99/ak99/Grußwort.htm sowie die Bedenken von *Stöhr*, NJW 1999, 1440 (1441).

[833] Vgl. dazu oben § 4 I 1. b) bb), S. 93 ff. u. § 4 II 1. b), S. 124 f.

[834] *Degenhart*, in: Bonner Kommentar, Art. 5 I, II Rn. 61.

[835] BVerfGE 57, 295 (319); 59, 231 (257 f.); 73, 118 (152); 74, 297 (323).

[836] *Klein*, Konkurrenz auf dem Markt der geistigen Freiheiten, S. 266.

[837] BVerfGE 35, 202 (222); 50, 234 (243); 73, 118 (182); DVBl. 1989, 869 (870).

[838] Dies betonen BVerfGE 34, 269 (283); 66, 116 (134).

[839] BVerfGE 50, 234 (239 f.); 52, 283 (296); 66, 116 (133).

Wesenselement der Rundfunkfreiheit ist.[840] Die Staatsunabhängigkeit der Presse wird außerdem erkennbar dadurch statuiert, daß das GG durch Art. 5 Abs. 1 S. 2 die publizistische Betätigung grundsätzlich der privaten Hand überantwortet und sie vor reglementierenden Eingriffen schützt.[841] Erkennbar wird die Staatsferne der Presse des weiteren auch durch das Zensurverbot des Art. 5 Abs. 1 S. 3 GG. Durch dieses Verbot präventiver Staatskontrolle wird die Unabhängigkeit der Medien noch einmal besonders betont.

Art. 5 Abs. 1 S. 2 GG garantiert damit die grundsätzliche Staatsunabhängigkeit der Presse.[842] Es enthält damit gleichzeitig auch für den Staat ein Eigenbetätigungsverbot. Er darf die der Presse zufallenden Aufgaben nicht selbst übernehmen.[843] Gleiches gilt für den Bereich des Rundfunks aufgrund der Rundfunkfreiheit des Art. 5 Abs. 1 S. 2 GG.[844]

Damit steht zunächst eine eigene staatliche Publikation unabhängig von den verbreiteten Informationen und dem benutzten Medium grundsätzlich im Widerspruch.

Gerade bei Berücksichtigung der Aufgabe der freien Presse und des Rundfunks, die öffentliche Meinung mit zu formen und sie widerzuspiegeln[845] wird aber erkennbar, woran das Eigenbetätigungsverbot zu messen ist. Die Beeinflussung und Lenkungswirkung der öffentlichen Meinung in eine bestimme Richtung ist dabei von ganz entscheidender Bedeutung.[846] Ein weiteres Kriterium, das ebenfalls in diesem Zusammenhang relevant ist, ist das Maß der Konkurrenz zu den privaten Medien.[847] Solange sich der Einfluß der vom Staat unabhängigen privaten Medien bei der Bildung der öffentlichen Meinung trotz der staatlichen Aktivitäten nur unbedeutend ändert und damit die Gesamterscheinung der freien Presse unangetastet bleibt, erscheint eine staatliche Betätigung aus diesem Blickwinkel unbedenklich.[848]

a) Formale Gesetzesverkündung

Aus diesen Erwägungen ist es nachvollziehbar, daß die amtlichen Gesetz- und Verordnungsblätter in ihrer Funktion der formalen Gesetzesverkündung ohne weiteres als mit der institutionellen Garantie der freien Presse vereinbar angesehen werden.[849] Zu begründen ist dies ei-

---

840 BVerfGE 83, 238 (322); 88, 25 (36); *Jarass*, in: Jarass/Pieroth, GG, Art. 5 Rn. 42.

841 *Klein*, Konkurrenz auf dem Markt der geistigen Freiheiten, S. 269.

842 *Degenhart*, in: Bonner Kommentar, Art. 5 I, II Rn. 556; *Klein*, Konkurrenz auf dem Markt der geistigen Freiheiten, S. 269; *Jarass*, NJW 1981, 193 (193).

843 BVerfGE 20, 162 (175); *Jarass*, NJW 1981, 193 (193).

844 BVerfGE 83, 238 (322); 88, 25 (36); *Bethge*, in: Sachs (Hrsg.), GG, Art. 5 Rn. 96; *Jarass*, in: Jarass/Pieroth, GG, Art. 5 Rn. 42.

845 Vgl. dazu BVerfGE 20, 162 (174 f.);52, 283 (296); *Klein*, Konkurrenz auf dem Markt der geistigen Freiheiten, S. 141 f. für die Presse und BVerfGE 57, 295 (319); 59, 231 (257 f.); 74, 297 (323) für den Rundfunk.

846 *Kremmer*, Die rechtliche Problematik des kommunalen Pressewesens, S. 72; *Ricker*, AfP 1981, 320 (322); *Schubert*, Die verfassungsrechtliche Vereinbarkeit des kommunalen Amtsblattes mit der Lokalpresse, S. 73; a. A. allerdings *Jarass*, Die Freiheit der Massenmedien, S. 76 Fn. 8, der die sich aus diesen Überlegungen ergebende notwendige Differenzierung für kaum durchführbar und im übrigen sogar für unzulässig hält.

847 Dazu *Ricker*, AfP 1981, 320 (322).

848 *Ricker*, AfP 1981, 320 (322); BVerfGE 12, 205 (260).

849 *Jarass*, Die Freiheit der Massenmedien, S. 75, 271; *Klein*, Konkurrenz auf dem Markt der geistigen Freiheiten, S. 281; *Ricker*, AfP 1981, 320 (325); *Degenhart*, in: Bonner Kommentar, Art. 5 I, II Rn. 556; *Plenge*, Die Zulässigkeit staatlicher Zeitungen und Zeitschriften, S. 106; *Schubert*, Die verfassungsrechtliche Vereinbarkeit des kommunalen Amtsblattes mit der Lokalpresse, S. 68.

nerseits mit der Wahrnehmung hoheitlicher Funktion, die darin liegt, daß es dem Staat möglich sein muß, als Normsetzer die Adressaten seiner Gesetze und sonstigen Normen direkt anzusprechen, um so ihre Rechtsverbindlichkeit herbeizuführen.[850] Zum anderen ist zu konstatieren, daß mit dieser absolut sachlichen und meinungsneutralen Information die öffentliche Meinung keinesfalls in eine bestimmte Richtung beeinflußt werden kann. Die Tätigkeit des Staates als Gesetz- und Normgeber ist zwar selbstverständlich entscheidend für die öffentliche Meinung, aber mehr als Diskussionsgegenstand und nicht als Instrument zu ihrer Beeinflussung. Jedenfalls steht es außer Frage, daß eine schlichte Publikation der Ergebnisse dieser Gesetzgebungstätigkeit ohne weitere Anmerkungen oder Kommentare nicht geeignet ist, die öffentliche Meinung in einer bestimmten Art und Weise zu beeinflussen.

Vielmehr erfordert das Funktionieren der öffentlichen Meinung, daß die Bürger über die Tätigkeit der Staatsorgane und gerade über die des Gesetzgebers umfassend informiert sind. Aus diesem Blickwinkel gesehen könnte sogar umgekehrt die wirtschaftliche Ausrichtung der privaten Medien, die dazu führt, daß eine Auslese nach bestimmten Kriterien stattfindet, dazu führen, daß bei den Bürgern Informationsdefizite entstehen.[851] Aus diesen Erwägungen ist daher auch die Veröffentlichung der Gesetz- und Verordnungsblätter im Internet, die parallel zu der allein verbindlichen Veröffentlichung der gedruckten Ausgaben erfolgt, in dieser Hinsicht unproblematisch.

Kein stichhaltiges Argument dürfte es dagegen sein, daß es für die Veröffentlichung der Gesetz- und Verordnungsblätter an einem Wettbewerbsverhältnis zu privaten Medien fehlt und die institutionelle Freiheit mangels vorhandener privater Verlage mit einem vergleichbarem Angebot gar nicht berührt ist.[852] Diese Situation dürfte ihre Ursache vielmehr umgekehrt darin haben, daß aufgrund der immer schon praktizierten Publikationstätigkeit der öffentlichen Hand, die die auf Papier erscheinenden Gesetz- und Verordnungsblätter zu doch maßvollen Preisen vertreibt und neuerdings deren Inhalte über das Internet teilweise sogar kostenlos anbietet, eine privatwirtschaftliche Betätigung, die dazu mit inhaltsgleichen Produkten in Konkurrenz träte, wirtschaftlich nicht attraktiv genug, wenn nicht sogar unvernünftig wäre.

b) Konsolidierte Textsammlungen

Ob nun aber nicht nur Gesetzestexte in der Form, wie sie konkret Gegenstand des Gesetzgebungsverfahrens sind, oder aber in einer bereinigten Form als konsolidierte Textsammlung präsentiert werden, bedeutet nur eine Veränderung der Darstellungsform. In beiden Varianten wird jeweils das geltende Recht, so wie es vom Gesetzgeber beschlossen worden ist, veröffentlicht. In bezug auf konsolidierte Textsammlungen besteht der wesentliche Unterschied allerdings darin, daß der Bürger, jedenfalls in den meisten Fällen, einfacher und schneller erkennt, welche Gesetze, Verordnungen und Satzungen tatsächlich bestehen. Daß derartige Textsammlungen im Gegensatz zu den formalen Gesetz- und Verordnungsblättern rechtlich unverbindlich sind, macht dabei keinen Unterschied. Sie enthalten dennoch ebenso absolut sachliche und jedenfalls politisch völlig meinungsneutrale Informationen. Es ist nicht erkenn-

---

850 *Degenhart*, in: Bonner Kommentar, Art. 5 I, II Rn. 556; *Klein*, Konkurrenz auf dem Markt der geistigen Freiheiten, S. 281 spricht von „elementaren Existenzbedürfnissen“.

851 *Schürmann*, Öffentlichkeitsarbeit der Bundesregierung, S. 317; *Klein*, Konkurrenz auf dem Markt der geistigen Freiheiten, S. 282 f.

852 So aber *Klein*, Konkurrenz auf dem Markt der geistigen Freiheiten, S. 284.

bar, wie auf diese Weise ein bestimmender Einfluß auf den Kommunikationsprozeß der öffentlichen Meinung genommen werden könnte. Derartige Textsammlungen, die neben die gerade für Laien nur schwer lesbaren Gesetz- und Verordnungsblätter treten, bewirken im Gegenteil, daß dieser Prozeß durch eine breitere Informationsgrundlage aufgeklärter und damit sachlicher ablaufen kann.[853]

Im übrigen ist die öffentliche Meinung kein Gebilde, das sich streng von „unten" nach „oben" im Sinne eines einseitigen Prozesses entwickelt. Es ist vielmehr als „Rückkoppelungsverhältnis" mit wechselseitiger Beeinflussung zu verstehen.[854] Damit muß es auch der öffentlichen Hand möglich sein, durch eigene Impulse an der Bildung der öffentlichen Meinung teilzuhaben. Ihr dies einerseits grundsätzlich zuzugestehen, andererseits aber zu verwehren, dies mit eigenen publizistischen Mitteln unmittelbar unter Umgehung der privaten Medien zu tun, hieße, diese Teilhabefunktion erheblich einzuschränken. Denn gerade durch die Auslese, die die Medien vornehmen, ist die Gefahr einer staatlichen Isolation jedenfalls nicht grundsätzlich auszuschließen.[855] Ohne eine staatliche Information als Diskussionsgrundlage ist damit auch eine staatsfreie Kommunikation nur schwer möglich.[856]

Damit stellt Art. 5 Abs. 1 S. 2 GG in seiner Funktion als institutionelle Garantie der Staatsfreiheit der Medien kein staatliches Betätigungsverbot für Rechtsinformationen dar, die entweder Gesetzestexte in ihrer verkündeten oder aber in einer konsolidierten Fassung enthalten. Dies gilt sowohl für den Bereich der Presse als auch des Rundfunks, so daß dieses Verbot auch publizistischen Aktivitäten im Internet unabhängig von ihrer Einstufung als Presse oder Rundfunk nicht entgegensteht.

4. Grundrechtskollisionen

Rechtliche Grenzen könnten sich außerdem auch aus den Grundrechten privater Dritter ergeben. Der Staat muß die über die Schutzbereiche der Grundrechte geschützten Freiheitsbereiche der Bürger achten und sein Verhalten danach ausrichten. Das Informationsangebot als wirtschaftliche Betätigung könnte aber einen Eingriff in die Grundrechte Dritter darstellen und daher ohne ausreichende Rechtfertigung eine Grundrechtsverletzung darstellen. Voraussetzung dafür ist allerdings, daß für die Publikationstätigkeit der öffentlichen Hand eine Grundrechtsbindung besteht. In Betracht kommt eine solche Bindung an die Grundrechte unproblematischerweise dann, wenn die Informationstätigkeit in öffentlich-rechtlicher Organisationsform und in einer Handlungsform des öffentlichen Rechts vorgenommen wird. In dieser Konstellation sind die Grundrechte gem. Art. 1 Abs. 3 GG offensichtlich verpflichtend.

Grundsätzlich nicht anders ist es aber auch dann, wenn der Staat in privatrechtlicher Form handelt. Dies kann er einmal dann, wenn er sich trotz öffentlich-rechtlicher Organisationsform im Rahmen seines ihm zustehendes Wahlrechts zur Erfüllung öffentlicher Aufgaben für ein privatrechtliches Handeln entscheidet. Er hat andererseits zum privatrechtlichen Handeln keine Alternative, soweit er die Informationsangebote im Rahmen von privatrechtlichen Organi-

---

853 Vgl. dazu oben § 4 I 1. b) bb), S. 93.

854 *Schmidt Glaeser*, in: Isensee/Kirchhhof (Hrsg.), HdbStR II, § 31 Rn. 32; *Stern*, Staatsrecht I, § 18 II 5, S. 617.

855 *Schürmann*, Öffentlichkeitsarbeit der Bundesregierung, S. 317; *Klein*, Konkurrenz auf dem Markt der geistigen Freiheiten, S. 282 f., vgl. dazu auch oben § 4 II 1. a), S. 121 f.

856 So auch *Rotta*, Narichtensperre und Recht auf Information, S. 90 f.

sationsformen abwickelt, die ihm kein öffentlich-rechtliches Handeln ermöglichen. Für ein privatrechtliches Handeln zur Wahrnehmung öffentlicher Aufgaben ist heute die Grundrechtsbindung allgemein anerkannt.[857] Sie ergibt sich aus Art. 1 Abs. 3 GG, der die staatliche Gewalt in einem umfassenden Sinne an die Grundrechte bindet. Dem soll sich der Staat bei der Erfüllung öffentlicher Aufgaben auch nicht dadurch entziehen können, daß er sein Handeln auf privatrechtlicher Ebene vollzieht.[858] Anders ist es dagegen beim sog. fiskalischen Handeln, für das mitunter eine allgemeine Grundrechtsbindung verneint wird.[859] Informationsangebote, die – wenngleich auch entgeltpflichtig – über Rechtsnormen informieren, verfolgen aber grundsätzlich überwiegend bzw. wenigstens auch öffentliche Zwecke und fallen daher nicht unter das sog. fiskalische Handeln, das bei der Verfolgung reiner Erwerbsinteressen vorläge. Es mögen in der Praxis die Grenzen zwar oftmals fließend sein.[860] Gleichwohl dürfte im Fall der Gesetzestextveröffentlichung oder ähnlicher Informationsangebote im wesentlichen die Verfolgung öffentlicher, nämlich aufklärerischer Zwecke solange im Vordergrund stehen, wie nicht offensichtlich erhebliche Gewinne mit dieser Tätigkeit zu erzielen sind.

Folglich ist die öffentliche Hand unabhängig davon, in welcher Handlungsform sie ihre etwaigen Informationsangebote im Internet oder auch anderswo präsentiert und abwickelt, an die Grundrechte gebunden. Soweit sie mit Hilfe privatrechtlicher Eigengesellschaften auftritt, kommt neben einer mittelbaren Einwirkungspflicht deren direkte, sich unmittelbar auf diese Unternehmen erstreckende Grundrechtsbindung in Betracht; bei sog. gemischtwirtschaftlichen Gesellschaften, an denen auch Private beteiligt sind, wird ausschließlich der öffentliche Anteilseigner dahingehend verpflichtet, seine Beteiligungsrechte und Einflußmöglichkeiten grundrechtsgemäß auszuüben.[861]

a) Wettbewerbsfreiheit, Art. 12 Abs. 1 GG

Als kollidierendes Grundrecht kommt zunächst die Wettbewerbsfreiheit in Betracht, die dadurch verletzt sein könnte, daß sich der Staat mit der Veröffentlichung von Rechtstexten in einem Bereich bewegt, in dem sich bislang private Unternehmer mit vergleichbarem Informationsangebot erfolgreich unternehmerisch betätigen und diese nunmehr durch konkurrierende Angebote in ihren wirtschaftlichen Erfolgen behindern.

---

857 *Jarass*, in: Jarass/Pieroth, GG, Art. 1 Rn. 23; *Pieroth/Schlink*, Grundrechte, Rn. 171; BGHZ 52, 325 (327 ff.); 91, 84 (98); *Maurer*, Allgemeines Verwaltungsrecht, § 3 Rn. 9; *Wolff/Bachof/Stober*, Verwaltungsrecht I, § 23 Rn. 32; *Dreier*, in: Dreier (Hrsg.), GG, Art. 1 III Rn. 48; *Brohm*, NJW 1994, 281 (284).

858 *Wolff/Bachof/Stober*, Verwaltungsrecht I, § 23 Rn. 32; *Brohm*, NJW 1994, 281 (284); *Dreier*, in: Dreier (Hrsg.), GG, Art. 1 III Rn. 51.

859 *Püttner*, Die öffentlichen Unternehmen, S. 93; *Klein*, Die Teilnahme des Staates am wirtschaftlichen Wettbewerb, S. 165-176; BGHZ 36, 91 (95 ff.); 97, 312 (316).

860 *Reidt*, in: Jarass, Wirtschaftsverwaltungsrecht mit Wirtschaftsverfassungsrecht, § 12 Rn. 7; *Berg*, GewArch 1990, 225 (225).

861 *Dreier*, in: Dreier (Hrsg.), GG, Art. 1 III Rn. 52; *Höfling*, in: Sachs (Hrsg.), GG, Art. 1 Rn. 96; *Stern*, Staatsrecht, Band III/1, S. 1421 f.; *Ehlers*, in: Erichsen (Hrsg.), Allgemeines Verwaltungsrecht, § 2 Rn. 82 f.

aa) Schutzbereich

Art. 12 Abs. 1 S. 1 GG schützt die Berufsfreiheit. Entgegen seinem Wortlaut schützt das Grundrecht als einheitliches Freiheitsrecht sowohl die Berufswahl als auch die Berufsausübung.[862] Es sichert jedem einzelnen die notwendige Freiheit, um sich im Wirtschafts- und Sozialsystem eine autonome Existenz zu sichern und sich seinen persönlichen gesellschaftlichen Status zu erarbeiten.[863] Zum Schutzgut dieses Grundrechts gehört auch die Erwerbszwecken dienende freie unternehmerische Betätigung[864] Diese ist umfassend geschützt. Zum Schutzbereich der Wettbewerbsfreiheit gehört daher nicht nur die Möglichkeit, überhaupt am Markt teilzunehmen, sondern darüber hinaus auch die konkrete Teilnahme am Wettbewerb als Möglichkeit der wirtschaftlichen Betätigung. Im Ergebnis genießen deshalb auch Erwerbschancen Schutz.[865] Die Wettbewerbsfreiheit schützt damit umfassend das Verhalten des Unternehmers im Wettbewerb als Bestandteil seiner Berufsausübungsfreiheit.[866]

Diese Betätigungsmöglichkeiten können grundsätzlich jedenfalls de facto beeinträchtigt werden, wenn der Staat auf dem gleichen Markt als Konkurrent auftritt. In diesem Fall besteht die Möglichkeit, daß die Erwerbsmöglichkeiten der privaten Unternehmer reduziert werden, weil die staatliche konkurrierende Betätigung Absatzströme umlenkt. Ausgehend von diesen nachteiligen Auswirkungen scheint daher der Schutzbereich der Wettbewerbsfreiheit offensichtlich berührt zu sein.

Diese beeinträchtigende Wirkung resultiert allerdings nicht unmittelbar aus der staatlichen Betätigung. Vielmehr ist der Unternehmer trotz der staatlichen Konkurrenz weiterhin völlig frei, seine Produkte auf dem Markt anzubieten. Nachteile entstehen ihm statt dessen erst durch die Reaktion des insoweit autonom reagierenden Marktes, also durch die Abwanderung der Kunden zu den staatlichen Angeboten. Eine Beeinträchtigung der Wettbewerbsfreiheit im Sinne eines klassischen Grundrechtseingriffs durch eine konkurrierende staatliche Betätigung ist daher auf den ersten Blick auszuschließen. Die Abwehrfunktion der Grundrechte beschränkt sich allerdings nicht auf den Schutz vor solchen direkten Eingriffen. Vielmehr kommen auch lediglich faktisch-mittelbare Beeinträchtigungen als Grundrechtseingriff in Betracht. Der Grundrechtsschutz wird nach diesem inzwischen völlig unstreitigen Grundrechtsverständnis erweitert, um so auch neue Handlungsformen zu erfassen, mit denen der Staat dem Bürger entgegentritt.[867] Das allerdings macht eine besonders exakte Bestimmung des Schutzbereiches erforderlich, weil das klassische Eingriffsabwehrkonzept durch seinen engen Eingriffsbegriff verhinderte, daß es zu einem ausufernden Grundrechtsschutz kam, weshalb die Bestimmung des Schutzbereiches relativ großzügig erfolgen konnte.[868] Bei einer Erweite-

---

862 BVerfGE 7, 377 (397 ff.), st. Rspr.; *Jarass*, in: Jarass/Pieroth, GG, Art. 12 Rn. 1.

863 BVerfGE 7, 377 (397).

864 BVerfGE 46, 120 (137); BVerwGE 71, 183 (189); 87, 37 (39); *Hoffmann*, BB 1995, 53 (53); *Philipp*, Staatliche Verbraucherinformation im Umwelt- und Gesundheitsrecht, S. 132.

865 *Schliesky*, Öffentliches Wettbewerbsrecht, S. 199; *Di Fabio*, JZ 1993, 689 (694); *Schmittat*, ZHR 148 (1984), 428 (449).

866 BVerfGE 32, 311 (317); 46, 120 (137 f.); BVerwGE 71, 183 (189); NJW 1991, 1766 (1767); *Pieroth/Schlink*, Grundrechte, Rn. 814; teilweise wird die Wettbewerbsfreiheit allerdings nicht in Art. 12, sondern in Art. 2 Abs. 1 GG verortet, z.B. von BVerwGE 17, 306 (309); 30, 191 (198); *Kunig*, in: von Münch/Kunig (Hrsg.), GG-Kommentar, Art. 2 Rn. 29.

867 *Pieroth/Schlink*, Grundrechte, Rn. 239.

868 *Albers*, DVBl, 1996, 233 (237).

rung des grundrechtlichen Abwehranspruchs auch auf lediglich mittelbare Eingriffe könnte ohne genaue Festlegung des geschützten Freiheitsbereichs ansonsten - ohne den Anforderungen an einen Eingriffstatbestand voraus greifen zu wollen - die Gefahr drohen, daß anderenfalls beinahe jede staatliche Maßnahme in irgendeiner Hinsicht nahezu jedes Grundrecht verletzen könnte.[869]

bb) Konkurrenz als immanentes Prinzip der Wettbewerbsfreiheit

Somit stellt sich die Frage, ob die Wettbewerbsfreiheit überhaupt vor neu hinzutretender Konkurrenz schützt.

Soweit dies private Konkurrenz betrifft, ist offensichtlich, daß sich diese ihrerseits wiederum auf Art. 12 GG berufen kann. Die Wettbewerbsfreiheit schützt neue Konkurrenten ebenso wie alteingesessene Unternehmer bei ihrer Berufsausübung. Daraus folgt zwangsläufig, daß Art. 12 GG keinen Schutz vor neuer privater Kokurrenz bieten kann. Im Gegenteil ist gerade von der Wettbewerbsfreiheit bezweckt, daß der Marktzugang grundsätzlich jedem offensteht.[870] Jedermann soll die abstrakte Möglichkeit besitzen, sich unternehmerisch auf jedem beliebigen Markt zu betätigen. Damit setzt er sich allerdings einem komplexen System von Angebot und Nachfrage aus, innerhalb dessen keine bestimmten Erwerbschancen garantiert sind. Kein Unternehmer kann sich deshalb auch unter Berufung auf die ihn schützende Wettbewerbsfreiheit dagegen zur Wehr setzen, daß der Staat Beschränkungen anderer Grundrechtsträger aufhebt und so deren freien Marktzugang herbeiführt, obwohl seine Erwerbsaussichten dadurch gemindert werden können.[871]

Konkurrenz ist daher ein der Wettbewerbsfreiheit immanentes Prinzip[872], vor dem Art. 12 GG grundsätzlich nicht schützt, sondern das es geradezu voraussetzt. Jeder Unternehmer muß folglich damit rechnen, daß sich nicht nur die Nachfrage nach den von ihm hergestellten und angebotenen Produkten, sondern auch das Gesamtangebot an derartigen Produkten ändern kann. Überhaupt sind seine Erwerbschancen abhängig von zahlreichen anderen äußeren Umständen.

Die Abhängigkeit der Erwerbsaussichten von solchen äußeren Einflüssen erweist sich somit als völlig unproblematisch[873] und der Wettbewerbsfreiheit geradezu immanent.

Aus diesem Grund ist es nachvollziebhar, wenn vielfach vertreten wird, daß die Wettbewerbsfreiheit generell nicht vor Konkurrenz schütze, auch nicht vor staatlicher.[874] Insoweit

---

869 *Albers*, DVBl, 1996, 233 (237).

870 *Otting*, Neues Steuerungsmodell und rechtliche Betätigungsspielräume der Kommunen, S. 156.

871 BVerfGE 55, 261 (269); 34, 252 (256); *Albers*, DVBl, 1996, 233 (239).

872 BVerwG NJW 1995, 2938 (2939); BVerwGE 71, 183 (193); *Gutsch*, Die Rechtsstellung der Postbank im nationalen und europäischen Bankenwettbewerb, S. 56, *Püttner*, Die öffentlichen Unternehmen, S. 97; *Gusy*, JA 1995, 253 (253); *Möstl*, Grundrechtsbindung öffentlicher Wirtschaftstätigkeit, S. 86.

873 So auch *Weber-Dürler*, VVDStRL 57 (1998), 57 (84).

874 *Püttner*, Die öffentlichen Unternehmen, S. 97, 100; *Reidt*, in: Jarass, Wirtschaftsverwaltungsrecht mit Wirtschaftsverfassungsrecht, § 12 Rn. 31; *Gutsch*, Die Rechtsstellung der Postbank im nationalen und europäischen Bankenwettbewerb, S. 57; *Jarass*, in: Jarass/Pieroth, GG, Art. 12 Rn. 16; *Wieland*, in: Dreier (Hrsg.), GG, Art. 12 Rn. 83; im übrigen entspricht diese Sichtweise der ständigen Rechtsprechung der Verwaltungsgerichte, vgl. dazu nur BVerwG NJW 1995, 2938 (2939); BVerwGE 71, 183 (193); 39, 329 (336 f.); BayVBl. 1978, 375 (376); OVG NW DÖV 1986, 339 (341); NVwZ 1984, 522 (524); HessVGH DÖV 1996, 476 (477); zuletzt etwa VerfGH Rh.-Pf. DVBl. 2000, 992 (993).

unterscheiden sich die Auswirkungen der staatlichen Konkurrenz auch nicht von denjenigen, die sich durch konkurrierende Tätigkeit privater Dritte ergeben.[875] Diese Vergleichbarkeit wird allerdings teilweise bezweifelt. Angeführt wird, daß der Staat im Gegensatz zu privaten Unternehmern schier unbegrenzte Vermögensreserven besitzt und es sich daher durchaus erlauben kann, ohne Gewinn oder sogar mit finanziellen Verlusten seine Leistungen zu erbringen.[876] Dies allerdings rechtfertigt nicht ohne weiteres eine rechtliche Differenzierung. Denn es ist eine ganz allgemeine Erscheinung des Wettbewerbs, daß Konkurrenten verschiedene wirtschaftliche Ausgangspositionen aufweisen und von daher im wirtschaftlichen Wettbewerb auch unterschiedlich flexibel operieren können.[877] Daher ist die staatliche Allmacht, die hinter den öffentlichen Unternehmen steckt, nicht grundsätzlich für eine abweichende Bewertung geeignet. Aus diesem Grund liegt es nahe, das Ausnutzen derartiger finanzieller Übermacht dem einfachen Wettbewerbsrecht zu überlassen, das mit UWG und GWB durchaus Instrumente dazu bereithält.

Als weiteres Gegenargument gegen die Vergleichbarkeit von staatlicher und privater Konkurrenz wird angeführt, daß der Staat sich ja gerade nicht selbst auf die Grundrechte im allgemeinen und die Wettbewerbsfreiheit im besonderen berufen kann.[878] Aus dieser Überlegung heraus wird dann teilweise die Schlußfolgerung gezogen, daß Art. 12 GG nur nicht vor privater Konkurrenz, vor der öffentlichen aber sehr wohl schütze.[879] Die Feststellung der fehlenden Grundrechtsberechtigung ist zwar in dieser Form zutreffend, vermag aber zur weiteren Lösung des Problems wenig beizutragen. Daß sich der Staat nicht auf die Grundrechte berufen kann, verhindert zwar, daß sich eine etwaige Beschränkung seiner wirtschaftlichen Aktivitäten nicht am Grundrecht des Art. 12 GG oder sonstigen Grundrechten messen lassen muß. Es ist aber keine zwingende Begründung dafür, daß jedwede staatliche wirtschaftliche Betätigung die grundrechtlich verbürgte Wettbewerbsfreiheit der Unternehmer beeinträchtigt, nur weil sich dadurch ihre Stellung im Wettbewerb verschlechtert. Vielmehr betrifft die Frage, ob sich der Staat seinerseits auf die Wettbewerbsfreiheit berufen kann, das Problem der Legitimität seines Handelns und hat direkt mit dem Schutzbereich von Art. 12 GG nichts zu tun.[880]

Dies bedeutet allerdings nicht zwangsläufig, daß der durch die wirtschaftliche Betätigung der öffentlichen Unternehmen erzeugte Konkurrenzdruck prinzipiell ungeeignet ist, die Wettbewerbsfreiheit privater Unternehmer zu beeinträchtigen. Vielmehr ist lediglich schon im Schutzbereich der Wettbewerbsfreiheit zu beachten, daß Konkurrenz deren Wesensmerkmal ist und damit alleine dadurch getrübte Erwerbsaussichten einen jedenfalls reduzierten Schutz genießen.[881] Insofern stellt sich die Betätigung der öffentlichen Hand grundsätzlich nicht als Eingriff in den Schutzbereich dar. Als Veränderung der äußeren wirtschaftlichen Rahmenbe-

---

875 Vgl. etwa *Kremmer*, Die rechtliche Problematik des kommunalen Pressewesens, S. 156 ff. und *Otting*, Neues Steuerungsmodell und rechtliche Betätigungsspielräume der Kommunen, S. 156.

876 Vgl. dazu *Schliesky*, Öffentliches Wettbewerbsrecht, S. 89.

877 So auch *Kremmer*, Die rechtliche Problematik des kommunalen Pressewesens, S. 158; ähnlich auch *Püttner*, Die öffentlichen Unternehmen, S. 97.

878 *Schliesky*, Öffentliches Wettbewerbsrecht, S. 199; *Krölls*, GewArch 1992, 281 (283 f.); *Schmittat*, ZHR 148 (1984), 428 (450).

879 Vgl. nur *Krölls*, GewArch 1992, 281 (284); *Schmidt*, Öffentliches Wirtschaftsrecht, § 11 II, S. 524 f.

880 Ähnlich auch *Kremmer*, Die rechtliche Problematik des kommunalen Pressewesens, S. 157.

881 In diesem Sinne auch *Kluth*, WiVerw 2000, 184 (199); *derselbe*, Öffentlich-rechtliche Zulässigkeit, S. 27 f.; *Möstl*, Grundrechtsbindung öffentlicher Wirtschaftstätigkeit, S. 86; *Otting*, Neues Steuerungsmodell und rechtliche Betätigungsspielräume der Kommunen, S. 156 f.; *Zilkens*, NWVBl. 1997, 34 (36).

dingungen verträgt sie sich vielmehr prinzipiell mit der Wettbewerbsfreiheit.[882] Diese schützt damit nicht grundsätzlich davor, daß der Staat auf äußere Rahmenbedingungen Einfluß nimmt, die in irgendeiner Weise die Erwerbsmöglichkeiten der Unternehmer beeinflussen. Nicht jedes wirtschaftsbezogene Handeln des Staates ist verfassungsrechtlich rechtfertigungsbedürftig, nur weil es naturgemäß Dispositionen und Verhaltensänderungen anderer Wirtschaftsteilnehmer auslöst.[883] Insofern gewährt die Wettbewerbsfreiheit auch kein Recht auf einen bestimmten Ertrag, Erfolg oder Marktanteil.[884]

Daher ist von entscheidender Bedeutung, unter welchen Bedingungen dennoch ein Grundrechtseingriff in die Wettbewerbsfreiheit zu bejahen ist.

cc) Besonderheit der staatlichen Konkurrenz bei der Gesetzestextpublizität

Berücksichtigung muß bei dieser Frage eine prinzipielle Besonderheit finden, die die staatliche Publikation von Rechtstexten von der normalen Kategorie „Eingriff durch Konkurrenz" unterscheidet. Während grundsätzlich die öffentliche Hand im Rahmen ihrer wirtschaftlichen Betätigung neben den privaten Unternehmern bei wertender Gesamtbetrachtung insofern als gleichrangiger Unternehmer erscheint, gibt es hier einen doch auch rechtlich relevanten Unterschied: Der Staat veröffentlicht die Rechtstexte nicht nur als daran unbeteiligter Dritter, so wie dies für einen privaten Verleger gilt. Er ist statt dessen gleichzeitig auch ihr Urheber. Er schafft durch seine Gesetzgebungsorgane allgemein verbindliche Rechtsregeln, die sich grundsätzlich an jedermann richten und prinzipiell auch von jedermann zu beachten sind. Umgekehrt kann er – wie bereits gezeigt – ihre Beachtung nur dann verlangen, wenn von ihnen überhaupt Kenntnis genommen werden kann. Der Staat ist somit sogar in der Pflicht, selbst dafür Sorge zu tragen, daß die Rechtsnormen publik werden. Aus diesem Grund ist die formale Gesetzesverkündung ein absolutes Minimum staatlicher Publizität. In der Praxis ist diese Verkündung allerdings oftmals unzureichend und macht weitere Publikationsanstrengungen notwendig, wenngleich die bisherigen Anstrengungen, mit denen der Staat den Bürger selbst unmittelbar erreichte, nicht unbedingt immer erfolgreich waren und selten stark in Anspruch genommen wurden.

Wenn der Staat aber allgemeine Rechtsregeln schaffen und damit für prinzipiell jedermann Rechte und Pflichten begründen kann, dann versteht es sich von selbst, daß er nicht nur selbst für die Publizität und Verbreitung dieser Rechtsregeln sorgen *kann*, sondern daß er dies im Grundsatz sogar *muß*. Dieser Rechtspflicht ist nicht schon dann ausreichend entsprochen, wenn die Rechtsnormen im Rahmen der formalen Gesetzesverkündung der Öffentlichkeit zugänglich gemacht werden. Wegen der in der Praxis bestehenden Schwierigkeiten, sich auf diese Weise tatsächlich Kenntnis zu verschaffen, bedarf es weitergehender und verbesserter Informationstätigkeit, auch wenn dem Staat bei Erfüllung dieser Pflichten erhebliche Handlungsspielräume zukommen dürften.[885]

---

882 *Zilkens*, NWVBl. 1997, 34 (36).

883 So auch *Möstl*, Grundrechtsbindung öffentlicher Wirtschaftstätigkeit, S. 86 u. *Weber-Dürler*, VVDStRL 57 (1998), 57 (84).

884 *Kluth*, Öffentlich-rechtliche Zulässigkeit, S. 28; *Hoffmann*, BB 1995, 53 (54); *Brandt*, Umweltaufklärung und Verfassungsrecht, S. 70; BVerfGE 24, 236 (251); BVerwGE 39, 329 (336 f.); 71, 183 (193).

885 Vgl. dazu die rechtlichen Anknüpfungspunkte für eine von der formalen Gesetzesverkündung unabhängig erfolgende Aufklärung oben § 4 II, S. 120 ff.

Daß in der Vergangenheit auf diesem Gebiet Defizite bestanden, die es privaten Unternehmern möglich machten, durch schlichte Veröffentlichung der Gesetzestexte für sie sehr einträglich an einem infolge dieser staatlichen Informationsdefizite entstandenen „Markt der Gesetzestexte" zu agieren, ändert daran nichts. Diese wirtschaftliche Betätigung vornehmlich privater Verlage mag vielleicht sogar im Interesse des Staates gewesen sein, weil dadurch mehr oder minder vollständige Informationsquellen entstanden, mittels derer die Verbreitung der Rechtskenntnis allgemein zunehmen konnte und damit gleichzeitig der allgemeine Vollzug der Rechtsnormen gefördert wurde[886].

Letztlich darf diese zusätzliche (private) Publizität aber nicht dazu führen, daß der Staat als Erzeuger die tatsächliche Verfügungsgewalt über seine eigenen Rechtsnormen verliert. Die private Verlagswirtschaft kann nicht durch einfache faktische Usurpation dem Staat einen ihm ureigenen Aufgabenbereich entziehen und damit auch rechtlich wirksam für sich beanspruchen.

Genausowenig wie die Streichung von staatlichen Wirtschaftsförderungen einen Eingriff in die Wettbewerbsfreiheit darstellt, obwohl sich selbstverständlich auch damit die Erwerbsaussichten der bislang begünstigten Unternehmer mitunter erheblich verschlechtern können,[887] kann eine Ausweitung der staatlichen Publikation sämtlicher Rechtsnormen einen derartigen Eingriff darstellen. Insoweit wird damit den Unternehmern lediglich ein Vorteil wieder genommen, auf den sie keinen Anspruch hatten und der sich daher als rein faktisch günstige, insoweit aber rechtlich ungeschützte Erwerbsposition darstellt.[888] Im Ergebnis kann damit eine rechtlich relevante Beeinträchtigung nicht verbunden sein. Die Grundrechte können den Entzug von öffentlichen Aufgaben, die bislang von Privaten wahrgenommen werden, nicht verhindern.[889]

Auch eine andere Parallele verdeutlicht, daß ein Eingriff in die Wettbewerbsfreiheit wohl kaum in Betracht kommt: Ein solcher dürfte offensichtlich dann nicht anzunehmen sein, wenn der Gesetzgeber sich aus Gründen einer besseren Übersichtlichkeit und einfacheren Verständlichkeit seiner Gesetzgebung dazu entschließen würde, mit Hilfe von radikal vereinfachten gesetzlichen Regelungen den Umfang und die Zahl aller geltenden Rechtsnormen drastisch zu reduzieren.[890] Auch in diesem Fall dürften sich die Erwerbsaussichten der Unternehmer reduzieren, die mit der Veröffentlichung von Gesetzestextinformationen, darüber hinausgehend aber wohl auch mit gesetzeskommentierenden Publikationen Geld verdienen. Ein diese Maßnahmen klarstellendes und sich Grundrechtseingriffe rechtfertigendes Vereinfachungsgesetz dürfte aber wohl ernsthaft nicht als notwendig in Betracht kommen und wäre wohl auch wegen der fehlenden Bindungswirkung für zukünftige Gesetzgeber und die persönliche Unabhängigkeit der Abgeordneten mehr als problematisch.

Dogmatisch begründen läßt sich das Ergebnis, das der besonderen Situation einer staatlichen Publikation von Rechtsnormen Rechnung trägt, auf durchaus verschiedenen Wegen.

---

886 Dazu *Berkemann*, Ignorantia juris nocet, S. 103.

887 Allerdings liegt der Schwerpunkt der beeinträchtigenden Wirkung hier im Unterlassen der Fortführung und weniger in der aktiven Beschlußfassung über die Einstellung.

888 Ähnlich auch *Berkemann*, JurPC Web-Dok. 188/1999, Abs. 20.

889 *Schoch*, DVBl. 1994, 962 (970); *Hofmann*, VBlBW 1994, 121 (124) mit Verweis auf BVerwGE 62, 224 (225 ff.).

890 Vgl. zu dahingehenden Überlegungen schon *Simitis*, Informationskrise des Rechts, S. 35 ff.

Möglich erscheint zunächst, schon auf der Ebene des Schutzbereiches aufgrund der aufgezeigten Notwendigkeit und der zahlreichen rechtlichen Anknüpfungspunkte, dem Bürger die Möglichkeit zur Kenntnisnahme zu vermitteln,[891] den Bereich des von der Wettbewerbsfreiheit vor staatlichen Eingriffen geschützten Handelns zu reduzieren. Nach dieser sog. „Theorie des funktionalen Schutzbereichs“[892] ist dann die Möglichkeit, mit der Veröffentlichung von insofern dem Staat obliegenden Informationen sich unternehmerisch zu betätigen, zwar grundsätzlich vom Schutzbereich der Wettbewerbsfreiheit umfaßt. Geschützt ist sie aber gerade immer nur neben einer vergleichbaren und insoweit konkurrierenden Tätigkeit des Staates selbst.

In Betracht kommt des weiteren, den gleichen Gedanken auf der Ebene des Grundrechtseingriffs fruchtbar zu machen. Die rechtliche Gebotenheit unmittelbarer staatlicher Publizität führt dann im Ergebnis dazu, daß die Anforderungen an einen den Grundrechtsträger nur mittelbar tangierenden Grundrechtseingriff erhöht sind und auf diese staatliche Konkurrenz zurückzuführende Absatzschwierigkeiten, wenngleich sie möglicherweise sogar zu erheblichen wirtschaftlichen Belastungen führen, dafür grundsätzlich nicht ausreichend sind.[893] Etwaige indirekte und ohne unmittelbare Behinderung eintretende Beeinträchtigungen der Absatzmöglichkeiten sind daher dem Staat nicht als Eingriff zuzurechnen.

Schließlich kommt in Betracht, die Regelungen des GG, aus denen sich die Forderung nach staatlicher Aufklärung ableiten läßt, als etwaige Grundrechtseingriffe rechtfertigende verfassungsimmanente Schranken zu sehen.[894] Insoweit ist dann bei einem faktischen Grundrechtseingriff in die Wettbewerbsfreiheit dem Vorbehalt des Gesetzes entsprochen, der in diesem Fall keine einfachgesetzliche Normierung erfordert. Der Eingriff ist dann unmittelbar aus der Verfassung gerechtfertigt. Anwendung findet dann allerdings zusätzlich der Grundsatz der Verhältnismäßigkeit,[895] der jedoch in dieser Konstellation wohl kaum verletzt sein kann.

Somit kann schon aus diesen Erwägungen heraus eine Verletzung der Wettbewerbsfreiheit kaum in Betracht kommen. Staatliche Bemühungen, mit denen der Bevölkerung Informationsquellen über den einfachen Wortlaut formeller Gesetze und anderer Rechtsnormen eingeräumt werden, können schlechterdings nicht mit der Wettbewerbsfreiheit privater Dritter kollidieren.

---

[891] Dazu oben unter § 4 I, II.

[892] Vgl. dazu *Ramsauer*, Die faktischen Beeinträchtigungen des Eigentums, S. 54 f., 121 ff., 161 ff., 171 ff.; *derselbe*, VerwArch 72 (1981), 89 (102 f.); *Dürig*, in: MD, Art. 2 I Rn. 73; *Jarass*, NVwZ 1984, 473 (476 f.); *Schwerdtfeger*, NVwZ 1982, 5 (7); *Schulte*, DVBl. 1988, 512 (517); *Denninger*, in: Alternativkommentar, Vor Art. 1 Rn. 43.

[893] Ähnlich auch *Schürmann*, Öffentlichkeitsarbeit der Bundesregierung, S. 282.

[894] Vgl. dazu *Hesse*, Grundzüge des Verfassungsrechts, Rn. 312 ff.; *Schürmann*, Öffentlichkeitsarbeit der Bundesregierung, S. 288 ff.; ähnlich auch BVerfG NJW 1989, 3269 (3270); BVerwGE 87, 37 (45 ff.); 82, 76 (80 ff.), 90, 112 (123), wobei dort nicht immer genau zwischen Schutzbereichsbegrenzung und Eingriffsrechtfertigung unterschieden wird.

[895] *Schürmann*, Öffentlichkeitsarbeit der Bundesregierung, S. 288.

dd) Allgemeine Eingriffsanforderungen

Unabhängig von diesen Überlegungen[896] sprechen letztlich aber auch allgemeinere Erwägungen gegen die Annahme eines faktischen Grundrechtseingriffs durch staatliche Konkurrenz.

Während in diesem Bereich der Grundrechtsdogmatik vieles unklar und streitig ist, ist gemeinsame Ausgangsbasis und unstreitige Mindestvoraussetzung für die Bejahung eines Eingriffes, daß eine kausale Beziehung zwischen staatlichem Handeln und der beeinträchtigenden Wirkung bestehen muß.[897] Eine solche ist zweifellos bei der Einwirkung des staatlichen Informationsangebots auf vergleichbare Produkte der Privatwirtschaft gegeben, da ohne die staatliche Aktivität der Absatz der sonstigen privaten Verlagsprodukte nicht durch die Abwanderung von Kunden geschmälert würde.

Als zweites entscheidendes Kriterium ist die Intensität der Beeinträchtigung anerkannt. Danach muß die beeinträchtigende Wirkung des staatlichen Handelns, die den grundrechtlichen Schutzbereich berührt, von einer gewissen Intensität sein.[898] Auf diese Weise sollen bloße Belästigungen ausgeschieden werden und einer Ausuferung des grundrechtlichen Eingriffbegriffs vorgebeugt werden. Speziell für den Problemkreis der wirtschaftlichen Betätigung der öffentlichen Hand wird in der Literatur teilweise angenommen, daß die Schwelle der Eingriffsintensität lediglich im Sinne einer bloßen Bagatellgrenze zu verstehen ist, die sehr schnell überschritten ist.[899] In dieser Pauschalität kann dem allerdings nicht gefolgt werden. Diese Ansicht verkennt nämlich, daß die Wettbewerbsfreiheit, obwohl sie prinzipiell auch die Stellung im Wettbewerb schützt, vor konkurrierender staatlicher Betätigungen einen nur eingeschränkten Schutz bietet. Berücksichtigung muß vielmehr finden, daß Konkurrenz ein systemimmanenter Bestandteil der Wettbewerbsfreiheit ist.[900]

Dies führt dazu, daß die Anforderungen an einen derartigen Grundrechtseingriff strenger zu handhaben sind und ganz sicher nicht lediglich im Überschreiten von Bagatellgrenzen liegen[901]. Dies würde im übrigen das staatliche Handeln enorm lähmen und – jedenfalls auf dem Gebiet der wirtschaftlichen Betätigung – zu einem Totalvorbehalt führen, da die Auswirkungen einer derartigen Aktivität nie vollständig abzuschätzen sind und prinzipiell immer ein privater Konkurrent in seiner Wettbewerbsfreiheit verletzt sein könnte.[902] Der Handlungsspiel-

---

896 In der Literatur sind derartige Erklärungsansätze teilweise vehementer Kritik ausgesetzt vgl. dazu nur *Schliesky*, Öffentliches Wettbewerbsrecht, S. 209 f., 220 ff.

897 *Stern*, Staatsrecht, Band III/2, S. 128; *Eckhoff*, Der Grundrechtseingriff, S. 278; *Huber*, Konkurrenzschutz im Verwaltungsrecht, S. 230.

898 BVerfGE 86, 28 (38 f.); BVerwGE 87, 37 (39 f.); NJW 1996, 3161 (3161); *Eckhoff*, Der Grundrechtseingriff, S. 252 ff.; *Jarass*, in: Jarass/Pieroth, GG, Vorb. vor Art. 1 Rn. 27; *Schliesky*, Öffentliches Wettbewerbsrecht, S. 211 ff.; *Di Fabio*, JZ 1993, 689 (695); kritisch dagegen *Weber-Dürler*, VVDStRL 57 (1998), 57 (87)

899 *Schliesky*, Öffentliches Wettbewerbsrecht, S. 211; *Schmidt*, Öffentliches Wirtschaftsrecht, § 11 II, S. 526; *Krölls*, GewArch 1992, 281 (284); gegen das Kriterium des Umsatzrückganges als Beurteilungsmaßstab aus allgemeinen Erwägungen allerdings *Philipp*, Staatliche Verbraucherinformation im Umwelt- und Gesundheitsrecht, S. 141.

900 Vgl. dazu vorstehende Ausführungen unter § 6 I 4. a) bb), S. 148 ff.

901 Vgl. auch *Otting*, Neues Steuerungsmodell und rechtliche Betätigungsspielräume der Kommunen, S. 158; *Kluth*, Öffentlich-rechtliche Zulässigkeit, S. 28; explizit anders dagegen bspw. *Schliesky*, Öffentliches Wettbewerbsrecht, S. 213.

902 Vgl. *Schürmann*, Öffentlichkeitsarbeit der Bundesregierung, S. 280; ähnlich auch *Philipp*, Staatliche Verbraucherinformation im Umwelt- und Gesundheitsrecht, S. 141; und *Gusy*, JA 1995, 253 (253), die die

raum der Exekutive würde damit sehr weit eingeschränkt und erforderte prinzipiell immer das Tätigwerden des Gesetzgebers wegen des ausgelösten Gesetzesvorbehalts.[903]

Eine bloße Einbuße an Absatz und Gewinn, die sich als Folge der staatlichen Betätigung einstellt, genügt jedenfalls ganz allgemein noch nicht für die Annahme eines Eingriffs in die Wettbewerbsfreiheit – abgesehen von den bereits angeführten Erwägungen, die bei Berücksichtigung des besonderen Zusammenhangs zwischen Gesetzgebung und Gesetzestextverbreitung außerdem gegen eine Verletzung der Wettbewerbsfreiheit sprechen.[904] Es bedarf statt dessen prinzipiell erhöhter Anforderungen zur Annahme eines Eingriffs.

(1) Auswirkungen auf den Buchdruck

Zu klären sind zunächst die Auswirkungen, die ein Informationsangebot im Internet auf die Verlage hat, die ihre Produkte herkömmlich im Buchdruckverfahren herstellen und vertreiben. In Betracht kommen vor allem Umsatzrückgänge derjenigen Unternehmen, die konsolidierte Gesetzestextsammlungen erstellen und entgeltlich in Buchform vertreiben. Es ist allerdings nicht zu erwarten, daß staatliche Online-Angebote zu erheblichen Absatzrückgängen derartiger Produkte führen, da bis heute die elektronischen Medien den klassischen Buchdruck (noch) lange nicht substituiert haben, sondern lediglich eine ergänzende Funktion haben. Neben einigen Vorteilen, die unter anderem in der schnellen Verfügbarkeit und einer vielfältigen Suchfunktionalität liegen, haben diese neuen Medien aber auch erhebliche Nachteile für den Gebrauch als Informationsmedium. So bringt die Benutzung des Internets in der Regel laufende Verbindungskosten mit sich, die bei Textausgaben auf Papier nicht anfallen. Darüber hinaus ermöglicht die Buchform eine unmittelbare Kenntnisnahme ohne die ansonsten notwendige Benutzung von Computer, Monitor und Drucker, was neben erheblichem finanziellen Aufwand auch gewisse Anforderungen an die Bedienung mit sich bringt. Die Liste der Nachteile ließe sich fortsetzen.

Es ist aber jedenfalls in absehbarer Zeit nicht zu erwarten, daß das Internet als elektronisches Medium herkömmliche Druckschriften überflüssig machen wird und derartige Produkte ganz oder wenigstens überwiegend vom Markt verdrängen wird.

Hinsichtlich der privaten Gesetzestexte, die auf bedrucktem Papier erscheinen, ist somit von keinem Eingriff in die Wettbewerbsfreiheit auszugehen, selbst wenn möglicherweise gewisse Umsatzrückgänge auftreten könnten. Letztere dürften sich allerdings in Größenordnungen bewegen, die grundsätzlich für die Annahme eines Eingriffs nicht ausreichen.

(2) Auswirkungen auf den Online-Bereich

Anders verhält sich dagegen die Situation bei den Online-Angeboten. Diese stehen in einem wesentlichen engeren Konkurrenzverhältnis zueinander. Es ist nicht auszuschließen, daß derartige Produkte der privaten Unternehmer tatsächlich wesentlich geringeren Absatz finden

---

Schwierigkeit betonen, den für grundrechtseinschränkende Gesetze geltenden Anforderungen zu entsprechen.

[903] Jedenfalls dann, wenn man wie die wohl herrschende Meinung eine einfachgesetzliche Gesetzesgrundlage verlangt. Gerade aus Erwägungen der Gewaltenteilung und des Gesetzesvorbehalts spricht sich *Roth*, Verwaltungshandeln mit Drittbetroffenheit, S. 185, 322 ff., 334 f. dafür aus, die Anforderungen an einen mittelbaren Grundrechtseingriff, der jedenfalls nicht final erfolgt, grundsätzlich hoch anzusetzen.

[904] Vgl dazu vorstehende Ausführungen unter § 6 I 4. a) cc), S. 150 ff.

werden, wenn es denn staatliche Produkte ähnlichen oder möglicherweise sogar besseren Inhalts gibt. In dieser Konstellation ist allerdings von entscheidender Bedeutung, in welcher Qualität und welchem Umfang das öffentliche Angebot den Kunden unterbreitetet wird. Von ganz besonderer Relevanz dürfte daneben vor allem die Frage sein, ob und wie hohe Entgelte die öffentliche Hand verlangt. Wird ein Entgelt gefordert, das sich auf einem mit den konkurrierenden Angeboten vergleichbaren Niveau bewegt, so ist der Konkurrenzdruck verständlicherweise geringer als bei Informationsangeboten, für die nur ein symbolischer Preis oder sogar gar kein Entgelt verlangt wird. Doch selbst wenn der Konkurrenzdruck durch entgeltfreie und qualitativ gleichwertige staatliche Informationsangebote extrem hoch ist und private Online-Angebote komplett vom Markt verdrängt, kann ein Grundrechtseingriff nicht von vornherein bejaht werden. Bedacht werden muß nämlich weiterhin, daß dieser Konkurrenzdruck nur auf einem doch eher kleinen Teilmarkt juristischer Informationen stattfindet. Da sich die staatliche Informationstätigkeit lediglich auf die Information über die Gesetzestexte beschränkt, kann nur ein Bruchteil des juristischen Informationsbedarfs damit befriedigt werden. Es ist aber nicht erkennbar, daß Unternehmen existieren, die ihre wirtschaftliche Betätigung ausschließlich auf die Veröffentlichung von Gesetzestexten im Internet konzentrieren. Diese Betätigungsfelder werden, wenn überhaupt, ausschließlich von juristischen Fachverlagen wahrgenommen. Daß diese in ihrer verlegerischen Tätigkeit insgesamt *wesentlich* beeinträchtigt werden, wenn nun auf einmal der wirtschaftliche Erfolg im Bereich der Online-Veröffentlichung von Gesetzestexten wegen staatlicher Konkurrenz stark behindert würde, ist mehr als zweifelhaft, wenn nicht sogar ausgeschlossen.[905] Der Bedarf an juristischen Fachinformationen ist derartig groß, daß es auf diesem Gebiet alleine durch staatliche Gesetzestextinformationen nicht zu einer Marktverstopfung kommen kann. Außerdem bleibt selbst für Gesetzesinformationen noch ein weites Betätigungsfeld: In Rede steht nur die staatliche Aktivität im Online-Bereich. Es bleiben damit immer noch andere elektronische Informationsträger wie die CD-Rom, über die die Privatwirtschaft ähnliche Informationen verbreiten kann und die jedenfalls nicht in gleicher Weise von reinen Online-Angeboten verdrängt werden, ganz zu schweigen von den Möglichkeiten, das Angebot durch die Verknüpfung mit Kommentierungen oder Urteilen qualitativ von den staatlichen Angeboten abzuheben.[906]

Es ist jedenfalls nicht zu erwarten, daß ein staatliches Informationsangebot im Internet die Informationsbedürfnisse für den Bereich der Gesetzesinformation komplett befriedigen wird und damit eine privatwirtschaftliche Betätigung auf diesem Gebiet in erheblichem Maße einschränken kann.

(3) Preisdruck

Bedenkenswert erscheint lediglich im Hinblick auf die Grundrechtsrelevanz, wenn die Entgelte staatlicher Informationsangebote erheblich unter einem insoweit auszumachenden Marktpreis liegen bzw. der Öffentlichkeit im Extremfall sogar gänzlich kostenlos angeboten werden. Teilweise werden für wirtschaftliche Aktivitäten der öffentlichen Hand, die gezielt

---

905 *Püttner*, Verlegerische Betätigung der öffentlichen Hand, S. 38 verlangt sogar, daß die Fortführung der Tätigkeit unmöglich wird.

906 In der Schweiz spielte gerade das Motiv „Grundversorgung durch den Bund, Veredelung durch Private" bei der Schaffung des dortigen elektronischen Informationssystems eine entscheidende Rolle, vgl. dazu *Holenstein*, JurPC Web-Dok. 67/2001, Abs. 10 ff.

die Preise vergleichbarer privater Produkte unterschreiten, geringere Anforderungen an einen Grundrechtseingriff in die Wettbewerbsfreiheit gestellt.[907] Soweit damit lediglich eine Versorgung zu günstigeren Bedingungen unterhalb des bisherigen Marktpreises unabhängig vom eigenem Gewinnstreben erreicht werden soll und daraus mehr oder minder zwangsläufig eine stärkere Belastung durch die Konkurrenz entsteht, ist diese – wie gezeigt – grundsätzlich unproblematisch.[908] Ob die staatliche Konkurrenz im Falle derartiger Preisunterbietung unlauter ist, ist keine Frage der Grundrechte. Diese Aspekte sind vielmehr anhand des einfachen Wettbewerbsrechts zu überprüfen, das für staatliche Unternehmen genauso wie für private Unternehmer gilt.[909]

Eine Preisunterschreitung rechtfertigt allerdings dann die Annahme eines Grundrechtseingriffs, wenn dadurch bewußt ein verschärfter Konkurrenzdruck erzeugt werden soll, mit dessen Hilfe private Mitbewerber gezielt ausgeschaltet werden sollen.[910] Wenn also bestehende Marktmechanismen absichtlich dazu ausgenutzt werden, um die wirtschaftliche Betätigung der privaten Unternehmer zu behindern, kommt das sehr viel eher einem klassischen Grundrechtseingriff nahe. Aus diesem Grund wird das Kriterium der Finalität auch sehr häufig als zwar nicht notwendige oder wenigstens hinreichende Voraussetzung, so aber doch als entscheidendes Indiz für einen mittelbaren Grundrechtseingriff angesehen.[911] Wenn nämlich das Ziel des staatlichen Handelns die Beeinträchtigung der Grundrechte ist, muß es letztlich unbeachtlich sein, ob diese als unmittelbare Folge oder erst aufgrund einer mehr oder weniger langen Kausalkette eintritt.[912]

Mit der Publizierung von Normtexten wird aber gerade das Gegenteil einer Verdrängung beabsichtigt. Es ist vielmehr im Interesse des Staates, wenn sich private Unternehmer finden, die durch ihre publizistische Tätigkeit zu einer Verbreitung der Gesetzeskenntnis beitragen.[913] Auch wenn es nicht ganz von der Hand zu weisen ist, daß die privaten Multiplikatoren ihre eigenen Gesetzespublikationen als Reaktion auf die staatlichen Publikationsaktivitäten im Einzelfall beschränken oder sogar einstellen, ist dies eine unerwünschte Nebenfolge, die gerade vermieden werden soll.[914] Aus diesem Grund ergibt sich auch bei etwaiger Unterschreitung

---

907 So z. B. speziell für die publizistische Betätigung des Staates *Püttner*, Verlegerische Betätigung der öffentlichen Hand, S. 38; *Klein*, Konkurrenz auf dem Markt der geistigen Freiheiten, S. 291 f. und allgemein für jede Art der wirtschaftlichen Betätigung *Reidt*, in: Jarass, Wirtschaftsverwaltungsrecht mit Wirtschaftsverfassungsrecht, § 12 Rn. 32; *Plagemann*, Die erwerbswirtschaftliche Betätigung der Deutschen Bundespost durch Eigengesellschaften, S. 181; *Kluth*, WiVerw 2000, 184 (201).

908 Siehe vorstehende Ausführungen unter § 6 I 4. a) bb), S. 148 ff.; im Ergebnis auch *Otting*, Neues Steuerungsmodell und rechtliche Betätigungsspielräume der Kommunen, S. 159.

909 *Reidt*, in: Jarass, Wirtschaftsverwaltungsrecht mit Wirtschaftsverfassungsrecht, § 12 Rn. 40; *Badura*, in: Schmidt-Aßmann (Hrsg.), Besonderes Verwaltungsrecht, Rn. 122; vgl. dazu unten § 6 II 2., S. 164 ff.

910 *Reidt*, in: Jarass, Wirtschaftsverwaltungsrecht mit Wirtschaftsverfassungsrecht, § 12 Rn. 32; ähnlich auch *Schürmann*, Öffentlichkeitsarbeit der Bundesregierung, S. 284.

911 *Jarass*, in: Jarass/Pieroth, GG, Vorb. vor Art. 1 Rn. 27; *Gusy*, NJW 2000, 977 (983); *Schliesky*, Öffentliches Wettbewerbsrecht, S. 207; *Bleckmann/Eckhoff*, DVBl. 1988, 372 (377); BVerwGE 75, 109 (115); 87, 37 (42).

912 *Bleckmann/Eckhoff*, DVBl. 1988, 372 (377); *Ramsauer*, VerwArch 72 (1981), 89 (103).

913 Aus diesem Grund besteht gem. § 5 Abs. 1 UrhG auch kein Urheberrechtsschutz, vgl. dazu *Katzenberger*, in: Schricker (Hrsg.), Urheberrecht, § 5 Rn. 27.

914 So auch Bundesjustizministerin Däubler-Gmelin in ihrem Grußwort zum 8. EDV-Gerichtstag, http://edvgt.jura.uni-sb.de/Tagung99/ak99/Grußwort.htm.

des bisherigen Marktpreises von Gesetzestextveröffentlichungen kein weiterer Anhaltspunkt für einen Eingriff in die Wettbewerbsfreiheit.

Vielmehr stellt die Wettbewerbsfreiheit des Art. 12 Abs. 1 GG, die die Verlage und sonstige Unternehmen schützen, letztlich keine Begrenzung für die staatlich initiierte Veröffentlichung von Gesetzestexten im Internet dar.

b) Eingerichteter und ausgeübter Gewerbebetrieb, Art. 14 GG

Fraglich ist, ob einer derartigen staatlichen Informationstätigkeit nicht Art. 14 GG insoweit entgegenstehen und dieser Schranken setzen könnte, als damit Beeinträchtigungen oder sogar Verletzungen dieses grundrechtlichen Abwehrrechts verbunden wären.

Häufig anzutreffen im Zusammenhang mit Art. 14 GG ist die Aussage, dieses Grundrecht schütze ebensowenig wie die Wettbewerbsfreiheit vor Wettbewerb der öffentlichen Hand.[915] Diese pauschale Argumentation muß, da sie als solche nicht überzeugt, auf ihre Stichhaltigkeit hin näher untersucht werden.

Entscheidend ist zunächst, daß Art. 14 GG nur das Eigentum und damit nicht das Vermögen als solches schützt.[916] Unter den Begriff des Eigentums fallen alle vom Gesetzgeber gewährten konkreten vermögenswerten Rechte.[917] Damit schützt dieses Grundrecht nur Rechtspositionen, die einem Grundrechtsträger bereits zustehen und nicht schon bloße Erwartungen, Gewinnchancen oder Zukunftshoffnungen.[918] Allerdings gehört ebenfalls zum Schutzbereich, die vom Eigentumsbegriff umfaßten Rechte zu nutzen und über sie zu verfügen.[919] Sollte damit auch die Wettbewerbsstellung des Unternehmers zum Bereich der Eigentumspositionen gehören, wäre ein Eingriff durch Konkurrenz jedenfalls nicht prinzipiell ausgeschlossen. Daher ist entscheidend die Frage, ob das sog. „Recht am eingerichteten und ausgeübten Gewerbebetrieb" ein dem Unternehmer zugewiesenes Vermögensrecht ist und wie seine genaue Konturen sind.

Das BVerfG hat die Frage, ob der eingerichtete und ausgeübte Gewerbebetrieb überhaupt dem Eigentumsbegriff zu unterstellen ist, offengelassen,[920] während sie ansonsten überwiegend bejaht wird.[921] Danach erfaßt der grundrechtlich geschützte Eigentumsbegriff nicht nur die einzelnen zum Vermögen gehörenden Sachen und Rechte, die in einem Unternehmen allesamt typischerweise anzutreffen sind, sondern auch das gesamte Unternehmen im Sinne einer funktionstüchtigen Gesamteinheit.[922]

---

915 BVerwGE 17, 306 (314); BVerwGE 39, 329 (337); *Badura*, in: Schmidt-Aßmann (Hrsg.), Besonderes Verwaltungsrecht, Rn. 120.

916 BVerfGE 27, 326 (343); 65, 196 (209); 75, 108 (154); 91, 207 (220); 95, 267 (300); *Jarass*, in: Jarass/Pieroth, GG, Art. 14 Rn. 15; *Wieland*, in: Dreier (Hrsg.), GG, Art. 14 Rn. 48 f.

917 BVerfGE 24, 367 (396); 58, 300 (336); *Jarass*, in: Jarass/Pieroth, GG, Art. 14 Rn. 7; *Pieroth/Schlink*, Grundrechte, Rn. 903.

918 BVerfGE 68, 193 (222); 74, 129 (148); 97, 67 (77); *Jarass*, in: Jarass/Pieroth, GG, Art. 14 Rn. 19; *Zilkens*, NWVBl. 1997, 34 (36); *Reidt*, in: Jarass, Wirtschaftsverwaltungsrecht mit Wirtschaftsverfassungsrecht, § 12 Rn. 31.

919 BVerfGE 50, 290 (339); 52, 1 (30); *Jarass*, in: Jarass/Pieroth, GG, Art. 14 Rn. 17; *Schliesky*, Öffentliches Wettbewerbsrecht, S. 259.

920 BVerfGE 77, 84 (117 f.); 81, 208 (227 f.).

921 Vgl. nur BGHZ 23, 157 (162 f.); BVerwGE 62, 224 (226); *Schliesky*, Öffentliches Wettbewerbsrecht, S. 261 f.; a.A. aber bspw. *Wieland*, in: Dreier (Hrsg.), GG, Art. 14 Rn. 44.

922 *Jarass*, in: Jarass/Pieroth, GG, Art. 14 Rn. 10; *Erichsen*, Jura 1994, 385 (387); BVerwGE 81, 49 (54).

Bei der Frage, wie weit dieser Schutz der Gesamteinheit geht, muß allerdings beachtet werden, daß Art. 14 GG gerade nicht das Vermögen als solches schützt. Damit wäre es nicht vereinbar, wenn das Recht am eingerichteten und ausgeübten Gewerbebetrieb auch die Wettbewerbsstellung des Unternehmens schützt. Denn diese ist abhängig von vielen äußeren Faktoren, die der Unternehmer gerade nicht beeinflussen und über die er daher gar nicht verfügen kann. Gleichwohl hat die Stellung eines Unternehmens im Wettbewerb faktisch Auswirkungen auf den Firmenwert. Damit kann die Wettbewerbsstellung und damit auch das Fehlen von (staatlicher) Konkurrenz nur zum Bestandteil des Vermögens, nicht aber auch des Eigentums gezählt werden.

Solange aber staatliche Einwirkungen nur Beeinträchtigungen dieser Position bewirken, den Bestand des Unternehmens ansonsten aber unangetastet lassen, kann Art. 14 nicht verletzt sein.[923] Wenn demnach die Existenz eines Unternehmens nicht gefährdet ist, sondern lediglich die Erwerbsmöglichkeiten infolge Kundenschwunds und Absatzrückgangs geschmälert werden, scheidet eine Grundrechtsverletzung aus.[924] Eine derartige beeinträchtigende Wirkung erscheint durch die staatliche Betätigung im Internet ausgeschlossen.

Damit vermag die Eigentumsgarantie des Art. 14 GG ebenfalls staatlichen Rechtstextangeboten im Internet nicht entgegenzustehen.

c) Presse- und Rundfunkfreiheit, Art. 5 Abs. 1 S. 2 GG

Derartige Schranken könnten sich aber aus den Grundrechten der Presse- oder auch der Rundfunkfreiheit aus Art. 5 Abs. 1 S. 2, 1. und 2. Alt. GG ergeben.

aa) Schutzbereich

Der Schutzbereich der Pressefreiheit, die einen hohen Rang innerhalb sämtlicher Grundrechte besitzt[925], wird bestimmt vom Begriff der Presse. Darunter sind alle zur Verbreitung geeigneten und bestimmten Druckerzeugnisse zu verstehen.[926] Entscheidend und damit auch Abgrenzungskriterium zu den Freiheitsrechten der Rundfunk- und Filmfreiheit ist das Kriterium des gedruckten Wortes.[927] Der Pressebegriff ist aber entwicklungsoffen.[928] Aus diesem Grund ist es unerheblich, ob bei der Vervielfältigung herkömmliche Druckverfahren oder aber beispielsweise fotomechanische Techniken verwendet werden.[929] Er erfaßt damit auch neue Formen der Vervielfältigung. Dies allerdings macht eine Abgrenzung zur Rundfunkfreiheit nicht immer einfach, nicht zuletzt im Online-Bereich.

---

923 BVerfGE 45, 142 (173); *Jarass*, in: Jarass/Pieroth, GG, Art. 14 Rn. 23.

924 BVerwGE 39, 329 (337); NJW 1978, 1539 (1539); NJW 1995, 2938 (2939); *Erichsen*, Jura 1994, 385 (387); *Otting*, Neues Steuerungsmodell und rechtliche Betätigungsspielräume der Kommunen, S. 160; *Püttner*, Die öffentlichen Unternehmen, S. 96 f.; *Zilkens*, NWVBl. 1997, 34 (36).

925 BVerfGE 50, 234 (239 f.); 52, 283 (296); 66, 116 (133).

926 BVerfGE 95, 28 (35); *Pieroth/Schlink*, Rn. 568; *Jarass*, in: Jarass/Pieroth, GG, Art. 5 Rn. 25.

927 *Bethge*, in: Sachs (Hrsg.), GG, Art. 5 Rn. 68; *Schulze-Fielitz*, in: Dreier (Hrsg.), GG, Art. 5 I, II Rn. 68.

928 *Schulze-Fielitz*, in: Dreier (Hrsg.), GG, Art. 5 I, II Rn. 69.

929 *Jarass*, in: Jarass/Pieroth, GG, Art. 5 Rn. 25; *Herzog*, in: MD, Art. 5 I, II Rn. 130.

Unter Rundfunk ist die Verbreitung von Informationen an für eine unbestimmte Vielzahl von Personen mittels elektromagnetischer Wellen zu verstehen.[930]

Nach ganz hM erfolgt die Abgrenzung zwischen den insoweit in Betracht kommenden Grundrechten der Presse- und der Rundfunkfreiheit durch den technischen Verbreitungsvorgang.[931] Danach ist die Presse geprägt von einem mechanischen Vertrieb und einer stofflichen Verkörperung, während der Rundfunk sich durch die elektromagnetische Übertragung seiner Inhalte auszeichnet. Daher umfaßt der verfassungsrechtliche Begriff des Rundfunks auch die neuartigen Dienste im Online-Bereich, die zwar ebenso wie im Bereich der Presse vorwiegend Texte transportieren, aber sich als Vertriebsweg der elektronischen Verbreitung bedienen.[932] Ihnen mangelt es gerade an einer Verkörperung. Derartige Produkte fallen unter den Rundfunkbegriff, obwohl herkömmlicherweise der Rundfunk der Übertragung von Ton und bewegten Bildern diente und die Darstellung von Texten gerade ein Kennzeichen der Presse war.[933] Gerade aber ein Abstellen auf den Inhalt macht es in der heutigen Zeit, in der die Grenzen zwischen diesen drei Formen verwischen und sie alle innerhalb eines Produktes auch zusammen auftauchen, problematisch, da es einerseits zu Abgrenzungsschwierigkeiten und andererseits auch zu wenig sachgerechten Aufspaltungen innerhalb äußerlich einheitlicher Produkte führt.[934] Inhaltliche Kriterien sind damit für eine Differenzierung ungeeignet.

Somit werden vom Schutzbereich der Pressefreiheit nur die irgendwie verkörperten Druckerzeugnisse erfaßt, während die Angebote im Online-Bereich, auch wenn sie grundsätzlich nur die gedruckten Exemplare elektronisch abbilden, der Rundfunkfreiheit unterfallen.[935] Allerdings unterliegen auch die neueren Formen des Buchdrucks dem Schutz der Pressefreiheit. Wenn also die Textinformationen oder graphische Elemente in digitaler Form auf neuen Medien wie bspw. Diskette oder CD-ROM vorliegen, sind diese Produkte wegen ihrer Verkörperung Presse und gerade kein Rundfunk.

Besondere Anforderungen an den Inhalt stellen weder die Presse- noch die Rundfunkfreiheit. Die Pressefreiheit schützt sowohl die einfache Berichterstattung als auch die Verbreitung eigener Meinungen.[936] Auch die Rundfunkfreiheit schützt trotz der besonderen Betonung der Berichterstattung nicht nur Tatsachenmeldungen, sondern auch Meinungsäußerungen ganz unabhängig von der Darbringungsform.[937] Ebensowenig sind die Wertigkeit oder Seriosität

---

930 *Jarass*, in: Jarass/Pieroth, GG, Art. 5 Rn. 36; *Pieroth/Schlink*, Rn. 573; *Wendt*, in: von Münch/Kunig (Hrsg.), GG-Kommentar, Art. 5 Rn. 58; *Hübner*, Multimediadienste, S. 54.

931 BVerfGE 83, 238 (313); *Jarass*, in: Jarass/Pieroth, GG, Art. 5 Rn. 24 u. 36; *derselbe*, AfP 1998, 133 (136); *Wendt*, in: von Münch/Kunig (Hrsg.), GG-Kommentar, Art. 5 Rn. 58; *Hübner*, Multimediadienste, S. 57 f.; *Schulze-Fielitz*, AfP 1998, 447 (452).

932 *Jarass*, in: Jarass/Pieroth, GG, Art. 5 Rn. 36; *Hübner*, Multimediadienste, S. 57 f.; a.A. *Degenhart*, in: Bonner Kommentar, Art. 5 I, II Rn. 411; 696.

933 *Jarass*, AfP 1998, 133 (136).

934 Dazu *Hübner*, Multimediadienste, S. 59 und *Jarass*, AfP 1998, 133 (136).

935 *Jarass*, AfP 1998, 133 (136); *Hübner*, Multimediadienste, S. 57; a.A. *Degenhart*, in: Bonner Kommentar, Art. 5 I, II Rn. 411.

936 *Jarass*, in: Jarass/Pieroth, GG, Art. 5 Rn. 26; BVerfGE 10, 118 (121); 62, 230 (243).

937 BVerfGE 57, 295 (319); 60, 53 (63 f.) ; 83, 238 (295 f.); *Wendt*, in: von Münch/Kunig (Hrsg.), GG-Kommentar, Art. 5 Rn. 44.

der Inhalte von Bedeutung.[938] Damit unterliegt grundsätzlich auch die Veröffentlichung und Verbreitung von Gesetzestexten dem Schutz dieser beiden Grundrechte. Erst recht sind davon weitergehende juristische Informationen geschützt, beispielsweise Zusammenfassungen, Erläuterungen und Kommentierungen rechtlicher Zusammenhänge.

Daher gilt für sämtliche Gesetzesinformationen, daß sie nur dann in den Schutzbereich der Pressefreiheit fallen, wenn sie auf herkömmliche Art und Weise auf Papier oder aber auch auf neuen Medien wie CD-ROM publiziert werden. Sämtliche Online-Angebote dagegen werden nicht von der Pressefreiheit erfaßt, sondern fallen wegen ihrer elektronischen Übertragung unter den Schutz der Rundfunkfreiheit.[939]

Geschützt werden sämtliche mit der Presse- und Rundfunkarbeit zusammenhängende Tätigkeiten von der Beschaffung der Information bis hin zur Verbreitung der Inhalte.[940] Dazu gehört ebenfalls der unternehmerisch-wirtschaftliche Bereich, also der Verdienst durch Verkaufserlöse oder mit Werbung.[941]

bb) Eingriff

Ob aber in die von diesen beiden geschützten Schutzbereiche durch eine staatliche Online-Publikation von Rechtsnormen tatsächlich auch eingegriffen wird, erscheint fraglich. Ausgeschlossen ist jedenfalls ersichtlich ein klassischer Grundrechtseingriff, da weiterhin jedermann Gesetze und erst recht andere Inhalte in jeder beliebigen Form und auf jedem denkbaren Datenträger veröffentlichen kann und daran nicht weiter gehindert ist. In Betracht kommt daher einzig ein mittelbarer Grundrechtseingriff.

(1) Die kommunikationsrechtliche Seite

Die kommunikationsrechtliche Seite der Presse- und Rundfunkfreiheit, d.h. die Freiheit der Äußerung und Verbreitung von Meinungen und Fakten durch Druckschriften und Rundfunksendungen wird durch die staatliche Betätigung aber auch nicht mittelbar berührt. Lediglich durch die Einwirkung auf den wirtschaftlichen Bereich der beiden Grundrechte könnte der Staat indirekt gewissen Einfluß nehmen, weil der unternehmerische Erfolg de facto erst darüber entscheidet, ob ein Verlag bzw. Rundfunkveranstalter von seinen geistigen Freiheiten Gebrauch machen kann.[942] Eine von dieser wirtschaftlichen Einwirkung losgelöste Beeinträchtigung auf die publizistische Freiheitsgewährung dieser Grundrechte ist aber gerade nicht erkennbar. Darüber hinaus kann sich auch aus der objektiv-rechtlichen Funktion iSe Neutra-

---

938 *Bethge*, in: Sachs (Hrsg.), GG, Art. 5 Rn. 69; *Jarass*, in: Jarass/Pieroth, GG, Art. 5 Rn. 26 für die Pressefreiheit und BVerfGE 59, 231 (258); *Wendt*, in: von Münch/Kunig (Hrsg.), GG-Kommentar, Art. 5 Rn. 44; *Jarass*, in: Jarass/Pieroth, GG, Art. 5 Rn. 37 für die Rundfunkfreiheit.

939 Vgl. *Jarass*, in: Jarass/Pieroth, GG, Art. 5 Rn. 36; *Hübner*, Multimediadienste, S. 61; a. A. *Degenhart*, in: Bonner Kommentar, Art. 5 I, II Rn. 696.

940 BVerfGE 20, 162 (176); *Jarass*, in: Jarass/Pieroth, GG, Art. 5 Rn. 27; *Pieroth/Schlink*, Rn. 568 für die Presse; für den Rundfunk vgl. nur BVerfGE 91, 125 (135); *Jarass*, in: Jarass/Pieroth, GG, Art. 5 Rn. 39.

941 BVerfGE 20, 162 (175); *Degenhart*, in: Bonner Kommentar, Art. 5 I, II Rn. 529 u. 738; *Starck*, in: v.Mangoldt/Klein, GG, Art. 5 I, II Rn. 62/63; *Klein*, Konkurrenz auf dem Markt der geistigen Freiheiten, S. 87; gleiches gilt für die Rundfunkfreiheit, vgl. nur *Jarass*, in: Jarass/Pieroth, GG, Art. 5 Rn. 39.

942 So auch *Kremmer*, Die rechtliche Problematik des kommunalen Pressewesens, S. 151.

tralitätsgebotes und der Staatsferne von Presse und Rundfunk kein Grundrechtseingriff ergeben, weil diese Grundsätze gerade nicht verletzt sind.[943]

(2) Die wirtschaftliche Seite

Damit bleibt zu prüfen, ob sich die staatliche Tätigkeit möglicherweise als rechtswidriger Eingriff in die wirtschaftliche Betätigungsfreiheit der Presse- bzw. Rundfunkfreiheit erweist.

Letztlich unterscheidet sich diese Fragestellung aber nicht von der Problematik einer allgemeinen wirtschaftlichen Betätigung der öffentlichen Hand, die die Wettbewerbsfreiheit verletzen könnte. Auch der Pressefreiheit wohnt die Konkurrenz als immanentes Prinzip inne. Die Presseunternehmen stehen miteinander nicht nur in geistiger, sondern vor allem auch in wirtschaftlicher Konkurrenz.[944] Gleiches gilt für die Rundfunkunternehmen[945], weshalb sich daraus, daß anstatt der Wettbewerbsfreiheit nun die Grundrechte der Presse- und Rundfunkfreiheit betroffen sind, keine abweichende Betrachtung ergibt.[946] Vielmehr gelten die Erwägungen, die für etwaige Eingriffe in die Wettbewerbsfreiheit angestellt wurden, in gleicher Weise auch für die Presse- und Rundfunkfreiheit.

Folglich stellen diese Grundrechte keine neuen rechlichen Grenzen dar, die der Staat bei der Publikation von Rechtsnormen im Internet zu beachten hat.

II. Einfachrechtliche Grenzen einer wirtschaftlichen Betätigung

1. Subsidiaritätsprinzip in den Kommunalverfassungen

Ungeachtet eines in der Verfassung gerade nicht vorhandenen allgemeinen Subsidiaritätsprinzips bleibt es dem Gesetzgeber unbelassen, ein derartiges Prinzip einzuführen. Tatsächlich finden sich in den Gemeindeordnungen der meisten Bundesländer mit Ausnahme von Baden-Württemberg und Hessen derartige einfachgesetzliche Subsidiaritätsklauseln für den kommunalen Bereich.[947] Dabei sind zu unterscheiden sog. echte von einfachen Subsidiaritätsklausen. Nach ersteren ist den Gemeinden eine wirtschaftliche Betätigung untersagt, wenn der verfolgte Zweck ebenso gut und wirtschaftlich auch durch den privaten Wettbewerb erfüllt werden kann.[948] Nach den einfachen Klauseln ist es notwendig, aber auch ausreichend, wenn eine Leistungsparität im Verhältnis zu privaten Anbietern besteht.[949]

Unabhängig von der Frage, ob ein in Rede stehendes Informationsangebot der Gemeinde den damit verfolgten Zweck besser und wirtschaftlicher erfüllen kann, als dies durch Dritte mög-

943 Vgl. dazu oben § 6 I 3., S. 142 ff.

944 BVerfGE 20, 162 (175); *Degenhart*, in: Bonner Kommentar, Art. 5 I, II Rn. 489.

945 *Degenhart*, in: Bonner Kommentar, Art. 5 I, II Rn. 874.

946 *Kremmer*, Die rechtliche Problematik des kommunalen Pressewesens, S. 72; zum Verhältnis von Art. 12 I und 5 I GG auch *Scholz*, Pressefreiheit und Arbeitsverfassung, S. 149 ff.

947 Art. 87 Abs. 1 Nr. 4 GO Bay, § 100 Abs. 3 GO Brandb, § 68 Abs. 1 Nr. 3 KV M-V, § 108 Abs. 1 Nr. 3 GO Nds, § 107 Abs. 1 Nr. 3 GO NW, § 85 Abs. 1 Nr. 3 GO RhPf, § 108 Abs. 1 Nr. 3 KSVG Saarl, § 97 Abs. 1 Nr. 3 GO Sachsen, § 116 Abs. 1 Nr. 3 GO S-Anhalt, § 101 Abs. 1 Nr. 3 GO S-H, § 71 Abs. 1 Nr. 3 KO Thür.

948 *Rehn/Cronauge*, GO, § 107 V, S. 16. Derartige Klauseln existieren beispielsweise in Bayern und Thüringen.

949 Eine derartige Regelung findet sich beispielsweise in Nordrhein-Westfalen, nachdem sie dort sogar zwischenzeitlich einmal ganz aufgehoben war.

lich ist, müßten diese Subsidiaritätsklauseln zunächst überhaupt Anwendung finden. Dazu ist notwendig, daß eine in Rede stehende Publikationstätigkeit der Gemeinden als wirtschaftliche Betätigung im Sinne der Kommunalverfassungen aufzufassen ist. Nach der Legaldefinition z.B. des § 107 Abs. 1 S. 3 GO NW ist darunter der Betrieb von Unternehmen zu verstehen, die am Markt tätig werden und deren Leistungen auch von Privatunternehmen mit Gewinnerzielungsabsicht betrieben werden können. Angesichts des bereits bestehenden Angebots an juristischer Fachliteratur und der Dokumentation der gesetzgeberischen Tätigkeit durch private Verlage, die ihr Angebot sowohl herkömmlich im Buchdruck und zunehmend auch in elektronischer Form auf CD-ROM oder im Internet bereitstellen, kann damit grundsätzlich eine wirtschaftliche Betätigung im Sinne dieser Vorschriften für die allgemeine Verbreitung von Gesetzestextinformationen im Grundsatz nicht ernsthaft bestritten werden.[950]

Auszuklammern aus diesem Bereich der wirtschaftlichen Betätigung ist allerdings die im Rahmen der formalen Gesetzesverkündung erfolgende Publikation von Rechtsnormen. Eine solche ist noch Bestandteil des Rechtsetzungsverfahrens und führt erst nach Beachtung der dafür geltenden Regelungen die Rechtsverbindlichkeit der veröffentlichten Rechtsnormen herbei. Privaten ist sie aber gerade nicht möglich, sondern nur der kommunalen Körperschaft als Produzent der allgemeinen Rechtsnormen.[951]

Soweit die Publikation ohne Verbindlichkeit und lediglich zur Aufklärung erfolgt, ist eine wirtschaftliche Betätigung hingegen grundsätzlich zu bejahen. Insofern unterscheidet sich ein Informationsangebot der öffentlichen Hand nicht von dem eines privaten Verlages. Die Veröffentlichung von Gesetzestextinformationen ist im übrigen auch durch den fehlenden Urheberrechtsschutz, die vorgeschriebene Parlamentsöffentlichkeit und die formalen Verkündungsgrundsätze insoweit ausreichend abgesichert, daß die Unternehmer dauerhaft in der Lage sind, sich die zu einer wirtschaftlichen Verwertung notwendigen Informationen tatsächlich auch zu beschaffen und damit auch auf Dauer mit derartigen Veröffentlichungen Gewinnerzielungsabsichten verfolgen zu können. Insoweit steht der öffentlichen Hand gerade kein rechtlich abgesichertes Monopol zu, das ihr gestatten würde, Dritte durch ein Abschneiden von den Informationsquellen von einer wirtschaftlichen Betätigung abzuhalten und damit letztlich selbst darüber zu befinden, ob Gesetzestexte zur wirtschaftlichen Ware werden.

Die Privatunternehmer sind damit in der Lage, auf Dauer ebenfalls Gesetzesinformationsangebote zu unterhalten und dies grundsätzlich angesichts der offensichtlich bestehenden Nachfrage nach Gesetzestexten auch mit unternehmerischen Gewinn zu tun. Unbeachtlich ist in diesem Zusammenhang auch, wenn die Gemeinde selbst beabsichtigt, ihr Angebot kostenlos zu betreiben und damit keinerlei Gewinnerzielungsabsichten verfolgt.

Fraglich ist allerdings, ob diese günstigen unternehmerischen Betätigungsmöglichkeiten für alle Ebenen des Rechts bestehen. Zweifelhaft ist dies im Gegensatz zum Bundes- und Landesrecht gerade für das in Rede stehende kommunale Ortsrecht. Da jede Gemeinde ihr eigenes Recht durch Satzungen und Rechtsverordnungen setzt, ist der Kreis der potentiellen Interessenten relativ klein und dürfte sich jeweils im großen und ganzen auf die jeweiligen Einwoh-

---

950 Von der wirtschaftlichen Einträglichkeit derartiger Publikation berichtet auch *Berkemann*, JurPC Web-Dok. 188/1999, Abs. 20.

951 Auch die zumeist in den Bekanntmachungsverordnungen vorgesehene Möglichkeit der Veröffentlichung in Tageszeitungen läßt keine andere Bewertung zu, weil die Herausgeber derartiger Zeitungen lediglich als Erfüllungsgehilfe agieren und es letztlich die Gemeinde bleibt, die für die Bekanntmachung Sorge trägt.

ner der Gemeinden beschränken. Ob es daher auf dieser Ebene Privatunternehmen überhaupt möglich ist, mit Gesetzesinformationen Gewinn zu erzielen, ist mehr als fraglich.[952] Damit erscheint auch die Annahme einer wirtschaftlichen Betätigung zweifelhaft.

Gegen die Beachtlichkeit des kommunalen Subsidiaritätsprinzips könnte weiterhin eine gesetzliche Sonderregelung sprechen. Kraft ausrücklicher Bestimmung in den Kommunalverfassungen wird eine wirtschaftliche Betätigung einer Gemeinde als nichtwirtschaftlich fingiert, wenn eine öffentliche Einrichtung betrieben wird, die für eine soziale und kulturelle Betreuung der Einwohner erforderlich ist.[953] Dazu gehören ausdrücklich Einrichtungen, die der Erziehung, Bildung oder Kultur dienen. Als Beispiel für derartige Einrichtungen führt § 107 Abs. 2 Nr. 2 GO NW ausdrücklich Bibliotheken auf. Ein Informationsangebot im Internet, das für jedermann abrufbare Rechtsnormtexte enthält, ist als organisatorische Einheit ohne Zweifel eine Einrichtung iSd Kommunalverfassungen.[954] Als solche ist sie außerdem auch mit einer Bibliothek durchaus vergleichbar und dient in jedem Fall der Bildung der Einwohner, die sich dadurch über ihre Rechte und Pflichten bzw. sonstige Regelungen informieren können.

Folglich sind kommunale Aktivitäten auf diesem Gebiet nicht als wirtschaftliche Betätigung im Sinne dieser Vorschriften anzusehen und werden damit von den Subsidiaritätsklauseln gar nicht erfaßt.

Selbst bei Unterstellung einer wirtschaftlichen Betätigung und einer somit eröffneten Anwendung der Subsidiaritätsklauseln stünden diese dem kommunalen Handeln erst dann entgegen, wenn nicht ein öffentlicher Zweck die Betätigung erforderte, diese in keinem angemessenen Verhältnis zur Leistungsfähigkeit der Kommune stünde und vor allem der verfolgte Zweck von der Gemeinde nicht besser und wirtschaftlicher als von Privaten erfüllt werden könnte.

Die Absicht, die Bürger über das Ortsrecht zu informieren, das von ihnen zu beachten ist und für sie rechtliche Wirkungen zeitigt, kann schwerlich als nicht gebotener öffentlicher Zweck bezeichnet werden. Des weiteren dürfte sich grundsätzlich auch der zur Erstellung derartiger Informationsangebote notwendige redaktionelle und technische Aufwand in Grenzen halten und jedenfalls die Leistungsfähigkeiten einer Gemeinde nicht überschreiten. Dies gilt umso mehr, als die meisten Verwaltungen schon über eine eigene Plattform im Internet verfügen und die Normproduktivität des kommunalen Gesetzgebers doch überschaubar ist, was den notwendigen redaktionellen Aufwand auch für die Bereitstellung von konsolidierten Rechtsnormtexten begrenzt.

Schließlich steht der kommunalen Betätigung auch nicht der Vergleich mit Privaten entgegen. Private Unternehmer, die ein vergleichbares Informationsangebot zwar durchaus erstellen könnten, bieten keine Gewähr für eine umfassende und dauerhafte Tätigkeit, weil sie überwiegend aus wirtschaftlichen Erwägungen handeln. Gerade im Hinblick auf die Vollständig-

---

952 *Kirchhof*, DÖV 1982, 397 (400) erkennt gerade aus Gründen ungenügender privater Multiplikatoren auf gemeindlicher Ebene sogar en rechtsstaatliches Defizit, das sich nicht zuletzt aus den unzureichenden äußeren wirtschaftlichen Parametern ergibt.

953 So bspw. § 107 Abs. 2 Nr. 2 GO NW. Bis auf Bayern, Brandenburg und Thüringen enthalten alle Bundesländer vergleichbare Regelungen.

954 Dazu nur *Gern*, Deutsches Kommunalrecht, Rn. 528 ff.; für eine städtische Informationsbroschüre als gemeindliche Einrichtung; vgl. auch VG Minden NJW 1992, 523 (523 f.) und OLG Naumburg LKV 1995, 229 (230); a.A. wohl aber *Kremmer*, Die rechtliche Problematik des kommunalen Pressewesens, S. 199 ff. der kommunale Presseerzeugnisse nicht als öffentliche Einrichtungen iSd Kommunalverfassungen ansieht.

keit und Kontinuität der Veröffentlichung erscheint eine Betätigung der Gemeinde daher nicht nur gleich gut, sondern sogar im Vergleich zu privaten Unternehmern sogar besser.[955]

Die kommunalen Subsidiaritätsklauseln – selbst wenn sie anwendbar wären – stellen damit ebenfalls kein rechtliches Hindernis dar.

Dies gilt letztlich auch dann, wenn zusätzlich zu dem reinen Informationsangebot durch die Einblendung von Werbebannern inhaltsfremde Elemente präsentiert werden und auf diese Weise die Möglichkeit zur Erzielung zusätzlicher Einnahmen genutzt wird. Derartige Randnutzungen gelten als Bestandteil des wirtschaftlichen Unternehmens bzw. der nichtwirtschaftlichen Einrichtung und unterliegen als reine Hilfsbetriebe keiner gesonderten Zulässigkeitsprüfung.[956] Solange Kapazitäten genutzt werden, die ansonsten brach lägen, muß es der Gemeinde schon wegen des Gesichtspunkts der sparsamen Haushaltsführung möglich sein, derartige Ressourcen im Rahmen bloßer Annextätigkeit sinnvoll nutzen zu können.[957] Eine andere rechtliche Bewertung ergibt sich nur dann, wenn die Einnahmeerzielung durch Werbung zum Selbstzweck wird und mehr als eine lediglich untergeordnete Rolle spielt.[958]

2. UWG

Einfachrechtliche Grenzen könnten aber auch vom Wettbewerbsrecht gezogen werden. Vor allem die Generalklausel des § 1 UWG mit ihrem weiten Anwendungsbereich könnte einem staatlichen Online-Angebot entgegenstehen.

a) Anwendbarkeit des UWG

Zunächst ist die grundsätzliche Anwendbarkeit des UWG zu klären. Diese Frage ist unabhängig von der konkreten Subsumtion unter die Tatbestandsmerkmale der einzelnen Vorschriften zu beantworten.[959] Zweifel an der generellen Anwendbarkeit ergeben sich deshalb, weil die Vorschriften des UWG jedenfalls überwiegend dem Privatrecht zugeordnet werden.[960] Mit dieser Zuordnung kollidiert aber der Grundsatz des Vorrangs des öffentlichen Rechts: Der Staat ist danach bei Wahrnehmung öffentlich-rechtlicher Aufgaben ausschließlich an das öffentliche Recht gebunden, gerade nicht auch an das Zivilrecht, das an individueller Selbstverwirklichung orientiert ist.[961] Insofern erscheint eine generelle Anwendbarkeit des UWG bei

---

955 Vgl. auch *Kremmer*, Die rechtliche Problematik des kommunalen Pressewesens, S. 106 für eine allgemeine Öffentlichkeitsarbeit der Gemeinden.

956 *Kittler*, NJW 2000, 122 (122); *Rehn/Cronauge*, GO, § 7 VII, S. 25; *Held*, in: Held/Becker, Kommunalverfassungsrecht NW, § 107 Anm. 9.4, S. 17; a.A. allerdings OLG Hamm DVBl. 1998, 792 (793), jedoch ohne jede Prüfung des Gesichtspunktes der Annextätigkeit.

957 *Rehn/Cronauge*, GO, § 7 VII, S. 25; *Held*, in: Held/Becker, Kommunalverfassungsrecht NW, § 107 Anm. 9.4, S. 17; *Rath-Glawatz*, AfP 1998, 261 (267).

958 *Rath-Glawatz*, AfP 1998, 261 (267); *Kittler*, NJW 2000, 122 (122).

959 *Schliesky*, Öffentliches Wettbewerbsrecht, S. 279.

960 BGHZ 66, 229 (235); 121, 126 (128); *Emmerich*, Recht des unlauteren Wettbewerbs, S. 35; *Schricker*, Wirtschaftliche Tätigkeit der öffentlichen Hand und unlauterer Wettbewerb, S. 119; *Huber*, Konkurrenzschutz im Verwaltungsrecht, S. 338: a.A. *Ehlers*, Verwaltung in Privatrechtsform, S. 364 Fn. 368; *Schliesky*, Öffentliches Wettbewerbsrecht, S. 296, 310.

961 *Brohm*, NJW 1994, 281 (285 f.); dagegen *Schünemann*, Wettbewerbsrechtliche Zulässigkeit wirtschaftlicher Tätigkeit der öffentlichen Hand, in: Stober (Hrsg.), Wirtschaftliche Betätigung der öffentlichen Hand, S. 54 f.

Staatshandeln jedenfalls in den Fällen fraglich, in denen der Staat sich bei seinem wirtschaftlichen Handeln öffentlich-rechtlicher Handlungsformen bedient.

Während die Rechtsprechung und ein Großteil der Literatur diese Anwendungshürde bei wirtschaftlichem Handeln der öffentlich Hand dadurch zu umgehen suchen, indem sie die Leistungsbeziehungen, die zwischen dem Staat und den Bürgern bzw. seinen Kunden bestehen, von den Wettbewerbsbeziehungen zwischen dem Staat und seinen privaten Konkurrenten trennen[962], gelangen Gegner dieser Unterscheidung und Aufspaltung staatlichen Handelns jedenfalls faktisch ebenfalls zur Anwendbarkeit. Sie halten das UWG entweder für rechtlich neutral[963] und damit auch auf dem Gebiet des öffentlichen Rechts für unmittelbar anwendbar oder aber ziehen eine analoge Anwendung[964] in Betracht.

Damit ist das UWG im Ergebnis unabhängig davon anwendbar, ob die öffentliche Hand in öffentlich-rechtlichen Formen wirtschaftlich agiert oder ihr Handeln aufgrund der ihr zustehenden Wahlfreiheit privatrechtlich ausgestaltet.[965]

b) Handeln im geschäftlichen Verkehr

Zunächst müßte die Publikation von Rechtsnormen im Internet durch die öffentliche Hand ein Handeln im geschäftlichen Verkehr darstellen, damit überhaupt ein unlauterer Wettbewerb iSv § 1 UWG vorliegen kann.

Unter diesen Begriff fällt jede Handlung, die der Förderung eines beliebigen Geschäftszwekkes dient und in der eine Teilnahme am Erwerbsleben zum Ausdruck kommt.[966] Der Begriff ist weit zu verstehen. Er bringt zum Ausdruck, daß sich das UWG lediglich auf den geschäftlichen bzw. wirtschaftlichen Wettbewerb bezieht.[967] Abzugrenzen davon sind hingegen nur private und amtliche Handlungen, die ihrer Natur nach nicht im geschäftlichen Verkehr erfolgen.[968]

Eine private Sphäre des Staates, auch wenn er möglicherweise in privatrechtlichen Formen handelt, ist nicht vorstellbar.[969] Unerheblich ist außerdem, ob durch das geschäftliche Handeln

---

962 Die Rechtsnatur der Leistungsbeziehungen ist für die Anwendbarkeit des UWG danach unerheblich. Für diese Frage allein entscheidend seien vielmehr die Wettbewerbsbeziehungen. Wenn sich der Staat im Verhältnis zu seinen privaten Mitbewerbern auf eine Ebene der Gleichordnung begebe, sei dieses Verhältnis gerade nicht öffentlich-rechtlich geprägt, sondern privatrechtlicher Natur. Bediene sich der Staat aber typischer hoheitlicher Privilegien, dann fehle es auch im Verhältnis zu den Mitbewerbern an dieser Gleichordnung. Nur in diesen Fällen ist danach die Anwendbarkeit des privaten Wettbewerbsrecht nicht möglich. Ansonsten ist das UWG nach dieser Auffassung aber aufgrund dieser Doppelnatur staatlichen Handelns anwendbar, auch wenn die öffentliche Hand ihre Leistungen gegenüber ihren Abnehmern in öffentlich-rechtlichen Rechtsformen erbringt.

963 So z.B. *Schliesky*, Öffentliches Wettbewerbsrecht, S. 296; *Scholz*, ZHR 132 (1969), 97 (121 ff.).

964 *Schricker*, Wirtschaftliche Tätigkeit der öffentlichen Hand und unlauterer Wettbewerb, S. 116 ff.; *Klein*, Die Teilnahme des Staates am wirtschaftlichen Wettbewerb, S. 245.

965 A.A. allerdings *Erichsen*, Gemeinde und Private im wirtschaftlichen Wettbewerb, S. 36 ff.; einschränkend auch *Huber*, Konkurrenzschutz im Verwaltungsrecht, S. 332 ff.

966 BGHZ 19, 299 (303); BGH GRUR 1953, 293 (294); *Baumbach/Hefermehl*, Wettbewerbsrecht, Einl. UWG, Rn. 208; *Schliesky*, Öffentliches Wettbewerbsrecht, S. 314; *Kehl*, Wettbewerbsrecht, § 7 Rn. 1.

967 *Baumbach/Hefermehl*, Wettbewerbsrecht, Einl. UWG, Rn. 208.

968 *Köhler*, in: Jacobs/Lindacher/Teplitzky (Hrsg.), Großkomm. UWG, § 1 Rn. E 18.

969 *Schricker*, Wirtschaftliche Tätigkeit der öffentlichen Hand und unlauterer Wettbewerb, S. 76.

ein Gewinn erzielt wird oder überhaupt eine dahingehende Gewinnerzielungsabsicht besteht.[970]

aa) Informationsangebot ganz ohne Entgelte und Werbung

Wenn allerdings Waren ohne weitere unternehmerische Ziele und ohne Gegenleistung verschenkt werden, also ausschließlich außerhalb einer erwerbswirtschaftlichen Betätigung liegende Zwecke verfolgt werden, ist es zweifelhaft, ob ein Handeln im geschäftlichen Verkehr vorliegt. Ein derartiges Handeln könnte sich außerhalb des geschäftlichen Bereichs vollziehen, der sich für gewöhnlich dadurch auszeichnet, daß ein beiderseitiger Austausch von Waren bzw. Leistungen auf der einen und Entgelten auf der anderen Seite stattfindet.[971] Wer Waren oder Leistungen verschenkt und damit überhaupt keine wirtschaftlichen Zwecke verfolgt, der könnte gerade nicht am wirtschaftlichen Wettbewerb teilnehmen. Davon ist allerdings dann nicht auszugehen, wenn das Informationsangebot lediglich auf Zeit unentgeltlich sein soll, damit die Interessenten das Angebot kennen und schätzen lernen. Dadurch kann es später um so einfacher sein, wegen einer erreichten Gewöhnung der Kunden und einer eingetretenen Marktverstopfung, wirtschaftlichen Erfolg zu erzielen.[972] In diesem Fall hat das Handeln nur scheinbar den geschäftlichen Bereich verlassen. Statt dessen findet weiterhin ein Kampf um den wirtschaftlichen Erfolg statt. Wenn aber das Angebot dauerhaft kostenlos bleiben soll, ist eine Teilnahme am Erwerbsleben und die Verfolgung von Geschäftszwecken nicht mehr eindeutig. Vielmehr liegt es nahe anzunehmen, daß der geschäftliche Bereich verlassen und nur ein publizistischer oder sonstiger Bereich betroffen ist. Es stellt sich somit die Frage, ob ein Handeln im geschäftlichen Verkehr iSv § 1 UWG verlangt, daß nicht nur ein irgendwie gearteter Bezug zu einem bloß einseitigen Transfer von Waren besteht, sondern immer zwingend ein beiderseitiger Austausch betroffen sein muß, der in der Regel Entgelte als Gegenleistung zum Gegenstand hat. Sollte diese Zweiseitigkeit notwendig sein, dann wäre § 1 UWG für ein völlig unentgeltliches Informationsangebot ohne Werbung, das somit ohne jede Gegenleistung erbracht wird, nicht einschlägig und würde dieser Tätigkeit keine rechtliche Grenzen setzen können.[973]

Dagegen spricht, daß aus dieser Argumentation wenig nachvollziehbare Ergebnisse resultieren. Sobald nämlich bloß ein symbolischer Preis verlangt würde, wäre § 1 UWG wieder einschlägig, obwohl der wirtschaftliche Druck auf die Konkurrenten gegenüber einem konkurrierenden kostenlosen Angebot beinahe unverändert, wenn nicht sogar weniger stark wäre. Auch aus Kundensicht macht es keinen großen Unterschied, ob eine Ware verschenkt wird oder gegen ein der Höhe nach völlig unbedeutendes Entgelt zu erhalten ist. Die Auswirkungen auf den wirtschaftlichen Wettbewerb sind in beiden Konstellationen im Prinzip ebenfalls die gleichen.

Außerdem ändert auch der Verzicht auf eine wirtschaftliche Gegenleistung nicht, daß wirtschaftliche Güter in einem ansonsten vorherrschenden geschäftlichen Bereich übertragen werden. Das Markthandeln des Staates liegt darin begründet, daß er Leistungen anbietet, die

---

970 *Baumbach/Hefermehl*, Wettbewerbsrecht, Einl. UWG, Rn. 208; *Schricker*, Wirtschaftliche Tätigkeit der öffentlichen Hand und unlauterer Wettbewerb, S. 78.

971 *Schricker*, Wirtschaftliche Tätigkeit der öffentlichen Hand und unlauterer Wettbewerb, S. 76, 121.

972 *Kohl*, AfP 1981, 326 (327).

973 In diesem Sinne allgemein für unentgeltliche Pressepublikationen des Staates *Kohl*, AfP 1981, 326 (327).

sich aus wirtschaftlicher Perspektive betrachtet nicht von denjenigen unterscheiden, die von privaten Unternehmern erbracht werden.[974] Damit liegt weiterhin ein wirtschaftlicher Bezug vor. Im übrigen wirkt sich gerade das unentgeltliche Angebot wirtschaftlicher Güter besonders stark auf den wirtschaftlichen Wettbewerb aus. Es muß daher vielmehr auf die Auswirkungen des Handelns ankommen und nicht so sehr auf dessen Form.[975] Da ohne Zweifel davon auszugehen ist, daß eine staatliche Veröffentlichung von Rechtstexten im Internet Auswirkungen auf den Absatz von vergleichbaren Angeboten privater Unternehmer haben kann, ist der Bezug zum geschäftlichen Verkehr kaum zu verneinen. Schließlich ist zu berücksichtigen, daß der Gesetzgeber sämtliches marktmäßige Handeln mit Hilfe des UWG erfassen möchte.[976]

Es kann damit für die Frage des geschäftlichen Verkehrs iSv § 1 UWG keinen Unterschied darstellen, ob der Staat die Rechtsnormen im Internet völlig kostenlos und ohne Werbung anbietet oder aber aber auf diese Formen der Einnahmeerzielung doch nicht ganz verzichtet.[977]

bb) Informationsangebot nur gegen Entgelt und/oder mit Werbung

Soweit das Internet-Angebot der öffentlichen Hand nicht kostenfrei angeboten wird, stellt sich das Problem der Teilnahme am geschäftlichen Verkehr für die Frage der Anwendbarkeit des UWG nicht. Dann tritt der Staat offensichtlich in ein Wettbewerbsverhältnis zu privaten Verlagen ein, die ebenfalls im Kampf um Kunden geschäftlich handeln. Das gleiche gilt, wenn die Angebote im Internet zwar für die Abnehmer kostenlos bleiben, aber durch die entgeltliche Aufnahme von Werbeeinblendungen im Ergebnis doch einen wirtschaftlichen Bezug haben. Auch in diesem Fall bewegt sich der Staat ganz offensichtlich innerhalb des geschäftlichen Verkehrs und nimmt wegen des entgeltlichen Anzeigengeschäfts teil am wirtschaftlichen Konkurrenzkampf.[978] Er kann dann keineswegs ausschließlich in einem rein publizistischen Wettbewerb agieren, sondern betritt den geschäftlichen Verkehr, in dem er nun Leistungen gegen Entgelt anbietet und damit am normalen Erwerbsleben teilnimmt.

Dagegen kann auch nicht eingewandt werden, daß die Entgelte oder die Werbeeinnahmen unter den anfallenden Kosten bleiben und aus diesem Grund keine erwerbswirtschaftlichen Zwecke verfolgt werden. Eine Gewinnerzielungsabsicht ist nicht entscheidend für das Tatbestandsmerkmal des geschäftlichen Verkehrs.[979] Es ist notwendig, aber auch ausreichend, daß wegen des beiderseitigen Austauschs von Leistung und Entgelt überhaupt ein wirtschaftliches Handeln vorliegt, mag der Handelnde dabei auch wirtschaftliche Verluste in Kauf nehmen.

---

974 Die Bedeutung eines Handelns, das auf der Ebene der privaten Mitbewerber erfolgt, betont auch *v. Gamm*, WRP 1984, 303 (306) für die Frage der Anwendbarkeit des UWG.

975 Alleine auf die Auswirkung staatlichen Handelns abstellend *Schliesky*, Öffentliches Wettbewerbsrecht, S. 316 f, 321; speziell für den Bereich des kommunaler Presseerzeugnisse auch *Kremmer*, Die rechtliche Problematik des kommunalen Pressewesens, S. 177.

976 *Schünemann*, Wettbewerbsrechtliche Zulässigkeit wirtschaftlicher Tätigkeit der öffentlichen Hand, in: Stober (Hrsg.), Wirtschaftliche Betätigung der öffentlichen Hand, S. 60.

977 A.A. allerdings *Kohl*, AfP 1981, 326 (327) in bezug auf allgemeine Publikationen der öffentlichen Hand.

978 So auch *Kohl*, AfP 1981, 326 (327), der ohne diesen kommerziellen Bezug ein geschäftliches Handeln ablehnt.

979 *Baumbach/Hefermehl*, Wettbewerbsrecht, Einl. UWG, Rn. 208; *Schricker*, Wirtschaftliche Tätigkeit der öffentlichen Hand und unlauterer Wettbewerb, S. 78; *Keßler*, WRP 1999, 146 (147).

Des weiteren steht die Verfolgung eines öffentlichen Zweckes der Annahme eines Handelns im geschäftlichen Verkehr nicht entgegen.[980] Auch private Unternehmer können gemeinnützige Zwecke mit ihren Unternehmen verfolgen. Das vermag aber nichts daran zu ändern, daß sie dies mittels geschäftlicher Betätigung innerhalb des Wettbewerbs tun und damit weiterhin im geschäftlichen Verkehr agieren. Somit ist unbeachtlich, wenn die öffentliche Hand mit ihrem Informationsangebot im Internet ausschließlich aufklärerische Zwecke und keinerlei erwerbswirtschaftliche Motive verfolgt. Sie verläßt damit nicht den geschäftlichen Verkehr.

cc) Amtliches Handeln

Fraglich ist allein, ob nicht vielleicht ein hoheitlich-amtliches Handeln vorliegen könnte, das der Annahme eines Handelns im geschäftlichen Verkehr entgegensteht. Wann genau eine Maßnahme der öffentlichen Hand als solches anzusehen ist, erscheint problematisch. Es kann jedenfalls aber nicht schon dann vorliegen, wenn die öffentliche Hand in öffentlich-rechtlichen Handlungsformen handelt.[981] Als gesichert kann wohl gelten, daß jedenfalls eine Leistungserbringung der öffentlichen Hand im Wettbewerb mit anderen auch in öffentlich-rechtlicher Form so lange eine Maßnahme im geschäftlichen Bereich darstellt, wie nicht der Grundsatz des freien Marktes durch staatliche Maßnahmen aufgehoben ist.[982] Außerdem macht auch die Verfolgung öffentlicher Zwecke das Handeln nicht zu einem rein hoheitlichen bzw. amtlichen Handeln.[983] Ansonsten könnte sich die öffentliche Hand beispielsweise unter Berufung auf das Sozialstaatsprinzip gegenüber dem Wettbewerbsrecht weitestgehend immunisieren.[984]

Anders ist es allerdings in den Fällen, in denen aufgrund gesetzlicher Regelung kein freier Wettbewerb existieren kann[985] und die öffentliche Hand nicht innerhalb des Wettbewerbs, sondern sozusagen über ihm steht.[986] Um dies annehmen zu können, müssen rechtliche Marktzutrittsbarrieren bestehen.[987]

Für unverbindliche und lediglich informierende Gesetzesveröffentlichungen kann dies schlechterdings nicht gelten. Derartige Informationen werden in gleicher Form auch von der Privatwirtschaft erbracht. Sie sind sogar vom Staat erwünscht und gesetzlich keineswegs besonderen Beschränkungen unterworfen.[988] Anders verhält es sich allerdings mit der formalen Verkündung. Diese Veröffentlichung von Gesetzestexten ist Bestandteil des Gesetzgebungs-

---

980 *Schliesky*, Öffentliches Wettbewerbsrecht, S. 316 f.; *Schricker*, Wirtschaftliche Tätigkeit der öffentlichen Hand und unlauterer Wettbewerb, S. 79; ähnlich auch *Schünemann*, Wettbewerbsrechtliche Zulässigkeit wirtschaftlicher Tätigkeit der öffentlichen Hand, in: Stober (Hrsg.), Wirtschaftliche Betätigung der öffentlichen Hand, S. 58.

981 *Köhler*, in: Jacobs/Lindacher/Teplitzky (Hrsg.), Großkomm. UWG, § 1 Rn. E 18; ablehnend auch *Schliesky*, Öffentliches Wettbewerbsrecht, S. 316.

982 *Köhler*, in: Jacobs/Lindacher/Teplitzky (Hrsg.), Großkomm. UWG, § 1 Rn. E 19; ähnlich auch *Schricker*, Wirtschaftliche Tätigkeit der öffentlichen Hand und unlauterer Wettbewerb, S. 121 f.

983 *Schünemann*, Wettbewerbsrechtliche Zulässigkeit wirtschaftlicher Tätigkeit der öffentlichen Hand, in: Stober (Hrsg.), Wirtschaftliche Betätigung der öffentlichen Hand, S. 58.

984 *Schünemann*, Wettbewerbsrechtliche Zulässigkeit wirtschaftlicher Tätigkeit der öffentlichen Hand, in: Stober (Hrsg.), Wirtschaftliche Betätigung der öffentlichen Hand, S. 58.

985 *Köhler*, in: Jacobs/Lindacher/Teplitzky (Hrsg.), Großkomm. UWG, § 1 Rn. E 19.

986 *Schricker*, Wirtschaftliche Tätigkeit der öffentlichen Hand und unlauterer Wettbewerb, S. 122.

987 *Schünemann*, in: Jacobs/Lindacher/Teplitzky (Hrsg.), Großkomm. UWG, Einl. D Rn. 186.

988 Siehe oben § 4 I 2. a) cc), S. 110 f.

verfahrens und kann nicht ohne weiteres auch von privaten Unternehmern erbracht werden. Dies gilt auch für den kommunalen Bereich, in dem an Stelle von gemeindeeigenen Amtsblättern auch private Tageszeitungen als Verkündungsorgan möglich und durchaus üblich sind. Denn auch in diesen Fällen liegt kein bestehender Wettbewerb vor, an dem sich jeder Verleger beteiligen kann. Vielmehr bleibt es die öffentliche Hand, die die Rechtsnormen unter Zuhilfenahme privater Dritter verkündet. Anderen steht es gerade nicht frei, den "Markt der formalen Gesetzesverkündung" zu betreten.

Mit Ausnahme dieser Form der Gesetzestextpublikation fallen daher Informationsangebote der öffentlichen Hand nicht als amtliches bzw. rein hoheitliches Handeln aus dem Bereich des geschäftlichen Handelns iSv § 1 UWG heraus und zwar unabhängig davon, ob sie entgeltlich oder unentgeltlich erbracht werden.

c) Zu Zwecken des Wettbewerbs

Weiterhin muß ein Handeln zu Zwecken des Wettbewerbs vorliegen, damit das staatliche Informationsangebot iSv § 1 UWG unzulässig sein könnte. Dies setzt zunächst in objektiver Hinsicht ein Verhalten voraus, das äußerlich geeignet ist, den Absatz einer Person zum Nachteil einer anderen Person zu fördern.[989] Dieser objektive Tatbestand ist bei einem Online-Angebot der öffentlichen Hand, das in weiten Teilen mit dem der privaten Verlagswirtschaft vergleichbar ist, leicht erfüllt, weil sich eine Förderung des staatlichen beinahe automatisch immer zu Lasten der konkurrierenden privaten Angebots auswirken dürfte.

In subjektiver Hinsicht verlangt das Tatbestandsmerkmal außerdem eine Wettbewerbsabsicht, d.h. die Absicht, den eigenen oder wenigstens fremden Wettbewerb zum Nachteil eines anderen zu fördern.[990]

aa) Gewinnerzielungsabsicht

Soweit die öffentliche Hand aus erwerbswirtschaftlichen Gründen handelt und bestrebt ist, einen Gewinn zu erwirtschaften, dürften an dieser Absicht prinzipiell wenig Zweifel bestehen. In Fällen objektiver Eignung einer Handlung zur Förderung des Wettbewerbs besteht eine Vermutung dafür, daß auch eine dahingehende Absicht vorhanden ist.[991]

bb) Keine Schädigungsabsicht

Gerade aber bei Handlungen, die den Absatz des Online-Angebots von Rechtstexten aus öffentlicher Hand betreffen, erscheint diese generelle Vermutung einer derartigen Wettbewerbsabsicht fraglich. Obgleich der Staat den Absatz der eigenen Angebote und damit möglicherweise sogar auch die Einnahmen durch verlangte Entgelte verbessern möchte, verfolgt er daneben das Ziel, die Kenntnis der Bürger über die verfaßte Rechtsordnung insgesamt zu verbessern. Wenn nun aber gleichzeitig der Absatz bei den privaten Verlagen zurückgeht und sie ihre Betätigung aus wirtschaftlichen Erwägungen zurückschrauben müßten, hätte dies negati-

---

989 BGHZ 3, 270 (277); 14, 163 (170); *Baumbach/Hefermehl*, Wettbewerbsrecht, Einl. UWG, Rn. 215.

990 Vgl. nur BGH GRUR 1993, 125 (126); *Baumbach/Hefermehl*, Wettbewerbsrecht, Einl. UWG, Rn. 232; *Köhler*, in: Jacobs/Lindacher/Teplitzky (Hrsg.), Großkomm. UWG, § 1 Rn. E 22.

991 Auch im Hinblick auf die Betätigung der öffentlichen Hand *Schricker*, Wirtschaftliche Tätigkeit der öffentlichen Hand und unlauterer Wettbewerb, S. 80 u. *v. Gamm*, WRP 1984, 303 (307); *Schliesky*, Öffentliches Wettbewerbsrecht, S. 324.

ve Auswirkungen auf das Informationsangebot insgesamt.[992] Dies ist gerade nicht im Interesse des Staates, der die Kenntnisnahmemöglichkeit der Bürger insgesamt verbessern möchte und dem eine private Informationstätigkeit eigentlich sehr willkommen ist. Die Absatzschwierigkeiten der privaten Unternehmer sind dem Staat zwar vermutlich durchaus bewußt und werden von ihm als unvermeidliche Nebenfolge in Kauf genommen. Sie können aber schwerlich als gerade beabsichtigt bezeichnet werden. Allerdings ist eine Schädigungsabsicht auch gerade nicht erforderlich.[993] Es ist ausreichend, wenn sich die Absicht einzig auf die Förderung des eigenen Absatzes bezieht, solange dies im Bewußtsein geschieht, daß damit gleichzeitig eine Schädigung der Wettbewerber verbunden ist.[994] Da das Informationsbedürfnis nach Rechtstexten nicht unbegrenzt ist, sondern einen gewissen Sättigungsgrad erwarten läßt, dürfte sich daher eine Absatzsteigerung zugunsten der öffentlichen Hand automatisch immer zu Lasten der privaten Unternehmer auswirken und in dieser Konsequenz vom Staat auch nur schwerlich verkannt werden.

cc) Öffentliche Motive neben erwerbswirtschaftlichen Motiven

Dennoch bleibt es dabei, daß die öffentliche Hand, auch wenn sie mit ihrem Informationsangebot Gewinne erwirtschaften möchte, daneben aber außerdem immer auch das öffentliche Motiv verfolgt, die Bürger über ihre Rechte und Pflichten aufzuklären. Für diese Zweckverfolgung lassen sich zahlreiche rechtliche Anknüpfungspunkte finden.[995] Dies spricht aber nicht gegen die Annahme einer Wettbewerbsabsicht. Eine Wettbewerbshandlung muß nicht gänzlich oder wenigstens überwiegend zu Wettbewerbszwecken begangen worden sein. Es ist ausreichend, wenn eine Wettbewerbsabsicht jedenfalls auch vorhanden ist und nicht nach den Umständen des jeweiligen Falles gänzlich hinter andere Motive zurücktritt.[996] Es ist kaum vorstellbar, daß objektiv wettbewerbsrelevante Handlungen der öffentlichen Hand bei Vorliegen einer generellen Gewinnerzielungsabsicht aus Motiven vorgenommen werden, die diese erwerbswirtschaftlichen Erwägungen derart stark in den Hintergrund treten lassen. Vielmehr dürfte eine Wettbewerbsabsicht trotz des daneben verfolgten öffentlichen Zwecks generell zu bejahen sein.[997]

dd) Nur öffentliche, keine wirtschaftlichen Motive

Das Vorliegen einer Wettbewerbsabsicht könnte aber dann zu verneinen sein, wenn die öffentliche Hand mit ihrer Betätigung überhaupt keine erwerbswirtschaftlichen Zwecke verfolgt, sondern nur handelt, um die Bürger zu informieren, und dabei maximal kostendeckend

---

992 Auf diese Gefahr eines Rückgangs der Informationsvielfalt weisen Bundesjustizministerin *Däubler-Gmelin*, http://edvgt.jura.uni-sb.de/Tagung99/ak99/Grußwort.htm und Parlamentarischer Staatssekretär *Pick*, BT-Drs. 14/1070, S. 8 hin.

993 *Baumbach/Hefermehl*, Wettbewerbsrecht, Einl. UWG, Rn. 232.

994 *Schricker*, Wirtschaftliche Tätigkeit der öffentlichen Hand und unlauterer Wettbewerb, S. 82; vom Ergebnis her auch *Schünemann*, Wettbewerbsrechtliche Zulässigkeit wirtschaftlicher Tätigkeit der öffentlichen Hand, in: Stober (Hrsg.), Wirtschaftliche Betätigung der öffentlichen Hand, S. 58.

995 Vgl. dazu oben § 4 II.

996 BGHZ 3, 270 (277); 19, 299 (303); GRUR 1993, 125 (126); *Keßler*, WRP 1999, 146 (148); *Baumbach/Hefermehl*, Wettbewerbsrecht, Einl. UWG, Rn. 234.

997 *Schünemann*, Wettbewerbsrechtliche Zulässigkeit wirtschaftlicher Tätigkeit der öffentlichen Hand, in: Stober (Hrsg.), Wirtschaftliche Betätigung der öffentlichen Hand, S. 60; a.A. offenbar *Kremmer*, Die rechtliche Problematik des kommunalen Pressewesens, S. 179 f.

oder gar mit Verlusten operiert, weil sie sich zugunsten hoher Nutzungszahlen nur für einen symbolischen Preis oder eben für ein gänzlich kostenloses Angebot entschieden hat. Wirtschaftliche Motive können ihr dann schwerlich unterstellt werden. Es fragt sich aber, ob dies der Annahme einer Wettbewerbsabsicht wirklich entgegensteht. Zutreffenderweise wird die Notwendigkeit einer Gewinnerzielungsabsicht allgemein verneint.[998] Entscheidend ist vielmehr, daß der Wettbewerbsteilnehmer handelt, um sich im Konkurrenzkampf gegen andere durchzusetzen. Welche Motive er dabei verfolgt, kann für die Wettbewerbsabsicht nicht entscheidend sein, denn derartige Beweggründe ändern nichts an den Auswirkungen auf den Wettbewerb, auf den es allein wegen der Schutzrichtung des § 1 UWG ankommt. Bedeutung können diese erst bei der Frage der Sittenwidrigkeit seines Handelns erlangen.[999]

Wenn aber die öffentliche Hand ohne Anwendung hoheitlicher Mittel sich auf eine Ebene der Gleichordnung zu privaten Verlagen begibt und ihr Informationsangebot einem bestehenden privaten Wettbewerb entgegensetzt, begibt sich sie sich damit zwangsläufig in ein Konkurrenzverhältnis. Jede Maßnahme, die ihren eigenen Absatz fördern soll, ist damit getragen von dem Willen, sich gegen die private Konkurrenz durchzusetzen. Wenngleich wirtschaftliche Erwägungen bei diesen Handlungen überhaupt keine Rolle spielen und es einzig auf die Verfolgung öffentlicher Zwecke ankommen sollte, ändert dies nichts daran, daß die öffentliche Hand gezielt in den Markt als prinzipiell gleichberechtigter Teilnehmer desselben eingreift und dies so auch beabsichtigt.[1000] Im übrigen ist es nicht erforderlich, daß ausschließlich Wettbewerbszwecke verfolgt werden müssen.[1001] Es ist ausreichend, wenn bei Begehung der Wettbewerbshandlung jedenfalls auch Wettbewerbszwecke verfolgt werden, sofern diese nach den Umständen des Falles nicht ganz in den Hintergrund treten. Daher schadet es nicht weiter, daß die öffentliche Hand öffentliche Zwecke verfolgt.

Anders kann das nur sein, wenn die öffentliche Hand zur Erfüllung der ihr obliegenden rechtlichen Pflichten handelt und damit ausschließlich die Absicht verfolgt, diesen Pflichten nachzukommen.[1002] Wenn ihr dann außerdem keine Ermessensspielräume zustehen, kann eine Wettbewerbsabsicht nicht angenommen werden. Sie träte in diesem Fall gänzlich hinter der Absicht zurück, der bestehenden Rechtspflicht nachzukommen. Da allerdings gerade keine rechtliche Verpflichtung, sondern höchstens eine unverbindliche rechtliche Empfehlung besteht, mit Hilfe des Internets für eine Publizität von Rechtsnormen zu sorgen, stehen aus diesem Grund der Annahme einer Wettbewerbsabsicht diesbezüglich keine Bedenken entgegen. Je weniger allerdings durch eine Kostenpflicht oder durch den Abdruck von Werbung die öffentliche Hand die Absicht verfolgt, ihre Kosten zu decken, desto seltener dürfte allerdings

---

998 BGH GRUR 1974, 733 (734); GRUR 1993, 125 (126); *Baumbach/Hefermehl*, Wettbewerbsrecht, Einl. UWG, Rn. 232; *Schliesky*, Öffentliches Wettbewerbsrecht, S. 324; *v. Gamm*, WRP 1984, 303 (307); *Köhler*, in: Jacobs/Lindacher/Teplitzky (Hrsg.), Großkomm. UWG, § 1 Rn. E 24.

999 So auch *Schünemann*, Wettbewerbsrechtliche Zulässigkeit wirtschaftlicher Tätigkeit der öffentlichen Hand, in: Stober (Hrsg.), Wirtschaftliche Betätigung der öffentlichen Hand, S. 60.

1000 A.A. allerdings allgemein bei Verfolgung von öffentlichen bzw. karitativen Zwecken *Keßler*, WRP 1999, 146 (147 f.); a.A. allgemein für kommunale Prresseerzeugnisse auch *Kremmer*, Die rechtliche Problematik des kommunalen Pressewesens, S. 178 ff.

1001 BGHZ 3, 270 (277); 19, 299 (303); *Schliesky*, Öffentliches Wettbewerbsrecht, S. 323 f.; *Schricker*, Wirtschaftliche Tätigkeit der öffentlichen Hand und unlauterer Wettbewerb, S. 84.

1002 *Schricker*, Wirtschaftliche Tätigkeit der öffentlichen Hand und unlauterer Wettbewerb, S. 85; ähnlich auch BGH GRUR 1993, 125 (126), wo es entscheidend darauf ankam, daß der ör Verband innerhalb seines gesetzlichen Pflichtenkreises handelte und damit bestimmte Leistungen in jedem Fall zu erbringen hatte.

eine Wettbewerbsabsicht zu bejahen sein. In diesen Fällen dürfte es nämlich der öffentlichen Hand im Prinzip gleichgültig sein, ob ihr Angebot auch tatsächlich wahrgenommen wird. Es wird ihr dann sicher nicht immer darauf ankommen, gerade ihr eigenes Angebot zu fördern. Vielmehr dürfte diese Absicht gegenüber dem Motiv, der Öffentlichkeit Möglichkeiten einzuräumen, sich über das Recht zu informieren, gänzlich zurücktreten. Beispielsweise könnte dann die Wettbewerbshandlung lediglich von der Absicht getragen sein, die Bürger über ihre Informationsmöglichkeiten aufzuklären. Daß damit dann vor allem das eigene Angebot zu Lasten der privaten Konkurrenz gefördert wird, mag erkannt und gebilligt sein. Dieses Motiv dürfte allerdings in diesem Fall mangels besonderen Interesses an der Inanspruchnahme des eigenen Angebots als völlig nebensächlich zurücktreten und damit der Annahme einer Wettbewerbsabsicht entgegenstehen. Es ist allerdings nicht ausgeschlossen, daß sie dennoch in anderen Fällen im Einzelfall vorliegt.

Ist aber ein Informationsangebot im Internet entgeltpflichtig oder werden durch Werbung Einnahmen erzielt, muß um so eher vom Vorliegen einer Wettbewerbsabsicht ausgegangen werden. In dieser Konstellation führt nämlich eine stärkere Benutzung zu einem höheren Kostendeckungsgrad, weil der einzelne Informationsabruf im Gegensatz zum herkömmlichen Vertriebsweg über den lediglich zu vernachlässigende Kosten erzeugt und sich der Finanzierungsaufwand überwiegend aus vom Benutzungsgrad unabhängigen Kostenpositionen zusammensetzt. Wenn nun aus einem höheren Absatz bzw. aus einer stärkeren Inanspruchnahme des Angebots ein höherer Kostendeckungsgrad resultiert, liegt es nahe, daß ganz gezielt das eigene Angebot mit der Wettbewerbshandlung gefördert werden soll. Aber auch hier ist im Einzelfall das tatsächliche Vorliegen einer derartigen Wettbewerbsabsicht zu prüfen.

d) Sittenwidrigkeit

Die letzte und entscheidende Tatbestandsvoraussetzung des § 1 UWG verlangt einen Verstoß gegen die guten Sitten. Das Vorliegen einer solchen Sittenwidrigkeit ist ausgehend von den durch das UWG geschützten Rechtsgütern zu bestimmen.[1003] Die Entscheidung darüber, ob eine sittenwidrige Wettbewerbshandlung vorliegt, ist nicht durch eine einfache Subsumtion zu entscheiden, sondern erfordert eine umfassende Gesamtwürdigung von konkretem Anlaß, Zweck, Begleitumständen und Auswirkungen des Handelns.[1004] Diese Aspekte müssen einfließen in eine Interessenabwägung, die sich an den Schutzzwecken des UWG auszurichten hat. Auszugehen ist dabei von der allgemein anerkannten Definition, daß eine Wettbewerbshandlung immer dann gegen die guten Sitten verstößt, wenn sie dem Anstandsgefühl der redlichen und verständigen Mitbewerber und der übrigen beteiligten Verkehrskreise widerspricht und/oder von der Allgemeinheit mißbilligt und für untragbar angesehen wird.[1005]

Als Folge der Vielgestaltigkeit von möglichen Wettbewerbshandlungen, die eine Unüberschaubarkeit zur Folge hat, und wegen der mangelnden Handhabbarkeit dieser Definition haben sich in Rechtsprechung und Literatur Fallgruppen gebildet, die ein halbwegs umgängli-

---

1003 *Baumbach/Hefermehl*, Wettbewerbsrecht, Einl. UWG, Rn. 83

1004 *Gamm*, WRP 1984, 303 (308); *Baumbach/Hefermehl*, Wettbewerbsrecht, Einl. UWG, Rn. 113; *Schliesky*, Öffentliches Wettbewerbsrecht, S. 3 *Schliesky*, Öffentliches Wettbewerbsrecht, S. 346 f.

1005 *Emmerich*, Recht des unlauteren Wettbewerbs, S. 37; *Kehl*, Wettbewerbsrecht, § 13 Rn. 4; ständige Rspr., vgl. nur BGHZ 15, 356 (364 f.); 19, 392 (396); 56, 18 (119); 130, 5 (7).

ches Arbeiten mit dem Begriff der Sittenwidrigkeit des § 1 UWG erlauben.[1006] Dies trägt auch zu einer einigermaßen bestehenden Rechtssicherheit im Umgang mit der Generalklausel bei. Auch die wettbewerbsrelevante Tätigkeit der öffentlichen Hand unterfällt grundsätzlich diesen Maßstäben. Ihr kann nicht schon deshalb eine grundsätzliche Vorzugsstellung zukommen, nur weil sie öffentliche Aufgaben und Zwecke verfolgt.[1007] Dies schließt aber nicht aus, daß diese Gesichtspunkte im Sinne von überwiegenden öffentlichen Interessen bei der Abwägung im Einzelfall zu berücksichtigen sind.[1008]

aa) Preisunterbietung

Häufig im Zusammenhang mit der wirtschaftlichen Betätigung der öffentlichen Hand angeführt wird die Fallgruppe der Preisunterbietung, bei der wirtschaftliche Waren unter dem Selbstkosten- oder einem allgemeinen Marktpreis angeboten werden. Da aber eine freie Preisbildung gerade das Kennzeichen eines freien Wettbewerbs ist, in dem sich die bessere Leistung durchsetzen soll, ist grundsätzlich eine Preisunterbietung wettbewerbsrechtlich zulässig.[1009] Dies gilt selbstverständlich auch für die Tätigkeit der öffentlichen Hand.[1010] Erforderlich ist damit, daß zu der Preisunterbietung zusätzliche Umstände hinzutreten, die dann im Zusammenhang mit der Preisunterbietung die Unlauterkeit ausmachen.[1011] Wettbewerbswidrig wird das Unterbieten aber jedenfalls dann, wenn es gezielt als Instrument für eine Verdrängung von unliebsamen Konkurrenten ohne Rücksicht auf die Relation von Kosten und Einnahmen eingesetzt wird.[1012] Eine derartige Vernichtungsabsicht kann der öffentlichen Hand mit ihrem Internet-Angebot aber gerade nicht unterstellt werden. Es ist vielmehr in ihrem Interesse, wenn es ein breites Informationsangebot über Rechtsnormen gerade auch von privater Seite gibt.

Andererseits könnte das besondere Unlauterkeitsmoment auch darin liegen, daß der öffentlichen Hand die Preisunterschreitung nur durch den Rückgriff auf staatliche Ressourcen – vornehmlich Steuermittel – möglich ist. Diese Rückgriffsmöglichkeit allerdings ist grundsätzlich auch kein besonderes Kritierum, weil es eine normale Erscheinung im Wettbewerb ist, daß Unternehmen unterschiedlich gute finanzielle Ausgangspostionen haben und daraus resultierende Wettbewerbsvorteile auch im Hinblick auf die Nutzung staatlicher Ressourcen hinzu-

---

1006 *Emmerich*, Recht des unlauteren Wettbewerbs, S. 54; *Baumbach/Hefermehl*, Wettbewerbsrecht, Einl. UWG, Rn. 157.

1007 BGH GRUR 1956, 227 (228); GRUR 1974, 733 (733); *Baumbach/Hefermehl*, Wettbewerbsrecht, § 1 UWG Rn. 928; *Schricker*, Wirtschaftliche Tätigkeit der öffentlichen Hand und unlauterer Wettbewerb, S. 135; *Piper*, GRUR 1986, 574 (576).

1008 *Schliesky*, Öffentliches Wettbewerbsrecht, S. 349; *Schricker*, Wirtschaftliche Tätigkeit der öffentlichen Hand und unlauterer Wettbewerb, S. 166 ff.; BGH GRUR 1987, 116 (119); GRUR 1987, 829 (831); a.A. allerdings *Schünemann*, Wettbewerbsrechtliche Zulässigkeit wirtschaftlicher Tätigkeit der öffentlichen Hand, in: Stober (Hrsg.), Wirtschaftliche Betätigung der öffentlichen Hand, S. 63.

1009 Ständige Rspr., BGHZ 28, 54 (60); 44, 288 (302); 84, 204 (206); *Baumbach/Hefermehl*, Wettbewerbsrecht, § 1 UWG Rn. 252; *Schliesky*, Öffentliches Wettbewerbsrecht, S. 376.

1010 *Schliesky*, Öffentliches Wettbewerbsrecht, S. 376; *Schricker*, Wirtschaftliche Tätigkeit der öffentlichen Hand und unlauterer Wettbewerb, S. 207.

1011 *Kehl*, Wettbewerbsrecht, § 15 Rn. 18; *Schliesky*, Öffentliches Wettbewerbsrecht, S. 377; *Emmerich*, Recht des unlauteren Wettbewerbs, S. 59.

1012 *Kehl*, Wettbewerbsrecht, § 15 Rn. 21; *Baumbach/Hefermehl*, Wettbewerbsrecht, § 1 UWG Rn. 255; 944; BGHZ 96, 337 (346); 111, 188 (190); 116, 47 (55).

nehmen sind.[1013] Dennoch besteht ein Unterschied darin, daß bei Privatunternehmern die Inhaber die Verluste zu tragen haben, während die öffentliche Hand diese durch den steuerlichen Rückgriff auf die Allgemeinheit umlegen kann.[1014] Dies ermöglicht eine risikolose Preisunterbietung und führt zu einer Verzerrung wettbewerblicher Chancen. Gleichwohl muß bedacht werden, daß gerade die Preisunterbietung unter Zuhilfenahme öffentlicher Mittel oftmals der Verfolgung eines öffentlichen Zwecks dient und damit gerade auch im Interesse der Allgemeinheit ist. Diese Zielsetzung muß in die Abwägung eingestellt werden und kann damit der Annahme der Sittenwidrigkeit entgegenstehen.[1015] Berücksichtigung muß deshalb finden, daß der Staat als Urheber von allgemeinen gesetzlichen Regelungen, mit denen er auf verschiedenste Weise auf die Sphäre seiner Bürger einwirkt, gerade durch Informationen über genau diese Regeln rechtsstaatlichen, demokratischen, sozialstaatlichen und auch anderen öffentlichen Belangen entspricht und diesen Vorgaben umso besser entspricht, je wirksamer er derartige Informationen vermittelt. Gerade aber für die Frage der Wirksamkeit von entscheidender Bedeutung sind die Kosten, die dem Bürger bei Wahrnehmung der staatlichen Informationsangebote entstehen. So dürfte der einzelne Bürger durch eine bestehende Entgeltpflicht durchaus von der Wahrnehmung der Informationsmöglichkeiten trotz eines bestehenden Interesses abgehalten werden können. Es dürfte allgemein davon auszugehen sein, daß ein bestehendes Informationsangebot unabhängig von seinem inhaltlichen Umfang umso stärker von der Allgemeinheit angenommen wird, je preisgünstiger es angeboten wird. Aus diesen Erwägungen ist damit grundsätzlich ein Zugang zum Recht zu möglichst niedrigen Entgelten wünschenswert. Daß aber gerade bei günstigen Zugangsbedingungen ein derartiges staatliches Informationsangebot für die Privatwirtschaft, die faktisch bislang diese öffentliche Aufgabe der Verbreitung des Rechts aus freilich eigenen wirtschaftlichen Erwägungen maßgeblich alleine erfüllt hat, negative Auswirkungen hat, ist daher hinzunehmen. Es kann nicht angehen, daß das Okkupieren dieses eigentlich ureigenen staatlichen Aufgabengebietes durch private Unternehmer dazu führt, daß sich die öffentliche Hand trotz bestehender Bereitschaft dabei mäßigen muß, der Bevölkerung die für sie maßgeblichen gesetzlichen Regelungen nahe zu bringen.

Zu berücksichtigen ist ferner, daß sich die in Frage stehende staatliche Publikationstätigkeit nur auf einen schmalen Bereich der Aufklärung bezieht. Die schlichte Information über den genauen Wortlaut bestehender Rechtsnormen ist das absolute Minimum, um sich im überaus komplizierten Rechtsgefüge zurechtfinden zu können. Der Gesamtbedarf der Bevölkerung an Informationen über die geltende Rechtsordnung geht jedoch wesentlich weiter: Verlangt werden Erläuterungen, Lehrbücher, Kommentare, Ratgeber usw. Es ist nicht auszuschließen, daß es dem Staat jedenfalls prinzipiell möglich sein muß, im öffentlichen Interesse auch diesen weitergehenden Bedarf zu stillen. Dieser staatlichen Betätigung könnten dann allerdings

---

[1013] *Köhler*, in: Jacobs/Lindacher/Teplitzky (Hrsg.), Großkomm. UWG, § 1 Rn. E 34; BGH GRUR 1987, 116 (118); *Schricker*, Wirtschaftliche Tätigkeit der öffentlichen Hand und unlauterer Wettbewerb, S. 149.

[1014] *Schricker*, Wirtschaftliche Tätigkeit der öffentlichen Hand und unlauterer Wettbewerb, S. 214; ähnlich auch *Schünemann*, Wettbewerbsrechtliche Zulässigkeit wirtschaftlicher Tätigkeit der öffentlichen Hand, in: Stober (Hrsg.), Wirtschaftliche Betätigung der öffentlichen Hand, S. 66.

[1015] *Schricker*, Wirtschaftliche Tätigkeit der öffentlichen Hand und unlauterer Wettbewerb, S. 215; *Schliesky*, Öffentliches Wettbewerbsrecht, S. 349 f.; *Ulmer*, ZHR 146 (1982), 466 (486); *Kremmer*, Die rechtliche Problematik des kommunalen Pressewesens, S. 191 f.; a.A. *v. Gamm*, WRP 1984, 303 (308), der die öffentlichen Zwecke allerdings schon bei der Frage der Wettbewerbsabsicht berücksichtigt und daher zu gleichen Ergebnisse kommen dürfte.

rechtliche Hürden entgegenstehen, die beispielsweise im Demokratieprinzip und in der institutionellen Freiheit der Medienfreiheiten begründet sind.[1016] Jedenfalls ist die Beschränkung auf eine bloße Gesetzestextveröffentlichung gerade auch im Hinblick auf die Interessen der privaten Verlagswirtschaft eine schonende Erfüllung öffentlicher Interessen. Nicht sonderlich ins Gewicht fällt außerdem der Einwand, daß Gesetzestexte im wesentlichen nur von juristischen Fachleuten genutzt würden, die diese Informationen für ihre erwerbswirtschaftliche Betätigung benötigten und die damit eine Subventionierung auf Kosten der Allgemeinheit erführen.[1017] Es sollte nachdenklich stimmen, wenn sich die breite Bevölkerung nicht dafür interessiert, wie genau der Gesetzgeber durch eine Vielzahl von Rechtsregeln direkt oder zumindest indirekt auf sie Einfluß nimmt. Dem sollte gerade entgegengewirkt werden. Im übrigen sind es möglicherweise eher die bislang hohen Zugangskosten, die auch den gemeinen Bürger, der sich nicht aus beruflichen Gründen unbedingt mit dem Recht befassen muß, davon abhalten, bestehende Informationsangebote im größeren Umfang wahrzunehmen.

Aus diesen Erwägungen ist damit die Unlauterkeit des wettbewerbsrechtlichen Handeln der öffentlichen Hand aufgrund rechtfertigender öffentlicher Zwecke zu verneinen und auch die Preisunterbietung, ja sogar das völlig kostenlose Informationsangebot als wettbewerbsrechtlich zulässig zu erachten.[1018]

Gegen dieses Ergebnis spricht auch nicht, daß eine Sittenwidrigkeit iSv § 1 UWG allgemein dann für das Handeln der öffentlichen Hand angenommen wird, wenn diese öffentliche Finanzmittel, die ihr zur Verfolgung bestimmter öffentlicher Zwecke zur Verfügung stehen, ohne sachlichen Zusammenhang zu diesen benutzt, um durch Abwälzung der Verlustgefahr auf die Allgemeinheit die Preissenkung überhaupt möglich zu machen.[1019] Ein derartiger zweckwidriger Einsatz der staatlichen Ressourcen verschafft der öffentlichen Hand einen ungerechtfertigten Vorteil gegenüber den übrigen Wettbewerbsteilnehmern und ist daher tatsächlich in der Regel als wettbewerbswidrig zu werten. Diese zutreffende Einschätzung hat aber ihre Begründung darin, daß dann der öffentliche Zweck gerade nicht mehr die ausufernde Betätigung deckt bzw. die öffentliche Hand wegend fehlender Mittelzuweisung sich gerade nicht der Verfolgung anderer öffentlicher Zwecke widmen sollte. Ein Internet-Informationsangebot dient aber gerade öffentlichen Zwecken der Daseinsvorsorge und ist solange unter diesem Gesichtspunkt als unproblematisch einzustufen, wie die dazu notwendigen Ausgaben aus den beispielsweise allgemein für die Öffentlichkeitsarbeit bereitgestellten Haushaltsmitteln bestritten werden.

bb) Mißbrauch amtlicher Hoheitsbefugnisse

Problematisch könnte im Hinblick auf die Fallgruppe Erschleichung von Vorteilen sein, daß sich die öffentliche Hand durch Rückgriff auf Daten, die bei der laufend betriebenen und für die Arbeit der Gesetzgebungsorgane notwendigen internen Dokumentation der Gesetzge-

---

1016 Siehe dazu nur § 4 I 1. b) bb), S. 93 ff. u. § 6 I 3., S. 142 f.

1017 So beispielsweise *Stöhr*, NJW 1999, 1440 (1442).

1018 Ähnlich, wenn auch allgemeiner, *Ulmer*, ZHR 146 (1982), 466 (487 f.); *Schricker*, Wirtschaftliche Tätigkeit der öffentlichen Hand und unlauterer Wettbewerb, S. 215; a.A. offenbar im Hinblick auf kostenlose Online-Informationsangebote mit Gesetzestexten *Stöhr*, NJW 1999, 1440 (1442), der allerdings unzutreffend auf die nicht einschlägige Fallgruppe des unzulässigen Verschenkens von Waren abstellt.

1019 *Köhler*, in: Jacobs/Lindacher/Teplitzky (Hrsg.), Großkomm. UWG, § 1 Rn. E 55; *Schliesky*, Öffentliches Wettbewerbsrecht, S. 378; *Baumbach/Hefermehl*, Wettbewerbsrecht, § 1 UWG Rn. 944.

bungstätigkeit anfallen, zur Veröffentlichung nutzen kann. Dieser Rückgriff auf Arbeiten, die sowieso ohne Rücksicht auf eine stattfindende Veröffentlichung erledigt werden müssen, könnte ein unzulässiger Mißbrauch von Vorteilen darstellen, weil der privaten Konkurrenz dieser Rückgriff auf staatliche Ressourcen nicht möglich ist und sie daher zusätzliche Aufwendungen durch die Texterfassung und -bearbeitung hat. Indes verkennt die Meinung, die das Ausnutzen staatlicher Vorteile pauschal als unlauter bewertet, daß der Staat zunächst nicht anders zu behandeln ist als jeder private Wettbewerbsteilnehmer auch. Wettbewerbsrechtlich ist es aber grundsätzlich unbedenklich, wenn einzelne Wettbewerber Vorteile gegenüber anderen haben.[1020] Es kann der öffentlichen Hand, wenn ihr grundsätzlich die Möglichkeit einer Teilnahme am wirtschaftlichen Wettbewerb offensteht, nicht verboten sein, sich dabei der ihr zur Verfügung stehenden Mittel in dem zur Ausübung erforderlichen Umfang zu bedienen.[1021] Es wäre geradezu widersinnig, wenn die öffentliche Hand darauf verzichten würde, auf bestehendes Datenmaterial zurückzugreifen und statt dessen beispielsweise für die Erstellung konsolidierter Gesetzestexte, so wie es private Verlage tun müssen, erneut sämtliche Gesetzblätter durchsehen würde, um erfolgte Gesetzesänderungen zu berücksichtigen. In diesem Fall würde die öffentliche Hand zu unnötigen Ausgaben gezwungen.[1022]

Berücksichtigt werden muß ferner, daß die Veröffentlichung einen spezifischen öffentlichen Zweck erfüllt und aus diesem Grund durchaus andere Anforderungen an das Handeln der öffentlichen Hand zu stellen sind als bei einer lediglich erwerbswirtschaftlichen Tätigkeit.[1023] Insofern gilt prinzipiell nichts anderes als im Fall der Preisunterbietung, bei der der öffentlichen Hand auch vorgeworfen wird, ihre staatliche Machtposition widerrechtlich auszunutzen. Daher müssen zusätzlich zu dem Rückgriff auf staatliche Ressourcen weitere Umstände hinzutreten, die dann erst in der Zusammenschau die Sittenwidrigkeit begründen. Dies wäre beispielsweise der Fall, wenn die bestehende private Konkurrenz gezielt verdrängt werden sollte. Eine derartige Absicht kann zwar in der Tat vorliegen, dürfte allerdings in den meisten Fällen zu verneinen sein, weil die öffentliche Hand jedenfalls im Zweifel überwiegend die Aufklärung der Bürger als Ziel verfolgt und ihr letztlich sogar die Zurückdrängung privater Multiplikatoren ungelegen kommt.

Ein weiterer besonderer Umstand könnte dagegen sein, daß die Ressourcennutzung im Hinblick auf die ausgeübte wirtschaftliche Tätigkeit als sachfremd erscheint.[1024] Es erscheint aber geradezu geboten und ganz und gar nicht sachfremd, wenn die öffentliche Hand die Daten und Informationen, die bei ihrer internen Verwaltungstätigkeit anfallen, nicht brachliegen läßt, sondern im Rahmen der ihr obliegenden Öffentlichkeitsarbeit allgemein zur Verfügung

---

[1020] *Ulmer*, ZHR 146 (1982), 466 (483); *Schliesky*, Öffentliches Wettbewerbsrecht, S. 359.

[1021] BGH GRUR 1987, 116 (118); *Piper*, GRUR 1986, 574 (579); *Köhler*, in: Jacobs/Lindacher/Teplitzky (Hrsg.), Großkomm. UWG, § 1 Rn. E 40.

[1022] Vgl. dazu auch BGH GRUR 1987, 116 (119); *Köhler*, in: Jacobs/Lindacher/Teplitzky (Hrsg.), Großkomm. UWG, § 1 Rn. E 43.

[1023] Vgl. zum öffentlichen Interesse auch *Schliesky*, Öffentliches Wettbewerbsrecht, S. 359 und *Schricker*, Wirtschaftliche Tätigkeit der öffentlichen Hand und unlauterer Wettbewerb, S. 205.

[1024] So grundsätzlich *Ulmer*, ZHR 146 (1982), 466 (483); vgl. auch die Beispiele bei *Schricker*, Wirtschaftliche Tätigkeit der öffentlichen Hand und unlauterer Wettbewerb, S. 204 f.: So erscheint es ohne weiteres als sachfremd, wenn die Verwaltung sich die Kenntnisse von Geburts-, Heirats- und Sterbelfälle im Rahmen des Personenstandswesen in der Weise zu Nutze macht, daß sie betroffene Personen als potentielle Kunden für bestimmte Waren oder Leistungen vermittelt.

stellt und insofern einer Nutzung durch die Allgemeinheit zuführt. Eine Unlauterkeit iSv § 1 UWG kann darin jedenfalls grundsätzlich nicht gesehen werden.

cc) Inanspruchnahme besonderen Vertrauens

Die Verwaltung kann sich schließlich einen unlauteren Wettbewerbsvorsprung auch dadurch verschaffen, daß sie ihre amtliche Autorität und das Vertrauenspotential, das sie in der Bevölkerung besitzt, in besonderer Weise zu Nutze macht, um einen besonders hohen Absatz ihrer angebotenen Produkte herbeizuführen. Grundsätzlich ist allerdings auch bei dieser Frage zu beachten, daß die öffentliche Hand genauso wie ein privates Unternehmen für sich selbst Werbung machen darf und dabei auch das Vertrauen ausnutzen kann, das sie im Verkehr genießt.[1025] Dies trägt im Gegenteil dazu bei, daß der Umfang der staatlichen Wirtschaftstätigkeit nicht verschleiert wird. Solange alleine mit der staatlichen Urheberschaft geworben wird, ist dies mit der Betätigung der öffentlichen Hand notwendigerweise verbunden und dementsprechend auch wettbewerbsrechtlich hinzunehmen.[1026] Ein Mißbrauch liegt allerdings dann vor, wenn bei potentiellen Kunden der Eindruck erweckt wird, daß die Veröffentlichungen wegen der hoheitlichen Herkunft besondere Verbindlichkeit besitzen. Solange aber eindeutige Hinweise auf die rechtliche Unverbindlichkeit und die dafür ausschließlich verbindlichen Gesetz- und Verordnungsblätter zu finden sind, kann ein Mißbrauch kaum vorliegen. Dies gilt umso mehr in den Fällen, in denen die staatliche Herkunft wegen der privatrechtlichen Organisationswahl nicht deutlich ist.

e) Ergebnis

Damit ist § 1 UWG nur geeignet, eine staatliche Publikation von Rechtsnormen über das Internet lediglich im Einzelfall bei Vorliegen einiger weniger besonderer Umstände einzuschränken. Es stellt aber keine prinzipielle rechtliche Hürde dar, die einer derartigen Betätigung entgegenstünde.

§ 7 Anspruch auf kostenlosen Zugang zum Recht

Während der bisherigen Untersuchung über den Zugang zum „Recht" stand die Frage der Begrenzung der Bereitstellung eines derartigen Zugangs durch die öffentliche Hand im Mittelpunkt. Berücksichtigt wurden dabei überwiegend die Interessen der privaten Wirtschaft, die dadurch wenigstens potentiell nachteilig betroffen werden könnte. Nunmehr soll der Blickwinkel gewechselt und aus der Perspektive des Bürgers geprüft werden, ob er nicht möglicherweise sogar ein Anspruch darauf hat, einen kostenlosen Zugang zum Recht zu erhalten. Sollte ein derartiger Anspruch unter bestimmten Umständen bestehen, so wäre das Internet möglicherweise das ideale Transportmedium, um diesen kostenlosen Zugang zu gewährleisten.

[1025] *Schricker*, Wirtschaftliche Tätigkeit der öffentlichen Hand und unlauterer Wettbewerb, S. 184; *Schünemann*, Wettbewerbsrechtliche Zulässigkeit wirtschaftlicher Tätigkeit der öffentlichen Hand, in: Stober (Hrsg.), Wirtschaftliche Betätigung der öffentlichen Hand, S. 68.

[1026] Vgl. auch *Kremmer*, Die rechtliche Problematik des kommunalen Pressewesens, S. 187.

I. Formale Gesetzesverkündung

Eine rechtliche Verpflichtung zur formalen Verkündung wurde bereits herausgearbeitet.[1027] Es stellt sich nun aber über diese generelle Feststellung hinausgehend die Frage, ob nicht die Gesetzesverkündung für den Bürger als Adressaten der Gesetze kostenlos zu erfolgen hat. Die Regelungen des Art. 82 GG, der entsprechenden landesrechtlichen Vorschriften, aber auch die kommunalen Bekanntmachungsvorschriften enthalten zur Frage der Kostenpflicht bzw. –freiheit keine explizite Aussage.

Huhs bejaht die Kostenfreiheit dennoch jedenfalls für die Ebene des kommunalen Ortsrechts und der Verkündung durch gemeindeeigene Amtsblätter.[1028] Aus dem von ihm erkannten individuellen Recht der Bürger, über die Rechtsnormen unterrichtet zu werden, leitet er ab, daß sie sich dieses Recht nicht zu erkaufen bräuchten. Anders gewendet erkennt *Huhs* ein subjektiv-öffentliches Recht des einzelnen auf kostenlose Amtsblätter bzw. wenigstens die objektive Pflicht der Gemeinde, sie ohne Entgelt bereitzustellen.

Dagegen spricht schon auf den ersten Blick, daß es den meisten Gemeinden aufgrund der vorhandenen gesetzlichen Regelung auch möglich ist, das Ortsrecht statt in einem eigenem Amtsblatt in privaten Tageszeitungen zu verkünden. In diesen Fällen erhält der einzelne Bürger die amtliche Bekanntmachungen ausschließlich durch den kostenpflichtigen Bezug dieser Tageszeitungen. Weshalb für die Herausgabe eines eigenen Amtsblattes davon abweichende Maßstäbe existieren sollten, ist nicht einsichtig.[1029]

Soweit aus rechtsstaatlichen, demokratischen und sozialstaatlichen Erwägungen eine Verpflichtung zur Verkündung gewonnen werden konnte, ließ sich gleichzeitig feststellen, daß diese Prinzipien gerade keine ins Detail gehenden Anforderungen enthalten, sondern statt dessen dem Gesetzgeber Entscheidungsspielräume belassen.[1030] Es muß insbesondere keine bestmögliche Form der Verkündung gewählt werden. Vielmehr läßt sich aus den Verfassungsprinzipien lediglich ableiten, daß eine generelle, allerdings auch nur in Grundzügen vorgeschriebene Verpflichtung zur Verkündung besteht, die dem einzelnen die Möglichkeit einräumen soll, sich über das geltende Recht zu informieren. Diese Informationsmöglichkeiten müssen ihm allerdings auch nicht aufgedrängt werden. Er muß nicht mit Rechtsdaten überhäuft werden. Es kann von ihm vielmehr durchaus verlangt werden, aus eigener Initiative tätig zu werden und sich auf diese Weise selbst um die Beschaffung der für ihn prinzipiell zugänglichen Informationen zu bemühen. Lediglich gewisse, im Einzelfall allerdings nicht leicht zu erkennende Grenzen, die eine Kenntnisnahme unzumutbar erschweren[1031], sind dabei zu beachten.

Eine kostenpflichtige Informationsquelle stellt im Verhältnis zu einer kostenlosen letztlich nichts anderes als ein relatives Zugangshindernis zu den angebotenen Informationen dar. Aus diesem Grund ist eine Kostenpflicht jedenfalls prinzipiell unproblematisch, soweit sie nicht

---

1027 Vgl. oben § 4 I, S. 64 ff.

1028 Staats- und Kommunalverfassung 1958, 123 (124).

1029 So auch *Kremmer*, Die rechtliche Problematik des kommunalen Pressewesens, S. 207 f.

1030 Vgl. nur oben § 4 I 1. a) hh), S. 89 f.

1031 So ausdrücklich BVerfGE 65, 283 (291).

Beträge erreicht, die die Grenzen der Zumutbarkeit überschreiten. Eine grundsätzlich unentgeltliche Verkündung ist aus den Verfassungsprinzipien daher nicht abzuleiten.[1032]

Schließlich läßt sich auch aus den Grundrechten kein davon abweichendes Ergebnis herleiten, weil sich auch der Informationsfreiheit völlig unstreitig nicht die Forderung entnehmen läßt, daß Informationen unentgeltlich zu erlangen sind.[1033]

Somit ist die Annahme eines Anspruchs auf unentgeltliche Gesetzblätter unabhängig von ihrem Verbreitungsmedium verfehlt.[1034]

II. Weitergehende Gesetzestextveröffentlichung

Mit dieser Feststellung läßt sich die Frage, ob denn für weitergehende Formen der Rechtstextveröffentlichung eine Kostenfreiheit zwingend ist, recht einfach beantworten: Auch die unverbindliche Rechtstextveröffentlichung besitzt zwar wegen zahlreicher verfassungsrechtlicher Anknüpfungspunkte einen hohen rechtlichen Stellenwert und eine große Bedeutung.[1035] Genauso wenig wie für die Gesetzesverkündung lassen sich allerdings auch für diese Form der Gesetzestextpublikation rechtliche Anhaltspunkte für eine Unentgeltlichkeit aufzeigen. Die Frage der Kostenpflicht mag zwar entscheidend sein für die Wirksamkeit der Informationstätigkeit, und eine Kostenfreiheit sorgt unter Umständen erst dafür, daß die Informationen die Bürger überhaupt erreichen, weil sie in der Praxis oftmals nicht bereit sein dürften, für derartige Information Geld zu bezahlen. Im Umkehrschluß bedeutet dies allerdings noch lange nicht, daß die Informationen tatsächlich auch kostenlos angeboten werden müssen.

Vielmehr läßt sich auch für die unverbindliche Gesetzestextveröffentlichung keine generelle Pflicht zur Unentgeltlichkeit konstruieren.

§ 8 Zulässigkeit eines kostenlosen Angebots

Wenn schon eine Pflicht der Verwaltung, den von ihr geschaffenen Zugang zum Recht kostenlos zu gewähren, nicht besteht, so stellt sich aber die Frage, ob ihr denn wenigstens die Möglichkeit eingeräumt ist, diesen Zugang für die Bürger kostenlos auszugestalten, wenn ihr eine Entgeltpflicht aus welchen Gründen auch immer nicht ratsam erscheint. Aus wettbewerbsrechtlicher Sicht ist eine Entscheidung für ein kostenloses Angebot – wie bereits festgestellt[1036] – unbedenklich.

1032 Im Ergebnis auch *Stöhr*, NJW 1999, 1440 (1440); *Severin*, Das Bundesgesetzblatt, S. 5 und schon *Jastrow*, ZgesStW 79 (1925), 40 (81 ff.).

1033 *Wendt*, in: von Münch/Kunig (Hrsg.), GG-Kommentar, Art. 5 Rn. 28; BVerwGE 29, 214 (218); *Starck*, in: v.Mangoldt/Klein, GG, Art. 5 I, II Rn. 52.

1034 Für die Möglichkeit einer Entgeltpflicht – allerdings ohne weitere Begründung – auch schon *Ziegler*, Die Verkündung von Satzungen und Rechtsverordnungen in den Gemeinden, S. 123 und *Seeger*, Die Verwaltungspraxis 1962, 145 (148).

1035 Vgl. dazu oben § 4 II, S. 120 ff.

1036 Siehe oben § 6 II 2. d) aa), S. 173 ff.

I. Haushaltsrecht

Bedenken gegen ein kostenfreies Informationsangebot ergeben sich dagegen zunächst aus dem Haushaltsrecht.

1. § 63 BHO und vergleichbare Regelungen

Nach § 63 Abs. 3 Bundeshaushaltsordnung[1037] dürfen Vermögensgegenstände nur zu ihrem vollen Wert veräußert werden. Es stellt sich somit die Frage, ob nicht vielleicht aus haushalterischen Gründen Online-Informationsangebote nur zu einem bestimmten Preis, aber jedenfalls nicht kostenlos betrieben werden dürfen.

Der Begriff der Vermögensgegenstände iSv § 63 BHO ist umfassend zu verstehen. Darunter fallen sämtliche Gegenstände und Rechte, für die am Markt bzw. rechtsgeschäftlichen Verkehr ein Preis zu zahlen bzw. zu erzielen ist.[1038] Folglich gehören dazu auch Gesetzestexte, für die bekanntermaßen ein Markt und ein wirtschaftlicher Wert besteht.[1039] Die Gesetz- und Verordnungsblätter dürften allerdings nicht dazu zählen. Für sie kann kein Markt bestehen, weil es einzig der Staat selbst ist, der Rechtsnormen formal verkündet. Mögliche Nachdrucke dieser Verkündungsorgane besitzen daher eine ganz andere Qualität und keine damit vergleichbare rechtliche Wirkung. Ein wirtschaftlicher bestimmter Marktpreis läßt sich daher nicht ermitteln.

Ungeachtet der vermutlich schwierigen Frage, wie genau der wirtschaftliche Wert von sonstigen Gesetzestextveröffentlichungen zu taxieren ist, erlaubt § 63 Abs. 3 S. 2 BHO aber Ausnahmen von der Grundregel einer Veräußerung zum vollen Wert, wenn sie im Haushaltsplan vorgesehen sind. Weitere materielle Anforderungen nennt die Vorschrift nicht. Aus dem Zusammenhang ergibt sich aber, daß ein besonderes Interesse des Bundes vorliegen muß, das die Abweichung von der Regel einer Veräußerung zu vollem Wert als gerechtfertigt erscheinen läßt.[1040] Nur dann ist dem Gebot der Wirtschaftlichkeit weiterhin entsprochen. Im Fall der Gesetzestextveröffentlichung kann allerdings ein derartiges Interesse nur schwerlich zu verneinen sein. Insbesondere die unentgeltliche Abgabe erscheint aus sozialstaatlichen Gründen geboten und wichtiger als die Erzielung von Einnahmen.

Tatsächlich enthält der Bundeshaushaltsplan derartige Ausnahmen für die Abgabe von Veröffentlichungen und sonstigen Informationsmaterials an Dritte.[1041] Danach ist die Abgabe gegen ein ermäßigtes, aber auch ohne jedes Entgelt gestattet. Besondere Anforderungen an die Art des Informationsmaterials enthalten die Titel nicht. Aus diesem Grund fallen auch Gesetzestextinfomationen im Internet darunter.

1037 Für die Bundesländer gelten vergleichbare Regelungen, vgl. z.B. § 63 Abs. 3 LHO Hess, § 63 Abs. 3 LHO NW, § 63 Abs. 3 LHO Saarl u. § 63 Abs. 3 LHO S-H, für die Kommunen vgl. bspw. § 90 GO NW, § 92 GemO BW und § 67 ThürKO.

1038 *v.Köckritz*, BHO, § 63, S. 3; *Piduch*, Bundeshaushaltsrecht, § 63 BHO Rn. 2.

1039 Im Ergebnis ebenso Landesregierung NRW, LT-Drucksache 13/463, S. 3; *Stöhr*, NJW 1999, 1440 (1442).

1040 *v.Köckritz*, BHO, § 63, S. 5 f.; BVerfGE 12, 354 (364).

1041 Z.B. Haushalt des BMJ, Kapitel 0701, Titel 54201 Öffentlichkeitsarbeit, aber auch Geschäftsbereich des Bundeskanzlers und Bundeskanzleramtes, Kapitel 0403, Ziffer 54201 Öffentlichkeitsarbeit des Presse- und Informationsamts der Bundesregierung.

Einem kostenlosen Angebot stehen daher diese haushaltsrechtlichen Vorschriften nicht entgegen.

2. Grundsätze der Sparsamkeit und Wirtschaftlichkeit

Gem. § 6 Abs. 1 HGrG, § 7 Abs. 1 BHO und den jeweils damit übereinstimmenden Vorschriften der Haushaltsordnungen der Länder[1042] ist bei der Aufstellung und Ausführung des Haushaltsplans der Grundsatz der Wirtschaftlichkeit und Sparsamkeit zu beachten. Die jeweiligen Gemeindeordnungen der Länder schreiben diesen Grundsatz ebenfalls verbindlich fest.[1043] Das Gebot gilt nicht nur für die Haushaltswirtschaft, sondern ist bei jeder Maßnahme zu beachten.[1044] Damit unverträglich könnte ein für jedermann kostenloses Informationsangebot sein, weil in diesem Fall die wohl unbestreitbare Möglichkeit ungenutzt bliebe, die der öffentlichen Hand durch das Informationsangebot entstehenden Kosten wenigstens teilweise durch Entgelte der Benutzer zu kompensieren. Dafür spricht, daß durch das Wirtschaftlichkeitsgebot im Sinne dieser Regelungen die für die staatliche Aufgabenerfüllung notwendigen Haushaltsmittel ökonomisch sinnvoll eingesetzt werden sollen.[1045] Aus diesem Grund sind bei allen Maßnahmen des Bundes, des Landes oder der Gemeinde die günstigste Relation zwischen dem verfolgten Zweck und den dazu einzusetzenden Mitteln anzustreben.[1046] Wenn aber der verfolgte Zweck gerade aber die Bereitstellung eines Zugangs zum Recht ist, der jedermann möglichst einfach und ohne besondere Zugangshürden offenstehen soll, dann versteht es sich beinahe von selbst, daß sich aus dem haushaltsrechtlichen Wirtschaftlichkeitsgebot für die grundsätzliche Notwendigkeit der Entgelterhebung keine weiteren Anforderungen ergeben. Auswirkungen kann das Wirtschaftlichkeitsgebot lediglich auf den internen Betrieb und die Abwicklung des Informationssystems haben. Dieses muß danach möglichst sparsam und wirtschaftlich betrieben werden und nicht unnötige Kosten verursachen.

Das Internet-Angebot „Recht" den Bürgern aber kostenfrei zur Verfügung zu stellen, kollidiert demnach nicht weiter mit dem haushalterischen Gebot zur Sparsamkeit und Wirtschaftlichkeit.

II. Abgabenrecht

Das Gebührenrecht könnte einem kostenlosen Online-Angebot der öffentliche Hand allerdings entgegenstehen.

1. Bundes- und landesrechtliche Gebührenregelungen

Die allgemeinen gebührenrechtlichen Regelungen des Bundes und der Länder enthalten die Vorgabe, daß als Gegenleistung für öffentlich-rechtlichen Leistungen der Verwaltung Gebüh-

---

1042 Z.B. § 7 Abs. 1 LHO NW; § 7 Abs. 1 LHO Brandb; § 7 Abs. 1 LHO Hess; § 7 Abs. 1 LHO S-H.

1043 Z.B. § 75 Abs. 2 GO NW, § 77 Abs. 2 GemO BW; Art. 61 Abs. 2 GO Bay; § 74 Abs. 2 GO Brandb; § 82 Abs. 2 GO Nds; § 82 Abs. 2 KSVG Saarl.

1044 *Heller*, Haushaltsgrundsätze, Rn. 125; *Krämer*, in: Held/Becker, Kommunalverfassungsrecht NW, § 75 Anm. 1.5, S. 3; OVG NW KStZ 1991, 115 (115).

1045 *Piduch*, Bundeshaushaltsrecht, § 7 BHO Rn. 1; OVG NW KStZ 1991, 115 (115).

1046 *Heller*, Haushaltsgrundsätze, Rn. 125.

ren erhoben werden müssen.[1047] Jedenfalls bei Abwicklung der Informationsdienste in öffentlich-rechtlichen Handlungsformen könnte damit eine Kostenfreiheit unverträglich sein. Bei Vorliegen eines öffentlichen Interesses sehen diese Gebührenregeln allerdings die Möglichkeit vor, bestimmte Arten von Verwaltungshandeln von einer Gebührenpflicht ganz auszunehmen.[1048] Gerade an der Veröffentlichung von Gesetzestexten und der einfachen Zugänglichkeit für den Bürger besteht aus verschiedenen aufgezeigten Gründen ein großes öffentliches Interesse. Da zudem bis heute dem Bürger der Inhalt des von ihm zu beachtenden Rechts auch über alternative private Informationsquellen in der Regel nur als kostenpflichtige Ware angeboten wird, erscheint ein Verzicht auf ein Entgelt und damit die Gewährleistung eines generell kostenfreien Zugangs zu den Rechtstexten als besonders geboten. Ein kostenloses Online-Informationsangebot ist damit mit den bundes- und landesrechtlichen Gebührenvorschriften vereinbar.

2. Kommunales Abgabenrecht

Fraglich ist allerdings, ob dies in gleicher Weise für die kommunalen Abgabenvorschriften gilt. Gem. § 6 Abs. 1 S. 1 KAG NW[1049] sind für die Benutzung einer Einrichtung zwingend Gebühren zu erheben, wenn die Einrichtung überwiegend dem Vorteil einzelner Personen oder Personengruppen dient. Ansonsten allerdings ist die Erhebung von Benutzungsgebühren gem. § 6 Abs. 1 S. 2 KAG NW in das freie Ermessen der Kommunen gestellt. Da aber oftmals gemutmaßt wird, daß von der Zugänglichmachung umfangreicher Gesetzestexte überwiegend die professionellen Rechtsanwender, wie bspw. Rechtsanwälte, profitierten, der normale Bürger aber nur sehr wenig praktischen Nutzen davon habe[1050], könnte jedenfalls für die Ebene des kommunalen Rechts eine Bereitstellung der Gesetzestexte im Internet gegen das insofern bestehende Gebührenerhebungsgebot verstoßen.

Wann eine Einrichtung iSd § 6 Abs. 1 S. 1 KAG NW überwiegend dem Vorteil einzelner Personen dient, ist allerdings nicht ganz klar, und eine Abgrenzung ist nicht ganz eindeutig zu ziehen. Nicht entscheidend sein kann allerdings die faktische Benutzung durch bestimmte Personen und Personengruppen, die ohnehin oftmals nur schwer feststellbar ist und großen Schwankungen unterworfen sein kann.[1051] Entscheidend dürfte vielmehr sein, welchen Zweck die Kommune mit ihrer Einrichtung verfolgt und wem diese dienen soll.[1052] Wenn eine öffentliche Einrichtung zwar grundsätzlich jedem zur Benutzung offensteht, aber in der Praxis von der Allgemeinheit nur eingeschränkt benutzt wird, kann danach nicht ausschlaggebend sein. Entscheidend ist vielmehr, daß sie grundsätzlich der Allgemeinheit zu dienen bestimmt ist und nach ihrer Widmung grundsätzlich jedermann offensteht.[1053] Aus diesem Grund ist es nicht weiter von Bedeutung, wenn von einer Online-Publikation des Ortsrechts tatsächlich hauptsächlich diejenigen profitieren würden, die aus beruflichen Gründen auf die Arbeit mit

---

[1047] Vgl. §§ 1 ff. VwKostG Bund und z.B. §§ 1 ff. GebG NW.

[1048] Vgl. § 6 VwKostG Bund und z.B. § 24 Abs. 2 iVm § 6 GebG NW.

[1049] Der nordrhein-westfälischen Regelung entsprechen beispielsweise Art. 8 Abs. 1 S. 2 KAG Bay und § 6 Abs. 1 S. 1 KAG Brandb.

[1050] Vgl. dazu nur *Stöhr*, NJW 1999, 1440 (1441).

[1051] *Dahmen*, in: Driehaus (Hrsg.), Kommunalabgabenrecht, § 6 KAG Rn. 7.

[1052] So wohl auch *Dahmen*, in: Driehaus (Hrsg.), Kommunalabgabenrecht, § 6 KAG Rn. 7 ff.

[1053] *Dahmen*, in: Driehaus (Hrsg.), Kommunalabgabenrecht, § 6 KAG Rn. 7;

Rechtstexten angewiesen sind.[1054] Da grundsätzlich jeder Einwohner einer Gemeinde von dem geltenden Ortsrecht betroffen ist und sich durch das Online-Angebot auch darüber informieren können soll, dient eine derartige öffentliche Einrichtung gerade nicht dem Vorteil einzelner Personen, sondern sämtlichen Einwohnern. Aus diesem Grund ist auch nach § 6 Abs. 1 KAG NW die Erhebung einer Benutzungsgebühr in das Ermessen der Gemeinde gestellt. Aus Gründen des öffentlichen Interesses, denen eine Veröffentlichung der geltenden Rechtsnormen dient, erscheint ein Verzicht auf eine Gebührenerhebung auf kommunaler Ebene ebenso wie für die Bundes- und Landesebene schwerlich als unvertretbar.

Ein kostenloses Internetangebot, mit dem Rechtstexte veröffentlicht werden, ist danach auch mit dem Abgabenrecht vereinbar.

Damit bestehen keine grundsätzlichen rechtlichen Bedenken gegen ein kostenloses Informationsangebot, das ja auch bereits heute in einigen Bundesländern verwirklicht ist.[1055] Ein rechtlich unzulässiges Handeln ist daran jedenfalls nicht zu erkennen.[1056]

§ 9 Grenzen einer Kostenpflicht bei öffentlich-rechtlicher Rechtsform

Wenn auch eine grundsätzliche Entgeltpflicht rechtlich unbedenklich ist, weil eine entgegengesetzte Verpflichtung zur Kostenfreiheit nicht besteht, bedeutet dies nicht, daß für eine derartige Kostenpflicht der Höhe nach keine rechtlichen Grenzen bestehen. Es soll daher nunmehr der Frage nachgegangen werden, ob aufgrund bestehender rechtlicher Vorgaben die möglichen Kosten und Entgelte nach objektiven Kriterien vorgegeben bzw. der Höhe nach begrenzt sind, vielleicht auch in Abhängigkeit von der gewählten Rechtsform, in der das Informationsangebot betrieben wird.

Einerseits ist es grundsätzlich möglich, das Informationsangebot und damit auch das Benutzungsverhältnis öffentlich-rechtlich auszugestalten und für die Benutzung bestimmte Gebührensätze verbindlich festzusetzen. Dies setzt allerdings voraus, daß das Angebot entweder direkt von der Verwaltung oder aber in sonstigen Organisationsformen des öffentlichen Rechts betrieben wird. Wird es dagegen aufgrund der Verwaltung zustehenden Organisationsfreiheit in privatrechtlicher Form betrieben, so ist es lediglich möglich, privatrechtliche Entgelte als Gegenleistung für die Benutzung zu fordern bzw. auszuhandeln. Bei Vorliegen öffentlich-rechtlicher Organisationsformen ist es dagegen ebenfalls möglich, das Benutzungsverhältnis privatrechtlich auszugestalten und anstelle von Gebühren privatrechtliche Entgelte zu verlangen. Soweit ersichtlich wird allerdings von der Möglichkeit, Benutzungsgebühren nach öffentlichem Recht zu verlangen, überhaupt kein Gebrauch gemacht. Statt dessen werden in der Praxis ausschließlich privatrechtliche Entgelte verlangt. Es liegt nahe zu vermuten, daß dies nicht nur wegen der einfacheren und unkomplizierteren Abwicklung geschieht[1057],

---

[1054] Darüber hinaus bestehen auch Zweifel daran, juristischen Laien die Nutzbarkeit von Gesetzestexten abzusprechen. Die Gesetze wenden sich gerade an jedermann und nicht nur an juristische Experten. Sollten sie für Laien unverständlich sein, so stellt dies nicht ihre Veröffentlichung in Frage, sondern vielmehr die Qualität der Gesetzgebung.

[1055] Vgl. nur die umfassenden Angebote Brandenburgs, Hessens und Schleswig-Holsteins, die ausschließlich kostenlos zu benutzen sind und keine entgeltpflichtigen Zusatzangebote enthalten.

[1056] Bedenken an der rechtlichen Zulässigkeit äußert dagegen *Stöhr*, NJW 1999, 1440 (1441 ff.).

[1057] Die Benutzungsgebühr ist die einseitige und hoheitliche Auferlegung von Zahlungspflichten, die an die Inanspruchnahme einer bestimmten Leistung gekoppelt ist. Weil damit ein Grundrechtseingriff verbunden

sondern auch, um sich den Zwängen des Abgabenrechts zu entziehen und um insbesondere auch höhere Einnahmen erzielen zu können, die nach dem insoweit strengeren Gebührenrecht nicht möglich wären.[1058] Jedenfalls stellt sich die privatrechtliche Entgelterhebung als die flexiblere Möglichkeit dar, die zumindest auf den ersten Blick nicht die Einhaltung strenger Regeln erfordert. Die öffentlich-rechtliche Gebührenerhebung ist dagegen auch aus der Sicht der Vewaltung nicht ganz ohne Vorteil: [1059] Während ein privatrechtliches Entgelt der öffentlichen Hand noch Jahre lang gerichtlich angreifbar ist, erlangt ein öffentlich-rechtlicher Gebührenbescheid in der Regel bereits nach einem Monat Bestandskraft, was zu einer wesentlich höheren Planungssicherheit führt. Außerdem kann sich die öffentliche Hand bei öffentlich-rechtlichen Gebühren des vereinfachten Verwaltungsvollstreckungsrechts bedienen. Dies erleichtert die Arbeit der Verwaltung dann, wenn die Gebühren nicht vor der Leistungserbringung erhoben werden.[1060]

Im folgenden sollen daher zunächst Maßstäbe untersucht werden, die im Falle einer öffentlich-rechtlichen Abwicklung des Informationsangebotes die Höhe einer Benutzungsgebühr beeinflussen.

I. Haushaltsrecht, § 63 BHO

Nach der haushaltsrechtlichen Vorschrift des § 63 Abs. 3 BHO und den entsprechenden landesrechtlichen Regelungen sind Vermögensgegenstände zwar grundsätzlich nur zu ihrem vollen Wert zu veräußern. Da aber diese Vorschriften Ausnahmen zulassen und die Haushaltspläne davon für den Bereich der Öffentlichkeitsarbeit auch Gebrauch gemacht haben[1061], stellen diese Vorschriften damit für die Frage der Höhe einer entsprechenden Benutzungsgebühr keine zu beachtenden Maßstäbe dar.

II. Gebührenrechtliche Grundsätze

Des weiteren könnte das Gebührenrecht jedenfalls für die Angebote, die in öffentlich-rechtlicher Form abgewickelt werden und für die eine Benutzungsgebühr erhoben wird, zwingende Vorgaben enthalten. In diesem Bereich gibt es speziell für den kommunalen Bereich, aber auch für den des Landes- und Bundesrechts einfachgesetzliche Vorschriften, die die Erhebung von Benutzungsgebühren mehr oder minder umfassend regeln. Ob diese Vorschriften und andere übergeordnete gebührenrechtliche Grundsätze ausschließlich Geltung für die öffentlich-rechtlichen Gebühren und nicht auch darüber hinausgehend für die privatrechtlichen Entgelte besitzen, soll in einem späteren Abschnitt überprüft werden. In erster Linie stellen sie aber Vorgaben für die Erhebung von öffentlich-rechtlichen Benutzungsgebühren dar.

---

ist und der Gesetzesvorbehalt ausgelöst wird, sind an die Rechtmäßigkeit derartiger Gebühren besondere Anforderungen (Bestimmtheitsgrundsatz, Begründungspflicht bei schriftlichem Gebührenbescheid etc.) zu stellen, die für insofern freiwillig ausgehandelte privatrechtilche Entgelte nicht gelten.

1058 Diese Vermutung wird deutlich ausgesprochen in BGHZ 91, 84 (86). Ob dadurch tatsächlich größere Freiräume bei der Entgeltgestaltung möglich sind, ist Gegenstand einer spätereren Untersuchung, vgl. dazu unten § 10, S. 211 ff.

1059 Zu den Vor- und Nachteilen von privatrechtlichem Entgelt und öffentlich-rechtlicher Gebühr vgl. *Cosack*, KStZ 1999, 47 (50 f.).

1060 *Bernhardt/Schünemann/Schwingeler*, Kommunales Finanz- und Abgabenrecht NW, S. 206.

1061 Vgl. die Ausführungen zuvor, § 8 I 1., S. 180 f.

1. Kostendeckungsprinzip

Eine begrenzende Wirkung auf die Gebührenerhebung könnte zunächst das sog. Kostendeckungsprinzip haben.

Dieses Gebührenbemessungsprinzip läßt sich einmal verstehen als das Gebot, entstandene Kosten der Höhe nach durch Gebühren vollständig auszugleichen, und andererseits als das Verbot, höhere Gebühren zu erheben, als sie zur Deckung der enstandenen Kosten notwendig sind.[1062] Dabei gilt allerdings nur eine generalisierende Betrachtung. Maßstab ist dabei nicht das Verhältnis der einzelnen Gebühr zu den jeweiligen Kosten, die der Verwaltung durch die Erbringung einer Leistung entstanden sind. Entscheidend ist vielmehr die Beziehung der Summe aller Gebühreneinnahmen zu den Gesamtkosten.[1063] Das Kostenüberschreitungsverbot entspringt der wirtschaftswissenschaftlichen Erkenntnis, daß sich der Nutzen öffentlicher Güter mangels eines vorhandenen Wettbewerbsmarktes nicht nach einem sich bildenden Marktpreises bewerten läßt und statt dessen die Kosten für Material und sonstige Produktionsfaktoren als Bewertungsgrundlage heranzuziehen sind.[1064]

a) Rechtliche Geltung

Diese Gebührenbemessungsprinzipien folgen nicht schon aus dem Wesen der Gebühr[1065], die im Gegensatz zur Steuer gemeinhin eine Gegenleistung für eine besondere Leistung der öffentlichen Hand darstellt. Die Gebühr wird daher nicht automatisch zur Steuer, sobald die Aufwendungen für die erbrachte Leistung überschritten werden.

Verneint wird außerdem mehrheitlich, daß das Kostendeckungsprinzip sich aus verfassungsrechtlichen Vorschriften ableiten läßt.[1066]

aa) Finanzverfassung und Funktionsvorbehalt der Steuer

Nicht von vornherein von der Hand zu weisen ist allerdings, daß Unverträglichkeiten mit der allgemeinen Finanzierungsfunktion der Steuer entstehen könnten, wenn durch die Erhebung von Gebühren, die die durch die jeweiligen erbrachten Leistungen entstandenen Kosten mehr als nur decken, Überschüsse für den allgemeinen Haushalt erzielt werden. Der Steuer aber könnte nach der Finanzverfassung des GG diese Funktion ausschließlich zugewiesen sein. Insofern könnte dann die Finanzverfassung bzw. der Funktionsvorbehalt der Steuer im Ergebnis tatsächlich eine verfassungsrechtlich abgesicherte Geltung eines Kostendeckungsprinzips bewirken. Eine derartige Konstruktion eines verfassungsrechtlichen Kostendeckungsprinzips

---

1062 *Dahmen*, in: Driehaus (Hrsg.), Kommunalabgabenrecht, § 6 KAG Rn. 26.

1063 *Siekmann*, Verfassungsrechtliche Grenzen der Entgeltpolitik, S. 63; *Heßhaus*, Kalkulation kommunaler Benutzungsgebühren, S. 137.

1064 *Zimmermann*, DVBl. 1989, 901 (904).

1065 *Siekmann*, Verfassungsrechtliche Grenzen der Entgeltpolitik, S. 68; *Kirchhof*, Die Höhe der Gebühr, S. 100; *Wilke*, Gebührenrecht und Grundgesetz, S. 274 f.; *Kloepfer/Follmann*, DÖV 1988, 573 (580 f.); VG Gelsenkirchen NWVBl. 1994, 275 (276); BVerwGE 12, 162 (167); 13, 214 (222).

1066 Inzwischen wohl ganz hM, vgl. nur BVerfGE 50, 217 (226 f.); BVerfG DVBl. 1998, 699 (701); BVerwGE 12, 162 (167); 13, 214 (222); 95, 188 (200); OVG NW NWVBl. 1994, 99 (102); VerfGH Berlin NVwZ 2000, 794 (797); *Schulte/Wiesemann*, in: Driehaus (Hrsg.), Kommunalabgabenrecht, § 6 KAG Rn. 30; *Heßhaus*, Kalkulation kommunaler Benutzungsgebühren, S. 136; *Seeger/Gössl*, KAG, § 9, S. 99; *Thiem/Böttcher*, KAG, § 6 Rn. 107; *Oebbecke*, Entwicklungen im Gebührenrecht, S. 128.

wird tatsächlich gelegentlich vertreten.[1067] Argumentiert wird damit, daß das grundgesetzliche Steuerstaatsprinzip nur die Steuern als Finanzierungsmittel des allgemeinen Haushalts vorsehe.[1068] Soweit daher Gebühren über den Zweck der Kostendeckung hinausgingen und zu fungiblen Einnahmen führten, trügen sie zur allgemeinen Finanzierung des Haushalts bei. Diese Funktion sei aber lediglich der Steuer vorbehalten und führe im Ergebnis zu einer Aushöhlung des Steuerstaatsprinzips.[1069]

Diese Auffassung gebietet es, das Steuerstaatsprinzip einer etwas eingehenderen Untersuchung zuzuführen.

Inhalt und Bedeutung des Steuerstaatsprinzip ergeben sich im wesentlichen aus den in den Art. 104 a – 108 GG niedergelegten finanzverfassungsrechtlichen Normen.[1070] Das BVerfG geht wie selbstverständlich davon aus, daß die Bundesrepublik ein Steuerstaat ist[1071] und die Steuer der Finanzierung der allgemeinen Staatsaufgaben durch alle Inländer dient.[1072] Daraus folgt allerdings noch lange nicht, daß die Steuer die einzige Finanzierungsform der staatlichen Aufgaben ist.[1073] Das Grundgesetz selbst läßt durch die Regelung von staatlichen Finanzmonopolen (vgl. Art. 105 Abs. 1, 106 Abs. 1 und 108 Abs. 1) und von Gebühren (vgl. Art. 74 Abs. 1 Nr. 22 und Art. 80 Abs. 2 GG) erkennen, daß es außer der Steuer sehr wohl noch andere Formen der Staatsfinanzierung geben muß. Im Grundsatz völlig unstrittig werden auch neben der Steuer andere Abgaben wie die Sonderlasten (Gebühren und Beiträge) oder Sonderabgaben, mit denen ebenfalls ein Beitrag zur Staatsfinanzierung geleistet wird, als verfassungsrechtlich zulässig erachtet.[1074] Die Finanzverfassung enthält damit keinen abschließenden Katalog von zulässigen Abgabetypen.[1075]

Damit wird ersichtlich, daß die Steuer nichts anderes ist als die wichtigste, aber lange nicht die einzige Form der staatlichen Einnahmequellen. Andererseits wird daraus gleichzeitig unzweifelhaft erkennbar, daß die Ausschöpfung aller denkbaren Möglichkeiten zur Einführung von Gebühren und Beiträgen diesem Prinzip des Steuerstaats widerspricht.[1076] Ansonsten könnte durch Rückgriff auf Sachkompetenzen, aus denen die Gebührenkompetenz als Annex folgt[1077], das System der Steuerfinanzierung mit seiner bundesstaatlichen Verteilung der Gesetzgebungs- und Ertragskompetenz umgangen und ausgehöhlt werden.

1067 So *Clausen*, Das gebührenrechtliche Kostendeckungsprinzip, S. 164 ff; ähnlich auch *Siekmann*, Verfassungsrechtliche Grenzen der Entgeltpolitik, S. 69 f.

1068 *Siekmann*, Verfassungsrechtliche Grenzen der Entgeltpolitik, S. 69; *Clausen*, Das gebührenrechtliche Kostendeckungsprinzip, S. 169.

1069 *Siekmann*, Verfassungsrechtliche Grenzen der Entgeltpolitik, S. 670; *Clausen*, Das gebührenrechtliche Kostendeckungsprinzip, S. 167 ff.

1070 *Heimlich*, Die Verleihung als Umweltabgabe, S. 151; *Gramm*, Der Staat 36 (1997), 267 (273 f.); *Hendler*, DÖV 1999, 749 (755).

1071 BVerfGE 67, 256 (278); 78, 249 (267); 82, 159 (178).

1072 BVerfGE 84, 239 (269); 91, 186 (201); 92, 91 (120).

1073 *Gramm*, Der Staat 36 (1997), 267 (274); *Heimlich*, Die Verleihung als Umweltabgabe, S. 151 f.; *Hendler*, DÖV 1999, 749 (756).

1074 *Gramm*, Der Staat 36 (1997), 267 (274); *Pieroth*, in: Jarass/Pieroth, GG, Art. 105 Rn. 8 ff; BVerfGE 82, 159 (181); 93, 319 (342 f.).

1075 BVerfGE 93, 319 (342); 82, 159 (181); *Kirchhof*, in: Isensee/Kirchhof (Hrsg.), HdbStR IV, § 88 Rn. 269; *Kirchhof*, Die Verwaltung 1988, 137 (143).

1076 *Gramm*, Der Staat 36 (1997), 267 (274).

1077 *Clausen*, Das gebührenrechtliche Kostendeckungsprinzip, S. 154.

Das Steuerstaatsprinzip verlangt somit, daß die Finanzierung im wesentlichen, nicht aber ausschließlich durch Steuern erfolgt.[1078] Bedeutsam wird damit seine Eigenschaft als Rechtsprinzip, das nur grundsätzlich, nicht aber immer uneingeschränkte Beachtung verlangt.[1079] Außersteuerliche Abgaben mit dem Argument, die Bundesrepublik sei ein Steuerstaat, pauschal als verfassungswidrig anzusehen, ist daher genauso unzutreffend, wie jede nichtsteuerliche Abgabe als verfassungsrechtlich unbedenklich einzustufen.

Nach der Rechtsprechung des BVerfG darf allerdings die Finanzverfassung nicht dadurch ihren Sinn und ihre Funktion verlieren, daß beliebig Abgaben unter Umgehung dieses ausbalancierten Systems erhoben werden.[1080] „Beliebig" kann eine Abgabenerhebung aber nur dann sein, wenn sie ohne einen sachlichen Grund erfolgt.[1081] Bei der Benutzungsgebührenerhebung ist aber sachlicher Anknüpfungspunkt die Erbringung einer Leistung durch die Verwaltung. Die Gebühr wird nicht ohne direkte Gegenleistung so wie die Steuer geschuldet, sondern immer nur in Anknüpfung an und als Vorteilsausgleich für die Inanspruchnahme einer besonderen Leistung. In dieser Hinsicht unterscheidet sie sich deutlich von der Steuer oder auch von der sog. Sonderabgabe, die beide gleichermaßen ohne Rücksicht auf eine korrespondierende Gegenleistung den Bürgern auferlegt werden. Diese sachliche Verknüpfung endet auch nicht, sobald die Gebühren die durch die Leistungserbringung entstandenen Kosten nicht mehr bloß decken, sondern sogar überschreiten. Auch eine Kostenüberschreitung ändert nichts daran, daß die Gebühren wegen der Vorteilsgewährung erhoben werden und nicht ohne eine derartige Anknüpfung dem allgemeinen Staatshaushalt zugute kommen sollen.

Andererseits ist bei einer derartigen Überschußerzielung ein Konflikt mit dem Steuerstaatsprinzip nicht unbedingt immer ausgeschlossen. Anderenfalls wäre es durch unmäßiges Drehen an der Gebührenschraube möglich, außerhalb der Kompetenzen für die Steuergesetzgebung und an den ausbalancierten Verteilungsmaßstäben vorbei tatsächlich den Steuerstaat auszuhöhlen.

Es bleibt allerdings dabei, daß die Benutzungsgebühr nicht so leicht wie die Sonderabgabe in ein Konkurrenzverhältnis zur Steuer gerät. Der Rechtfertigungsdruck ist weniger stark. Problematisch wird das Konkurrenzverhältnis allerdings dann, wenn mit der Gebühr entweder primär die Einnahmeerzielung für den allgemeinen Finanzbedarf verfolgt wird, die Leistungserbringung sozusagen nur Vorwand im Sinne einer „versteckten" Steuer ist[1082], oder aber die Überschußerzielung konkret Größenordnungen annimmt, die unter einer funktionalen Betrachtung der Gebühr als Vorteilsausgleich unangemessen erscheinen und die Motive des Vorteilsausgleichs bzw. der Kostendeckung hinter der Funktion als allgemeine Einnahmequelle zurücktreten lassen[1083]. Eine derartig Deckung des allgemeinen Finanzierungsbedarfs soll nach der grundrechtlichen Finanzverfassung durch Steuern und nicht durch andere Abgaben erfolgen. Wenn allerdings die Einnahmeerzielung über die Kostendeckung hinausgehend

---

1078 *Heimlich*, Die Verleihung als Umweltabgabe, S. 152; *Kirchhof*, Die Verwaltung 1988, 137 (145); *Kirchhof*, in: Isensee/Kirchhhof (Hrsg.), HdbStR IV, § 88 Rn. 45.

1079 *Heimlich*, Die Verleihung als Umweltabgabe, S. 154; *Jarass*, Nichtsteuerliche Abgaben, S. 6.

1080 BVerfGE 93, 319 (342); 78, 249 (266).

1081 *Hendler*, DÖV 1999, 749 (757).

1082 So auch *Heimlich*, Die Verleihung als Umweltabgabe, S. 153, 157; *Kloepfer/Follmann*, DÖV 1988, 573 (583).

1083 So auch *Jarass*, Nichtsteuerliche Abgaben, S. 32.

sozusagen im Rahmen eines Mitnahmeeffekts in Maßen erfolgt, ist dies mit dem Steuerstaatsprinzip vereinbar.

Es ist kaum anzunehmen oder zu erwarten, daß die öffentliche Hand die gebührenpflichtige elektronische Veröffentlichung von Rechtstexten primär aus erwerbswirtschaftlichen Gründen heraus betreibt. Angesichts der zahlreichen Anknüpfungspunkte durch die Verfassungsprinzipien erscheint es im Gegenteil abwegig, derartiges zu unterstellen.[1084] Davon abgesehen ist nicht zu erwarten, daß die erwirtschafteten Überschüsse Größenordnungen erreichen, die im Hinblick auf das Konkurrenzverhältnis zur Steuer problematisch werden könnten.[1085] Daher bleibt als Fazit, daß das Steuerstaatsprinzip und daraus abgeleitete finanzverfassungsrechtliche Erwägungen ein insofern verfassungsrechtlich verankertes Kostendeckungsprinzip nicht zu tragen vermögen.[1086]

bb) Verhältnismäßigkeitsprinzip als Geltungsgrund

Gelegentlich anzutreffen sind weiterhin Ausführungen, die zu dem Ergebnis gelangen, daß das Kostendeckungsprinzip als Kostenüberschreitungsverbot schon vom allgemeinen Verhältnismäßigkeitsgrundsatz gefordert werde und dadurch seine Geltung unabhängig von einer spezialgesetzlichen Ausprägung sichergestellt sei, weil die Kostenüberschreitung an der notwendigen Erforderlichkeit scheitere.[1087]

Tragfähig ist diese Argumentation allerdings nur dann, wenn für die Gebührenerhebung als zulässiges Motiv und Zweck ausschließlich die Deckung der durch die Leistungserbringung entstandenen Kosten in Betracht kommt.[1088] Nur unter dieser Prämisse ist verständlich, daß eine Gebührenkalkulation, die zu Gewinneinnahmen führt, nicht mehr erforderlich iSd Verhältnismäßigkeitsgrundsatzes sein kann. Indes ergibt sich in diesem Fall das Verbot der Kostenüberschreitung nicht erst aus dem Übermaßverbot, sondern ist dieser Frage logisch vorgelagert.[1089] Entscheidend ist nämlich, ob neben der Zweckbestimmung des Kostenausgleichs auch andere Motive als grundsätzlich zulässig für die Gebührenerhebung in Betracht kommen. Dies allerdings ist eindeutig zu bejahen: Neben der inzwischen überwiegend anerkann-

---

1084 Es ist allerdings nicht zu leugnen, daß sich angesichts der im Vergleich zu anderen qualitativ gleichwertigen kostenlosen Angeboten teilweise hohen Kosten gelegentlich der Verdacht aufdrängt, daß Gewinnaussichten gelegentlich nicht ganz unberücksichtigt blieben.

1085 Selbst das Land Nordrhein-Westfalen, das im relativen Vergleich sehr hohe Entgelte verlangt, berichtet über jährliche Zahlungseingänge von insgesamt nur 2 Mio. DM, die allerdings nicht nur die Einnahmen aus dem Online-Angebot, sondern auch die aus der Distribution der Printmedien beinhaltet. Von diesen Einnahmen sind dann noch die offensichtlich nicht unerheblichen Kosten für den Vertrieb in Abzug zu bringen, vgl. dazu LT-Drs. 13/463, S. 2.

1086 Im Ergebnis auch *Jarass*, Nichtsteuerliche Abgaben, S. 32; *Heer*, Verteilungs- und Bemessungsgesichtspunkte, S. 88; *Heimlich*, Die Verleihung als Umweltabgabe, S. 195.

1087 *Rogosch*, Verfassungsrechtliche Bindungen, S. 103 ff., 110; *Zimmermann*, DVBl. 1989, 901 (904 f.); ohne nähere Ausführungen auch *Bals/Nölke*, KStZ 1990, 201 (212).

1088 So tatsächlich *Rogosch*, Verfassungsrechtliche Bindungen, S. 103 ff.; ähnlich auch *Zimmermann*, DVBl. 1989, 901 (904 f.).

1089 Vgl. schon *Clausen*, Das gebührenrechtliche Kostendeckungsprinzip, S. 107. *Rogosch*, Verfassungsrechtliche Bindungen, S. 103 ff. gelangt lediglich deshalb zu einem anderen Ergebnis, weil er innerhalb der Verhältnismäßigkeitsprüfung bei der Beantwortung der Frage der Zulässigkeit der verfolgten Zwecke durch eine weitere Verhältnismäßigkeitsprüfung einem Zirkelschluß nahe kommt. Letztlich stellt er dann auf das Wesen der Gebühr und den Funktionsvorbehalt der Steuer ab, um die Unzulässigkeit der Erzielung fungibler Einnahmen durch Gebühren zu belegen; gerade diese Argumente sind aber nicht stichhaltig, s.o.

ten Möglichkeit, mit der Erhebung von Gebühren auch Lenkungszwecke zu verfolgen[1090], spricht grundsätzlich auch nichts dagegen, Überschüsse zur Entlastung des allgemeinen Haushalts zu erzielen.[1091] Selbst wenn die Verknüpfung dieser Funktionen mit der Gebührenerhebung unverträglich sein sollte, so ergäbe sich ihre Unzulässigkeit nicht erst aus dem Grundsatz der Verhältnismäßigkeit, sondern folgte aus rechtlichen Erwägungen, die mit diesem in keinem direkten Zusammenhang stehen.[1092]

Damit läßt sich das Verhältnismäßigkeitsprinzip ungeachtet seiner eigenen dogmatischen Ableitung nicht als Geltungsgrund eines allgemeinen Kostendeckungsprinzips anführen.[1093]

cc) Spezialgesetzliche Geltung

Die Grundsätze des Kostendeckungsverbots – ob nun als Kostenüberschreitungsverbot bzw. Kostendeckungsgebot – finden daher nur dann Anwendung, wenn der Gesetzgeber sie ausdrücklich eingeführt hat. Dies ist allerdings in den allermeisten Fällen geschehen. Durchgehend sehen die Abgabengesetze der Länder, die die Gebührenerhebung für die Kommunen regeln, eine solche Regelung vor.[1094] Die entscheidenden Unterschiede zwischen den jeweiligen Regelungen ergeben sich einmal daraus, daß die Kostenbindung einerseits als obere Kostengrenze, teilweise auch als Mindestmaß und teilweise auch in einer Kombination beider Varianten festgelegt wird. Außerdem ist die Intensität dieser Anordnung unterschiedlich. Während einige Vorschriften zwingend sind, enthalten andere Regelungen lediglich Sollvorschriften. Diese haben allerdings zunächst für den Gebührengesetzgeber eine den zwingenden Vorschriften vergleichbare Wirkung, da sie ein Abweichen nur in außergewöhnlichen Fällen erlauben und ansonsten ebenfalls zwingend Beachtung verlangen.[1095]

Darüber hinaus enthalten auch die meisten Gebührengesetze der Länder entsprechende Vorschriften.[1096] Auf der Ebene des Bundesrechts fehlt allerdings eine grundsätzliche gesetzliche Festschreibung des Kostendeckungsprinzips, das bei der Gebührenbemessung zu beachten wäre. § 3 S. 2 VwKostG Bund ordnet das Kostendeckungsprinzip nur dann an, wenn anderweitig für bestimmte Arten von Gebührenerhebungen gesetzlich festgeschrieben ist, daß sie nur zur Deckung des Verwaltungsaufwandes dienen sollen. Da eine solche Regelung, die für

---

1090 Dazu BVerfGE 50, 217 (226 f.); BVerfG DVBl. 1998, 699 (701); *Dahmen*, in: Driehaus (Hrsg.), Kommunalabgabenrecht, § 4 KAG Rn. 55; *Wilke*, Gebührenrecht und Grundgesetz, S. 303 ff.; *Clausen*, Das gebührenrechtliche Kostendeckungsprinzip, S. 108; *Schindler*, KStZ 1992, 47 (68).

1091 Gerade im Zusammenhang mit der Gewinnerzielung durch Gebühren *Clausen*, Das gebührenrechtliche Kostendeckungsprinzip, S. 109; *Wilke*, Gebührenrecht und Grundgesetz, S. 306; für eine grundsätzliche Zweckoffenheit auch *Kirchhof*, Die Höhe der Gebühr, S. 81.

1092 So könnte bspw. das Steuerstaatsprinzip des GG einer Gewinnerzielung durch Gebühren entgegenstehen, was allerdings tatsächlich gerade nicht der Fall ist.

1093 So im Ergebnis auch *Clausen*, Das gebührenrechtliche Kostendeckungsprinzip, S. 111; *Heer*, Verteilungs- und Bemessungsgesichtspunkte, S. 87; *Reinhard*, Zulässigkeit der Berücksichtigung sozialer Gesichtspunkte bei Benutzungsgebüren, S. 111; *Kirchhof*, Die Höhe der Gebühr, S. 100; VerfGH Berlin NVwZ 2000, 794 (797).

1094 § 9 KAG BW; Art. 8 KAG Bay; § 6 KAG Brandb; § 10 KAG Hess; § 6 KAG M-V; § 5 KAG Nds; § 6 KAG NW; § 8 KAG RhPf; § 6 KAG Saarl; § 10 KAG Sachsen; § 5 KAG S-Anhalt; § 6 KAG S-H; § 12 KAG Thür.

1095 *Dahmen*, in: Driehaus (Hrsg.), Kommunalabgabenrecht, § 6 KAG Rn. 50; *Fischedick*, Die Wahl der Benutzungsform kommunaler Einrichtungen, S. 58 f.

1096 Z.B. § 25 GebG NW; § 24 Abs. 2 GebG BW; §§ 3 Abs. 2, 14 Abs. 2 VwKostG Nds; das KostG Bay, GebG Hamb und VerwKostG Hess enthalten für Benutzungsgebühren allerdings kein Kostendeckungsprinzip

ein Online-Angebot des Bundes gelten könnte, nicht ersichtlich ist, ist daher der Bund für sein Informationsangebot nicht an ein Kostendeckungsgebot gebunden und kann aus diesem Grund seine Gebühren ohne Beachtung des Kostendeckungsprinzips wesentlich freier kalkulieren.

b) Konflikt mit kommunalem Wirtschaftsrecht

Auf der kommunalen Ebene könnte allerdings das Verbot, die Kosten zu überschreiten, zu Kollisionen mit dem dort für die wirtschaftliche Betätigung der Gemeinden geltenden Wirtschaftsgrundsätzen führen. Gem. § 109 Abs. 1 S. 2 GO NW[1097] sollen gemeindliche Unternehmen einen Ertrag erwirtschaften. Diese Vorgabe läßt sich schwerlich dann erreichen, wenn die abgabenrechtlichen Vorschriften eine Überschreitung der entstandenen Kosten verbieten.

Gem. § 6 Abs. 1 S. 4 KAG NW[1098] hat zur Vermeidung dieser Kollision und wegen der Bedeutsamkeit kommunaler Wirtschaftsgrundsätze die Regelung des § 109 GO NW Vorrang. Das Kostendeckungsprinzip des KAG gilt daher nach dieser Vorschrift dann nicht, wenn nach der GO durch die kommunale Betätigung ein unternehmerischer Gewinn erwirtschaftet und damit ein Beitrag zur Entlastung des kommunalen Haushalts geleistet werden soll.[1099] Fraglich ist lediglich, ob eine Online-Datenbank mit Gesetzestextinformationen als Unternehmen iSd GO aufgrund dieser Vorschriften tatsächlich Gewinne erwirtschaften soll. Ein derartiges Ertragsstreben gilt gem. § 109 Abs. 1 S. 2 GO NW nur für Unternehmen im Gegensatz zu gemeindlichen Einrichtungen. Aus §§ 107, 108 GG ergibt sich, daß sich gemeindliche Einrichtungen iSd GO von kommunalen Unternehmen dadurch unterscheiden, daß ihre Betätigung durch die gesetzliche Fiktion als nichtwirtschaftlich priviligiert ist. Da eine solche nichtwirtschaftliche Unterstellung nach § 107 Abs. 2 GO NW für ein Online-Informationsgebot aber zu bejahen ist,[1100] handelt es sich somit iSd GO nur um eine Einrichtung und nicht um ein Unternehmen. Damit gilt auch nicht der Wirtschaftlichkeitsgrundsatz des § 109 Abs. 1 S. 2 GO NW, der die Erzielung von Gewinnen fordert, und daher entsteht auch kein Konflikt mit dem Kostendeckungsprinzip des KAG.

c) Rechtsfolgen für die Gebührenbemessung

aa) Gebührenüberschreitungsverbot

Mit der allgemeinen Geltung des Kostendeckungsprinzips als Gebührenüberschreitungsverbot wird zunächst deutlich, daß eine Gebührenkalkulation, die durch Gewinnerzielung den allgemeinen Haushalt entlasten oder andere Ausgaben finanzieren soll, nicht statthaft ist. Es ist vielmehr nur zulässig, durch die Gebührenerhebung die Kosten der jeweiligen Einrichtung zu decken. Diese Regelung erscheint deshalb angemessen, weil die Benutzungsgebühr eine Gegenleistung des Bürgers für die konkrete Inanspruchnahme einer Leistung ist, die ihm persönlich und nicht der Allgemeinheit (in der Regel) Vorteile bringt und für die Verwaltung

---

1097 Vergleichbare Regelungen in den anderen Ländern sind z.B. § 127 a S. 2 GO Hess; § 107 S. 2 GO S-H und § 75 Abs. 1 KO Thür.

1098 Entsprechend auch z.B. § 9 Abs. 2 S. 2 KAG BW; Art. 8 Abs. 2 S. 2 KAG Bay; § 10 Abs. 2 S. 3 KAG Hess; § 6 Abs. 1 S. 3 KAG Saarl.

1099 *Schulte/Wiesemann*, in: Driehaus (Hrsg.), Kommunalabgabenrecht, § 6 KAG Rn. 86.

1100 Dazu die Ausführungen oben § 6 II 1., S. 163.

einen Aufwand bedeutet, der Kosten erzeugt und für den anderenfalls letztlich die Allgemeinheit aufzukommen hätte. Daher erscheint es sachgerecht, wenn durch die Gebührenerhebung die durch die Leistungserbringung verursachten Kosten ausgeglichen werden und diese zugleich die Obergrenze der Gebühreneinnahmen markiert. Eine gezielte Überschreitung dieser Grenzen machte die Gebühr zwar nicht automatisch zur Steuer, stellte aber einen Verstoß gegen dieses Rechtsprinzip dar.

Davon allerdings zu unterscheiden ist die Situation, in der eine öffentliche Einrichtung wider Erwarten Gewinne abwirft, obwohl eigentlich die Gebührenkalkulation auf ein ausgeglichenes Ergebnis ausgerichtet war. Diese Einnahmeerzielung ist mit dem Kostenüberschreitungsverbot ohne weiteres vereinbar, da es nicht generell die Einnahmeerzielung verbietet, sondern lediglich verlangt, daß eine auf Einhaltung der Kostendeckung ausgerichtete Gebührenkalkulation vorgenommen wird.[1101] Da aus vielerlei Gründen ein genaues Abschätzen der Einnahmen und auch der durch die Leistungen entstehenden Kosten nicht immer möglich ist, kann eine solche Gewinnerzielung an sich grundsätzlich keinen Verstoß gegen dieses Gebührenbemessungsprinzip darstellen. Eine Verletzung kommt vielmehr neben der beabsichtigten Überschußerzielung nur noch dann in Betracht, wenn die Kalkulation fehlerhaft durchgeführt wird.[1102]

Dies allerdings leitet über zu der entscheidenden Frage, was denn nun konkret zu den Kosten der öffentlichen Einrichtung zählt, die über die Gebühren auf die Benutzer umgelegt werden können. Vor allem die Praxis auf Bundesebene, wo die Einnahmen – dort allerdings in privatrechtlicher Form und ohne einfachgesetzliche Geltung eines Kostendeckungsprinzips – aus der elektronischen Publikation des Bundesgesetzblattes mit den Einnahmen des Vertriebs der gedruckten und einzig verbindlichen Ausgabe zusammengefaßt werden[1103], und auf dieser Basis die Entgelte festgesetzt werden, erscheint jedenfalls überprüfungsbedürftig, da doch in rechtlicher Hinsicht erhebliche Unterschiede zwischen dem insoweit verbindlichen Verkündungsorgan und der rechtlich völlig unverbindlichen Zusatzveröffentlichung im Internet bestehen.

Des weiteren drängt sich die Frage auf, ob die Gesetzeskonsolidierung, die einen relativ hohen Arbeitsaufwand erfordert und daher in der Diskussion um das Für und Wider einer staatlichen Publikationstätigkeit als Gegenargument eingebracht wird, als Kostenposten überhaupt bzw. vollständig berücksichtigt werden kann. Zu vermuten ist nämlich, daß derartige Arbeiten auch unabhängig von einer Veröffentlichung im Internet oder auf klassischen Datenträgern von der öffentlichen Hand durchgeführt werden. Es ist nur schlecht vorstellbar, daß der Staat nicht aus eigenem Antrieb Maßnahmen durchführt, um den Überblick über seine Tätigkeit zu behalten und dementsprechend eigene Textsammlungen erstellt. Die mangelnde Kenntnis des Gesetzgebers über die von ihm selbst geschaffenen Rechtsnormen ist bereits in den 70er Jahren als Schreckenszenario heraufbeschworen worden.[1104] Die Bundesrechtsdatenbank, die von der Juris GmbH technisch vorgehalten, aber inhaltlich erstellt und fortlaufend gepflegt wird vom Bundesjustizministerium, ist gerade das Ergebnis von Bemühungen, derartigen Mißstän-

---

[1101] BVerwGE 2, 246 (252); 26, 305 (307); *Dahmen*, in: Driehaus (Hrsg.), Kommunalabgabenrecht, § 6 KAG Rn. 27 u. 33.

[1102] *Clausen*, Das gebührenrechtliche Kostendeckungsprinzip, S. 51.

[1103] Vgl. dazu *Stöhr*, NJW 1999, 1440 (1441) u. *Konzelmann*, JurPC Web-Dok. 51/1998 Abs. 8.

[1104] Vgl. dazu nur *Simitis*, Informationskrise des Rechts, S. 9 ff u. *Zielinski*, JZ 1971, 409 (411).

den vorzubeugen. Daß damit sozusagen als Abfallprodukt gleichzeitig auch der gesamten Öffentlichkeit ein Instrument zur Information über das geltende Recht bereitgestellt werden konnte, war zwar von Anfang an auch Gegenstand der Planungen, aber doch nicht Auslöser der Schaffung dieser Datenbank.[1105] Gerade die Höhe der Entgelte, die von privaten Nutzern von Anfang an gefordert wurden, läßt jedenfalls die Vermutung zu, daß die Öffnung dieser Einrichtung für jedermann die Kosten für den Staat deutlich dämpfen sollten und auf diese Weise der Betrieb der behördeninternen Datenbank subventioniert werden sollte.

Damit stellt sich die Frage, wie nach dem gesetzlichen Kostendeckungsprinzip die Kalkulation eines Online-Informationsangebots zu erfolgen hat und welche Kosten in diesem Rahmen überhaupt auf die gebührenpflichtigen Benutzer umgelegt werden dürfen. Bei der Kostenermittlung sind nach. den gebührenrechtlichen Vorschriften[1106] diejenigen Kosten zu berücksichtigen, die nach betriebswirtschaftlichen Grundsätzen als solche ansatzfähig sind. Damit wird nicht eine exakte Ermittlungsmethode vorgegeben, sondern vielmehr lediglich der Verwaltung die Möglichkeit eingeräumt, zwischen verschiedenen betriebswirtschaftlichen Methoden zur Ermittlung der einzelnen Kostenarten und ihrer konkreten Berechnung auszuwählen.[1107] Es ist notwendig, aber auch ausreichend, wenn die Berechnung nach anerkannten Methoden erfolgt. Daher ist eine ganz bestimmte Kostensumme auch nicht durch das Kostendekkungsprinzip vorgegeben, sondern steht jedenfalls zu gewissen Teilen gewissermaßen im Ermessen des Gebührengesetzgebers.[1108] Der betriebswirtschaftliche Kostenbegriff ist darüber hinaus nicht Selbstzweck, sondern muß an den mit der gesetzlichen Regelung verfolgten Zweck der Selbstfinanzierung der Einrichtung ausgerichtet werden:[1109] Die Einrichtung soll die Kosten, die der Verwaltung durch die Leistungserbringung an die Benutzer entstanden sind, durch die Gebühren decken und sich dadurch finanziell vollständig selbst tragen, ohne darüber hinausgehend den allgemeinen Haushalt zu entlasten.[1110]

(1) Kosten

Kosten lassen sich definieren als in Geld ausgedrückter Verbrauch von Gütern und Werten für geleistete Dienste innerhalb einer bestimmten Rechnungsperiode, soweit sie für die betriebliche Leistungserstellung anfallen bzw. durch sie bedingt sind.[1111] Als solche in Betracht kommen vor allem Material- und Personalkosten, aber auch Fremdleistungen und kalkulatorische Kosten wie Abschreibungen und Zinsen.[1112]

1105 *Berkemann*, Ignorantia juris nocet, S. 111; vgl. auch *Stewen*, Die Rechtsdatenbank als Wirtschaftsgut, in: Herberger/Berkemann (Hrsg.), Standort juris, S. 48, 52.

1106 U.a. § 6 Abs. 2 S. 1 KAG NW; § 5 Abs. 2 S. 1 KAG Nds; § 9 KAG BW; Art. 8 Abs. 2 S. 1 KAG Bay; § 25 Abs. 3 S. 1 GebG NW.

1107 OVG NW NWVBl. 1994, 428 (428); VG Gelsenkirchen NWVBl. 1994, 275 (277); *Seeger/Gössl*, KAG, § 9, S. 104 b; *Hinsen*, KStZ 1989, 221 (222); kritischer wegen der entstehenden Unbestimmtheit *Dahmen*, in: Driehaus (Hrsg.), Kommunalabgabenrecht, § 6 KAG Rn. 88 u. 121 ff.

1108 *Hinsen*, KStZ 1989, 221 (222).

1109 *Thiem/Böttcher*, KAG, § 6 Rn. 142; *Seeger/Gössl*, KAG, § 9, S. 104 c.

1110 *Giesen*, KStZ 1998, 188 (188).

1111 *Faiß*, KAG, § 9 Rn. 21; ähnlich auch *Thiem/Böttcher*, KAG, § 6 Rn. 129; *Seeger/Gössl*, KAG, § 9, S. 104 b; *v. Zwehl*, DB 1989, 1345 (1345); *Hinsen*, KStZ 1989, 221 (222); OVG NW NWVBl. 1994, 428 (428).

1112 Vgl. die Aufstellung bei *v. Zwehl*, DB 1989, 1345 (1349).

Damit derartig entstandene bzw. entstehende Kosten auch im Rahmen betriebswirtschaftlicher Grundsätze für die Gebührenkalkulation ansatzfähig sind, müssen sie drei Voraussetzungen erfüllen. Zunächst ist erforderlich, daß sie im Rahmen und innerhalb des Widmungszwecks der öffentlichen Einrichtung angefallen sind.[1113] Außerdem müssen die Kosten in einem Sachzusammenhang mit der innerhalb der Einrichtung zu erbringenden Leistung stehen, also nicht nur einrichtungsbezogen, sondern darüber hinaus auch einrichtungsbedingt sein.[1114] Dies erfordert, daß die Kosten der Einrichtung, die zwar beim Betrieb der Einrichtung entstehen, aber nicht durch die Erstellung der zu finanzierenden Leistung veranlaßt sind, aus der Gesamtsumme der zu berücksichtigenden Kosten auszusondern sind.[1115] Daher nicht gebührenfähig sind zum einen die Kosten, die gar nicht ursächlich für die Leistungserstellung sind. Zum anderen sind aber auch die Kosten auszusondern, die nicht erforderlich sind, weil sie der Höhe nach unangemessen sind und sich deutlich reduzieren ließen.[1116] Diese Anforderungen resultieren insbesondere aus einer Auslegung, in die die Grundsätze der Verpflichtung zur Sparsamkeit und Wirtschaftlichkeit, das Übermaß- und das Willkürverbot einfließen.[1117] Dabei kommt dem Gebührengesetzgeber allerdings ein vom Gericht nicht kontrollierbarer Wertungs- und Gestaltungsspielraum zu.[1118]

Schließlich müssen die Kosten die Leistungen decken, die den Benutzern zurechenbar sind.[1119] Daran fehlt es beispielsweise dann, wenn Kosten dadurch entstehen, daß die Einrichtung für verwaltungsinterne oder aber auch externe Stellen gebührenfreie Leistungen erbringt. Der gebührenpflichtige Benutzer darf nur mit Kosten belastet werden, die sich gerade durch die Erbringung der gebührenpflichtigen Leistungen einer Einrichtung ergeben.[1120]

(a) Technische Einrichtung als Materialaufwand

Im Zusammenhang mit dem Online-Informationsangebot gehören damit zu den unzweifelhaft zu berücksichtigenden Kosten diejenigen Aufwendungen[1121], die im Zusammenhang mit der technischen Bereitstellung und elektronischen Datenverarbeitung entstehen. Zu diesem Komplex gehören beispielsweise Computeranlagen, die die vorgehaltenen Daten speichern, Suchanfragen der Benutzer verarbeiten und die abgerufenen Daten über den Anschluß ans Internet den jeweiligen Benutzern zur Verfügung stellen. Sie fallen eindeutig innerhalb der Informationsbereitstellung an, sind auch erforderlich und weisen grundsätzlich, soweit sie ausschließlich für die Abwicklung des Online-Angebots benutzt werden, eine ausreichende benutzerbezogene Zurechenbarkeit zur Leistung auf.

1113 *Seeger/Gössl*, KAG, § 9, S. 104 c.

1114 *Seeger/Gössl*, KAG, § 9, S. 104 b; *Thiem/Böttcher*, KAG, § 6 Rn. 289; *Gawel*, VerwArch 86 (1995), 69 (74).

1115 *Thiem/Böttcher*, KAG, § 6 Rn. 289.

1116 *v. Zwehl*, DB 1989, 1345 (1350); *Seeger/Gössl*, KAG, § 9, S. 104 c-d; OVG Lüneburg DÖV 1991, 338 (338).

1117 *v. Zwehl*, DB 1989, 1345 (1350); *Schulte*, in: Driehaus (Hrsg.), Kommunalabgabenrecht, § 6 KAG Rn. 115.

1118 OVG NW KStZ 1980, 112 (113).

1119 *Seeger/Gössl*, KAG, § 9, S. 104 c; *Thiem*, Die Gemeinde, 1995, 95 (95).

1120 OVG NW NWVBl. 1994, 64 (65).

1121 Aufwendungen werden definiert als Ausgaben, die zu einem Güterverbrauch und Wertverzehr führen. Sie müssen mit der Leistungserstellung in keinem Zusammenhang stehen und unterscheiden sich insofern von den Kosten, vgl. dazu *Schweitzer/Küpper*, Systeme der Kosten- und Erlösrechnung, S. 26 ff.

Anders ist es hingegen dann, wenn die jeweiligen EDV-Einrichtungen auch von anderen Stellen der Verwaltung mitgenutzt werden, beispielsweise für den allgemeinen Internet-Auftritt oder für die allgemeine elektronische Datenverarbeitung der Behörde. Diesen sog. Gemeinkosten fehlt der unmittelbare Sachbezug zu der Leistung. Sie bedürfen einer Aufteilung und Zuordnung auf die einzelnen Leistungsbereiche und Betriebseinheiten.[1122] Diese Aufteilung allerdings dürfte nicht allzu schwer fallen, da mit dem doch mühelos festzustellenden Benutzungsgrad oder dem meßbaren Datenverkehr innerhalb von Computernetzwerken durchaus Maßstäbe zur Verfügung stehen, mit denen eine sachgerechte Zuordnung vorgenommen werden kann.

Auf welche Summe sich diese Kosten für derartige notwendige technische Einrichtungen nun konkret belaufen, läßt sich allerdings nicht leicht abstrakt beziffern. Sie dürften zwar nicht ganz unabhängig von dem Grad der Benutzung und dem damit verbundenen Datentransfervolumen sein. Im wesentlichen richten sich diese Kosten aber der Höhe nach nicht unbedingt nach der Zahl der Benutzer, sondern dürften vielmehr davon unabhängig einen relativ festen Wert besitzen. Es ist davon auszugehen, daß maßgeblich ist, welches Volumen an Informationen vorgehalten wird, welche Zusatz- bzw. Suchfunktionen angeboten werden und für wieviele gleichzeitige Benutzer das System ausgelegt sein soll.

Da die öffentlichen Stellen bereits zum großen Teil über einen Internet-Auftritt verfügen, können dadurch, daß technische Ressourcen geteilt werden, Kosten erheblich reduziert werden. Insgesamt dürften sich daher die Kosten der technischen Einrichtungen, die für das Betreiben eines Online-Informationsangebotes über Rechtsnormen notwendig sind, nicht auf einen sonderlich hohen Betrag belaufen.[1123] Selbst bei Kritikern derartiger Aktivitäten der öffentlichen Hand im Online-Bereich werden diese Kostenpositionen als nicht sonderlich hoch und problematisch angesehen.[1124]

(b) Personalkosten

Der laufende Betrieb von Computern erfordert eine ständige Wartung und Betreuung durch Fachpersonal. Die Personalaufwendungen für dafür notwendige Computerspezialisten gehören völlig unproblematisch zu den betriebsbedingten Kosten. Soweit allerdings das Fachpersonal auch zur Betreuung des allgemeinen Computerinventars eingesetzt wird, hat eine angemessene Kostenaufteilung zu erfolgen.

Daneben entstehen aber auch dadurch Personalaufwendungen, daß die Gesetzestexte, die veröffentlicht werden sollen, zunächst in elektronischer Form erfaßt und in die elektronischen Datenbanken eingepflegt werden müssen.[1125]

1122 Vgl. *Kirchhof*, Die Höhe der Gebühr, S. 112 f.; *Heßhaus*, Kalkulation kommunaler Benutzungsgebühren, S. 74.

1123 Für die Angebote der Länder Brandenburg und Schleswig-Holstein, die ihr Landesrecht vollständig im Internet bereitstellen und damit über ein relativ üppiges Angebot verfügen, konnten auf Anfrage keine konkreten Zahlen genannt werden, weil insofern Überschneidungen mit dem übrigen Online-Angebot bestanden und der technische Aufwand für das Rechtstextangebot nicht weiter ins Gewicht fiel.

1124 *Stöhr*, NJW 1999, 1440 (1441).

1125 Beispielsweise umfaßte 1996 die Dokumentationsstelle des Bundesjustizministeriums, der die inhaltliche Pflege der Bundesrechtsdatenbank obliegt, 13 Mitarbeiter und 7 Werkvertragskräfte, wodurch nicht unerhebliche Personalkosten entstanden, vgl. die Nachweise über die Tätigkeit der Dokumentationsstelle bei *Weis*, Gutachten: Verfassungsrechtliche Fragen einer weiteren Privatisierung der juris GmbH, JurPC 1996,

Dies gilt sowohl für die veröffentlichten Verkündungsblätter als auch für konsolidierte Gesetzessammlungen. Dabei entstehen allerdings Überschneidungen mit anderen bislang schon praktizierten und ohnehin anfallenden Tätigkeiten der Verwaltung. Die Gesetz- und Verordnungsblätter müssen aufgrund der Verkündungsvorschriften in den Verfassungen in gedruckter Form auf Papier erscheinen ohne Rücksicht auf ein Abnehmerinteresse und ungeachtet zusätzlicher Veröffentlichungsformen. Dabei darf unterstellt werden, daß die Ausgaben der Gesetzesblätter ausnahmslos mit Computerunterstützung erstellt werden. Die Gesetzestexte dürften schon im Gesetzgebungsverfahren als Gesetzentwürfe auf Computern erfaßt, layoutmäßig bearbeitet und dann erst abschließend gedruckt und vervielfältigt werden. Die schon in frühem Stadium produzierten elektronischen Daten sind aber hervorragend geeignet, auch über das Internet veröffentlicht zu werden. Gerade das dafür oftmals Verwendung findende PDF-Format bietet sich dafür an, weil es sich aus beinahe jeder Anwendung heraus erzeugen läßt.[1126] Die bereits mit Textverarbeitungsprogrammen erzeugten Computerdaten für eine Veröffentlichung im Internet zu verwenden, erfordert daher nur sehr wenig Aufwand und dürfte sich weitestgehend automatisieren lassen.[1127]

Gleiches gilt für konsolidierte Textsammlungen, wenn auch sie von der Verwaltung bereits unabhängig von dem der Öffentlichkeit offenstehenden Internet-Angebot erzeugt werden. Unbestritten ist, daß die Erstellung und Pflege einer konsolidierten Sammlung personellen Aufwand erfordert.[1128] In der Praxis scheinen aber in dieser Hinsicht größere Unterschiede zu bestehen: So wird beispielsweise die gesamte Konsolidierungsarbeit des Schleswig-Holsteinischen Landesrechts inklusive der Einstellung der elektronischen Daten in die Datenbank von einem einzigen Mitarbeiter des Schleswig-Holsteinischen Innenministeriums vorgenommen, der nach eigener Auskunft trotz der zusätzlichen Aufnahme von Verwaltungsvorschriften und Erlassen und der Betreuung des Gesetz- und Verordnungsblattes damit noch nicht ausgelastet ist. In Nordrhein-Westfalen dagegen ist die zuständige Redaktion mit vier Sachbearbeitern und der zuständigen Referatsleitung ungleich größer[1129], ohne daß sich dies offensichtlich mit einem größeren Umfang an Rechtsnormen erklären ließe.[1130]

Möglicherweise betreibt die öffentliche Hand diesen personellen Aufwand aber unabhängig von einer Bereitstellung dieser Informationen für jedermann. Dies erscheint deshalb nicht abwegig, weil einerseits sämtliche staatliche Stellen das vom Gesetzgeber gesetzte Recht anwenden müssen und dazu darauf angewiesen sind, verläßliche Informationsquellen benutzen zu können. Vor allem aber der Gesetzgeber selbst benötigt für seine Tätigkeit die Übersicht über das von ihm geschaffene Recht.[1131] Ohne das Wissen über das gültige Recht kann dieses kaum vernünftig weiterentwickelt und geänderten äußeren Umständen angepaßt werden. Es

---

340 (349). Unklar bleibt allerdings, ob die Dokumentationsstelle noch anderweitige Aufgaben wahrnimmt, die nicht im Zusammenhang mit der Bundesrechtsdatenbank stehen.

1126 *Merz*, Mit Acrobat ins World Wide Web, S.35 f.

1127 Für die Erstellung des Bundesgesetzblattes vgl. *Konzelmann*, JurPC Web-Dok. 51/1998 Abs. 6.

1128 Vgl. nur *Stöhr*, NJW 1999, 1440 (1441) und *Weis*, Gutachten: Verfassungsrechtliche Fragen einer weiteren Privatisierung der juris GmbH, JurPC 1996, 340 (349).

1129 So die Auskunft der Landesregierung in der Antwort auf eine Kleine Anfrage, LT-Drucksache 13/463, S. 2.

1130 Während das GVBl. NW im Jahr 2000 insgesamt 743 Seiten umfaßt, besitzt das GVBl. S-H im gleichen Jahr einen Umfang von 682 Seiten.

1131 Vgl. dazu nur *Stewen*, Die Rechtsdatenbank als Wirtschaftsgut, in: Herberger/Berkemann (Hrsg.), Standort juris, S. 48; *Stöhr*, JurPC 1993, 2080 (2088 f.).

erscheint unvorstellbar und aus rechtsstaatlichen Gesichtspunkten absolut inakzeptabel, wenn nicht nur der einzelne Bürger mangels ausreichender Information keine genaue Kenntnis davon hat, mit welchem Inhalt die zahlreichen gesetzlichen Vorschriften auf ihn einwirken, sondern sogar der Staat als Urheber dieser Normen selbst den Überblick darüber verlieren würde.[1132] Es verwundert daher nicht weiter, daß der Bund, um derartigen Mißständen vorzubeugen, mit der Schaffung des Bundesgesetzblattes III einen Überblick über das tatsächlich geltende Recht schaffen wollte und später dann mit der Bundesrechtsdatenbank sogar in elektronischer Form eine komplette Sammlung sämtlicher geltender Vorschriften inklusive ihrer Verflechtungen mit anderen Normen und dem Nachweis nicht mehr gültiger Regeln geschaffen und bis zum heutigen Tag fortgeführt hat. Zahlreiche andere Bundesländer haben ebenfalls konsolidierte Textsammlungen erstellt und führen sie bis zum heutigen Tage fort.[1133] Teilweise wurden derartige Sammlungen von Anfang an als elektronische Datenbanken für den behördeninternen Gebrauch angelegt.[1134] Schließlich führen auch Gemeinden selbst erstellte Ortsrechtssammlungen.[1135]

Ungeachtet dieser Erwägungen ist der für die Erstellung der Texte und ihre elektronische Erfassung betriebene personelle Aufwand aber grundsätzlich betriebsbedingt für ein in Rede stehendes Online-Angebote. Er ist auch erforderlich, weil ohne diesen Aufwand das Betreiben derartiger Angebote nicht möglich wäre. Damit liegen nicht nur einrichtungsbezogene, sondern auch einrichtungsbedingte Kosten vor.[1136]

Da aber ein Online-Angebot nicht nur für diejenigen, die als gebührenpflichtige Benutzer davon Gebrauch machen, sondern auch für staatliche Stellen und letztlich auch für die von den Gesetzen betroffene Allgemeinheit von Nutzen ist, entspräche es dem Kostendeckungsprinzip nur, wenn die gebührenpflichtigen Benutzer lediglich insoweit zu einem Gebührenaufkommen beitragen, als die Leistungserstellung gerade für ihre Gesamtheit und nicht darüber hinaus auch für andere erfolgt.[1137] Mittel und Leistungen, die für nicht gebührenpflichtige Dritte eingesetzt bzw. erbracht werden, müssen daher aus dem umzulegenden Kostenaufwand ausgesondert werden, weil sie nicht erforderlich für die Erstellung der Leistung an die gebührenpflichtigen Benutzer sind. Insoweit wird den Gebührenschuldnern gegenüber gerade keine Leistung erbracht.

(2) Nutzeneffekte durch Tätigkeitsüberschneidungen

Soweit also einrichtungsbezogene und einrichtungsbedingte Kosten im Rahmen von Tätigkeitsüberschneidungen entstehen, die darin zu sehen sind, daß die für das Online-

---

1132 Vgl. auch *Konzelmann*, Methode landesrechtlicher Rechtsbereinigung; S. 124.

1133 So bspw. Hessen, Nordrhein-Westfalen und das Saarland, vgl. auch oben § 4 II 2. b) cc), S. 131 f.

1134 So bspw. in Brandenburg und Schleswig-Holstein.

1135 Die Stadt Münster beispielsweise bietet die von ihr gepflegte konsolidierte Ortsrechtssammlung in Loseblattform sogar jedermann zum Verkauf an.

1136 In der Praxis scheinen diese Aufwendungen aber ganz unterschiedliche Dimensionen erreicht zu haben. Während in Hessen für den Aufbau des dortigen Informationssystems nach offiziellen Angaben lediglich 66.000 DM notwendig waren, werden für das vergleichbare Angebot Nordrhein-Westfalens Zahlen von weit über 3 Millionen DM angegeben, vgl. dazu die Informationen unter http://www.heise.de/bin/nt.print/newsticker/data/sha-06.02.01-001.

1137 Vgl. allgemein zu diesem Grundsatz *Thiem*, Die Gemeinde, 1995, 95 (96) und *Schulte/Wiesemann*, in: Driehaus (Hrsg.), Kommunalabgabenrecht, § 6 KAG Rn. 94, 115.

Informationsangebot notwendigen Daten schon durch die formale Gesetzesverkündung oder auch durch eine staatsinterne, aber inhaltlich vergleichbare Gesetzesdokumentation erzeugt werden, muß eine Aussonderung von nicht umlegungsfähigen Kosten stattfinden. Ebenso verhält es sich, wenn staatliche Stellen das öffentliche Informationssystem benutzen, um damit ihren eigenen Informationsbedarf zu stillen; sei es im Zusammenhang der Gesetzgebungstätigkeit bei der Erstellung von Gesetzesentwürfen oder aber auch im Rahmen der Rechtsanwendung.

Es ist jedenfalls angesichts dieser Nutzeneffekte keinesfalls gerechtfertigt, sämtliche Personalkosten, die durch die Konsolidierungsarbeit und die Datenerfassung entstehen, auf die gebührenpflichtigen Benutzer der Internet-Angebote umzulegen. Umso schwieriger erscheint es aber, einen sachgerechten Maßstab festzulegen, anhand dessen die Aufteilung vollzogen werden kann. Bei Einrichtungen auf dem Gebiet der Daseinsvorsorge, die Wasser, Gas oder auch Strom liefern, ist es dagegen wesentlich einfacher. Dort steht bei Erfassung der von anderen öffentlichen Einrichtungen oder Stellen verbrauchten und exakt meßbaren Abnahmemenge ein präziser Maßstab zur Verfügung, anhand dessen eine genaue und vor allem (sach-)gerechte Kostenaussonderung stattfinden kann.

Meßbar bei dem Online-Angebot ist zwar auch das Datenvolumen, das durch die jeweiligen Abrufe und Benutzungsvorgänge erzeugt wird. Anhand dieses Wertes läßt sich aber nicht sonderlich genau ausdrücken, welchen Vorteil, Wert oder Nutzen die übertragenen Daten für den jeweiligen Benutzer haben bzw. welcher Anteil an Kosten dieser Leistung gegenüber steht. Dies resultiert schon daraus, daß sich anhand der Länge einer Vorschrift wohl kaum ihr Wert bzw. die Kosten ihres Abrufes feststellen lassen. Dies gilt umso mehr, als die bloße Länge einer Vorschrift auch nicht mit dem für sie notwendigen Konsolidierungsaufwand im Zusammenhang stehen muß. Geeigneter wäre möglicherweise statt des übertragenen Datenvolumens die Zahl der abgefragten Gesetze bzw. einzelnen Vorschriften unabhängig von ihrer Länge als Maßstab zu benutzen. Aber auch dieser Maßstab erscheint nicht völlig sachgerecht, da verschiedene Sachgebiete einen ganz unterschiedlichen Grad von gesetzlicher Reglementierung aufweisen bzw. auch der Umfang von Gesetzen und einzelnen Paragraphen stark variieren kann.

Im übrigen ergibt sich ein wesentlicher Teil der Leistung gerade dadurch, daß mehr Rechtsnormen vorgehalten werden, als tatsächlich in der konkreten Benutzungssituation benötigt werden. Die Leistung der öffentlichen Hand besteht nicht nur darin, die jeweilige Vorschrift oder das jeweilige Gesetz auf den Computer des Benutzers zu transferieren, sondern für ihn eine mehr oder weniger allumfassende Sammlung sämtlicher Rechtsvorschriften vorzuhalten und ihm diese in ihrer Gesamtheit ganz nach seinen Bedürfnissen zur Benutzung zur Verfügung zu stellen. Dies gilt nicht für die Bereitstellung konsolidierter Textsammlungen, sondern auch dann, wenn die offziellen Gesetzblätter im Internet veröffentlicht werden und auch ältere Ausgaben abrufbar sind.

Letztlich läßt sich die Frage eines genauen Zuordnungsmaßstabs nicht eindeutig beantworten. Es ist lediglich nach einem Verrechnungsschlüssel zu suchen, der unter Berücksichtigung des Verursachungsprinzips als sachgerecht erscheint.[1138] Da die gesetzlichen Vorschriften zum Kostendeckungsprinzip des weiteren bei der Ermittlung der ansatzfähigen Kosten nur be-

---

1138 Vgl. auch *Thiem*, Die Gemeinde, 1995, 95 (97 u. 99).

triebswirtschaftliche Grundsätze als Richtschnur vorgeben, kann es eine verbindlich eindeutige Entscheidung nicht geben.[1139] Vielmehr ist der Verwaltung bei der Gebührenausgestaltung ein gewisser gerichtlich nicht voll überprüfbarer Einschätzungsspielraum zuzugestehen.[1140] Gerade die Unbestimmtheit der betriebswirtschaftlichen Grundsätze soll es ermöglichen, zwischen verschiedenen möglichen Methoden zu wählen.[1141] Von einer Verletzung des Kostendeckungsprinzip kann daher erst dann ausgegangen werden, wenn sachfremde, nicht mehr sachgerechte oder unzutreffende Erwägungen zu einer erheblich unrichtigen Kostenkalkulation führen, die die Belastung der Gebührenschuldner in die falsche Richtung verschiebt.[1142]

Ein innerhalb dieser Entscheidungsbandbreite sachgerechter Zuordnungsmaßstab könnte sich beispielsweise aus einem Vergleich mit der Kostenbemessung im Abwasserbereich jedenfalls für die Konstellationen ergeben, bei denen die Verwaltung ein eigenes internes neben dem jedermann zugänglichen Informationsangebot betreibt.[1143] Im Abwasserbereich stellt sich oftmals ein durchaus vergleichbares Kostenzuordnungsproblem, wenn sowohl das Niederschlagswasser der einzelnen Grundstücke als auch das Straßenoberflächenwasser durch ein gemeinsame Leitungsrohrsystem abgeleitet werden, das damit zwei unterschiedlichen Einrichtungen zuzordnen ist.[1144] Nach der anerkannten Rechtsprechung des BVerwG sind die Kosten für die gemeinsam benutzten Anlagen in dem Verhältnis aufzuteilen, in dem die jeweiligen Herstellungskosten, die hypothetisch im Falle einer getrennten Errichtung entstanden wären, zueinander stehen.[1145] Auch die Erzeugung von Rechtsdaten dient strenggenommen verschiedenen Einrichtungen: einmal dem Informationssystem als Instrument der Öffentlichkeitsarbeit, zum anderen der internen Dokumentationsarbeit. Kosten entstehen bei der Datenerzeugung aber nur einmal.[1146]

Soweit also das staatsinterne Dokumentationssystem insoweit inhaltlich identisch mit dem jedermann zugänglichen System ist, müßten demnach 50 % der Personalkosten, die durch den Konsolidierungsaufwand entstehen, als nicht gebührenfähig ausgesondert werden, weil jede Datenbank für sich genommen schon den kompletten Arbeitsaufwand mit den entsprechenden Personalkosten erforderte.

1139 *Tettinger*, Entgelte in der Entsorgungswirtschaft, in: Preise und Gebühren, S. 41; *Dahmen*, in: Driehaus (Hrsg.), Kommunalabgabenrecht, § 6 KAG Rn. 27; *Hinsen*, KStZ 1989, 221 (222).

1140 BVerwG NVwZ 1989, 571 (572); DVBl. 1989, 418 (420); E 13, 214 (223); BayVGH BayVBl. 1993, 528 (529); *Thiem/Böttcher*, KAG, § 6 Rn. 109; *Kirchhof*, Die Höhe der Gebühr, S. 94.

1141 OVG NW GemHH 1983, 113 (117); NWVBl. 1994, 99 (101); NWVBl. 1994, 428 (429).

1142 *Thiem/Böttcher*, KAG, § 6 Rn. 320; *Seeger/Gössl*, KAG, § 9, S. 100; OVG NW GemHH 1983, 113 (117).

1143 So liegt es bspw. in Brandenburg. Die dort über das Internet für jedermann zugänglichen konsolidierten Rechtstexte wurden schon seit längerer Zeit im behördeninternen Intranet für die Arbeit der Landesregierung vorgehalten und insofern lediglich per Knopfdruck auch der gesamten Öffentlichkeit zur Verfügung gestellt; vgl. auch *Harks*, Handelsblatt v. 25.7.01, S. R2.

1144 Grundstücks- und Straßenoberflächenentwässerung sind Teile zweier verschiedener Einrichtungen, vgl. nur *Thiem*, Die Gemeinde, 1995, 95 (97).

1145 BVerwG KStZ 1986, 31, 33 f.; KStZ 1987, 90 (91); siehe auch *Thiem/Böttcher*, KAG, § 6 Rn. 320.

1146 Die Besonderheit im Abwasserbereich, daß dort Bundes- und Landesrecht aufeinandertreffen und das vorgehende Bundesrecht daher die für die Straßenerschließung anteilig entstehenden Kosten „reklamiert", steht einer Vergleichbarkeit nicht unbedingt entgegen, weil der Benutzungsschuldner grundsätzlich einen Anspruch darauf hat, nicht mit einrichtungsfremden Gebühren belastet zu werden. Insofern spielt es keine wesentliche Rolle, daß die Regelung des § 128 Abs. 1 Nr. 2 BauGB Vorrang vor dem landesrechtlichen Abgabenrecht hat.

Es ließe sich allerdings ebenfalls argumentieren, daß die Kosten zu 100 % auch anfielen, wenn der Öffentlichkeit die Datenbank vielleicht mit Rücksicht auf die Interessen der privaten Unternehmer nicht zur Verfügung stünde und nur der internen Dokumentation diente.[1147] Wenn aber bestimmte Kosten ohne Rücksicht auf eine öffentliche Einrichtung anfallen[1148] und durch ihre Inanspruchnahme nicht weiter steigen, könnte es daher zweifelhaft sein, sie der Einrichtung überhaupt zuzuordnen. Es könnte sich vielmehr um die kostenneutrale Bereitstellung von Leistungen anderer Verwaltungseinheiten darstellen.[1149]

Es ist aber nicht zu bestreiten, daß die Benutzer einer derartigen Einrichtung einen besonderen Nutzen aus dem Angebot ziehen und aus diesem Grund ihre jedenfalls teilweise Beteiligung an diesen Kosten sachgerecht erscheint. Umgekehrt müßten sie, wenn der Staat seine Gesetzgebungsarbeit ohne eigene vollständige und fortlaufende Dokumentation betreiben würde, die entstehenden Konsolidierungskosten ohne Zweifel vollständig tragen. Eine zwingend vollständige Subventionierung der Leistungsempfänger zu Lasten der allgemeinen Haushaltsmittel erscheint daher genauso wenig sachgerecht wie die umgekehrte Konstellation, in der die Benutzer komplett die Leistung für die staatsinterne Dokumentation durch ihre Gebühren rechtlich zwingend zu finanzieren hätten.[1150] Es kann keine zulässige Zuordnungsmethode darstellen, anhand einer Rangordnung der verfolgten unterschiedlichen Zwecke dem vermeintlich nachrangigen lediglich die entstehenden Mehrkosten, nicht aber die gemeinsamen Kosten zuzuordnen.[1151] Eine hälftige Aufteilung der Kosten erscheint daher angemessen. Sie ist gleichwohl nicht zwingend. Eine gleichermaßen zulässige Zuordnung käme insbesondere dann in Betracht, wenn die staatsinterne Inanspruchnahme im Vergleich zur Benutzung des allgemeinen Informationssystems durch die Allgemeinheit als völlig unbedeutend und vernachlässigbar erschiene. Wenn also die Informationssysteme, was bis zum heutigen Tag noch nicht der Fall zu sein scheint[1152], eine breite Akzeptanz in der Bevölkerung finden und rege Benutzung erfahren würden, ließe sich an eine prozentuale Verschiebung zugunsten des allgemeinen Staatsanteils denken. Gleiches gälte dann, wenn die Datenbank von den staatlichen Stellen beinahe überhaupt nicht genutzt würde und diese statt dessen für ihre tägliche Arbeit beispielsweise beinahe ausschließlich auf die gedruckten Erzeugnisse der privaten Verlagswirtschaft zurückgreifen würden.

Eine Verschiebung der Kostenzuordnung kommt ebenfalls dann in Betracht, wenn die Konsolidierungsarbeiten nicht deckungsgleich sind, d.h. wenn das eine Angebot mehr Rechtsnor-

---

1147 Schon *Jastrow*, ZGesStW 79 (1925), 40 (81) hat darauf aufmerksam gemacht, daß ein hoher Kostenanteil bei der Erstellung des Reichsgesetzblattes nicht auf die Leser und Bezieher zurückzuführen ist und ganz unabhängig von deren Existenz und Abnahmeverhalten anfällt.

1148 Zur insoweit vergleichbaren Situation bei der Feuerwehr, die neben ihren gesetzlichen Pflichtaufgaben zusätzliche freiwillige Leistungen erbringt, vgl. auch *Schulte*, in: Driehaus (Hrsg.), Kommunalabgabenrecht, § 6 KAG Rn. 103.

1149 Zu kostenneutralen Leistungen auch *Schulte*, in: Driehaus (Hrsg.), Kommunalabgabenrecht, § 6 KAG Rn. 102 und *Budäus*, VerwArch 69 (1978), 361 (361).

1150 Gleichwohl könnte es aber der Verwaltung gestattet sein, von einer vollständigen Kostendeckung Abstand zu nehmen und insofern aus besonderen Gründen doch die Allgemeinheit und nicht die Benutzer die Kosten ganz bzw. zumindest teilweise tragen zu lassen vgl. dazu unten § 9 II 1. c) bb), S. 203 f.

1151 So auch BVerwG KStZ 1986, 31 (33).

1152 Nach *Berkemann*, Ignorantia juris nocet, S. 113 war 1995 der Bund der mit Abstand größte Benutzer der Bundesrechtsdatenbank. Auf ihn entfielen 72 % der Nachfrage.

men enthält als das andere[1153]. In derartigen Konstellationen sind allerdings – jedenfalls theoretisch – die Personalkosten, die für die Konsolidierung der getrennten Rechtsnormen entstehen, sowieso gesondert zu berücksichtigen.

Soweit überschneidende Konsolidierungsarbeiten daraus resultieren, daß die öffentliche Hand auch auf Papier eine gedruckte Version einer bereinigten Textsammlung herausgibt, wie es beispielsweise in Nordrhein-Westfalen der Fall ist, erscheint es hingegen sachgerecht, überhaupt keine besondere Kostenzuordnung vorzunehmen, sondern statt dessen beide Publikationsvarianten als Einheit zu betrachten, weil sie inhaltlich identisch sind und sich lediglich hinsichtlich des benutzten Datenträgers als Transportmedium unterscheiden.

Dagegen erscheint es nicht angemessen, neben den Kosten für die Gesetzesverkündung, die mittels Veröffentlichung der gedruckten und allein verbindlichen Gesetzesblätter erfolgt, auch die übrigen im Zusammenhang mit einer Rechtstextpublikation entstehenden Kosten im Rahmen einer einheitlichen Einrichtung zusammenzufassen.[1154] Obwohl beide Formen der Aufklärung der Bürger über das geltende Recht dienen, unterscheidet sich die formale Verkündung aufgrund ihrer Zugehörigkeit zum Gesetzgebungsverfahren und ihrer auslösenden Rechtsfolgen in rechtlicher Hinsicht erheblich von einer Rechtstextveröffentlichung, die lediglich im Rahmen der staatlichen Öffentlichkeitsarbeit erfolgt und keine direkten Rechtsfolgen zeitigt. Diese Unterschiede dürften aus funktionaler Sicht so erheblich sein, daß der Entscheidungsspielraum der Verwaltung, der ihr bei der Organisation und Zusammenfassung von Leistungsbereichen zu einer einheitlichen Einrichtung zukommt,[1155] überschritten sein dürfte, wenn neben den unverbindlichen Veröffentlichungen auch die formale Verkündungsarbeit zu einer Einheit zusammengefaßt würden. Gesetzesverkündung bleibt Gesetzgebungstätigkeit und nicht bloße informatorische Aufklärungsarbeit.

(3) Externe Nutzeneffekte im Allgemeininteresse

Schließlich stellt sich die Frage, ob nicht vielleicht ein Anteil der Personalkosten, aber auch der anderweitig entstehenden Kostenpositionen aus der auf die Benutzer umzulegenden Gesamtsumme auszusondern ist und statt dessen von der Allgemeinheit über den allgemeinen Haushalt und dementsprechend über Steuereinnahmen finanziert werden müßte. Da nämlich ein Informationsangebot für die Bürger, mit dem diese sich über das von ihnen zu beachtende Recht informieren können, aus mehreren Gründen im öffentlichen Interesse ist[1156], könnte daran zu denken sein, der Allgemeinheit und nicht ausschließlich den jeweiligen Benutzern

---

1153 Dies dürfte immer dann der Fall sein, wenn das allgemeine Informationsangebot sich nur auf die wichtigsten Rechtsgebiete beschränkt und keinen umfassenden Nachweis bietet oder aber beispielsweise nur formelle Gesetze und keine Rechtsverordnungen enthält.

1154 Eine dahingehende Praxis läßt sich aber auf Bundesebene beobachten: Nach *Stöhr*, NJW 1999, 1440 (1441) u. *Konzelmann*, JurPC Web-Dok. 51/1998, Abs. 8 werden die Einnahmen aus dem Vertrieb der verbindlichen Papierausgabe des BGBl. mit den Einnahmen zusammengefaßt, die mit der kostenpflichtigen Publikation der Online-Ausgabe erzielt werden. Ganz ähnlich scheint in Nordrhein-Westfalen verfahren zu werden, wo die Kosten für sämtliche Gesetzestextpublikationen zusammengefaßt werden; vgl. dazu die Darstellung der Landesregierung in LT-Drucksache 13/463, S. 2. Allerdings werden weder in NW noch auch auf Bundesebene Gebühren für den Bezug der Rechtstexte erhoben, so daß das gebührenrechtliche Kostendeckungsprinzip jedenfalls nicht unmittelbar anwendbar ist.

1155 Zu diesem Entscheidungsfreiraum vgl. *Dahmen*, in: Driehaus (Hrsg.), Kommunalabgabenrecht, § 4 KAG Rn. 216 ff. u. 247.

1156 Vgl. dazu die Ausführungen oben § 4.

wenigstens einen Teil der entstandenen Kosten aufzubürden. Dies gilt umso mehr, als prinzipiell jeder Bürger einmal darauf angewiesen sein kann, über seine Rechte und Pflichten genau Bescheid zu wissen und sich diese Informationen selbst zu beschaffen, auch wenn er die meiste Zeit ohne genaue Gesetzeskenntnis auskommt.[1157] Somit kommt das zentrale Vorhalten von Rechtstexten, die im Einzelfall jederzeit von jedermann auf einfache Art und Weise abgerufen werden können, der gesamten Bevölkerung zugute und nicht nur den jeweiligen Benutzern. Die Informationsdienste der öffentlichen Hand erbringen ihre Leistungen damit nicht nur für ihre Benutzer, sondern im Grunde für die gesamte Allgemeinheit, damit im Einzelfall jedermann die von ihm benötigten Rechtstexte aus der Gesamtheit der vorgehaltenen Rechtsdaten abrufen kann. Eine volle Kostentragung der tatsächlichen Benutzer ohne finanzielle Beteiligung der Allgemeinheit könnte daher im Widerspruch zur allgemein anerkannten Auslegung der im Rahmen des Kostenüberschreitungsverbots maßgeblichen Kostenregelungen stehen, nach der die Benutzer lediglich mit den Kosten belastet werden können, die sich gerade durch die Erbringung der Leistung an sie ergeben haben.[1158] Es ist nur möglich, die den Benutzern durch die Inanspruchnahme zurechenbaren Kosten als gebührenfähig in die Gebührenkalkulation einzustellen.[1159] Kosten, die durch sonstige Leistungen der Einrichtung entstanden sind, dürfen nicht auf die gebührenpflichtigen Benutzer umgelegt werden, weil sie ihnen insofern nicht zurechenbar sind. Der nach diesen Maßstäben auf die Allgemeinheit entfallende Kostenanteil muß damit aus allgemeinen Mitteln bestritten werden.[1160] Aus diesem Grund erscheint es nicht unbedingt ausgeschlossen, daß ein Abzug auf die umlegungsfähigen Kosten der Informationsdienste vorzunehmen ist, wenn insofern neben den konkreten Benutzern auch die Allgemeinheit Nutznießer ist und in gewisser Weise ebenfalls an den Leistungen der Einrichtungen partizipiert.

Es ist allerdings zunächst keine ausgewiesene Besonderheit, daß eine öffentliche Einrichtung nicht nur dem Interesse einzelner, sondern auch der Allgemeinheit dient. Dies ist vielmehr eine ihrer begrifflichen Grundvoraussetzungen und damit eine Eigenschaft, die auf eine jede öffentliche Einrichtung zutrifft.[1161] Insofern erscheint es doch fraglich, ob tatsächlich ein Abzug von den Kosten vorzunehmen ist, weil er grundsätzlich zu erfolgen hätte. Der Gesetzgeber hat diese Frage stellenweise schon von sich aus dadurch beantwortet, daß er einen pauschalen prozentualen Abzug ausdrücklich anordnet.[1162]

Gegen eine Berücksichtigung eines allgemeinen öffentlichen Interesses, das abzugrenzen ist von den Sondervorteilen der konkreten Benutzer, spricht schon zunächst, daß es in der Praxis nicht quantifizierbar ist.[1163] Entscheidender dürfte aber sein, daß die Gebührenvorschriften insgesamt anerkennen, daß eine öffentliche Einrichtung immer auch allgemeinen öffentlichen

---

1157 Vgl. *Berkemann*, Ignorantia juris nocet, S. 101 f.

1158 *Schulte*, in: Driehaus (Hrsg.), Kommunalabgabenrecht, § 6 KAG Rn. 115; OVG NW NWVBl. 1994, 64 (65); *Seeger/Gössl*, KAG, § 9, S. 104 d.

1159 *Thiem/Böttcher*, KAG, § 6 Rn. 334; SH OVG Die Gemeinde 1994, 395 (396).

1160 *Thiem*, Die Gemeinde 1995, 95 (98); OVG NW KStZ 1977, 225 (225); so auch § 9 Erl. 1.5 RdErl.-KAG des Innenministeriums BW v. 17.7.1979 (GABl. S. 861).

1161 *Thiem/Böttcher*, KAG, § 6 Rn. 328; *Seeger/Gössl*, KAG, § 9, S. 104 w; *Dahmen*, in: Driehaus (Hrsg.), Kommunalabgabenrecht, § 4 Rn. 203; *Zimmermann*, VerwArch 62 (1971), 16 (26).

1162 So bestimmte bspw. § 3 Abs. 1 S. 2 StrReinG NW, daß das für die Straßenreinigung erhobene Gesamtgebührenaufkommen 75 % der Gesamtkosten der Straßenreinigung in der Gemeinde nicht übersteigen darf.

1163 *Zimmermann*, VerwArch 62 (1971), 16 (26); *Schärich*, VBlBW 1982, 362 (363).

Interessen dient und nicht nur Vorteile denjenigen bringt, die sie tatsächlich benutzen.[1164] Sie knüpfen für die Gebührenerhebung an die konkrete Benutzung der Einrichtung und nicht an abstrakte Vorteile[1165] und lassen damit erkennen, daß für die Kostenberechnung nicht allgemein bestehende Vorteile für die Allgemeinheit entscheidend sein können. Nur wenn tatsächliche Leistungen an die von den gebührenpflichtigen Benutzern abzugrenzende Allgemeinheit erbracht werden, sind diese nach dem gebührenrechtlichen Kostenbegriff auszusondern von den umlegungsfähigen Aufwendungen der Einrichtungen und damit aus allgemeinen Haushaltsmitteln zu bestreiten.[1166] Erforderlich ist damit, daß die Allgemeinheit in einer besonderen Beziehung zu der öffentlichen Einrichtung steht, die einer tatsächlichen Inanspruchnahme und konkreten Benutzung wesentlich näher kommt: So werden beispielsweise Straßen, die von der öffentlichen Hand regelmäßig gereinigt werden, nicht nur von den gebührenpflichtigen Einwohnern benutzt, sondern von jedem, der sich auf ihnen fortbewegt. Für diejenigen, die nicht gebührenpflichtige Anwohner sind, und damit letztlich tatsächlich für die Allgemeinheit besteht daher nicht nur ein theoretischer, sondern ein konkret in Anspruch genommener Vorteil. Ein abstraktes öffentliches Interesses kann aber nicht schon aufgrund der Kostenregelungen der Abgabengesetze zwingend zu berücksichtigen sein.[1167] Da aber in der Bereithaltung von Rechtsnormtexten über ein derart abstraktes Interesse und einen theoretischen Vorteil für die Allgemeinheit kein darüber hinausgehendes qualifiziertes Näheverhältnis zu erblicken ist, kann eine zwingend vorzunehmende Berücksichtung bei der Kostenermittlung nicht anerkannt werden.

(4) Abzug durch Sondereinnahmen

Schließlich stellt sich die Frage, wie innerhalb der Gebührenkalkulation etwaige Einnahmen zu behandeln sind, die außerhalb des Gebührenaufkommens erzielt werden. Als solche in Betracht kommen vor allem Werbeeinnahmen durch die Schaltung sog. Werbebanner.

Derartige externe Einnahmen fließen zwar haushaltsrechtlich in den allgemeinen Haushalt des Trägers des Informationsdienstes.[1168] Sie müssen aber dennoch der gebührenfinanzierten Einrichtung derart zugute kommen, daß diese Einnahmen den auf die Gebührenschuldner umzulegenden Kostenaufwand mindern. Solange sich Einnahmen auf den Betrieb einer öffentlich-rechtlichen Einrichtung zurückführen lassen und damit ein kausaler Zusammenhang zu der mit den Gebühren der Benutzer finanzierten Leistung existiert[1169], kann es nicht gerechtfertigt sein, daß derartige Einnahmen lediglich den allgemeinen Haushalt entlasten. Vielmehr müssen sie in dem Verhältnis gebührenmindernd berücksichtigt werden, wie sich der Anteil der

---

1164 *Seeger/Gössl*, KAG, § 9, S. 104 w.

1165 OVG NW KStZ 1980, 233 (233); Gemeindehaushalt 1983, 113 (116); *Seeger/Gössl*, KAG, § 9, S. 88, 95 f.; *Thiem/Böttcher*, KAG, § 6 Rn. 43.

1166 SH OVG Die Gemeinde 1994, 395 (396); *Thiem*, Die Gemeinde 1995, 95 (98); OVG NW KStZ 1977, 225 (225); so auch § 9 Erl. 1.5 RdErl.-KAG des Innenministeriums BW v. 17.7.1979 (GABl. S. 861).

1167 *Seeger/Gössl*, KAG, § 9, S. 104 w; *Thiem/Böttcher*, KAG, § 6 Rn. 328; *Zimmermann*, VerwArch 62 (1971), 16 (26); *Schärich*, VBlBW 1982, 362 (363 f.); *Scholz*, in: Driehaus (Hrsg.), Kommunalabgabenrecht, § 6 KAG Rn. 577; OVG NW KStZ 1984, 58 (59); VGH BW VBlBW 1984, 346 (352).

1168 Vgl. *Thiem/Böttcher*, KAG, § 6 Rn. 337.

1169 Vgl. zum Erfordernis der „Kausalität“ auch *David*, KStZ 2000, 1 (2).

auf die Gesamtheit der Benutzer umlegungsfähigen Kosten zu den ausgesonderten Kosten verhält.[1170]

Wenn der Betrieb öffentlicher Einrichtungen nicht mit allgemeinen Geldmitteln bezuschußt werden soll, sondern sich im Grundsatz durch die Gebühreneinnahmen der Benutzer selbst tragen soll, müssen der Einrichtung auch die Einnahmen zugeführt werden, die im Zusammenhang mit ihrem Betrieb erzielt werden. Dem allgemeinen Haushalt kommen derartige Einnahmen schließlich auch soweit anteilsmäßig zugute, als die Allgemeinheit durch die Aussonderung von ansonsten berücksichtigungsfähigen Kosten ebenfalls einen Beitrag zur Finanzierung der Einrichtung leisten muß. Es hat damit eine anteilige Verrechnung stattzufinden.

Zusammenfassend läßt sich somit sagen, daß das Kostendeckungsprinzip als Kostenüberschreitungsverbot einen großen Einfluß auf die Ausgestaltung und Höhe der Benutzungsgebühren für Rechtstextpublikation über das Internet hat. Dies gilt zwar nicht für die einzelne Benutzungsgebühr, sondern immer nur für das gesamte Gebührenaufkommen. Ein Verstoß dagegen hat aber insofern auch Auswirkungen auf die einzelne Gebühr, als damit die Festlegung der Gebührensätze insgesamt ungültig ist.[1171]

bb) Kostendeckungsgebot

Soweit durch die kommunalen Abgaberegelungen und durch die landesrechtlichen Gebührengesetze unabhängig von einem Kostenüberschreitungsverbot vorgeschrieben ist, daß die Einrichtungen kostendeckend zu arbeiten haben, folgt daraus die grundsätzliche Verpflichtung, die Benutzungsgebühren so zu kalkulieren, daß die Einnahmen daraus die berücksichtigungsfähigen Kosten decken und nicht darunter bleiben. Insofern markiert dann die aus dem Kostenüberschreitungsverbot resultierende Obergrenze der Gebühreneinnahmen jedenfalls im Grundsatz gleichzeitig auch die zulässige Untergrenze.

Ein Abweichen von dieser Kalkulation und damit ein Unterschreiten der Kosten ist danach nicht ohne weiteres statthaft. Gleichwohl sehen zahlreiche gesetzliche Regelungen explizit die Möglichkeit vor, auf eine volle Kostendeckung zu verzichten, wenn daran ein besonderes öffentliches Interesse besteht.[1172] Soweit das Kostendeckungsgebot nur als Soll- bzw. Regelvorschrift vorhanden ist[1173], gilt letztlich nichts anderes, da ein besonderes öffentliches Interesse an einer Einrichtung oder aber auch sozialstaatliche Erwägungen Grund genug dafür sind, von einer vollen Kostentragung der Benutzer Abstand zu nehmen.[1174] Insofern bestehen aus Sicht des Kostendeckungsprinzips keine Bedenken, den Gebührenrahmen unterhalb der durch Betreiben des Informationsangebotes entstehenden Kosten zu halten. Dieses Ergebnis

---

1170 *Thiem/Böttcher*, KAG, § 6 Rn. 337; a.A. offenbar *Schulte/Wiesemann*, in: Driehaus (Hrsg.), Kommunalabgabenrecht, § 6 KAG Rn. 95, die diese Einnahmen unberücksichtigt lassen wollen, weil sie ohne einen Kostenaufwand der Einrichtung erzeugt würden. Sie verkennen allerdings, daß diese Einnahmen ohne die gebührenpflichtige Leistungserstellung der Einrichtung nicht erzielt werden könnten und daher sehr wohl ein Zusamenhang mit den die Gebührenschuldner belastenden Kosten besteht.

1171 *Schulte/Wiesemann*, in: Driehaus (Hrsg.), Kommunalabgabenrecht, § 6 Rn. 35; *Thiem/Böttcher*, KAG, § 6 Rn. 109.

1172 So z.B. die Regelungen § 5 Abs. 1 S. 2 KAG Nds; § 6 Abs. 3 KAG S-H; § 5 Abs. 1 S. 2 KAG S-Anhalt.

1173 So neben § § 25 Abs. 2 S. 1 GebG NW und 6 Abs. 1 S. 3 KAG NW beispielsweise in Art. 8 Abs. 1 KAG Bay; § 10 KAG Hess; § 6 Abs. 1 KAG Brandb; § 12 KAG Thür.

1174 Vgl. allgemein *Dahmen*, in: Driehaus (Hrsg.), Kommunalabgabenrecht, § 6 Rn. 51.

deckt sich mit der von den gebührenrechtlichen Vorschriften ohnehin vorgesehenen Möglichkeit, von einer Entgeltpflicht ganz abzusehen.[1175]

2. Äquivalenzprinzip

Eine Begrenzung der Gebührenhöhe könnte sich des weiteren auch aus dem sog. Äquivalenzprinzip ergeben.

Dieses allgemeine gebührenrechtliche Bemessungsprinzip betrifft die Frage, in welchem Verhältnis die Gebühr zur staatlicherseits erbrachten Leistung zu stehen hat. Anders als das Kostendeckungsprinzip hat es keine direkte Auswirkungen auf die Gesamthöhe des Gebührenaufkommens, sondern bezieht sich auf die Bemessung der Gebührenhöhe im Einzelfall.[1176] Wie das jeweilige Verhältnis zwischen Leistung und Gegenleistung konkret beschaffen sein muß, ist indes schon sprachlich nicht immer eindeutig: Während einerseits der Gebotscharakter des Äquivalenzprinzips betont wird, der darin liege, daß ein „richtiges" bzw. „angemessenes" Verhältnis zwischen Gebühr und Gegenleistung bestehen müsse[1177], verstehen es andere als das Verbot eines Mißverhältnisses zwischen Gebühr und Leistung[1178]. Letztlich wird in diesen unterschiedlichen sprachlichen Formulierungen aber kein sachlicher Unterschied gesehen und das insoweit enger erscheinende Äquivalenzgebot als mit dem negativen Mißbrauchsverbot identisch angesehen.[1179]

a) Rechtliche Geltung

Nachdem früher teilweise vertreten wurde, daß sich das Äquivalenzprinzip schon aus dem Wesen der Gebühr ergebe und dieser gleichsam immanent sei,[1180] ist heutzutage ganz überwiegend anerkannt, daß dieses Rechtsprinzip nichts anderes als die gebührenrechtliche Ausgestaltung des allgemeinen verfassungsrechtlichen Grundsatzes der Verhältnismäßigkeit ist.[1181] Da das gesamte belastende Staatshandeln an das Übermaßverbot gebunden ist, muß daher auch jede Form der Gebührenerhebung, die für den Betroffenen finanziell von Nachteil ist, diesem rechtlichen Maßstab unterworfen sein. Damit wird zudem deutlich, daß sich das gebührenrechtliche Äquivalenzprinzip und der allgemeine Verhältnismäßigkeitsgrundsatz inhaltlich nicht unterscheiden. Die Besonderheiten des Äquivalenzprinzips beschränken sich

---

1175 Vgl. dazu oben § 8 II, S. 181 ff.

1176 *Rogosch*, Verfassungsrechtliche Bindungen, S. 76; *Schulte/Wiesemann*, in: Driehaus (Hrsg.), Kommunalabgabenrecht, § 6 KAG Rn. 31; *Meyer*, Gebühren für die Nutzung, S. 199.

1177 BVerfG NVwZ 1992, 365 (369); BVerwGE 2, 246 (249); 12, 162 (166); 22, 299 (305); OLG Düsseldorf NWVBl. 1996, 277 (278); *Dahmen*, in: Driehaus (Hrsg.), Kommunalabgabenrecht, § 4 KAG Rn. 53; *Gawel*, VerwArch 86 (1995), 69 (81).

1178 BVerfGE 20, 257 (270); 50, 217 (226 ff.); 91, 207 (223); BVerwGE 79, 90 (91); 80, 36 (39); 109, 97 (111); *Wegge*, KStZ 1999, 41 (42).

1179 *Wilke*, Gebührenrecht und Grundgesetz, S. 253 f.; *Rogosch*, Verfassungsrechtliche Bindungen, S. 77; *Heimlich*, Die Verleihung als Umweltabgabe, S. 163; BVerwGE 26, 305 (308 f.).

1180 Vgl. BVerwGE 12, 162 (166); BVerfGE 20, 257 (270).

1181 *Wegge*, KStZ 1999, 41 (42); *Fischedick*, Die Wahl der Benutzungsform kommunaler Einrichtungen, S. 58; *Heer*, Verteilungs- und Bemessungsgesichtspunkte, S. 48; *Dahmen*, in: Driehaus (Hrsg.), Kommunalabgabenrecht, § 4 KAG Rn. 48; *Heimlich*, Die Verleihung als Umweltabgabe, S. 175; BVerwGE 26, 305 (309); KStZ 1984, 11 (12); KStZ 1985, 107 (107); DVBl. 1989, 413 (414); BVerwGE 109, 97 (111); BVerwGE 95, 188 (202) benutzt den Begriff des Äquivalenzprinzips überhaupt nicht, sondern unterwirft die Gebührengesetzgebung ausschließlich dem allgemeinen Verhältnismäßigkeitsgrunsatz.

darauf, daß es einen beschränkteren, nämlich auf Gebühren bezogenen Anwendungsbereich besitzt.[1182] Ob man aber nun von dem Erfordernis äquivalenter oder verhältnismäßiger Gebührenbemessung spricht, ist daher unerheblich.[1183]

b) Konkreter Inhalt und Rechtsfolgen für die Gebührengestaltung

Dieser Identität von Äquivalenzprinzip und Verhältnismäßigkeitsgrundsatz wird indes nicht immer ausreichend Rechnung getragen, und es drängt sich mitunter der Eindruck auf, als werde mit einem besonderen für Gebühren geltenden Grundsatz operiert.[1184] Vor allem scheint sich die Prüfung der Vereinbarkeit mit dem Äquivalenzprinzip im wesentlichen auf die Prüfung der Verhältnismäßigkeit im engeren Sinne zu beschränken.[1185] Oftmals bleibt unklar, daß die Beziehung zwischen dem Eingriff in Form der Gebührenerhebung und den damit verfolgten Zwecken umfassend auf ihre Angemessenheit hin überprüft wird.[1186] Meist werden lediglich die Höhe der Gebühr mit einem nebulös bleibenden Wert der Verwaltungshandlung verglichen. Indes läßt sich bereits ohne vorherige Ermittlung des verfolgten Zwecks und ohne diesen festen Bezugspunkt das Verhältnis der Gebühr zur Leistung gar nicht auf seine Angemessenheit hin überprüfen.[1187] Stillschweigend vorausgesetzt wird allerdings oftmals, daß nur ein ganz bestimmter Zweck verfolgt wird: den dem einzelnen gewährten Vorteil abzuschöpfen.[1188] Gelegentlich wird auch davon ausgegangen, daß die durch die Erbringung von Leistungen entstandenen Kosten ausgeglichen werden sollen.[1189]

Legitime Zwecke, die die öffentliche Hand im Rahmen der Gebührenerhebung verfolgen kann, sind indes vielfältig denkbar. Neben den bereits erwähnten kommen darüber hinaus auch Lenkungszwecke aber auch die Absicht in Betracht, Gewinne durch die Gebühren zu erzielen. Letztlich kommt jeder Zweck, den die Verwaltung im Wege der Gebührenerhebung verfolgen darf, als Abwägungsfaktor in Betracht.[1190] Erst bei Berücksichtigung dieser Zwecke kann die Angemessenheit bzw. die Verhältnismäßigkeit der Gebühr festgestellt werden. In diese Abwägung einfließen müssen schließlich auch die Vorteile, die der einzelne durch die gewährten Leistungen erfährt. Auch sie müssen bei der Prüfung der Verhältnismäßigkeit im engeren Sinne berücksichtigt werden.[1191] Dies führt dazu, daß die oftmals im Vordergrund der Prüfung stehenden Gesichtspunkte wie „Wert", „Nutzen" oder „Vorteil" der Leistung durchaus auch von Bedeutung sind. Sie sind allerdings nicht die einzigen Abwägungsfaktoren.

1182 *Heimlich*, Die Verleihung als Umweltabgabe, S. 174; *Ossenbühl*, Jura 1997 617 (620); *Schulze-Fielitz*, in: Dreier (Hrsg.), GG, Art. 20 (Rechtsstaat) Rn. 174.

1183 So auch *Zimmermann*, DVBl. 1989, 901 (903); *Heimlich*, Die Verleihung als Umweltabgabe, S. 174; *Meyer*, Gebühren für die Nutzung, S. 200; *Heer*, Verteilungs- und Bemessungsgesichtspunkte, S. 48.

1184 Vgl. nur die Kritik bei *Wilke*, Gebührenrecht und Grundgesetz, S. 254 ff.; *Schindler*, KStZ 1992, 47 (65 ff.); *Meyer*, Gebühren für die Nutzung, S. 201.

1185 So bspw. bei *Rogosch*, Verfassungsrechtliche Bindungen, S. 89; vgl. auch die Ausführungen bei *Wilke*, Gebührenrecht und Grundgesetz, S. 264 f.

1186 *Wilke*, Gebührenrecht und Grundgesetz, S. 266; *Schindler*, KStZ 1992, 47 (49).

1187 So auch *Reinhard*, Zulässigkeit der Berücksichtigung sozialer Gesichtspunkte bei Benutzungsgebüren, S. 103; *Heimlich*, Die Verleihung als Umweltabgabe, S. 179; *Meyer*, Gebühren für die Nutzung, S. 201.

1188 Z.B. wird dies deutlich sichtbar in BVerwGE 12, 162 (166).

1189 BVerwGE 28, 36 (48); ähnlich auch BVerfG NJW 1984, 1871 (1871 f.).

1190 *Wilke*, Gebührenrecht und Grundgesetz, S. 267.

1191 *Sachs*, in: Sachs (Hrsg.), GG, Art. 20 Rn. 154; *Stern*, Staatsrecht I, § 20 IV, S. 673; BVerfGE 38, 382 (401).

aa) Offenheit des Äquivalenzprinzips

Es kann daher nicht überraschen, daß sich in der Regel ein sehr komplexes Abwägungsgeflecht ergibt, das im Einzelfall aufzulösen nicht unproblematisch bzw. dessen Auflösung keineswegs eindeutig erscheint. Daß sich die Rechtsprechung bislang darauf beschränkt hat, nur offensichtlich unangemessene Gebührenregelungen zu rügen[1192], findet aber nicht nur in diesen praktischen Schwierigkeiten seinen Grund: Vielmehr ist zu beachten, daß es sich bei dem Verhältnismäßigkeitsgrundsatz um ein offenes Prinzip handelt, das Wertungen zugänglich ist.[1193] Dies gilt in besonderem Maße für die Frage der Angemessenheit, also die Verhältnismäßigkeit im engeren Sinne.[1194] Im Vergleich dazu sind die Geeignetheit und Erforderlichkeit einer Maßnahme viel eher einer objektiven Wertung zugänglich. Es fehlen operationable Kriterien, mit deren Hilfe im Wege der Abwägung zu einem eindeutigen Ergebnis zu gelangen ist. Diese Offenheit muß zwingend zur Folge haben, daß sich die Überprüfung der Gebühren auf ihre Verhältnismäßigkeit tatsächlich nur auf grobe und offensichtliche Verstöße beschränken kann.[1195] Gerade wegen der allgemeinen Geltung des Verhältnismäßigkeitsgrundsatzes und seiner Ausstrahlung in alle Bereiche staatlichen Handelns wäre ansonsten wiederum die Gefahr des Jurisdiktionsstaates heraufbeschworen, in dem die Übermacht gerichtlicher Entscheidungsgewalt die Kompetenzen von Legislative und Exkutive aushöhlen würde.

bb) Konkrete Folgen für die Gebührenbemessung

Aus diesem Grund erscheint das Äquivalenzprinzip nur bedingt geeignet, die Gebührenbemessung im Interesse der Bürger wirksam zu beschneiden. Der Fall, daß durch dieses Rechtsprinzip die Gebührenerhebung nur bis zur Deckung der entstandenen Kosten zulässig wäre, ist zwar durchaus denkbar, setzt aber voraus, daß alleiniger öffentlicher Zweck die Deckung der jeweiligen Verwaltungsaufwandes ist.[1196] In der Praxis dürfte dies wohl kaum vorkommen.[1197] Gerade die Schwierigkeit, für jeden Einzelfall die entstandenen Kosten exakt zu beziffern, läßt es als jedenfalls als nicht grundsätzlich unangemessen erscheinen, auf die Kosten des Durchschnittsfalls abzustellen.[1198] Dies spricht dafür, daß auch pauschale Gebühren für die Benutzung der Online-Informationsangebote angemessen sein können, weil einerseits die jeweilige Kostenerfassung schwierig und die Gebührenerhebung für jeden einzelnen Abruf von einzelnen Vorschriften aufwendig ist. Dafür spricht zudem, daß sich die Erhebung von pauschalen Gebühren mit Lenkungszwecken rechtfertigen läßt: Wer durch die einmalige Zahlung die Möglichkeit erhält, für einen gewissen Zeitraum unbegrenzt viele Informationen über die geltenden Rechtsnormen abzurufen, nimmt diese Möglichkeit vielleicht wesentlich

---

1192 Vgl. dazu BVerwGE 12, 162 (170); KStZ 1984, 11 (12); KStZ 1985, 129 (129).

1193 *Stern*, Staatsrecht I, § 20 IV, S. 673; *Heimlich*, Die Verleihung als Umweltabgabe, S. 175.

1194 *Schulze-Fielitz*, in: Dreier (Hrsg.), GG, Art. 20 (Rechtsstaat) Rn. 173; *Ossenbühl*, Jura 1997, 617 (619); *Dechsling*, Das Verhältnismäßigkeitsgebot, S. 17 ff.

1195 *Heimlich*, Die Verleihung als Umweltabgabe, S. 175; allgemein für das Verhältnismäßigkeitsprinzip vgl. nur *Ossenbühl*, Jura 1997 617 (619).

1196 *Schindler*, KStZ 1992, 47 (65); *Heimlich*, Die Verleihung als Umweltabgabe, S. 179.

1197 Anders wohl *Zimmermann*, DVBl. 1989, 901 (904), der hauptsächlich die Kostenaufbringung für die Leistungserstellung als Entgeltzweck ansieht.

1198 *Schindler*, KStZ 1992, 47 (65); *Rogosch*, Verfassungsrechtliche Bindungen, S. 84; *Dahmen*, in: Driehaus (Hrsg.), Kommunalabgabenrecht, § 4 KAG Rn. 49.

häufiger und intensiver in Anspruch als derjenige, der für jeden einzelnen Paragraphen zahlen muß.

Auch die Kostendeckung insgesamt als alleiniges verfolgtes Motiv dürfte selten anzureffen sein. So wird auch in Rechtsprechung und Literatur regelmäßig davon ausgegangen, daß verfolgtes legitimes Ziel die Abschöpfung der gewährten Vorteile ist.[1199] Auch wenn gelegentlich die geforderten Entgelte für die Benutzung einiger heute tatsächlich vorhandenen Online-Informationsangebote sehr hoch zu liegen scheinen,[1200] läßt gerade der Vergleich mit konkurrierenden privatwirtschaftlichen Alternativangeboten, die grundsätzlich auch als Maßstab hinzugezogen werden können[1201], keine offensichtliche Unangemessenheit erkennen.[1202] Schließlich dürfte zu berücksichtigen sein, daß sämtliche Informationsangebote der öffentlichen Hand im Internet wirklich nur Offerten sind. Es ist keiner verpflichtet, sie zu benutzen und vermutlich auch nicht zwingend darauf angewiesen, da immer auch noch andere – wenn auch vielleicht nicht so bequeme – Möglichkeiten existieren, sich die gewünschte Kenntnis über das geltende Recht zu verschaffen.

Es ist daher davon auszugehen, daß das Äquivalenzprinzip auf die Gebührenbemessung für ein Online-Informationsangebot keine wesentlichen Auswirkungen hat und anders als das Kostendeckungsprinzip keine klare Grenze markiert.

c) Einfachgesetzliche Konkretisierung

Daran vermögen auch die oftmals gesetzlich ergangenen Konkretisierungen des Äquivalenzprinzips wenig zu ändern. So sind beispielsweise durch § 3 VwKostG Bund, §§ 3, 25 Abs. 1 GebG NW und § 6 Abs. 3 KAG NW[1203] Regelungen ergangen, die ein sog. positives Äquivalenzprinzip festschreiben. Allerdings ergeben sich dadurch letztlich keine Abweichungen zu dem schon verfassungsrechtlich vorgegebenen Grundsatz der Verhältnismäßigkeit.[1204]

III. Gleichheitssatz des Art. 3 GG

Entgegen der mangelnden Eignung des gebührenrechtlichen Äquivalenzprinzips zur wirksamen Begrenzung der Gebührenhöhe könnte schließlich der Gleichheitssatz des Art. 3 Abs. 1 GG eine dahingehende Wirkung haben und damit auch ohne die ansonsten notwendigerweise zu erfolgende Einführung eines einfachgesetzlichen Kostenüberschreitungsverbots mäßigenden Einfluß auf die Gebührengestaltung haben.

1199 BVerwGE 2, 246 (249); 26, 305 (310 f.); 28, 36 (49); NVwZ 1986, 483 (484); *Hörstel*, BauR 1997, 14 (17); *Gawel*, VerwArch 86 (1995), 69 (82); *Heimlich*, Die Verleihung als Umweltabgabe, S. 179.

1200 Es werden allerdings ausnahmslos privatrechtliche Entgelte vereinbart und keine öffentlich-rechtlichen Benutzungsgebühren erhoben.

1201 Für die Hinzuziehung vergleichbarer privater Dienstleistungsunternehmen für die Prüfung der Verletzung des Äquivalenzprinzips sprechen sich auch *Heer*, Verteilungs- und Bemessungsgesichtspunkte, S. 47 und *Seeger/Gössl*, KAG, § 9, S. 102 aus.

1202 So verlangt bspw. der Nomos-Verlag unter der Adresse http://www.bundesrecht.de für das vollständige Bundesrecht knapp 2000 DM sowie für das vollständige Recht einzelner Bundesländer jeweils rund 500 DM (Stand: Juli 2001) und dürfte damit wohl teurer sein als sämtliche Angebote der öffentlichen Hand.

1203 Die meisten Kommunalabgabengesetze der Länder enthalten entsprechende Regelungen, allerdings nicht ausnahmslos: Bspw. hat Baden-Württemberg auf die Einführung verzichtet.

1204 *Dahmen*, in: Driehaus (Hrsg.), Kommunalabgabenrecht, § 6 KAG Rn. 205; *Zimmermann*, DVBl. 1989, 901 (904); *Schmidt*, StGR 1991, 234 (238); *Kirchhof*, Die Höhe der Gebühr, S. 78.

1. Im Hinblick auf das Verhältnis der Benutzer zur Allgemeinheit

Es könnte einmal zunächst dem Gleichheitsgrundsatz des Art. 3 Abs. 1 GG widersprechen, daß die Online-Datenbank vollständig durch das Gebührenaufkommen ihrer Benutzer finanziell getragen werden soll, ohne daß die Allgemeinheit trotz eines für sie abstrakt bestehenden Nutzens einen Beitrag dazu leistet. Immerhin steht das Informationssystem jedermann zur Benutzung offen und kann ebenfalls prinzipiell auch von jedermann einmal benötigt werden, um sich über konkrete Rechtsfragen zu informieren. Für diese abstrakte Vorhaltung entfallen allerdings auf die Allgemeinheit überhaupt keine Lasten, wenn die dabei entstehenden Kosten komplett auf die tatsächlichen Benutzer über die Gebührenerhebung umgelegt werden. Daher stellt sich die Frage, ob diese „Ungleichbehandlung“ mit dem Gleichheitssatz des Art. 3 Abs. 1 GG vereinbar ist.

Entscheidend ist dafür zunächst die Feststellung einer Ungleichbehandlung. Diese erfolgt im Rahmen des Art. 3 Abs. 1 GG in zwei Schritten: Als erstes ist die Gleichheit mehrerer Personen, Gruppen oder Sachverhalte festzustellen, indem nach einem gemeinsamen Oberbegriff gesucht wird.[1205] Erst in einem zweiten Schritt ist das Vorliegen einer Ungleichbehandlung anhand eines Unterscheidungsmerkmals zu untersuchen.[1206]

Die gemeinsame Obergruppenbildung fällt relativ leicht. Dort ist zunächst die Gruppe der Benutzer, die allesamt Gebühren für die Inanspruchnahme der Informationsdienste zahlen müssen. Auf der anderen Seite stehen alle übrigen Bürger, denen der Zugang zu den Datenbanken ebenfalls offensteht, die davon aber keinen Gebrauch machen. Beide Gruppen sind insofern gleich, als sie allesamt Adressaten der Informationsdienste sind. Für sie alle wird im öffentlichen Interesse der mit dem Betrieb des Informationsangebots verbundene Aufwand durch die öffentliche Hand betrieben. Dadurch soll ihnen allen die Möglichkeit eingeräumt werden, sich über das geltende Recht zu informieren. Sie lassen sich somit recht leicht unter einen gemeinsamen Oberbegriff fassen.

Die Gruppe der allgemeinen Bevölkerung, die die Angebote nicht in Anspruch nimmt, leistet allerdings, soweit die Kosten der Einrichtungen in Übereinstimmung mit den gebührenrechtlichen Vorschriften komplett über das Gebührenaufkommen aufgebracht werden, überhaupt keinen Beitrag zu deren Finanzierung. Insofern ist auch eine Ungleichbehandlung eindeutig zu bejahen.

Art. 3 Abs. 1 GG verbietet allerdings nicht eine jede Ungleichbehandlung. Ohne unterschiedliche Regelungsgehalte wären gesetzgeberische Regelungen, die notwendigerweise verallgemeinern und typisieren, schlechterdings umöglich.[1207] Wegen des Gleichbehandlungsgebots bedarf allerdings eine jede Ungleichbehandlung eines ausreichenden sachlichen Grundes, der die Rechtfertigung der unterschiedlichen Behandlung bewirkt.[1208] Das Bundesverfassungsgericht differenziert bei den Anforderungen an die verfassungsrechtliche Rechtfertigung von Ungleichbehandlungen nach der Intensität, mit der eine Ungleichbehandlung die Betroffenen beeinträchtigt. Bei Ungleichbehandlungen geringer Intensität versteht das Bundesverfassungsgericht das Gleichheitsgebot als bloßes Willkürverbot und beschränkt sich bei seiner

---

[1205] *Heun*, in: Dreier (Hrsg.), GG, Art. 3 Rn. 21; *Pieroth/Schlink*, Grundrechte, Rn. 433.

[1206] *Heun*, in: Dreier (Hrsg.), GG, Art. 3 Rn. 21.

[1207] *Pieroth/Schlink*, Grundrechte, Rn. 444.

[1208] *Heun*, in: Dreier (Hrsg.), GG, Art. 3 Rn. 23; BVerfGE 55, 72 (88); 85, 238 (244).

Prüfung auf eine bloße Evidenzkontrolle, die dazu führt, daß eine Verletzung des Art. 3 Abs. 1 GG schon dann ausscheidet, wenn sich überhaupt ein sachlicher Grund für die Ungleichbehandlung finden läßt.[1209] Bei Ungleichbehandlungen größerer Intensität begreift das Bundesverfassungsgericht das Gleichheitsgebot hingegen als Verbot der Ungleichbehandlung ohne gewichtigen sachlichen Grund. Dabei akzeptiert es eine Ungleichbehandlung als durch einen sachlichen Grund gerechtfertigt, wenn sie sich unter Berücksichtigung dieses Grundes als verhältnismäßig erweist.[1210] Nach dieser sog. neuen Formel erfolgt damit im Ergebnis keine grundsätzlich andere, sondern lediglich eine strengere Prüfung. Das Bundesverfassungsgericht läßt mit seiner Prüfungsweise aber erkennen, daß es grundsätzlich dem Gesetzgeber bei Ungleichbehandlungen einen weiten Ermessungsspielraum einräumt, der von ihm selbst nur auf die Einhaltung der äußeren Grenzen hin überprüft werden kann. Bei Ungleichbehandlungen geringerer Intensität ist der sich dadurch ergebende Entscheidungsspielraum umso größer und die Überprüfungsmöglichkeit des Bundesverfassungsgericht umso geringer.

Ein sachlicher Grund für die unterschiedliche Behandlung der jeweiligen Benutzer und der Allgemeinheit, die das Informationsangebot nicht in Anspruch nehmen, liegt einmal darin, daß die Benutzer durch die Informationsabrufe tatsächliche Leistungen in Anspruch nehmen, während die Allgemeinheit, die lediglich die Möglichkeit eingeräumt bekommt, dies ebenfalls zu tun, nicht diese unmittelbaren Leistungen erfährt. Die Öffentlichkeit der Nichtbenutzer steht damit in einem doch wesentlich entfernterem Leistungsverhältnis als die konkreten Benutzer. Es erscheint daher jedenfalls nicht als willkürlich, sondern durchaus als nachvollziehbar, wenn nur diejenigen, die tatsächlich auch konkrete Vorteile erfahren, in ihrer Gesamtheit für alle entstehenden Kosten der Einrichtung aufkommen müssen.[1211] Beide Gruppen sind zwar Adressaten des Online-Angebots und in dieser Hinsicht weisen sie Gemeinsamkeiten auf. Der Teil der Allgemeinheit, der aber tatsächlich Informationen abruft, partizipiert ungleich stärker von den Leistungen der Verwaltung. In diesem Sinne könnte es umgekehrt gerade als ungerecht empfunden werden, wenn die Allgemeinheit für Vorteile aufkommt, die in erster Linie von einer abgrenzbaren Personengruppe in Anspruch genommen werden.[1212]

Dem steht auch nicht die Rechtsprechung des Bundesverwaltungsgerichts entgegen, das für die Straßenreinigung einen Verstoß gegen Art. 3 Abs. 1 GG dann bejaht, wenn die Anwohner von Straßen sämtliche Straßenreinigungskosten aufbringen müssen, ohne daß der allgemeine Haushalt dadurch belastet wird.[1213] In diesen Fällen erscheint es tatsächlich nicht sachgerecht, daß lediglich die Anwohner von Straßen für die laufenden Kosten der Straßenreinigung aufkommen, da die Straßen ja nicht nur von ihren Anwohnern, sondern im Prinzip von der gesamten Bevölkerung genutzt werden. In dieser Konstellation unterscheidet sich daher die Allgemeinheit nicht grundsätzlich von den Anwohnern. Beide Gruppen nehmen die gereinigten Straßen dadurch in Anspruch, daß sie sich auf ihnen fortbewegen. In dieser Hinsicht ist die Qualität der Benutzung die gleiche. Unterschiede können lediglich hinsichtlich der jeweiligen Nutzungsgrade bestehen. Der Grad der Ungleichbehandlung ist aber aufgrund der prinzipiell

---

1209 *Pieroth/Schlink*, Grundrechte, Rn. 439; BVerfGE 1, 14 (52); aus neuerer Zeit z.B. BVerGE 61, 138 (147); 68, 237 (250); 89, 132 (141).

1210 BVerfGE 55, 72 (88); danach ständige Rspr. des Ersten Senats, etwa BVerfGE 82, 126 (146); 84, 133 (157); 84, 197 (199); 95, 39 (45).

1211 Vgl. dazu auch BVerfGE 93, 319 (344).

1212 In diesem Sinne BVerwGE 95, 188 (203).

1213 So bspw. nur BVerwG NVwZ 1990, 169 (170 f.); E 69, 242 (245 ff.).

identischen Inanspruchnahme wesentlich stärker, weshalb im Ergebnis die vollständige Abwälzung der Straßenreinigungskosten auf die Anwohner nicht gerechtfertigt werden kann.

Zwischen der Möglichkeit einer Benutzung und der tatsächlichen Inanspruchnahme der Rechtstextangebote im Internet besteht jedoch ein erheblicher qualitativer Unterschied. Im übrigen steht den Benutzern die Inanspruchnahme der Informationsdienste völlig frei. Sie sind weder rechtlich zur Benutzung gezwungen noch haben sie faktisch keine Möglichkeit, ihr Informationsbedürfnis auf andere Art und Weise zu stillen.

Im Ergebnis steht es damit im Ermessen des Gebührengesetzgebers, die Allgemeinheit einen Teil des finanziellen Aufwandes über den allgemeinen Haushalt tragen zu lassen und damit dem öffentlichen Interesse, dem das Vorhalten von Rechtstexten für jedermann dient, Rechnung zu tragen.[1214]

Eine Verletzung des Art. 3 Abs. 1 GG kann aber folglich nicht darin gesehen werden, dies zu unterlassen.

2. Im Hinblick auf das Verhältnis der Benutzer untereinander

Der Gleichheitsgrundsatz ergänzt aber auch das gebührenrechtliche Äquivalenzgebot.[1215] Art. 3 Abs. 1 GG stellt insofern sicher, daß eine Gleichbehandlung zwischen den Gebührenschuldnern untereinander besteht, während das Äquivalenzprinzip auf das Verhältnis der Benutzer zum Einrichtungsträger abstellt.[1216] Der Gleichheitsgrundsatz verlangt allerdings nicht den optimalen und gerechtesten Gebührenmaßstab.[1217] Vielmehr verhindert er lediglich eine willkürliche Ungleichbehandlung zwischen den Benutzern.[1218] Insofern wird wiederum der Gestaltungsfreiheit des Gebührengesetzgebers ausreichend Raum gelassen. Immerhin muß dieser beachten, daß bei gleich starker Inanspruchnahme der Einrichtung auch etwa gleich hohe Gebühren zu zahlen sind und daß bei unterschiedlicher Benutzung diesen Unterschieden entsprechend angemessene Gebühren erhoben werden. Der Gebührengesetzgeber ist aber nicht gezwungen, jede denkbare und mögliche Differenzierung vorzunehmen.[1219]

Diesem Gedanken entspricht am ehesten eine Staffelung der Gebühren, nach der der Benutzer umso höhere Gebühren zu entrichten hat, je mehr Informationen er als ein anderer abruft.[1220]

Aber auch Pauschalgebühren sind nicht prinzipiell durch den Gleichheitssatz ausgeschlossen. Es läßt sich nämlich anführen, daß der größte Teil der Unkosten nicht erst durch den jeweiligen Informationsabruf entsteht, sondern darin begründet liegt, daß schon die Erfassung der Gesetzestexte und vor allem die Konsolidierungsarbeit bei bereinigten Textsammlungen großen Aufwand hervorruft.[1221] Da diese Kosten aber unabhängig vom Grad der Benutzung an-

---

[1214] Ähnlich auch *Seeger/Gössl*, KAG, § 9, S. 104 w.

[1215] *Thiem/Böttcher*, KAG, § 6 Rn. 115.

[1216] *Dahmen*, in: Driehaus (Hrsg.), Kommunalabgabenrecht, § 4 KAG Rn. 86.

[1217] *Dahmen*, in: Driehaus (Hrsg.), Kommunalabgabenrecht, § 4 KAG Rn. 79; BVerwG DVBl. 1982, 76 (76); E 26, 317 (320).

[1218] *Thiem/Böttcher*, KAG, § 6 Rn. 115.

[1219] *Dahmen*, in: Driehaus (Hrsg.), Kommunalabgabenrecht, § 4 KAG Rn. 81; VGH München GemHH 1985, 164 (165).

[1220] *Wilke*, Gebührenrecht und Grundgesetz, S. 204 entnimmt Art. 3 Abs. 1 GG das Gebot variabler Gebührenbemessung.

[1221] So wohl auch *Stöhr*, NJW 1999, 1440 (1441).

fallen und sich auch nicht gleichmäßig über sämtliche Gesetze und Verordnungen verteilen, erscheint es nicht zwingend, die Menge der abgerufenen Informationen als Gebührenmaßstab zu bestimmen. Hinzu kommt, daß pauschale Gebühren auch ein Anreiz dafür sein können, vom Informationsangebot in größerem Umfang Gebrauch zu machen, als unbedingt erforderlich wäre. Dies könnte zu einer allgemeinen verbesserten Rechtskenntnis führen und daher eine pauschale Gebührenerhebung rechtfertigen.

Schließlich kommt dem Gebührengesetzgeber ein von der Rechtsprechung entwickelter Grundsatz der Typisierung zugute, der es ihm gestattet, im Rahmen seiner Gestaltungsfreiheit zu pauschalisieren und auch ungleiche Sachverhalte gleich zu behandeln, so lange nur die Zahl derer, die diesem „Typ“ widersprechen, verhältnismäßig gering bleibt und die Nachteile nicht allzu schwer wiegen.[1222] Solange also die erhobenen Benutzungsgebühren nicht allzu hoch sind und vielleicht nur ein symbolisches Entgelt zu entrichten ist, kann danach ein Verstoß gegen Art. 3 Abs. 1 GG nicht vorliegen. Ebenso verhält es sich, wenn der Großteil der Benutzer ein im wesentlichen vergleichbares Nutzungsverhalten aufweist und daneben nur eine unbedeutende Zahl derer existiert, die überdurchschnittlich viele bzw. wenige Informationen abrufen.

Im Ergebnis bestehen daher bei der Gebührenausgestaltung erhebliche Spielräume, die einen Verstoß gegen Art. 3 Abs. 1 GG als eher unwahrscheinlich erscheinen lassen.

§ 10 Grenzen einer Kostenpflicht bei privatrechtlicher Rechtsform

Während für den Fall, daß das Informationsangebot öffentlich-rechtlich ausgestaltet wird und für die Benutzung Benutzungsgebühren erhoben werden, durchaus zu beachtende rechtliche Grenzen für die Gebührenbemessung existieren, stellt sich nun die Frage, ob dies in gleicher oder wenigstens vergleichbarer Art und Weise auch dann der Fall ist, wenn die Verwaltung, wie sie es in der Praxis offensichtlich ohne Ausnahme macht, das Benutzungsverhältnis privatrechtlich abwickelt und keine Gebühren, sondern privatrechtliche Entgelte von den Benutzern verlangt. Vor allem die Zulässigkeit einer Gewinnerzielung erscheint überprüfungsbedürftig.

Zunächst ist offensichtlich, daß mangels einer Pflicht, das entgeltpflichtige Angebot in Anspruch zu nehmen, der Vorbehalt des Gesetzes nicht ausgelöst ist. Daß keine gesetzliche Ermächtigungsgrundlage wie im Gebührenrecht für die Erhebung von Entgelten vorhanden ist, ist damit unschädlich. Insofern stehen sich öffentliche Verwaltung und der jeweilige Benutzer grundsätzlich als gleichberechtigte Partner gegenüber. Der öffentlichen Hand stehen dabei prinzipiell sämtliche privatrechtliche Handlungsformen, nicht aber die Freiheiten und Möglicheiten der Privatautonomie zu.[1223] Insofern werden die privatrechtlichen Normen von den Vorschriften des öffentlichen Rechts ergänzt, modifiziert und überlagert.

[1222] BVerfGE 71, 146 (157); 63, 119 (128); NJW 1992, 423 (424); BVerwGE 68, 36 (41); DVBL. 1989, 413 (414); NJW 1992, 423; OVG NW OVGE 30, 39 (42 f.); *Seeger/Gössl*, KAG, § 9, S. 99; *Dahmen*, in: Driehaus (Hrsg.), Kommunalabgabenrecht, § 4 KAG Rn. 83 f.

[1223] *Seeger/Gössl*, KAG, § 9, S. 95.

I. Gleichheitssatz des Art. 3 Abs. 1 GG

Da Art. 1 Abs. 3 GG die staatliche Gewalt unabhängig von ihrer Handlungsform an die Grundrechte bindet, kann sich die Verwaltung ihrer Geltung nicht dadurch entziehen, daß sie sich privatrechtlicher Organisations- bzw. privatrechtlicher Handlungsformen bedient.[1224] Die Grundrechtsbindung ist jedenfalls für den Bereich des sog. Verwaltungsprivatrechts unzweifelhaft.[1225]

Aus diesem Grund muß die Entgeltgestaltung der Informationsangebote, die in privatrechtlichen Handlungsformen abgewickelt werden, auch den sich aus Art. 3 Abs. 1 GG ergebenden Anforderungen Rechnung tragen, wenngleich sich daraus keine erheblichen Konsequenzen und Beschränkungen ergeben.[1226]

II. Gebührenrecht

1. Äquivalenzprinzip

Das gebührenrechtliche Äquivalenzprinzip ist häufig positivrechtlich in den Abgabegesetzen verankert.[1227] Die entsprechenden Vorschriften gelten allerdings direkt nur für die Erhebung von Benutzungsgebühren und nicht für den Fall, daß privatrechtliche Entgelte verlangt werden.[1228] Für das Äquivalenzprinzip ist aber im Gegensatz zum Kostendeckungsprinzip anerkannt, daß es nichts anderes als die gebührenrechtliche Ausgestaltung des allgemeinen verfassungsrechtlichen Verhältnismäßigkeitsgrundsatzes ist.[1229] Dieser wiederum gilt als wesentlicher Verfassungsgrundsatz auch im Verwaltungsprivatrecht[1230] und bindet die Verwaltung unabhängig von ihrer Organisationsform auch bei privatrechtlichem Handeln.[1231]

Daher findet auch das Äquivalenzprinzip im vollen Umfang Anwendung, wenn die öffentliche Hand anstelle von Gebühren privatrechtliche Entgelte verlangt.[1232] Indes ist es nur in der Lage, offensichtlich unangemessene Entgeltgestaltungen zu verhindern. Ansonsten läßt es im Ergebnis große Freiräume.[1233]

1224 *Jarass*, in: Jarass/Pieroth, GG, Art. 1 Rn. 23; *Pieroth/Schlink*, Grundrechte, Rn. 171; BGHZ 52, 325 (327 ff.); 91, 84 (98); *Maurer*, Allgemeines Verwaltungsrecht, § 3 Rn. 9; *Wolff/Bachof/Stober*, Verwaltungsrecht I, § 23 Rn. 32; *Brohm*, NJW 1994, 281 (284).

1225 Vgl. auch oben § 6 I 4., S. 145 ff.

1226 Dazu vgl. oben § 9 III, S. 207 ff.

1227 Z.B. in § 3 VwKostG Bund, §§ 3, 25 Abs. 1 GebG NW und § 6 Abs. 3 KAG NW.

1228 Eine Ausnahme bildet allerdings die kommunalabgabenrechtliche Regelung in Rheinland-Pfalz: § 7 Abs. 9 KAG Rh-Pf ordnet für den Fall der privatrechtlichen Ausgestaltung des Benutzungsverhältnisses explizit die Geltung des einfachgesetzlichen Äquivalenzprinzips an.

1229 *Fischedick*, Die Wahl der Benutzungsform kommunaler Einrichtungen, S. 58; *Heer*, Verteilungs- und Bemessungsgesichtspunkte, S. 48; *Heimlich*, Die Verleihung als Umweltabgabe, S. 175; *Wegge*, KStZ 1999, 41 (42); BVerwGE 26, 305 (309).

1230 *Maurer*, Allgemeines Verwaltungsrecht, § 3 Rn. 9; *Wolff/Bachof/Stober*, Verwaltungsrecht I, § 23 Rn. 32; *Ehlers*, Verwaltung in Privatrechtsform, S. 223.

1231 *Dahmen*, in: Driehaus (Hrsg.), Kommunalabgabenrecht, § 4 KAG Rn. 237; OVG Lüneburg NVwZ 1990, 91 (91 f.); *Rogosch*, Verfassungsrechtliche Bindungen, S. 227.

1232 So auch *Tettinger*, Entgelte in der Entsorgungswirtschaft, in: Preise und Gebühren, S. 44; *Rogosch*, Verfassungsrechtliche Bindungen, S. 227; *Seeger/Gössl*, KAG, § 9, S. 95; *Zimmermann*, DVBl. 1989, 901 (903).

1233 Vgl. dazu oben § 9 II 2. b) bb), S. 206 f.

2. Kostendeckungsprinzip

Anders verhält es sich mit dem gebührenrechtlichen Kostendeckungsprinzip, das – wie gezeigt – für die Kalkulation der Benutzungsgebühren doch teilweise erhebliche Vorgaben enthält.[1234] Dieses Gebührenbemessungsprinzip gilt nach hM aber gerade nicht als Verfassungsprinzip, sondern bedarf der positivrechtlichen Festschreibung.[1235] Diese ist zwar weitestgehend in den Abgabegesetzen für die Bundesländer und die Kommunen in den Ländern erfolgt. Indes gilt das einfachgesetzliche Kostendeckungsprinzip direkt ausnahmslos nur für Erhebung von Gebühren und erfaßt ebenso wie die gesetzlichen Vorschriften zum Äquivalenzprinzip gerade nicht auch privatrechtlich vereinbarte Entgelte.[1236] Auf den ersten Blick ergibt sich daraus die Möglichkeit, durch die Wahl privatrechtlicher Handlungsformen die Benutzungsentgelte unabhängig von den verursachten Kosten zu kalkulieren und auf diese Weise kostenüberschreitende Gewinne zu erwirtschaften. Zweifelhaft erscheint an diesem Ergebnis allerdings, daß die öffentliche Hand sich in diesem Fall alleine durch die Wahl der Rechtsform von den Zwängen des Abgabenrechts befreien könnte. Ohne daß sich aus der Sicht des Bürgers bei der Benutzung und Bezahlung der Informationseinrichtung etwas ändern würde, könnte er statt Gebühren privatrechtliche Entgelte entrichten müssen, die nicht auf bloße Kostendeckung, sondern auf Gewinnmaximierung ausgelegt sind. Da der Verwaltung bei der Formwahl aber grundsätzlich die Freiheit zukommt, sich auch privatrechtlicher Handlungsformen zu bedienen, erscheint somit aufgrund der ihr zustehenden Freiheit der Formwahl tatsächlich eine Flucht ins Privatrecht nicht ausgeschlossen.

Das Ergebnis, daß die Verwaltung im Falle einer privatrechtlichen Ausgestaltung des Benutzungsverhältnisses im Gegensatz zur öffentlich-rechtlichen Ausgestaltung frei von den Zwängen des Kostendeckungsprinzips ihre privatrechtlichen Entgelte ausgestalten kann, erscheint auf den ersten Blick nicht sonderlich überzeugend. Für den Benutzer dürfte sich nämlich bei privatrechtlicher Abwicklung des Benutzungsverhältnisses der öffentlichen Einrichtung nicht viel ändern: Er hat grundsätzlich wohl kaum eine reelle Chance, auf die Entgeltgestaltung durch eigenes Verhandlungsgeschick Einfluß zu nehmen. Er kann entweder die ihm angebotenen Leistung in Anspruch nehmen, wenn er das geforderte Entgelt zu zahlen bereit ist, oder aber auf das Angebot der Verwaltung verzichten. Diese Wahlmöglichkeit besitzt er dagegen auch, wenn für die Benutzung der elektronischen Informationsangebote Benutzungsgebühren nach Abgabenrecht erhoben werden. Die lediglich theoretische Möglichkeit, daß der Benutzer anders als bei der Gebühr, die schon mit der bloßen Inanspruchnahme der Einrichtung ganz ohne jede Einflußnahmemöglichkeit entsteht, wegen der notwendigen Vereinbarung im Falle der privatrechtlichen Abwicklung die Benutzungskonditionen mitbestimmen und aushandeln kann, vermag daher nicht so recht zu überzeugen. Es ist kaum anzunehmen, daß die Verwaltung mit einzelnen privaten Benutzern die jeweiligen Entgelte aushandelt. In den Genuß individuell ausgehandelter Benutzungskonditionen dürften lediglich Großkunden kommen. Der einzelne Bürger muß die ihm angebotenen Konditionen akzeptieren oder aber von dem kostenpflichtigen Informationsangebot ganz Abstand nehmen.

1234 Vgl. dazu oben § 9 II 1. c), S. 190 ff.

1235 Vgl. dazu oben § 9 II 1. a), S. 185 ff.

1236 Eine Ausnahme bildet das KAG Rh-Pf. Nach § 7 Abs. 9 KAG Rh-Pf hat die Verwaltung das Kostendeckungsprinzip auch dann zu beachten, wenn sie, anstatt Gebühren zu erheben, mit den Benutzern privatrechtliche Entgelte vereinbart.

Zu überprüfen ist daher, ob die Grundsätze des einfachgesetzlichen Kostendeckungsprinzips entgegen ihrem Wortlaut auch bei privatrechtlichen Entgelten zu beachten sind und daher eine Flucht ins Privatrecht im Ergebnis doch versperrt bleibt.

a) Grundsätze des Verwaltungsprivatrechts und Analogie

Ausgehend von dem allgemein anerkannten Befund, daß im Bereich des Verwaltungsprivatrechts nicht nur die Grundrechte zu beachten sind, sondern daß die Verwaltung weitergehenden Bindungen unterworfen ist[1237], wird häufig behauptet, zu diesen Bindungen gehörten auch die „grundlegenden Prinzipien öffentlicher Finanzgebarung".[1238] Gelegentlich wird zu diesen auch das Kostendeckungsprinzip gerechnet und damit dessen grundsätzliche Anwendbarkeit auf privatrechtliche Entgelte bejaht.[1239] Indes sind Zweifel daran angebracht, ob auch das Kostendeckungsprinzip zu diesen grundlegenden Prinzipien gehört und damit auch für die privatrechtliche Vereinbarung von Benutzungsentgelten gilt. Unzweifelhaft ist dagegen dazu das Äquivalenzprinzip zu zählen. Es besitzt wegen seiner verfassungsrechtlichen Verortung im Verhältnismäßigkeitsprinzip auch im Verwaltungsprivatrecht Gültigkeit. Nicht weniger unklar ist darüber hinaus auch die Geltung des Gleichheitssatzes des Art. 3 Abs. 1 GG wegen der anerkanntermaßen bestehenden Grundrechtsbindung. Für diese beiden Rechtsgrundsätze trifft die Behauptung der Geltung der grundlegenden Prinzipien öffentlicher Finanzgebarung fraglos zu und läßt sich mit ihrer verfassungsrechtlichen Verortung auch eindeutig belegen. Ob zu solchen fundamentalen Grundsätzen aber auch ein einfachgesetzlicher Rechtsgrundsatz zählt, der wie das Kostendeckungsprinzip ja im übrigen nicht durchgehend in allen Abgabegesetzen vorhanden ist und dort durchaus unterschiedlich streng geregelt ist, muß ohne weitere Begründung eher verwundern.[1240]

Weil das Kostendeckungsprinzip gerade aber nur wegen seiner einfachgesetzlichen Einführung für die Gebührenbemessung Geltung beansprucht und sich anders als Äquivalenzprinzip und Gleichheitssatz nicht auf höhere allgemeine Rechtssätze zurückführen läßt, muß vielmehr ein rechtlicher Anknüpfungspunkt dafür bestehen, daß es entgegen dem Gesetzeswortlaut auch auf privatrechtliche Entgelte anwendbar ist. Erst dann kann es als „grundlegendes Prinzip öffentlicher Finanzgebarung" unabhängig von der benutzten Rechtsform Geltung beanspruchen. Ein derartiger Anknüpfungspunkt kann nur dann erblickt werden, wenn sich die Rechtsvorschrift entweder auf Verfassungsrecht direkt bzw. als Ausfluß eines allgemeinen Rechtsgedankens darauf zurückführen läßt oder aber durch einen Analogieschluß übertragbar ist.[1241] Da verfassungsrechtliche Bezugspunkte bereits verworfen wurden, kommt daher nur

---

1237 Dazu nur BGHZ 91, 84 (96 f.); NJW 1992, 171 (173); *Dahmen*, KStZ 1988, 107 (108); *Wolff/Bachof/Stober*, Verwaltungsrecht I, § 23 Rn. 32.

1238 BGHZ 91, 84 (97); NJW 1985, 3013 (3014); NJW 1992, 171 (173); *Ossenbühl*, DVBl. 1974, 541 (543); *Cosack*, KStZ 1999, 47 (48); OVG Lüneburg NVwZ 1990, 91 (92).; *Tettinger*, Entgelte in der Entsorgungswirtschaft, in: Preise und Gebühren, S. 43.

1239 *Cosack*, KStZ 1999, 47 (48); *Tettinger*, Entgelte in der Entsorgungswirtschaft, in: Preise und Gebühren, S. 43.

1240 Soweit die Rechtsprechung das Kostendeckungsprinzip als grundlegendes Prinzip erwähnt, (vgl. BGH NJW 1992, 171 (173) und OLG Düsseldorf NWVBl. 1996, 277 (278)), geschieht dies – soweit ersichtlich – nur im Rahmen der Billigkeitsprüfung des § 315 Abs. 3 BGB (dazu sogleich unten). Ansonsten spricht der BGH explizit lediglich von Äquivalenz- und Gleichheitsprinzip als grundlegenden Prinzipien (vgl. BGHZ 93, 358 (363 f.) u. BGH NJW 1985, 3013 (3014)).

1241 *Ehlers*, Verwaltung in Privatrechtsform, S. 226 f.

die analoge Anwendung in Betracht.[1242] Voraussetzung dafür ist einmal das Vorliegen einer „planwidrigen Unvollständigkeit" des Gesetzes[1243]. In diesem Fall kann eine derartige Gesetzeslücke durch die Übertragung der Rechtsfolge, die für einen anderen, aber ähnlichen Tatbestand gegeben ist, geschlossen werden.[1244] Zweite notwendige Voraussetzung ist außerdem die Gleichheit der Interessenlage des nicht geregelten mit dem normierten Tatbestand in den für die Bewertung maßgeblichen Umständen.[1245]

aa) Planwidrige Gesetzeslücke

Indes spricht gegen eine derartige analoge Anwendung des gebührenrechtlichen Kostendekkungsprinzips auf die privatrechtliche Entgelterhebung, daß es bereits an der planwidrigen Regelungslücke fehlen dürfte. Teilweise ist nämlich die Geltung des Kostendeckungsprinzips für die privatrechtlich ausgestalteten Benutzungsverhältnisse konkret angeordnet.[1246] Darüber hinaus erwähnen einige kommunale Abgabengesetze sogar insofern rein deklaratorisch, daß anstelle von Benutzungsgebühren auch die Erhebung privatrechtlicher Entgelte möglich ist, ohne aber diese privatrechtliche Entgelterhebung auch den Grundsätzen der in den gleichen Vorschriften geregelten Kostendeckungsprinzipien zu unterwerfen.[1247] Das vollständige GebG NW samt seiner Regelung des Kostendeckungsprinzips gilt gar gem. § 2 Abs. 2 Nr. 1 GebG NW immer dann nicht, wenn durch öffentlich-rechtlichen Vertrag eine Vereinbarung über Benutzungsentgelte zustande gekommen ist. Diese Regelung läßt den Schluß zu, daß der Gesetzgeber für den Fall, daß sich Verwaltung und Bürger auf einer Ebene der Gleichordnung gegenüber stehen, beide Parteien zu einer freien Einigung ohne die Zwänge des Gebührenrechts kommen können lassen möchte. Daß dies nur für den Fall eines öffentliche-rechtlichen und nicht auch einer privatrechtlichen Einigung gelten soll, ist kaum anzunehmen.

Schließlich hat der Gesetzgeber in bestimmten Fällen die Wahlmöglichkeit der öffentlichen Hand, zwischen der Erhebung von öffentlich-rechtlichen Gebühren und der Vereinbarung privatrechtlicher Entgelte frei auszuwählen, eingeschränkt und sie beschränkt auf die Möglichkeit, das Benutzungsverhältnis öffentlich-rechtlich auszugestalten. So fingiert beispielsweise § 45 Abs. 3 Nr. 3 StrWG BW[1248] die Straßenreinigungspflichtigen als Benutzer einer öffentlichen Einrichtung im Sinne des KAG und verlangt damit eine Gebührenerhebung nach KAG.[1249]

1242 Die Analogie als Form der Rechtsfortbildung ist im Strafrecht durch Art. 103 Abs. 2 GG ausdrücklich ausgeschlossen. Im Zivilrecht wird sie dagegen ohne Bedenken und Diskussion zurückgehend auf römischrechtliche Ansätze als zulässig erachtet und regelmäßig angewendet. Auch im öffentlichen Recht stehen ihr im Grundsatz keine Bedenken entgegen, vgl. eingehend dazu nur *Gern*, DÖV 1985, 558 und *derselbe*, NVwZ 1995, 1145 ff.

1243 *Larenz*, Methodenlehre der Rechtswissenschaft, S. 373 f.; *Gern*, NVwZ 1995, 1145 (1146).

1244 *Gern*, DÖV 1985, 558 (558).

1245 *Larenz*, Methodenlehre der Rechtswissenschaft, S. 381.

1246 So neben § 7 Abs. 9 KAG Rh-Pf bspw. auch in § 38 LWG NW, nach dem die gesetzlichen Bindungen für Hafen- und Liefergeld auch gelten, wenn die Festsetzung durch privatrechtliche Tarifordnungen anstatt durch Abgabensatzung erfolgt. Im übrigen ist § 38 LWG NW den Vorschriften der §§ 4 und 6 KAG NW nachgebildet.

1247 So bspw. § 6 Abs. 1 S. 1 KAG NW, § 5 Abs. 1 S. 1 KAG Nds, Art. 8 Abs. 1 S. 2 KAG Bay; vgl. insoweit auch *Dahmen*, KStZ 1988, 107 (108 f.) und *Ehlers*, Verwaltung in Privatrechtsform, S. 176 Fn. 11.

1248 Ähnlich auch § 3 Abs. 1 S. 1 StrReinG NW.

1249 *Thiem/Böttcher*, KAG, § 6 Rn. 20.

Es ist daher schwer vorstellbar, daß der Gesetzgeber keine Kenntnis davon hat, daß die gebührenrechtlichen Vorschriften nicht auf privatrechtliche Entgelte anwendbar sind und dies nicht gerade auch seinem Willen entspricht. Wenn er dennoch nur die öffentlich-rechtlichen Gebühren einem Kostendeckungsprinzip unterwirft, muß demnach eine analoge Anwendung dieser Vorschriften auf privatrechtliche Entgelte ausscheiden.[1250]

bb) Lückenfüllung

Selbst bei der Annahme einer planwidrigen Gesetzeslücke, die mehr als zweifelhaft erscheint, stellt sich die Frage, ob die Lücke tatsächlich durch Übertragung der gesetzlichen Vorschriften des gebührenrechtlichen Kostendeckungsprinzips zu schließen ist. Dies richtet sich grundsätzlich danach, welche gesetzliche Regelung der Gesetzgeber bei Kenntnis der Lückenhaftigkeit getroffen hätte.[1251] Der Wille des Gesetzgebers muß aus dem insoweit lückenhaften Gesetz erkennbar sein. Ist er dies nicht, so verstößt diese Rechtsfortbildung gegen das Demokratieprinzip, wonach jede Ordnung durch Sätze des objektiven Rechts auf eine Willensentschließung der vom Volk bestellten Gesesetzgebungsorgane zurückgeführt werden können muß.[1252] Nur wenn durch die Analogiebildung im Sinne des Gesetzgebers gehandelt wird und dessen im Gesetzestext nur unvollkommen zum Ausdruck gekommene Absichten verwirklicht werden, fehlt es an einer insoweit unzulässigen Konkurrenz zur Tätigkeit des Gesetzgebers.[1253]

Es sprechen zwar gute Gründe dafür, daß das Kostendeckungsprinzip nicht nur im Falle der Gebührenerhebung, sondern auch dann die öffentliche Hand binden soll, wenn diese sich für die privatrechtliche Abwicklung von Benutzungsverhältnissen und die Vereinbarung privatrechtlicher Entgelte entscheidet. Auf der anderen Seite gibt es aber auch durchaus Anhaltspunkte – wie bspw. die Regelung des § 2 Abs. 2 Nr. 1 GebG NW – dafür, daß der Verzicht auf die mögliche zwangsweise Gebührenerhebung im Wege eines Über- und Unterordnungsverhältnisses und die Entscheidung der öffentlichen Hand, sich jedenfalls formal auf die Ebene gleichberechtigter Verhandlungspartner zu begeben, eine vom Gesetzgeber sehr wohl gewollte Änderung ihres Gestaltungsspielraums bewirken soll. Die privatrechtlichen Kunden einer öffentlichen Einrichtung sind schon deshalb auch nicht mehr in gleicher Weise schutzwürdig, weil eine Zahlungspflicht nicht bereits durch die bloße Inanspruchnahme der angebotenen Leistung ohne Kenntnis der geltenden Gebührenhöhe entstehen kann, sondern die Pflicht zur Entrichtung des Entgelts zwingend ihrer Zustimmung bedarf. Dies mag anders zu beurteilen sein, wenn der Bürger durch bestehenden Anschluß- und Benutzungszwang oder wegen einer Monopolstellung der Verwaltung auf einen Vertragsabschluß zu jedem Preis angewiesen ist.[1254] Im Falle einer völlig freigestellten Benutzung bei gleichzeitig vorhandenen Alternativen dürfte dieser Gedanke aber gegen eine Analogie zu berücksichtigen sein.

[1250] *Dahmen*, KStZ 1988, 107 (109); im Ergebnis auch *Kluth*, Öffentlich-rechtliche Zulässigkeit, S. 31 f.; *Frotscher*, in: Handbuch der kommunalen Wissenschaft und Praxis, Band III, § 52, S. 161 und *Ehlers*, Verwaltung in Privatrechtsform, S. 177 Fn. 19, 230.

[1251] *Gern*, DÖV 1985, 558 (561).

[1252] BVerfGE 33, 125 (158); 1, 13 (41); *Stern*, Staatsrecht I, § 18 II 5, S. 610.

[1253] *Gern*, DÖV 1985, 558 (562) u. *derselbe*, NVwZ 1995, 1145 (1147 f.) jeweils mit weiteren Nachweisen.

[1254] In dieser Konstellation dürfte die Beachtlichkeit des Kostendeckungsprinzips ja aber auch wegen § 315 Abs. 3 BGB gar nicht außer Frage stehen; vgl. dazu sogleich.

Es ist damit mehr als fraglich, ob es dem Willen des Gesetzgebers entspricht, bei der Benutzung öffentlicher Einrichtungen prinzipiell und damit auch bei privatrechtlicher Abwicklung der Benutzungsverhältnisse das Kostendeckungsprinzip Anwendung finden zu lassen. Wegen dieser Zweifel muß eine Analogie ausscheiden.[1255]

Zu einer abweichenden Bewertung ist möglicherweise in den Fällen zu gelangen, in denen eine bestehende Monopolstellung gegeben ist. Neben der Geltung des Kostendeckungsprinzips über die Regeln des BGB könnte dann tatsächlich auch an eine analoge Anwendung nachzudenken sein.

b) Billigkeitskontrolle des § 315 Abs. 3 BGB

Möglicherweise steht trotz fehlender direkter bzw. analoger Geltung des Kostendeckungsprinzips einer daraus zunächst resultierenden freieren Gestaltungsmöglichkeit der Entgelte im Falle privatrechtlicher Abwicklung der Benutzungsverhältnisse entgegen, daß die öffentliche Hand in diesen Fällen über die Billigkeitskontrolle gem. § 315 Abs. 3 BGB im Ergebnis doch an die Beachtung der gebührenrechtlichen Grundsätze und damit auch an das Kostendeckungsprinzip gebunden ist.

Der Vorschrift des § 315 BGB liegt der Gedanke zugrunde, daß in den Fällen, in denen es an der Richtigkeitsgewähr der vertraglichen Einigung fehlt, eine Korrektur zu erfolgen hat.[1256] Die Rechtsmacht der einen Vertragspartei wird aus diesem Grund beschränkt und auf die Einhaltung der Grenzen der Billigkeit reduziert.

Bei der Überprüfung der Billigkeit im Rahmen des § 315 BGB muß Beachtung finden, daß bei der Beteiligung der öffentlichen Hand nicht ausschließlich privatrechtliche Gesichtspunkte heranzuziehen sind, sondern privatrechtliche Entgelte vielmehr auch an den Prinzipien öffentlicher Finanzgebarung zu messen sind.[1257] Insofern könnte es tatsächlich unangemessen und unbillig sein, wenn sich die Verwaltung alleine durch die privatrechtliche Ausgestaltung des Benutzungsverhältnisses, ohne daß sich aus der Sicht des Bürgers an dem Leistungsverhältnis zwischen ihm und der öffentlichen Hand etwas änderte, Engelte verlangen könnte, die sie bei öffentlich-rechtlicher Ausgestaltung und Abwicklung des Benutzungsverhältnisses deshalb nicht erheben dürfte, weil das Abgabenrecht dies untersagte.[1258] Die Verwaltung kann sich auch im Falle ihres privatrechtlichen Handelns gerade nicht auf eine ihr zukommende Privatautonomie berufen und einer etwaigen Unbilligkeit im Rahmen des § 315 BGB entgegenhalten.[1259] Auch die Privatrechtsordnung gewährt ihr eine solche Freiheit nicht von sich aus, sondern kann sie lediglich gewährleisten.[1260]

Daher könnte das Ausweichen auf privatrechtliche Handlungsformen, um den abgaberechtlichen Zwängen auszuweichen, sich tatsächlich als offensichtlicher Mißbrauch von Gestaltungsmacht zu Lasten des Vertragspartners mit der Folge darstellen, daß das gebührenrechtliche Kostendeckungsprinzip auch im Falle einer privatrechtlichen Abwicklung als wesentli-

---

1255 Den Gedanken einer analogen Anwendung der Kostendeckungsvorschriften ebenfalls ablehnend *Dahmen*, KStZ 1988, 107 (109).

1256 *Gottwald*, in: Münchener Kommentar, § 315 BGB Rn. 1.

1257 OVG NW NWVBl. 1996, 277 (278); SächsOVG DVBl. 1997, 507 (508).

1258 So tatsächlich BGHZ 91, 84 (97); BGH NJW 1992, 171 (173).

1259 *Dahmen*, KStZ 1989, 101 (103); BGH NJW 1985, 197 (200).

1260 *Röhl*, VerwArch 86 (1995), 531 (539).

ches Gebührenbemessungsprinzip über § 315 BGB Anwendung findet und von der Verwaltung bei der Kalkulation der privatrechtlichen Entgelte zu beachten ist.[1261] Es spricht daher viel dafür, daß eine Entgeltgestaltung, die sich als Verstoß gegen das Kostendeckungsprinzip der gebührenrechtlichen Vorschriften darstellt, iSv § 315 Abs. 3 BGB als unbillig angesehen werden muß. Dies gilt unabhängig von der Frage, ob das Kostendeckungsprinzip auch direkt bzw. analog auf privatrechtliche Entgelte anwendbar ist.

Fraglich ist allerdings, ob die Vorschrift des § 315 Abs. 3 BGB mit ihrer gerichtlichen Billigkeitskontrolle überhaupt einschlägig ist und die Einhaltung des Kostendeckungsprinzips sicherstellen kann. Streng genommen setzt § 315 BGB voraus, daß eine einseitige Leistungsbestimmungsmöglichkeit vertraglich vereinbart worden ist.[1262] Auf faktische einseitige Bestimmungsrechte findet die Regelung dagegen grundsätzlich keine Anwendung.[1263] Insofern muß jeder Vertragspartner selbst durch die Mitgestaltung des Vertragsinhalts dafür Sorge tragen, daß er durch die vertragliche Vereinbarung nicht über Gebühr benachteiligt wird und sich faktisch nicht einem einseitigen Leistungsbestimmungsrecht des anderen unterwirft. Grundsätzlich ist daher § 315 Abs. 3 BGB auf die privatvertraglichen Benutzungsverhältnisse direkt nicht anwendbar, soweit die Höhe der Entgelte jedenfalls formal beiderseitig ausgehandelt worden ist.[1264]

Eine analoge Anwendung kommt allenfalls dann in Betracht, wenn Monopolstellungen oder Kontrahierungszwänge dazu führen, daß den von der öffentlichen Hand angebotenen Konditionen faktisch nicht ausgewichen werden kann, sei es durch tatsächliche Vertragsverhandlungen und dadurch bewirkte Änderung der Vertragsbedingungen, durch ein Ausweichen auf anderweitige Vertragspartner oder durch schlichten Verzicht auf einen Vertragsabschluß. In den Fällen, in denen der einzelne auf die Leistungen der öffentlichen Hand tatsächlich angewiesen ist und er aufgrund einer rechtlich abgesicherten oder wenigstens faktisch bestehenden Monopolstellung keinerlei Ausweichmöglichkeiten hat, kann möglicherweise diese faktische Überlegenheit der öffentlichen Hand als privatrechtlicher Anbieter von Leistungen derart übermächtig sein, daß sie einem vereinbarten einseitigen Leistungsbestimmungsrecht gleichzusetzen ist.[1265]

Eine derartige Zwangslage ist allerdings bei Online-Rechtstextdatenbanken jedenfalls in der Regel nicht zu erblicken. Es mögen zwar nicht unbedingt immer auch vergleichbare private Angebote im Internet existieren, auf die ohne weiteres ausgewichen werden könnte. Vorhanden sind aber grundsätzlich ausreichende anderweitige Alternativen, um sich die erwünschte

---

1261 So *Dahmen*, in: Driehaus (Hrsg.), Kommunalabgabenrecht, § 4 KAG Rn. 237; *Tettinger*, Entgelte in der Entsorgungswirtschaft, in: Preise und Gebühren, S. 44; *Siekmann*, Verfassungsrechtliche Grenzen der Entgeltpolitik, S. 77; OVG NW NWVBl. 1996, 277 (278); BGH NJW 1992, 171 (173); SächsOVG DVBl. 1997, 507 (508).

1262 *Palandt*, BGB, § 315 Rn. 2.

1263 *Soergel*, BGB, § 315 Rn. 30; *Palandt*, BGB, § 315 Rn. 2.

1264 So auch *Röhl*, VerwArch 86 (1995), 531 (549 ff.); ablehnend auch *Reinhard*, Zulässigkeit der Berücksichtigung sozialer Gesichtspunkte bei Benutzungsgebüren, S. 210.

1265 Die Rechtsprechung, die über § 315 Abs. 3 BGB die „wesentlichen Prinzipien öffentlicher Finanzgebarung" und speziell das Kostendeckungsprinzip auf ihre Einhaltung bei privatrechtlichen Entgelten überprüft, betrifft gerade nur die Leistungen auf dem Gebiet der Daseinsvorsorge, auf deren Inanspruchnahme der einzelne angewiesen bzw. zu der er rechtlich verpflichtet ist; Zweifel an der Anwendung des § 315 BGB auch auf diese Fallgestalltungen hat dagegen *Manssen*, Privatrechtsgestaltung durch Hoheitsakt, S. 305 Fn. 186.

Rechtskenntnis zu verschaffen.[1266] Von einem faktischen Benutzungszwang kann somit keine Rede sein.

Im kommunalen Bereich allerdings könnte sich die Situation anders darstellen. Dort dürften in den meisten Fällen keine privaten Textsammlungen existieren, die alternativ neben einem etwaigen Online-Angebot der öffentlichen Hand herangezogen werden können.[1267] Dort ist der Bürger im wesentlichen auf die ihm Rahmen der formalen Verkündung erfolgende Publikation angewiesen, wenn er Kenntnis vom geltenden Ortsrecht erlangen möchte. Das bedeutet im schlimmsten Fall, wenn die Verkündung durch einfachen zeitlich begrenzten Aushang erfolgt, daß kaum reelle Chancen auf eine anderweitige Kenntnisnahme bestehen können. Wenn nicht über sonstige öffentliche Einrichtungen wie beispielsweise gemeindliche Bibliotheken gewährleistet ist, daß jeder Bürger auf andere Art und Weise Einsicht in das geltende Ortsrecht nehmen kann, dann kommt tatsächlich eine entsprechende Anwendung des § 315 Abs. 3 BGB in Betracht. In derartigen Fällen ist der, der wissen muß, was für Rechtsregeln in seiner Gemeinde gelten, faktisch auf die Inanspruchnahme des vorhandenen kostenpflichtigen Online-Angebots angewiesen. Dies könnte einem faktischen Benutzungszwang schon sehr nahe kommen. Vermutlich wird aber in der Praxis über herkömmliche Bibliotheken – seien sie nun ausschließlich öffentlich zugänglich oder aber eigentlich für die verwaltungsinterne Arbeit angelegt – immer ein alternativer Zugang zu den Normtexten zur Verfügung stehen. Darüber hinaus dürfte die Verwaltung in der Regel auch auf Anfrage Auskunft über das geltende Ortsrecht erteilen.

Eine direkte oder wenigstens analoge Anwendung des § 315 Abs. 3 BGB kommt daher nicht in Betracht. Insofern kann das Kostendeckungsprinzip über dies Vorschrift keinen Einfluß auf die Vereinbarung privatrechtlicher Benutzungsentgelte nehmen.

c) § 9 AGBG

Die Inhaltskontrolle des AGBG ist ebenfalls grundsätzlich geeignet, privatrechtliche Verträge der Verwaltung auf die Einhaltung von öffentlich-rechtlichen Bindungen zu überprüfen.[1268] Gerade die Generalklausel des § 9 AGBG, die eine unangemessene Benachteiligung entgegen den Geboten von Treu und Glauben sanktioniert, bietet vergleichbar der Billigkeitskontrolle des § 315 BGB Ansatzpunkte dafür, die Loslösung der öffentlichen Hand von ihren öffentlich-rechtlichen Bindungen zu verhindern. Tatsächlich dürften wohl die meisten Entgeltvereinbarungen für Online-Informationsangebote mit Hilfe von allgemeinen Geschäftsbedingungen zustande kommen und somit grundsätzlich der Kontrolle des AGBG unterliegen.

Indes sind von einer Inhaltskontrolle nach § 9 AGBG die jeweiligen Hauptleistungspflichten und damit gerade auch Entgeltvereinbarungen gem. § 8 AGBG grundsätzlich ausgeschlossen, soweit nicht Preisnebenabreden betroffen sind.[1269] Aus diesem Grund kann auch über die gesetzliche Kontrolle allgemeiner Geschäftsbedingungen die Beachtung des öffentlich-

---

1266 Erwähnt seien nur beispielsweise die öffentlichen Bibliotheken, über die sogar zumeist kostenlose Informationsmöglichkeiten geboten werden. Vor allem aber die in Papierform zu beziehenden Nachschlagewerke, die von privaten Herausgebern aufgelegt werden, runden das Informationsangebot ab und lassen die elektronischen Datenbanken zwar nicht als unnötig, aber immerhin doch verzichtbar erscheinen.

1267 Vgl. *Kirchhof*, DÖV 1982, 397 (400).

1268 Vgl. *Röhl*, VerwArch 86 (1995), 531 (552).

1269 *Palandt*, BGB, § 8 AGBG Rn. 4; BGHZ 106, 42 (46); 116, 117 (119); BGH NJW 1993, 1128 (1129).

rechtlichen Kostendeckungsprinzip nicht sichergestellt werden, selbst wenn möglicherweise vereinbarte Entgelte, die sich als Verstoß gegen das gebührenrechtliche Kostenüberschreitungsverbot darstellen, durchaus als unangemessene Benachteiligung zu werten sein könnten.

d) Inhaltskontrolle über den Rechtsgedanken der §§ 242, 315 BGB

Ganz ähnlich der Kontrolle der §§ 9 ff AGBG kann eine Inhaltskontrolle auch über die Rechtsgrundsätze von Treu und Glauben aus § 242 BGB bzw. über den Rechtsgedanken der Billigkeitskontrolle des § 315 BGB erfolgen.[1270] Diese inhaltlich Überprüfung erfolgt dann allerdings nicht direkt nach diesen Vorschriften, sondern stellt sich dar als (zulässige) Rechtsfortbildung, die auf die in diesen Regelungen enthaltenen allgemeinen Rechtsprinzipien gestützt wird.[1271] Wenn es auch aus der Sicht des Bürgers unredlich und mit dem Grundsatz von Treu und Glauben wenig vereinbar erscheint, daß der Staat sich ihm gegenüber alleine durch die Wahl der Handlungsform Vorteile verschaffen kann, ist es dennoch zweifelhaft, ob über den Weg einer derartigen Inhaltskontrolle die öffentliche Hand zur Beachtung des gebührenrechtlichen Kostendeckungsprinzips auch bei privatrechtlicher Ausgestaltung des Benutzungsverhältnisses angehalten werden kann.

Zu berücksichtigen ist nämlich zunächst der Vorrang des Gesetzgebers, der bei einer jeden Rechtsfortbildung zu beachten ist.[1272] Dessen Wertung obliegt es in erster Linie, in welchen Fällen ein gerechter Interessenausgleich durch vertragliche Einigung nicht möglich ist.[1273] Da aber gerade Anhaltspunkte dafür bestehen, daß das einfachgesetzliche Kostendeckungsprinzip gerade dem Willen des Gesetzgebers entsprechend nur für die Erhebung öffentlich-rechtlicher Gebühren und nicht auch für die Vereinbarung privatrechtlicher Entgelte gelten soll,[1274] kann alleine die Mißachtung der sich aus diesem gebührenrechtlichen Bemessungsprinzip ergebenden Anforderungen kein rechtlich relevanter Verstoß gegen Treu und Glauben darstellen. Eine über die Rechtsgrundsätze der §§ 242, 315 BGB erfolgende Vertragskontrolle kann daher ebenfalls nicht die Geltung des Kostendeckungsprinzips sicherstellen.

Überhaupt dürfte die auf §§ 242, 315 BGB zurückzuführende Vertragskontrolle nur sehr selten zur Anwendung kommen. Keineswegs genügend ist dafür eine prinzipiell ungleiche Verhandlungsstärke der Vertragspartner.[1275] Es bedarf vielmehr eines besonderen Aufgreifkriteriums, das die Inhaltskontrolle wegen der fehlenden Richtigkeitsgewähr als Ausnahme von der grundsätzlichen Bindung an die Ergebnisse vertraglicher Verhandlung rechtfertigt.[1276] Ein solches dürfte dann zu bejahen sein, wenn Verträge auf einem Gebiet abgeschlossen werden, in dem der Wettbewerb versagt.[1277] Dann allerdings dürften bereits über die Billigkeitskon-

---

1270 Vgl. dazu *Coester-Waltjen*, Die Inhaltskontrolle von Verträgen außerhalb des ABG, AcP 190 (1990), 1 (16); *Gottwald*, in: Münchener Kommentar, § 315 BGB Rn. 36; *Roth*, in: Münchener Kommentar, § 242 BGB Rn. 524; *Palandt*, BGB, § 315 BGB Rn. 2.

1271 *Coester-Waltjen*, Die Inhaltskontrolle von Verträgen außerhalb des ABG, AcP 190 (1990), 1 (16); *Röhl*, VerwArch 86 (1995), 531 (554 f.).

1272 *Röhl*, VerwArch 86 (1995), 531 (555); vgl. auch *Larenz*, Methodenlehre der Rechtswissenschaft, S. 427 f.

1273 *Röhl*, VerwArch 86 (1995), 531 (555).

1274 Vgl. dazu oben § 10 II 2. a) aa), S. 215 f.

1275 *Coester-Waltjen*, Die Inhaltskontrolle von Verträgen außerhalb des ABG, AcP 190 (1990); 1 (18 ff.).

1276 *Röhl*, VerwArch 86 (1995), 531 (556).

1277 *Coester-Waltjen*, Die Inhaltskontrolle von Verträgen außerhalb des ABG, AcP 190 (1990); 1 (20); *Röhl*, VerwArch 86 (1995), 531 (548).

trolle des § 315 BGB[1278] und möglicherweise sogar eine analoge Anwendung des gebührenrechtlichen Kostendeckungsprinzips andere Kontrollmechanismen eingreifen, die ein Zurückgreifen auf die allgemeine Inhaltskontrolle gestützt auf den Rechtsgedanke der §§ 242, 315 BGB als unnötig erscheinen lassen.

e) § 134 BGB

Die Vorschrift des § 134 BGB sanktioniert Verstöße gegen Verbotsgesetze und kann in diesen Fällen zur Nichtigkeit von Rechtsgeschäften führen. Auch wenn die abgabenrechtlichen Kostenüberschreitungsverbote als Verbotsgesetze aufzufassen sein könnten, liegt aber gerade kein Verstoß vor, wenn die öffentliche Hand statt Benutzungsgebühren im Rahmen eines öffentlich-rechtlichen Benutzungsverhältnisses privatrechtliche Entgelte für die Inanspruchnahme der öffentlichen Einrichtung mit den Benutzern vereinbart.

Bedeutung kann im Zusammenhang mit § 134 BGB aber auch die Figur der Gesetzesumgehung[1279] erlangen. Danach können Rechtsgeschäfte nach § 134 BGB auch dann unwirksam sein, wenn durch eine Umgehung des Tatbestandes nicht direkt gegen ein Verbotsgesetz verstoßen wird, dem Sinn nach aber dennoch diesem Verbot zuwider gehandelt wird. Entscheidend für diese Rechtsfigur ist, ob das Verbotsgesetz nur die Vornahme eines Geschäfts bestimmter Art verbieten will oder ein rechtlicher bzw. wirtschaftlicher Erfolg auch durch die Verwendung alternativer Gestaltungsmöglichkeiten verhindert werden soll.[1280] In ersterem Fall ist es unproblematisch, wenn der gleiche Erfolg in anderer Weise rechtsgeschäftlich herbeigeführt wird. Dagegen führt die zweite Konstellation zur Unwirksamkeit.[1281] Im Rahmen des gebührenrechtlichen Kostendeckungsprinzips ist damit entscheidend, ob der öffentlichen Hand generell die Möglichkeit der Gewinnerzielung durch das Betreiben von öffentlichen Einrichtungen untersagt sein soll oder aber ob ihr dies lediglich für die Erhebung hoheitlicher Gebühren verboten ist. Diese Frage ist aber gerade nicht eindeutig zu beantworten, weil auch gute Gründe dafür sprechen, daß das einfachgesetzliche Kostenüberschreitungsverbot wirklich nur für die Erhebung von Benutzungsgebühren gelten soll.[1282] Daher kann eine Kalkulation der privatrechtlichen Entgelte, die die entstehenden Kosten übersteigen soll, auch nicht als verbotene Umgehung dieser Rechtsregel zu werten sein.

f) Ergebnis

Daher ist zusammenfassend zu konstatieren, daß die Verwaltung trotz der für das Verwaltungsprivatrecht grundsätzlich bestehenden Modifizierung, Ergänzung und Überlagerung durch öffentlich-rechtliche Bindungen an das im Abgabenrecht geregelte Kostendek-

---

1278 Vgl. dazu die Ausführungen oben § 10 II 2. b), S. 239 ff.

1279 Ungeklärt ist bis heute, ob es sich dabei um das Ergebnis einer erweiterten Auslegung der Verbotsnorm oder aber um einen besonderen Nichtigkeitsgrund iSe eigenen Rechtsinstituts handelt, vgl. dazu *Palandt*, BGB, § 134 BGB Rn. 28.

1280 *Palandt*, BGB, § 134 BGB Rn. 28; BGHZ 58, 61 (65); 85, 39 (46).

1281 *Palandt*, BGB, § 134 BGB Rn. 28.

1282 Vgl. dazu oben § 10 II 2. a) aa), S. 215 ff.

kungsprinzip nicht gebunden ist, wenn sie das Benutzungsverhältnis privatrechtlich abwickelt.[1283]

Damit entfällt nicht nur die Begrenzung der Entgeltbemessung, sondern auch die Erstellung einer zur Einhaltung dieser Begrenzung notwendigen und oftmals aufwendigen Kostenrechnung, mit der sämtliche Kostenpositionen für die Kalkulation der Entgelte zu erfassen sind.[1284] Es verwundert daher nicht sonderlich, daß tatsächlich sämtliche heute schon existierenden kostenpflichtigen Rechtstextdatenbanken der öffentlichen Hand unabhängig davon, ob sie von der Verwaltung direkt oder aber über eine Gesellschaftsform des Privatrechts unter Beteiligung der öffentlichen Hand betrieben werden, anstatt Gebühren ausschließlich privatrechtliche Entgelte verlangen. Aus diesem Grund lassen sich die für die im Falle öffentlich-rechtlicher Rechtsform aus dem Kostendeckungsprinzip entwickelten Grundsätze[1285] nicht übertragen. Es bleibt allerdings bei dem Einwand, daß es aus der Sicht des Bürgers und Benutzers nicht nachvollziehbar erscheint[1286], wenn im Falle der öffentlich-rechtlichen Abwicklung des Benutzungsverhältnisses und bei der Erhebung von Gebühren ein gesetzlicher Höchstrahmen einzuhalten ist und bei der privatrechtlichen Ausgestaltung eben nicht.

III. Zivilrechtliche Schranken

Damit bleiben noch zur Kontrolle der Entgeltgestaltungen allgemein die Sicherungen der zivilrechtlichen Schutzgesetze. In Betracht kommt als eine solche vor allem die Vorschrift des § 138 BGB, die als Instrument der Vertragskontrolle auch Schutz vor Benachteiligungen der Vertragspartner bieten kann. Die von dieser Vorschrift erfaßte Sittenwidrigkeit stellt allerdings nur einen Evidenzmaßstab dar. Eine bloße unangemessene Vertragsgestaltung ist dafür grundsätzlich nicht ausreichend.[1287] Es bedarf immer zusätzlicher qualifizierter Elemente. Diese können beispielsweise bei Bestehen einer Macht- oder Monopolstellung[1288] zu bejahen sein oder aber im Falle des Ausbeutens einer Zwangslage nach § 138 Abs. 2 BGB vorliegen. Keinesfalls genügt aber als derartiges qualifiziertes Merkmal bereits die Beteiligung der Verwaltung an der privatrechtlichen Vereinbarung.[1289] Daher läßt sich auch die Geltung des Äquivalenzprinzips nicht auch schon über die Vorschrift des § 138 BGB sicherstellen.[1290] Es dürfte offensichtlich sein, daß damit auch möglicherweise unangemessen hoch erscheinende Entgeltgestaltungen der Informationsangebote im Internet weit entfernt von einer Sittenwidrigkeit iSd § 138 BGB sind.

1283 Im Ergebis ebenso *Ehlers*, Verwaltung in Privatrechtsform, S. 177, 230; *Dahmen*, KStZ 1988, 107 (109); *Kneer*, KStZ 1988, 4 (6); *Frotscher*, in: Handbuch der kommunalen Wissenschaft und Praxis, Band III, § 52, S. 161.

1284 Zur Kostenrechnung als Folge des Kostendeckungsprinzips vgl. *Dahmen*, in: Driehaus (Hrsg.), Kommunalabgabenrecht, § 6 KAG Rn. 58 b; *Thiem/Böttcher*, KAG, § 6 Rn. 121 ff.

1285 Dazu oben § 9 II 1. c) aa), S. 190 ff.

1286 Schon *Jastrow*, ZgesStW 79 (1925), 40 (83 Fn. 40) hat die Überschußerwirtschaftung durch die Herausgabe des Reichsgesetzblattes angeprangert und als unvereinbar mit seinen Ausführungen bezeichnet. Gleichwohl sind diese seine Bemerkungen lediglich rechtspolitisch zu verstehen.

1287 *Röhl*, VerwArch 86 (1995), 531 (547).

1288 Vgl. dazu *Palandt*, BGB, § 138 Rn. 24.

1289 *Röhl*, VerwArch 86 (1995), 531 (548).

1290 Vgl. dazu auch *Ehlers*, Verwaltung in Privatrechtsform, S. 231; *Röhl*, VerwArch 86 (1995), 531 (548).

Gleiches gilt bei Berücksichtigung der Grundsätze von Treu und Glauben, aufgrund derer zwar grundsätzlich eine inhaltliche Kontrolle privatrechtlicher Vereinbarungen möglich ist, die aber nur bei besonderen Fallgestaltungen relevant werden.[1291] Im Grundsatz dürften sie für die privatrechtliche Entgeltgestaltung von Informationsangeboten der öffentlichen Hand im Internet nicht relevant werden.[1292]

IV. Ergebnis

Im Falle der privatrechtlichen Abwicklung ihrer Informationsangebote ist der öffentlichen Hand nach allem ein weitaus größerer Spielraum bei der Bemessung ihrer Entgelte eingeräumt, als er ihr bei öffentlich-rechtlicher Ausgestaltung der Benutzungsverhältnisse und bei Erhebung von Benutzungsgebühren zukäme. Es ist ihr vor allem möglich, die Entgelte so zu kalkulieren, daß mit der Publikation von Gesetzestexten nicht nur die in diesem Zusammenhang entstehenden Kosten gedeckt werden, sondern auch darüber hinausgehende Gewinne erzielt werden.

Die öffentliche Hand befindet sich damit in der Situation, in der sie einerseits gehalten, wenn auch nicht gezwungen ist, die neuen Möglichkeiten des Internets für die Publikation der von ihr als Gesetzgeber geschaffenen Rechtsnormen zum Vorteil der Allgemeinheit zu nutzen. Aufgrund des öffentlichen Interesses an der Publizität von Rechtsnormen kann dies auch zu Lasten derjenigen erfolgen, die sich bislang mit vergleichbaren Veröffentlichungen erfolgreich unternehmerisch betätigten. Gerade diese bestehenden wirtschaftlichen Betätigungsmöglichkeiten lassen auf der anderen Seite aus Sicht der öffentlichen Hand die Gesetzestextpublikation im Internet nicht nur als lästige und aufwendige staatliche Aufgabe erscheinen. Vielmehr kann sie der öffentlichen Hand bei entsprechender Entgeltgestaltung ein neues wirtschaftliches Betätigungsfeld eröffnen und ihr durchaus zusätzliche Einnahmen verschaffen.

Gerade diese wirtschaftliche Betätigungsmöglichkeit erscheint zwar nach der gesetzlichen Situation egal. Es stellt sich aber die Frage ihrer Legitimität: Auch wenn es grundsätzlich nichts Ungewöhnliches ist, daß sich der Staat durch wirtschaftliche Betätigung im öffentlichen Interesse Einnahmen verschafft, ist die Situation doch im Vergleich zum Normalfall ausnahmsweise eine andere. Er partizipiert im Falle der Vermarktung von Gesetzestextpublikationen über das Internet nicht nur an allgemein bestehenden Erwerbschancen, die sich ohne seinen Einfluß ergeben haben. Er ist vielmehr als Gesetzgeber und damit als Produzent der Rechtsnormen, mit deren Veröffentlichung er Geld zu verdienen in der Lage ist, auch der unmittelbare Auslöser der Nachfrage nach entsprechenden Informationen und damit der Urheber der sich daraus ergebenden wirtschaftlichen Betätigungsmöglichkeiten. Wenn er verbindliche Rechtsnormen schafft, die von ihren Adressaten nur unter Schwierigkeiten zur Kenntnis zu nehmen sind – aber um beachtet werden zu können, Kenntnis verlangen, dann erscheinen von der öffentlichen Hand verantwortete Veröffentlichungen, mit denen diese informatorischen Defizite wenigstens teilweise kompensiert werden, zumindest als anstößig, wenn sie gleichzeitig zur Gewinnerzielung benutzt werden. In diesem Fall profitiert der Staat gleichsam von der Unzulänglichkeit seiner bisherigen Publizitätsbemühungen. Dazu kommt außerdem, daß

[1291] Vgl. dazu Ausführungen oben § 10 II 2. d), S. 2220 f.

[1292] Allgemein skeptisch in bezug auf die Relevanz *Röhl*, VerwArch 86 (1995), 531 (556).

die Zahl und der Umfang der geltenden Rechtsnormen immer weiter zunimmt und es daher der Staat als Gesetzgeber selbst ist, der die Nachfrage nach effektiven Informationsmöglichkeiten immer weiter ansteigen läßt. Auf diese Weise kann er die eigenen wirtschaftlichen Betätigungsmöglichkeiten, wenn auch nur indirekt, beeinflussen.

Es erscheint außerdem widersprüchlich, wenn dem Staat einerseits an einer bestmöglichen Publizität der Rechtsregeln gelegen ist, weil sie Voraussetzung für die von ihm verlangte allgemeine Beachtung ist, er aber auf der anderen Seite dieses Ziel durch Kommerzialisierung und künstlicher Verknappung von Informationsressourcen konterkariert.

In den Augen der juristisch ungeschulten Bevölkerung muß es schon befremdlich erscheinen, sich in der Praxis die Kenntnis der Rechtsnormen überhaupt erkaufen zu müssen, mit denen der Staat jedermann Pflichten auferlegt und die für jeden etliche nachteilige Folgen zeitigen können.[1293] Auf noch weniger Verständnis dürfte es stoßen, daß nicht nur private Unternehmer, sondern der Staat selbst mit der Verbreitung einfacher Gesetzesbefehle Geld verdienen kann und daher davon profitiert, wenn man sich bemüht, die von ihm vorgegebenen rechtlichen Maßstäbe zu achten, und wenn man sich die dazu unerläßliche Kenntnis durch die Inanspruchnahme staatlicher Informationsangebote im Internet verschafft. Es kommt hinzu, daß die Finanzierung der staatlichen Gesetzgebungsarbeit aus allgemeinen Steuergeldern erfolgt und insofern von der Allgemeinheit getragen wird.[1294] Daher hat jeder einzelne Bürger schon seinen Teil für die Erstellung und Schaffung sämtlicher Rechtsnormen mit der Entrichtung seiner Steuern beigetragen. Wenn er nun für die Übermittlung der Inhalte dieser gesetzgeberischen Erzeugnise eine individuelle Zahlung zu leisten hat, die über die Begleichung der dadurch entstandenen Distributionskosten hinausgeht, bezahlt er damit nicht nur für den individuellen Transport der Informationen zu ihm, sondern leistet letztlich auch einen finanziellen Beitrag für die allgemeine Gesetzgebungsarbeit, an deren Finanzierung er eigentlich doch schon als Steuerzahler beteiligt ist.[1295] Wenn aber die Transportkosten im Internet vernachlässigbar erscheinen[1296], müßte dies doch eigentlich zu einer mehr als deutlichen Reduktion der Kosten führen, die der einzelne für den Online-Abruf der Informationen im Vergleich zu ihrer auf Papier gedruckten Variante entrichten muß. Teilweise verhält es sich aber gerade umgekehrt,[1297] wenngleich sich natürlich auch einzelne Beispiele dafür finden lassen, bei denen der Zugang zu den im Internet vorgehaltenen Rechtsnormtexten im Gegensatz zu vergleichbaren gedruckten Informationen sogar gänzlich kostenlos ist.

Daran, daß der Staat es selbst in der Hand hat, sich Einnahmequellen zu verschaffen, gibt es grundsätzlich nichts auszusetzen. Diese Möglichkeit muß ihm vielmehr zur Finanzierung seiner Aufgaben notwendigerweise zugestanden werden. Als dazu geeignetes und adäquates Instrument kann die Publizität von Rechtsnormen aber wohl kaum gezählt werden.

1293 Ähnlich auch *Berkemann*, JurPC Web-Dok. 188/1999, Abs. 72.

1294 *Holenstein*, JurPC Web-Dok. 67/2001, Abs. 27.

1295 Vgl. auch *Roßnagel*, Möglichkeiten für Transparenz und Öffentlichkeit, in: Hoffmann-Riem/Schmidt-Aßman (Hrsg.) Verwaltungsrecht in der Informationsgesellschaft, 257 (294) und Grünbuch der Europäischen Kommission, KOM (1998) 585 endg., S. 16; ähnlich auch schon *Jastrow*, ZgesStW 79 (1925), 40 (81), der es als unzulässig ansieht, von den Beziehern der Gesetzblätter mehr als die Kosten für Papier, Druck und Versand zu fordern.

1296 *Burkert*, Wieviel Information gebührt dem Bürger, S. 308.

1297 Vgl. dazu die Bestandsaufnahme oben unter § 2 und auch *Harks*, Handelsblatt v. 25.7.01, S. R2.

Es drängt sich daher mitunter der Verdacht auf, daß der Staat die sich durch das neue Medium Internet für ihn erstmals ergebende Möglichkeit, einen großen Teil seiner Bevölkerung ohne größeren Aufwand direkt zu erreichen und ihm umfassende Informationen zukommen zu lassen, nicht nur als Chance begreift, um bestehende Defizite in der Informationsversorgung zu beseitigen, sondern teilweise versucht, von diesem Informations-Vakuum, an dessen Entstehung er nicht ganz unbeteiligt ist, wirtschaftlich zu profitieren.

Es bleibt abzuwarten, welche Entwicklung die Publizität der Rechtsnormen im Internet zukünftig nehmen wird. Dabei wird sich zeigen, ob angesichts derzeit fehlender rechtlicher Vorgaben nicht wenigstens rechtspolitische Erwägungen dazu führen, daß die Möglichkeiten und Chancen des Internets für die Publizität von Rechtsnormen in verstärktem Maße genutzt werden und vor allem nicht durch hohe Zugangsentgelte teilweise wieder entwertet werden.

Zusammenfassung in Thesen

1. Rechtsnormen müssen, um vom Normadressaten beachtet werden zu können, der Allgemeinheit in irgendeiner Weise nahe gebracht werden. Auf welche Art und Weise dies geschehen soll, ist im Laufe der Zeit durchaus unterschiedlich beantwortet worden.
2. Das Internet stellt Möglichkeiten zur Informationsvermittlung bereit, mittels derer der Staat den Bürger mit den Informationen über sämtliche geltende Gesetze versorgen könnte. Damit könnte das Internet die Vermittlung von derartigen Informationen im Vergleich zu der bisher überwiegend praktizierten Methode, inhaltlich identische Informationen über den klassischen Weg des auf Papier gedruckten Textes dem Bürger nahezubringen, revolutionieren. Dem Staat wäre es damit erstmals unter vertretbarem Aufwand möglich, als Produzent die Ware „Recht“ beinahe jedem Bürger ohne Mithilfe von privaten Multiplikatoren zur Verfügung zu stellen.
3. Das Internet ist ein Computernetzwerk, das seit seiner Entstehung mit zunehmender Benutzerfreundlichkeit eine große Verbreitung in der Bevölkerung gefunden hat und sich zur Publikation von Gesetzestexten in besonderem Maße eignet.
4. Das Angebot an im Internet publizierten Rechtsnormen ist insgesamt groß. Es läßt sich einteilen in einerseits staatlich gesteuerte bzw. veranlaßte und andererseits private Informationsangebote. Unterschiede bestehen vor allem hinsichtlich der Darstellungsform und den Zugangsbedingungen. Besonders auffällig ist die Tatsache, daß der Zugang zu den Informationen teilweise völlig unbeschränkt und unentgeltlich ist, während sich auf der anderen Seite einige Beispiele dafür finden, daß der Zugang zum Recht von der Zahlung nicht unerheblicher Entgelte abhängig gemacht wird.
5. Der Publikation von Rechtsnormen vorgeschaltet war zunächst die Entwicklung zum geschriebenen und gesetzten Recht.
6. Die Verbreitung der Rechtstexte in der Bevölkerung ist Voraussetzung für einen erfolgreichen Gesetzesvollzug. Sie dient einerseits den Interessen der Gesetzesadressaten, denen damit der Einwand der entschuldbaren Rechtsunkenntnis abgeschnitten wird. Auf der anderen Seite fördert die zentrale Publikation auch die unverfälschte Durchsetzung der vom Gesetzgeber geschaffenen Rechtsregeln.
7. Heutzutage erfolgt die staatliche Publikation von Gesetzestexten allerdings überwiegend aus rechtsstaatlichen Erwägungen: Der Gesetzgeber kann eine Rechtsgeltung seiner Normen vernünftigerweise nur dann fordern, wenn ausreichende Informationsmöglichkeiten bestehen, die es dem einzelnen möglich machen, mit zumutbarem Aufwand sich die Rechtskenntnis zu verschaffen.
8. Es läßt sich differenzieren zwischen einer materiellen Verkündung, die darauf gerichtet ist, eine tatsächliche Bekanntgabe der Gesetze gegenüber den Betroffenen zu bewirken, und einer formellen Verkündung, bei der lediglich ein bestimmter formeller Akt vollzogen wird und die Kenntnisnahme durch die Betroffenen fingiert wird. Die formelle Verkündung gewährt die schlichte Möglichkeit, sich die Kenntnis zu verschaffen und verlangt dabei von den Bürgern, daß sie sich um die tatsächliche Kenntnisnahme selbst bemühen.
9. Erst die Kombination von formaler Verkündung und einer darüber hinausgehenden Informationsvermittlung in zahlreichen Varianten sorgt für die tatsächliche Publizität und Verbreitung des Rechts.

10. Das Rechtsstaatsprizip des Grundgesetzes verlangt vom Staat, Rechtsnormen der Öffentlichkeit zur Kenntnisnahme zugänglich zu machen, bevor sie überhaupt zu gültigem Recht werden können. Es beläßt aber in der Frage, wie diese Verkündung konkret auszugestalten ist, einen Gestaltungsspielraum und verlangt nicht, daß sie zwingend in elektronischer Form über das Internet zu erfolgen hat.
11. Auch das grundgesetzliche Demokratieprinzip kann als Anknüpfungspunkt für eine zwingend zu erfolgende Gesetzesverkündung herangezogen werden. Es enthält gleichwohl aber ebenfalls nicht die Pflicht zur elektronischen Publikation über das Internet.
12. Dem Sozialstaatsprinzip können nur wenige konkrete Leistungspflichten entnommen werden. Verbindliche Vorgaben für den Modus der Gesetzesverkündung enthält es nicht, auch wenn dabei Fragen der Sozialstaatlichkeit berührt werden.
13. Grundrechte können zwar neben ihrer Funktion als Abwehrrechte im Grundsatz positive Leistungspflichten des Staates begründen und bieten durchaus Anhaltspunkte für die Statuierung allgemeiner Publizitätspflichten. Dies gilt jedoch nicht für konkrete Publikationspflichten und deren Umfang.
14. Die Regelung des Art. 82 GG und die inhaltlich entsprechenden Regelungen in den Landesverfassungen regeln die formale Gesetzesverkündung. Sie sind dahingehend auszulegen, daß die Gesetzesblätter zwingend wie bislang praktiziert als herkömmliche Printausgaben und nicht auf sonstigen Informationsträgern zu erscheinen haben. Einer formalen Gesetzesverkündung über elektronische Medien stehen diese Vorschriften entgegen.
15. In der Praxis ergibt sich die tatsächliche Rechtskenntnis der Bürger gerade nicht durch die formale Gesetzesverkündung. Vielmehr verläßt sich der Bürger aus Praktikabilitätsgründen auf Informationsquellen aus zweiter Hand, die ihn zwar nicht verbindlich, aber dafür wesentlich effektiver als die offiziellen auf Papier erscheinenden Gesetzblätter über geltende Rechtsnormen informieren. Die Möglichkeiten, neben der formalen Gesetzesverkündung durch alternative Formen der Publikation zur Verbreitung der Rechtskenntnis beizutragen, sind vielfältig. Sich dabei der Möglichkeiten des Internets zu bedienen, erscheint naheliegend.
16. Das Rechtsstaatsprinzip, Demokratieprinzip und Sozialstaatsprinzip des Grundgesetzes lassen zwar auch Anknüpfungspunkte für eine staatliche Aufklärung über und Veröffentlichung von Rechtsnormen neben der formalen Gesetzesverkündung erkennen und streiten für derartige Publizitätsbemühungen. Eine Rechtspflicht, derartige Publikationen zwingend auf elektronischen Informationsträgern und mittels des Internets über die formale Verkündung hinaus vorzunehmen, läßt sich aus diesen elementaren Prinzipien des Grundgesetzes gleichwohl nicht entnehmen.
17. Ebensowenig statuieren einfachgesetzliche Vorschriften eine Pflicht zur Publizität der Rechtsnormen im Internet.
18. Die vom Staat im Internet hergestellte Publizität von Rechtsnormen stellt aus zahlreichen verfassungsrechtlichen und rechtspolitischen Erwägungen eine besonders wichtige staatliche Aufgabe dar. Derartige staatliche Maßnahmen lassen sich jedoch als rein freiwillige, d.h. rechtlich nicht zwingende Leistungen an den Bürger begreifen.
19. Der öffentlichen Hand steht es frei, sich bei der Informationsvermittlung von Rechtsnormen einerseits zwischen öffentlich-rechtlicher und privatrechtlicher Organisationsform zu

entscheiden und des weiteren bei Verwendung öffentlich-rechtlicher Organisationsformen die Rechtsverhältnisse wahlweise nach Maßgabe des öffentlichen oder privaten Rechts auszugestalten. Dies bedeutet allerdings nicht, daß sich die öffentliche Hand dadurch von ihren öffentlich-rechtlichen Bindungen befreien kann.

20. Bislang erreichten Informationen über das geltende Recht den Bürger in hohem Maße überhaupt nur durch die Vermittlung privater Multiplikatoren. Gerade schon zur Beschaffung von schlichten Gesetzestexten bedienten sich juristisch Sachkundige, aber letztlich auch die gesamte Bevölkerung beinahe ausnahmslos des kommerziellen Angebots privater Unternehmer, die mit dem Verkauf der Ware „Gesetz" mitunter einträgliche Gewinne erzielten. Wenn nun aber die öffentliche Hand ihre bislang eher unzulänglichen eigenen Informationsangebote um wesentlich einfacher zugängliche Online-Angebote erweitert und sich damit direkt an den Bürger wendet, so wird sie aus Sicht der privaten Verlage zum Konkurrenten. Dabei ist es grundsätzlich zunächst ohne Bedeutung, ob die staatlichen Online-Angebote nur gegen Entgelt zu benutzen sind oder aber ob die Rechtsinformationen unentgeltlich abzurufen sind.

21. Ein aus der Verfassung abgeleitetes allgemeines wirtschaftliches Subsidiaritätsprinzip, das von der öffentlichen Hand verlangt, sich einer eigenen publizistischen und wirtschaftlichen Tätigkeit zu enthalten und sich statt dessen darauf zu beschränken, bereits bestehende private Informationswege zu fördern, existiert nicht.

22. Auch unter dem Gesichtspunkt der Staatsunabhängigkeit der Presse und sonstiger Medien begegnet ein staatliches Informationsangebot im Internet, mit dem Gesetzestexte publiziert werden, keinen Bedenken.

23. Die öffentliche Hand ist unabhängig davon, in welchen Organisations- und Handlungsformen sie ihre Informationsangebote im Internet präsentiert und abwickelt, an die Grundrechte gebunden. Eine Verletzung der Grundrechte der Artikel 5, 12 und 14 Grundgesetz ist dabei allerdings zu verneinen.

24. Ebensowenig stellen im Ergebnis die einfachgesetzlichen kommunalen Subsidiaritätsklauseln und die wettbewerbsrechtlichen Regeln des UWG rechtliche Hindernisse für z. B. kommunale Informationsangebote im Internet mit Gesetzestextinformationen dar.

25. Ein subjektiv-öffentliches Recht des einzelnen auf kostenlosen Zugang zu den vorhandenen Informationsangeboten der öffentlichen Hand kann weder für die formale Gesetzesverkündung noch für eine weitergehende Gesetzestextveröffentlichung anerkannt werden.

26. Der öffentlichen Hand ist es aber gleichwohl freigestellt, ihre Online-Angebote unentgeltlich anzubieten. Haushaltsrechtliche und abgabenrechtliche Vorschriften stehen dem im Ergebnis nicht entgegen.

27. Das Kostendeckungsprinzip als Gebührenbemessungsprinzip untersagt der Verwaltung in seiner Ausprägung als Kostenüberschreitungsverbot, höhere Gebühren zu erheben, als sie zur Deckung der durch die Leistungserbringung entstandenen Kosten notwendig sind.

28. Das Kostenüberschreitungsverbot gilt allerdings nur, soweit es der Gesetzgeber ausdrücklich geregelt hat. Weder folgt es aus dem Wesen der Gebühr noch läßt es sich aus verfassungsrechtlichen Vorschriften ableiten.

29. Das einfachgesetzliche Kostendeckungsprinzip verlangt im Falle öffentlich-rechtlicher Ausgestaltung der Benutzungsverhältnisse bei der Bemessung der Gebühren eine Gebüh-

renkalkulation nach betriebswirtschaftlichen Grundsätzen, bei der lediglich die Kosten ansatzfähig sind, die ihm Rahmen des Widmungszwecks der öffentlichen Einrichtung angefallen und nicht nur einrichtungsbezogen, sondern einrichtungsbedingt sind. Außerdem müssen sie den Benutzern durch die Inanspruchnahme der angebotenen Leistungen zurechenbar sein.

30. Das Kosteneckungsprinzip als Kostenüberschreitungsverbot hat im Ergebnis, soweit es in den gebührenrechtlichen Regelungen enthalten ist, einen großen Einfluß auf die Ausgestaltung und Höhe der Benutzungsgebühren für Rechtstextpublikationen über das Internet.

31. Das Äquivalenzprinzip, das nichts anderes als die gebührenrechtliche Ausprägung des allgemeinen Verhältnismäßigkeitsgrundsatzes darstellt, verlangt, daß die einzelne Gebühr in einem angemessenen Verhältnis zur Gegenleistung steht. Angesichts seiner Offenheit hat dieses Rechtsprinzip nur wenig beschränkende Wirkung auf die Bemessung der konkreten Benutzungsgebühr.

32. Der Gleichheitsgrundsatz des Art. 3 Abs. 1 Grundgesetz beläßt der öffentlichen Hand bei der Bemessung der Gebühren erhebliche Spielräume.

33. Ist das Benutzungsverhältnis nicht öffentlich-rechtlich ausgestaltet, sondern wird es durch Vereinbarung von Entgelten privatrechtlich abgewickelt, stehen sich öffentliche Hand und Benutzer grundsätzlich als gleichberechtigte Partner gegenüber. Der öffentlichen Hand stehen dabei zwar sämtliche Handlungsformen, nicht aber auch die Freiheiten und Möglichkeiten der Privatautonomie zu.

34. Der Gleichheitsgrundsatz des Art. 3 Abs. 1 Grundgesetz und das Äquivalenzprinzip binden die öffentlichen Hand auch bei privatrechtlichem Handeln. Sie belassen ihr aber große Freiräume bei der Bemessung der Entgelte für die Benutzung ihrer Informationsangebote.

35. Das einfachgesetzliche Kostendeckungsprinzip enthält für die Kalkulation von öffentlich-rechtlichen Benutzungsgebühren erhebliche Vorgaben, gilt aber direkt ausnahmslos nur für die Erhebung öffentlich-rechtlicher Gebühren und erfaßt gerade nicht auch privatrechtliche Entgelte.

36. Die öffentliche Hand ist trotz der für das Verwaltungsprivatrecht grundsätzlich betehenden Modifizierung, Ergänzung und Überlagerung durch öffentlich-rechtliche Bindungen an das im Abgabenrecht geregelte Kostendeckungsprinzip nicht gebunden, wenn sie das Benutzungsverhältnis bei Online-Informationsangeboten privatrechtlich abwickelt. Eine Geltung der Grundsätze des Kostendeckungsprinzips kommt nicht in Betracht.

37. Auch sonstige zivilrechtliche Schranken sind für die Begrenzung der Höhe der privatrechtlichen Entgelte im Internet nicht relevant.

38. Der öffentlichen Hand ist im Falle der privatrechtlichen Abwicklung ihrer Informationsangebote ein weitaus größerer Spielraum bei der Bemessung ihrer Entgelte eingeräumt, als er ihr bei öffentlich-rechtlicher Ausgestaltung der Benutzungsverhältnisse zukäme.

Literaturverzeichnis

Albers, Marion, Faktische Grundrechtsbeeinträchtigungen als Schutzbereichsproblem, DVBl. 1996, 233 ff.

Bals, Hansjürgen/Nölke, Andreas, Volkswirtschaftliche Kosten und kommunale Gebühren, KStZ 1990, 201 ff.

Battis, Ulrich/Krautzberger, Michael/Löhr, Rolf-Peter, Baugesetzbuch – BauGB – , 7. Auflage, München 1999

Baumbach, Adolf/Hefermehl, Wolfgang, Wettbewerbsrecht, 21. Auflage, München 1999

Bäumlin, Richard/Ridder, Helmut, in: Wassermann (Hrsg.), Kommentar zum Grundgesetz für die Bundesrepublik Deutschland, Band 1, 2. Auflage, Neuwied 1989, zitiert: *Bäumlin/Ridder*, AK

Benda, Ernst/Maihofer, Werner/Vogel, Hans-Jochen, Handbuch des Verfassungsrechts, 2. Aufl., Heidelberg 1994

Bender, Bernd(Hrsg.), Rechtsstaat zwischen Sozialgestaltung und Rechtsschutz: Festschrift für Konrad Redeker zum 70. Geburtstag, München 1993

Bender, Michael, Die Befugnis des Bundesverfassungsgerichts zur Prüfung gerichtlicher Entscheidungen, Heidelberg 1991, zugl. Diss. Freiburg 1989

Berg, Wilfried, Die wirtschaftliche Betätigung des Staates als Verfassungsproblem, GewArch 1990, 225 ff.

Berkemann, Jörg, Freies Recht für freie Bürger! (Eröffnungsvortrag des 8. EDV-Gerichtstags, JurPC Web-Dok. 188/1999

Berkemann, Jörg, Ignorantia juris nocet (Paul. Dig. 22, 6 pr.) – Ein Plädoyer, in: Standort juris, Festschrift zum 10jährigen Bestehen, hrsg. von Maximilian Herberger und Jörg Berkemann, Saarbrücken 1996, S. 83 ff.

Berkemann, Jörg, Juris als öffentlich-rechtlich "beliehener Unternehmer", VerwArch 1996 (87), 362

Berkemann, Jörg, Was schuldet der Staat der Öffentlichkeit an Rechtstexten?, JurPC 1996, 208 ff.

Bernhardt, Horst/Schünemann, Heinz, Rainer, Schwingeler, Kommunales Finanz- und Abgabenrecht NW, 7. Auflage, Witten 1998

Bleckmann, Albert, Staatsrecht I: Staatsorganisationsrecht, Köln u.a. 1993

Bleckmann, Albert/Eckhoff, Rolf, Der „mittelbare" Grundrechtseingriff, DVBl. 1988, 373 ff.

Bleuel, Jens, Online publizierem im Internet: elektronische Zeitschriften und Bücher, Pfungstadt, Bensheim 1995

Blümel, Markus/Soldo, Erwin, Internet für Juristen, Köln, Berlin, Bonn, München 1998

Böckenförde, Ernst-Wolfgang, Staat, Verfassung, Demokratie: Studien zur Verfassungstheorie und zum Verfassungsrecht, 1. Auflage, Frankfurt am Main 1991

Böckenförde, Ernst-Wolfgang, Verfassungsfragen der Richterwahl, Berlin 1974

Brande, Fred, Die Rechtsbereinigung – ein verfassungsimmanentes Gebot, in: Gesetzgebung: kritische Überlegungen zur Gesetzgebungslehre und zur Gesetzgebungstechnik, Wien 1981, S. 173 f.

Brandt, Edmund, Umweltaufklärung und Verfassungsrecht, Taunusstein 1994

Brede, Helmut (Hrsg.), Preise und Gebühren in der Entsorgungswirtschaft, 1. Auflage, Baden-Baden 1998

Brohm, Winfried, Die Funktion des BVerfG – Oligarchie in der Demokratie?, NJW 2001, 1 ff.

Brohm, Winfried, Wirtschaftstätigkeit der öffentlichen Hand und Wettbewerb, NJW 1994, 281 ff.

Bryde, Brun-Otto, Verfasssungsentwicklung: Stabilität und Dynamik im Verfassungsrecht der Bundesrepublik Deutschland, 1. Auflage, Baden-Baden 1982

Buchwald, Delf, Prinzipien des Rechtsstaats, Aachen 1996

Budäus, Dietrich, Finanzierungspotential einer kostendeckenden Gebührenpolitik öffentlicher Einrichtungen aufgrund von Spielräumen bei der Kostenerfassung und –bewertung, VerwArch 69 (1978), 361 ff.

Bull, Hans Peter, Die Staatsaufgaben nach dem Grundgesetz, 2. Auflage, Kronberg 1977

Bundesministerium der Finanzen, Beteiligungsbericht 1995, Bonn 1995

Bundesministerium der Finanzen, Beteiligungsbericht 1999, Bonn 1999

Bundesministerium der Justiz, Handbuch der Rechtsförmlichkeit: Empfehlungen des Bundesministeriums der Justiz zur einheitlichen rechtsförmlichen Gestaltung von Gesetzen und Rechtsverordnungen nach § 38 Abs. 3 GGO II, Köln, 1991

Burkert, Herbert, Wieviel Information gebührt dem Bürger – Freedom of Information?, in: Jahrbuch Telekommunikation und Gesellschaft, Band 7, Multimedia-Verwaltung, Heidelberg 1999, S. 301 ff., zitiert: *Burkert*, Wieviel Information gebührt dem Bürger

Burmeister, Joachim, Verfassungsrechtliche Grundfragen der kommunalen Wirtschaftsbetätigung, in: von Mutius, Albert (Hrsg.), Festgabe zum 70. Geburtstag von Georg Christoph von Unruh, Heidelberg 1983, S. 623 ff.

Clausen, Gerhard, Das gebührenrechtliche Kostendeckungsprinzip, Frankfurt am Main u.a. 1978

Coester, Michael, in: Staudinger, Kommentar zum Bürgerlichen Gesetzbuch, 13. Auflage, Berlin 1998, zitiert: *Staudinger/Coester*, AGBG

Coester-Waltjen, Dagmar, Die Inhaltskontrolle von Verträgen außerhalb des AGBG, AcP 190 (1990), 1 ff.

Conrad, Hermann, Deutsche Rechtsgeschichte, Band I, 2. Auflage, Karlsruhe 1962

Conrad, Hermann, Deutsche Rechtsgeschichte, Band II, Karlsruhe 1966

Cosack, Tilmann, Erhebung von Gebühren oder privatrechtlichen Entgelten im Wasser- und Abgabenbereich – Pro und Contra, KStZ 1999, 47 ff.

Dahmen, Alois, in: Driehaus, Hans-Joachim (Hrsg.), Kommunalabgabenrecht, Herne u.a., Loseblatt, Stand: September 2000

Dahmen, Alois, Nochmals: Entgelte für die Inanspruchnahme von freiwilligen Leistungen der Feuerwehr, KStZ 1988, 107 ff.

Dahmen, Alois, Zur Kalkulation des Gebürensatzes, KStZ 1989, 101 ff.

David, Ekkehard, Gebührenkalkulation beim „Cross-Border-Leasing", KStZ 2000, 1 ff.

Dechsling, Rainer, Das Verhältnismäßigkeitsgebot, München 1989

Deutscher Bundestag (Hrsg.), Deutschlands Weg in die Informationsgesellschaft, Enquete-Kommission „Zukunft der Medien in Wirtschaft und Gesellschaft, Bonn 1998

Di Fabio, Udo, Grundrechte im präzeptoralen Staat am Beispiel hoheitlicher Informationstätigkeit, JZ 1993, 689 ff.

Dolzer, Rudolf/Vogel, Klaus, Bonner Kommentar zum Grundgesetz, Heidelberg, Loseblatt, Stand: Mai 2001, zitiert: *Bearbeiter*, in: Bonner Kommentar

Drath, Martin, Der Verfassungsrang der Bestimmungen über die Gesetzesblätter, in: Forschungen und Berichte aus dem öffentlichen Recht: Gedächtnisschrift für Walter Jellinek, München 1955, S. 237 ff.

Dreier, Horst, Das Demokratieprinzip des Grundgesetzes, Jura 1997, 249 ff.

Dreier, Horst (Hrsg.), Grundgesetz – Kommentar, Band I (Art. 1-19), Tübingen 1996, Band II (Art. 20-82), Tübingen 1998, zitiert: *Bearbeiter*, in: Dreier (Hrsg.), GG

Dreier, Horst, Subjektiv-rechtliche und objektiv-rechtliche Grundrechtsgehalte, Jura 1994, 505 ff.

Dreier, Ralf, Der Rechtsstaat im Spannungsverhältnis zwischen Gesetz und Recht, JZ 1985, 353 ff.

Ebel, Wilhelm, Geschichte der Gesetzgebung, 2. Auflage, Göttingen 1958

Eckhoff, Rolf, Der Grundrechtseingriff, Köln u. a. 1991, zugl. Diss. Münster 1991

Ehlers, Dirk, Die wirtschaftliche Betätigung der öffentlichen Hand in der Bundesrepublik Deutschland, JZ 1990, 1089 ff.

Ehlers, Dirk, Rechtsstaatliche und prozessuale Probleme des Verwaltungsprivatrechts, DVBl. 1983, 422 ff.

Ehlers, Dirk, Verwaltung in Privatrechtsform, Berlin 1984

Ellwein, Thomas, Gesetzes- und Verwaltungsvereinfachtung in Nordrhein-Westfalen, DVBl. 1984, 255 ff.

Emmerich, Volker, Das Recht des unlauteren Wettbewerbs, 5. Auflage, München 1998

Engel, Christoph, Das Internet und der Nationalstaat, in: Dicke, Klaus (Hrsg.), Völkerrecht und Internationales Privatrecht in einem sich globalisierenden internationalen System - Auswirkungen der Entstaatlichung transnationaler Rechtsbeziehungen, Heidelberg 2000, S. 353 ff.

Engelbert, Anke/Kutscha, Martin, Staatliche Öffentlichkeitsarbeit und Demokratieprinzip, NJW 1993, 1233 ff.

Erichsen, Hans-Uwe, Gemeinde und Private im wirtschaftlichen Wettbewerb, Heidelberg 1987

Erichsen, Hans-Uwe, Konkurrentenklagen im Öffentlichen Recht, Jura 1994, 385 ff.

Erichsen, Hans-Uwe (Hrsg.), Allgemeines Verwaltungsrecht, 11. Auflage, Berlin 1998

Ernst, Werner/Zinkahn, Willy/Bielenberg, Walter/Krautzberger, Michael, Baugesetzbuch – Band I, München, Stand: April 2000

Faiß, Konrad, Das Kommunalabgabenrecht in Baden-Württemberg, Stuttgart u.a., Loseblatt, Stand: 47. Lieferung, Juni 2000, zitiert: *Faiß*, KAG

Falckenberg, Christian, Internet - Spielzeug oder Werkzeug, Aachen 1994

Fischedick, Hans-Jürgen, Die Wahl der Benutzungsform kommunaler Einrichtungen: Kriterien für die Entscheidung zwischen privatrechtlicher öffentlich-rechtlicher Benutzungsform, Köln 1986

Flück, Christmuth, Die Rechtsdatenbank im Staatsgefüge, in: Staatsorganisation und Staatsfunktionen im Wandel: Festschrift für Kurt Eichenberger zum 60. Geburtstag, Basel 1982

Forsthoff, Ernst, Der Staat der Industriegesellschaft, München 1971

Forsthoff, Ernst, Über Maßnahme-Gesetze, in: Forschungen und Berichte aus dem öffentlichen Recht: Gedächtnisschrift für Walter Jellinek, München 1955, S. 221 ff.

Frotscher, Werner, in: Püttner, Günter (Hrsg.), Handbuch der kommunalen Wissenschaft und Praxis, Band III, § 52: Die öffentlichen Einrichtungen der Kommunen, 2. Auflage, Berlin u.a. 1983

Gamm, Otto-Friedrich Frhr.v., Verfassungs- und wettbewerbsrechtliche Grenzen des Wettbewerbs der öffentlichen Hand, WRP 1984, 303 ff.

Gawel, Erik, Gebührenrecht und betriebswirtschaftliche Grundsätze, VerwArch 86 (1995), 69 ff.

Gern, Alfons, Aktuelle Probleme des Kommunalabgabenrechts, NVwZ 1995, 1145 ff.

Gern, Alfons, Analogie im Verwaltungsrecht, DÖV 1985, 558 ff.

Gern, Alfons, Deutsches Kommunalrecht, 2. Auflage, Baden-Baden 1997

Giesen, Karl, Die Kalkulation von Benutzungsgebühren, KStZ 1998, 188 ff.

Görisch, Christoph, Die Inhalte des Rechtsstaatsprinzips, JuS 1997, 988 ff.

Gottwald, Peter, in: Münchener Kommentar, Band 2 (§§ 241-432), 3. Auflage, München 1994

Gramm, Christof, Aufklärung durch staatliche Publikumsinformation. Staatshandeln als Aufklärung?, Der Staat 30 (1991), 51 ff.

Gramm, Christof, Vom Steuerstaat zum gebührenfinanzierten Dienstleistungsstaat?, Der Staat 36 (1997), 267 ff.

Grawert, Rolf, Artikel „Gesetz“, in: Geschichtliche Grundbegriffe - Historisches Lexikon zur politisch-sozialen Sprache in Deutschland, Bd. 2, Stuttgart 1975, S. 863 ff.

Grawert, Rolf, Gesetz und Gesetzgebung, Jura 1982, 250 ff.

Groß, Ingrid, Die Institution Presse, Berlin 1971, zugl. Diss. München 1969

Groß, Rolf, Zum presserechtlichen Informationsanspruch, DÖV 1997, 133 ff.

Groß, Thomas, Öffentliche Verwaltung im Internet, DÖV 2001, 159 ff.

Gurlit, Elke, Die Verwaltungsöffentlichkeit im Umweltrecht: ein Rechtsvergleich Bundesrepublik Deutschland – USA, Düsseldorf 1989, zitiert: *Gurlit*, Die Verwaltungsöffentlichkeit

Gusy, Christoph, Die wirtschaftliche Betätigung des Staates, JA 1995,166 ff. (Teil 1) u. 253 ff. (Teil 2)

Gusy, Christoph, Freiheit der Formenwahl und Rechtsbindung der Verwaltung, Jura 1985, 578 ff.

Gusy, Christoph, Verwaltung durch Information, NJW 2000, 977 ff.

Gutsch, Hans-Martin, Die Rechtsstellung der Postbank im nationalen und europäischen Bankenwettbewerb, 1. Auflage, Baden-Baden 1994, zugl. Diss. Passau 1993

Häberle, Peter, Öffentlichkeitsarbeit der Regierung zwischen Parteien- und Bürgerdemokratie, JZ 1977, 361 ff.

Hallier, Hans Joachim, Die Ausfertigung und Verkündung von Gesetzen und Verordnungen in der Bundesrepublik Deutschland, AöR Bd. 85 (1960), 391 ff.

Hamacher, Claus, Freies Recht für freie Bürger?, StGR (Städte- u. Gemeinderat) 11/1999, 23 ff.

Häner, Isabelle, Öffentlichkeit und Verwaltung, Zürich 1990

Harks, Thomas, Internet ersetzt Gang in die Rechtsbibliothek, Handelsblatt v. 25.07.2001, S. R2

Heer, Reinhard, Verteilungs- und Bemessungsgesichtspunkte im Benutzungsgebührenrecht Baden-Württemberg, Diss. Tübingen 1999

Heimlich, Jörn, Die Verleihung als Umweltabgabe, Berlin 1996, zugl. Diss. Marburg 1996

Heindl, Eduard/Maier, Karin, Der Webmaster, 1. Auflage, Bonn 1999

Held, Friedrich Wilhelm/Becker, Ernst/Decker, Heinrich/Kirchhof, Roland/Krämer, Franz/Wansleben, Rudolf, Kommunalverfassungsrecht Nordrhein-Westfalen, Kommentar, Loseblatt, Wiesbaden, Stand: September 1999, zitiert: *Bearbeiter*, in: Held/Becker, Kommunalverfassungsrecht NW

Heller, Robert F., Haushaltsgrundsätze für Bund, Länder und Gemeinden, Heidelberg 1998

Hendler, Reinhard, Gebührenstaat statt Steuerstaat?, DÖV 1999, 749 ff.

Herberger, Maximilian, Internet für Juristen, NJW 1998, 2801 ff.

Herberger, Maximilian, juris – das unbekannte Wesen?, JurPC 1996, 339 ff.

Herberger, Maximilian, Noch einmal: Die Sorge um den rechten Text des Gesetzes, JurPC 1993, 2256 f.

Herzog, Roman, Subsidiaritätsprinzip und Staatsverfassung, Der Staat 1963, 399 ff.

Hesse, Konrad, Bestand und Bedeutung der Grundrechte in der Bundesrepublik Deutschland, EuGRZ 1978, 427 ff.

Hesse, Konrad, Funktionelle Grenzen der Verfassungsgerichtsbarkeit, in: Recht als Prozeß und Gefüge, Festschrift für Hans Huber zum 80. Geburtstag, Bern 1981, S. 261 ff.

Hesse, Konrad, Grundzüge des Verfassungsrechts der Bundesrepublik Deutschland, 20. Auflage, Heidelberg 1995

Heßhaus, Matthias, Kalkulation kommunaler Benutzungsgebühren, Stuttgart u.a. 1997, zugl. Diss. Bochum 1996

Heun, Werner, Funktionell-rechtliche Schranken der Verfassungsgerichtsbarkeit: Reichweite und Grenzen einer dogmatischen Argumentationsfigur, 1. Auflage, Baden-Baden 1992

Heyde, Wolfgang, Über Schwierigkeiten im praktischen Umgang mit dem Rechtsstaatsprinzip, in: Bender, Bernd (Hrsg.), Rechtsstaat zwischen Sozialgestaltung und Rechtsschutz: Festschrift für Konrad Redeker zum 70. Geburtstag, München 1993, S. 187 ff.

Heydt, Volker, Zum Verkündungswesen im demokratischen Rechtsstaat, in : Demokratie und Verwaltung, 25 Jahre Hochschule für Verwaltungswissenschaften Speyer, Berlin 1972, S. 463 ff.

Hill, Hermann, Akzeptanz des Rechts – Notwendigkeit eines besseren Politikmanagements, JZ 1988, 377 ff.

Hill, Hermann, Einführung in die Gesetzgebungslehre, Heidelberg 1982

Hinsen, Wilhelm, Probleme der Kalkulation kommunaler Kanalbenutzungsgebühren in der Rechtsprechung des OVG NW, KStZ 1989, 221 ff.

Hirschberger, Winfried, Zugang des Bürgers zu staatlichen Informationen, Diss. Speyer 1983

Hoffmann, Martin, Staatliche Wirtschaftsregulierung und grundrechtlicher Schutz der Unternehmensfreiheit durch Art. 12 Abs. 1 GG und Art. 2 Abs. 1 GG, BB 1995, 53 ff.

Hoffmann-Riem, Wolfgang, Urteilsanmerkung zu OVG Bremen 1 BA 32/88, JZ 1989, 637 ff.

Hofmann, Rainer, Privatisierung kommunaler Verwaltungsaufgaben, VBlBW 1994, 121 ff.

Hofsähs, Rudolf/Pollmann, Hans, Das Presse- und Informationsamt der Bundesregierung, 6. Auflage, Düsseldorf 1981

Holenstein, Urs Paul, Alles gratis? Grund- und Mehrwertrechtsinformationen im Netz, JurPC Web-Dok. 67/2001

Huber, Peter-Michael, Konkurrenzschutz im Verwaltungsrecht: Schutzanspruch und Rechtsschutz bei Lenkungs- und Verteilungsentscheidungen der öffentlichen Verwaltung, Tübingen 1991, zugl. Habil.Schr. München 1990/91

Hübner, Jörg, Multimediadienste – verfassungsrechtliche Einordnung und einfach-gesetzliche Regulierung, Diss. Chemnitz 1998

Isensee, Josef/Kirchhof, Paul, Handbuch des Staatsrecht, Band 1 u. 2, Heidelberg 1987, Band 4, Heidelberg 1990, zitiert: *Bearbeiter*, in: Issensee/Kirchhof (Hrsg.), HdbStR

Jarass, Hans D., Der Vorbehalt des Gesetzes bei Subventionen, NVwZ 1984, 473 ff.

Jarass, Hans D., Die Freiheit der Massenmedien. Zur staatlichen Einwirkung auf Presse, Rundfunk, Film und andere Medien, Baden-Baden 1978

Jarass, Hans D., Nachrichtensperre und Grundgesetz – Öffentlichkeit als Verfassungsdirektive, AfP 1979, 228 ff.

Jarass, Hans D., Nichtsteuerliche Abgaben und lenkende Steuern unter dem Grundgesetz: eine systematische Darstellung verfassungsrechtlicher Probleme mit Anwendungsfällen aus dem Bereich der Umweltabgaben, Köln 1999, zitiert. *Jarass*, Nichtsteuerliche Abgaben

Jarass, Hans D., Rechtsfragen der Öffentlichkeitsarbeit, NJW 1981, 193 ff.

Jarass, Hans D., Rundfunkbegriffe im Zeitalter des Internets, AfP 1998, 133 ff.

Jarass, Hans D., Wirtschaftsverwaltungsrecht mit Wirtschaftsverfassungsrecht, 3. Auflage, Neuwied u.a. 1997

Jarass, Hans D./Pieroth, Bodo, Grundgesetz für die Bundesrepublik Deutschland, 5. Auflage, München 2000

Jastrow, J., Das Reichsgesetzblatt, Zeitschrift für die gesamte Staatswissenschaft ZGesStW Bd. 79 (1925), S. 40ff.

Jeand'Heur, Bernd, Grundrechte im Spannungsverhältnis zwischen subjektiven Freiheitsgarantien und objektiven Grundsatznormen, JZ 1995, 161 ff.

Jerschke, Hans, Öffentlichkeitspflicht der Exekutive und Informationsrecht der Presse, Berlin 1971

Jestaedt, Matthias, Demokratieprinzip und Kondominialverwaltung. Entscheidungsteilhabe Privater an der öffentlichen Verwaltung auf dem Prüfstand des Verfassungsprinzips Demokratie, 1993

Junker, Markus, „Freies Recht für freie Bürger!?“ – Bericht über die Podiumsdiskussion des 8. Deutschen EDV-Gerichtstags 1999, JurPC Web-Dok. 194/1999

Käfer, Gerhard, Juris auf dem Weg ins nächste Jahrhundert, in: Standort juris, Festschrift zum 10jährigen Bestehen, hrsg. von Maximilian Herberger und Jörg Berkemann, Saarbrücken 1996, S. 57ff.

Kafsack, Hendrik, Eine digitale Zeitbombe, FAZ v. 30.7.2001, S. 9

Karpen, Ulrich, Der Rechtsstaat des Grundgesetzes, 1. Auflage, Baden-Baden 1992

Keck, Theodor, Die Bayerische Rechtssammlung (BayRS) – Zielsetzung und Ergebnis einer neuen Bereinigung des bayerischen Landesrechts, BayVBl. 1985, 33 ff.

Kehl, Dieter, Wettbewerbsrecht, Köln 1990

Kempen, Otto Ernst, Grundgesetz, amtliche Öffentlichkeitsarbeit und politische Willensbildung, Berlin 1975

Keßler, Jürgen, Wettbewerbsrechtliche Grenzen sozial orientierter Absatzsysteme, WRP 1999, 146 ff.

Kirchhof, Ferdinand, Die Höhe der Gebühr, Berlin 1981

Kirchhof, Ferdinand, Vom Steuerstaat zum Abgabenstaat?, Die Verwaltung 1988, 137 ff.

Kirchhof, Friedrich, Rechtspflicht zur Zusatzveröffentlichung kommunaler Normen, DÖV 1982, 397 ff.

Kirchhof, Paul, Staatliche Einnahmen, in: Isensee/Kirchhhof (Hrsg.), HdbStR IV, § 88, Heidelberg 1990

Kittler, Matthias, Die öffentliche Hand als Werbeträger, NJW 2000, 122 f.

Klein, Bodo, Konkurrenz auf dem Markt der geistigen Freiheiten, Berlin 1990, zugl. Diss. Bayreuth 1989/90

Klein, Ernst Ferdinand, Ist es zuträglich, daß der gemeine Mann die Gesetze wisse?, in: Annalen der Gesetzgebung und der Rechtsgelehrsamkeit in den Preußischen Staaten, 1794, S. 21 ff.

Klein, Hans H., Die Teilnahme des Staates am wirtschaftlichen Wettbewerb, Stuttgart u.a. 1968

Kloepfer, Michael/Follmann, Werner, Lizenzentgelt und Verfassungsrecht, DÖV 1988, 573 ff.

Kluth, Winfried, Eingriff durch Konkurrenz, Wirtschaft & Verwaltung 2000, 184 ff.

Kluth, Winfried, Öffentlich-rechtliche Zulässigkeit gewinnorientierter staatlicher und kommunaler Tätigkeit, in: Stober, Rolf (Hrsg.), Wirtschaftliche Betätigung der öffentlichen Hand – Staat und Kommunen als Konkurrent der Privatwirtschaft, Köln u.a. 2000, S. 23 ff., zitiert: *Kluth*, Öffentlich-rechtliche Zulässigkeit

Kneer, Horst, Entgelte für die Inanspruchnahme von freiwilligen Leistungen der Feuerwehr, KStZ 1988, 4 ff.

Koch, Thorsten, Der rechtliche Status kommunaler Unternehmen in Privatrechtsform, 1. Auflage, Baden-Baden 1994, zugl. Diss. Osnabrück 1993

Kohl, Helmut, Die Betätigung der öffentlichen Hand im Medienbereich, insbesondere die Problematik der staatlichen und gemeindlichen Pressepublikation – einige wettbewerbsrechtliche Anmerkungen, AfP 1981, 326 ff.

Köhler, Jürgen, in: Jacobs, Rainer/Lindacher, Walter F./Teplitzky, Otto (Hrsg.), Großkommentar UWG, Berlin 1994

Kommission der EG, Informationen des öffentlichen Sektors – Eine Schlüsselressource für Europa, KOM (1998) 585 endg.

Kommission der EG, Leitlinien zur Verbesserung der Synergie zwischen den öffentlichen und den privaten Sektoren auf dem Informationsmarkt, Luxemburg 1989

Konzelmann, Alexander, BGBl-Hefte just-in-time im Internet – eine Initiative des modernen Rechtsstaates, JurPC Web-Dok. 51/1998, Abs. 1-9

Konzelmann, Alexander, Methode landesrechtlicher Rechtsbereinigung, Stuttgart 1997, zugl. Diss. Saarbrücken 1997

Kremmer, Horst, Die rechtliche Problematik des kommunalen Pressewesens, Diss. Bochum 1980

Kreuzberger, Thomas, Internet: Geschichte und Begriffe eines neuen Mediums, Wien, Köln 1997

Kriele, Martin, Das demokratische Prinzip im Grundgesetz, VVDStRL 29 (1971), 46 ff.

Kriele, Martin, Plädoyer für eine Journalistenkammer, ZRP 1990, 109 ff.

Krölls, Albert, Grundrechtliche Schranken der wirtschaftlichen Betätigung der öffentlichen Hand, GewArch 1992, 281 ff.

Kronenberg, Friedrich, FAQ Internet, 1. Auflage, Kaarst 1999

Krüger, Herbert, Die öffentlichen Massenmedien als notwendige Ergänzung der privaten Massenmedien, Berlin 1965

Krüger, Herbert, Verfassungswandlung und Verfassungsgerichtsbarkeit, in: Hesse, Konrad (Hrsg.), Festgabe für Rudolf Smend, Tübingen 1962, S. 151 ff.

Krüger, Uwe, Der Adressat des Rechtsgesetzes – Ein Beitrag zur Gesetzgebungslehre, Berlin 1969

Kunig, Philip, Das Rechtsstaatsprinzip, Tübingen 1986

Läger, Ulrich, Veröffentlichung von Satzungen, ein Verfahren in mehreren Teilen als Fortsetzungsveröffentlichung von Rechtsnormen?, LKV 1998, 181 ff.

Langner, Georg, Erfolgt die Verkündung von Vertragsgesetzen noch zeitgemäß?, DÖV 1967, 413 ff.

Larenz, Karl, Methodenlehre der Rechtswissenschaft, 6. Auflage, Berlin u.a. 1991

Leisner, Walter, Öffentlichkeitsarbeit der Regierung im Rechtsstaat, Berlin 1966

Leisner, Walter, Rechtsstaat – ein Widerspruch in sich?, JZ 1977, 537 ff.

Lerche, Peter, Aktuelle Grundfragen der Informationsfreiheit, Jura 1995, 561 ff.

Lerche, Peter, Die Verfassung als Quelle von Optimierungsgeboten?, in: Burmeister (Hrsg.), Verfassungsstaatlichkeit: Festschrift für Klaus Stern zum 65. Geburtstag, München 1997, S. 197 ff.

Liebenow, Wilhelm, Die Promulgation, Berlin 1901

Liebs, Detlef, Lateinische Rechtsregeln und Rechtssprichwörter, 3. Auflage, München 1983

Lorenz, Dieter, Das Gebot effektiven Rechtsschutzes, Jura 1983, 393 ff.

Lukas, Josef, Über die Gesetzes-Publikation in Österreich und im Deutschen Reiche, Graz 1903

Mangoldt, Hermann von/Klein, Friedrich/Starck, Christian, Das Bonner Grundgesetz, Kommentar, Band 1, 4. Auflage, München 1999, zitiert: *Bearbeiter*, in: v.Mangoldt/Klein, GG

Manssen, Gerrit, Privatrechtsgestaltung durch Hoheitsakt: verfassungsrechtliche und verwaltungsrechtliche Grundfragen, Tübingen 1994

Martens, Wolfgang, Öffentlich als Rechsbegriff, Berlin 1969

Maunz, Theodor/Dürig, Günter, u.a. (Hrsg.), Grundgesetz – Kommentar, München, Loseblatt, Stand: Juni 2001, zitiert: *Bearbeiter*, in:MD

Maunz, Theodor/Zippelius, Reinhold, Deutsches Staatsrecht, 30. Auflage, München 1998

Maurer, Hartmut, Allgemeines Verwaltungsrecht, 12. Auflage, München 1999

Maurer, Hartmut, Staatsrecht, München 1999

Mayer-Maly, Theo, Rechtsirrtum und Rechtsunkenntnis, AcP 170 (1970), 133 ff.

Mayer-Maly, Theo, Rechtswissenschaft, 5. Aufl., München 1991

Merten, Detlef, Gesetzeswahrheit und Titelklarheit – Konstitutionelle und legistische Probleme, in: Freiheit und Verantwortung im Verfassungsstaat – Festgabe zum 10jährigen Jubiläum der Gesellschaft für Rechtspolitik, München 1984, S. 295

Merz, Thomas, Mit Acrobat ins World Wide Web – Effiziente Erstellung von PDF-Dateien und ihre Einbindung ins Web, 1. Auflage, München 1998

Meyer, Susanne, Gebühren für die Nutzung von Umweltressourcen, Berlin 1995, zugl. Diss. Freiburg 1995, zitiert: *Meyer*, Gebühren für die Nutzung

Mock, Erhard, Plädoyer für eine ständige Rechtsbereinigung, in: Gesetzgebung: kritische Überlegungen zur Gesetzgebungslehre und zur Gesetzgebungstechnik, Winkler (Hrsg.), Wien 1981, S. 167 ff.

Mönkemeyer, Jens, Zurück zu den Ursprüngen – Ein elektronisches Bundesgesetzblatt?, JurPC 1993, 2175 ff.

Möstl, Markus, Grundrechtsbindung öffentlicher Wirtschaftstätigkeit: insbesondere die Bindung der Nachfolgeunternehmen der Deutschen Bundespost an Art. 10 GG nach der Postreform II, München 1999, zugl. Diss. München 1998

Müller, Friedrich, Juristische Methodik, 6. Auflage, Berlin 1995

Münch, Ingo von, Staatsrecht, Band 1, Stuttgart, Berlin, Köln 2000

Münch, Ingo von/Kunig, Philip, Grundgesetz-Kommentar, Bd. 1, 5. Auflage, München 2000, für Art. 20 GG 4. Auflage, München 1992, zitiert: *Bearbeiter*, in: von Münch/Kunig (Hrsg.), GG-Kommentar

Murswiek, Dietrich, Der Umfang der verfassungsgerichtlichen Kontrolle staatlicher Öffentlichkeitsarbeit, DÖV 1982, 529 ff.

Noll, Peter, Gesetzgebungslehre, Reinbek bei Hamburg 1973

Oebbecke, Janbernd, Beratung durch Behörden, DVBl. 1994, 147 ff.

Oebbecke, Entwicklungen im Gebührenrecht, in: Oebbecke, Janbernd/Ehlers, Dirk/Schink, Alexander/Pünder, Hermann (Hrsg.), Kommunalfinanzen – Symposium aus Anlaß des 75. Geburtstages von Adalbert Leidinger, Köln 2001, S. 119 ff., zitiert: *Oebbecke*, Entwicklungen im Gebührenrecht

Oebbecke, Janbernd, Weisungs- und unterrichtungsfreie Räume in der Verwaltung, Köln 1986

Ossenbühl, Fritz, Der Grundsatz der Verhältnismäßigkeit (Übermaßverbot) in der Rechtsprechung der Verwaltungsgerichte, Jura 1997, 617 ff.

Ossenbühl, Fritz, Öffentliches Recht und Privatrecht in der Leistungsverwaltung, DVBl. 1974, 541 ff.

Otting, Olaf, Neues Steuerungsmodell und rechtliche Betätigungsspielräume der Kommunen, Köln 1997, zugl. Diss. Münster 1997

Palandt, Otto, Bürgerliches Gesetzbuch, 60. Auflage, München 2001

Papier, Hans-Jürgen/Möller, Johannes, Das Bestimmtheitsgebot und seine Durchsetzung, AöR 122 (1997), 177 ff.

Pernice, Ingolf, Billigkeit und Härteklauseln im öffentlichen Recht, 1. Auflage, Baden-Baden 1991

Philipp, Renate, Staatliche Verbraucherinformation im Umwelt- und Gesundheitsrecht, Köln u.a. 1989, zugl. Diss. Freiburg 1988

Piduch, Erwin Adolf/Dreßler, Hans-Heinrich, Bundeshaushaltsrecht, 2. Auflage, Berlin, Loseblatt, Stand: 36. Erg.-lieferung, Juli 1999, zitiert: *Piduch*, Bundeshaushaltsrecht

Pieroth, Bodo, Die planende Verwaltung zwischen Geheimhaltung und Öffentlichkeit, JuS 1981, 625 ff.

Pieroth, Bodo, Rückwirkung und Übergangsrecht – verfassungsrechtliche Maßstäbe für intertemporale Gesetzgebung, Berlin 1981

Pieroth, Bodo/Schlink, Bernhard, Staatsrecht II – Grundrechte, 16. Auflage, Heidelberg 2000

Piper, Henning, Zum Wettbewerb der öffentlichen Hand, GRUR 1986, 574 ff.

Plenge, Burkard, Die Zulässigkeit staatlicher Zeitungen und Zeitschriften, Diss. Kiel 1975

Püttner, Günter, Die öffentlichen Unternehmen, 2. Auflage, Stuttgart u. a. 1985

Püttner, Günter, Rechtliche Beurteilung der verlegerischen Betätigung der öffentlichen Hand, in: Verlegerische Betätigung der öffentlichen Hand. Ergebnisse eines Untersuchungsauftrags des Börsenvereins des deutschen Buchhandels e. V., Frankfurt 1984, S. 37 ff.

Ramsauer, Ulrich, Die Bestimmung des Schutzbereichs von Grundrechten nach dem Normzweck, VerwArch 72 (1981), 89 ff.

Ramsauer, Ulrich, Die faktischen Beeinträchtigungen des Eigentums, Berlin 1980

Rath-Glawatz, Michael, Betätigung der öffentlich-rechtlicher Köperschaften und Anstalten im Online-Bereich, AfP 1998, 261 ff.

Rauschning, Dietrich, Zur Methode der Entscheidung des Bundesverfassungsgerichts über die staatliche Parteifinanzierung, JZ 1967, 346 ff.

Rehn, Erich/Cronauge, Ulrich/Lennep, Hans Gerd von, Gemeindeordnung für das Land Nordrhein-Westfalen: Kommentar, 2. Auflage, Loseblatt, Siegburg, Stand: 23. Erg.-lieferung, Dezember 1999

Reinhard, Rolf, Die Zulässigkeit der Berücksichtigung sozialer Gesichtspunkte bei der Erhebung kommunaler Benutzungsgebühren, Diss. Würzburg 1992, zitiert: *Reinhard*, Zulässigkeit der Berücksichtigung sozialer Gesichtspunkte bei Benutzungsgebüren

Rheingold, Howard, Virtuelle Gemeinschaft: Soziale Beziehungen im Zeitalter des Computers, Bonn, Paris 1994

Ricker, Reinhart, Die verfassungsrechtliche Problematik der staatlichen, insbesondere der kommunalen Pressepublikation, AfP 1981, 320ff.

Riefler, Katja, Zeitungen online, in: Dernbach, Beatrice (Hrsg.), Publizistik im vernetzten Zeitalter, Opladen 1998

Rinken, Alfred, Das Öffentliche als verfassungstheoretisches Problem dargestellt am Rechtsstatus der Wohlfahrtsverbände, Berlin 1970

Rogosch, Josef Konrad, Verfassungsrechtliche Bindungen des Staates bei der Erhebung von Benutzungsgebühren und privatrechtlichen Entgelten, Frankfurt 1985, zitiert: *Rogosch*, Verfassungsrechtliche Bindungen

Röhl, Hans Christian, Verwaltung und Privatrecht – Verwaltungsprivatrecht, VerwArch 86 (1995), 531 ff.

Roßnagel, Alexander, Möglichkeiten für Transparenz und Öffentlichkeit im Verwaltungshandeln, in: Hoffmann-Riem/Schmidt-Aßmann (Hrsg.), Verwaltungsrecht in der Informationsgesellschaft, Baden-Baden 2000

Roth, Andreas, Verwaltungshandeln mit Drittbetroffenheit, Berlin 1991, zugl. Diss. Konstanz 1990

Rotta, Christian, Nachrichtensperre und Recht auf Information, Stuttgart 1986

Rötzer, Florian, Sollen Gesetzestexte kostenlos vom Staat ins Internet gestellt werden, Telopolis, http://www.heise.de/tp/deutsch/inhalt/te/5317/1.html

Sachs, Michael, Grundgesetz – Kommentar, 2. Auflage, München 1999, zitiert: *Bearbeiter*, in: Sachs (Hrsg.), GG

Sahlmüller, Fred, Ausfertigung und Verkündung von Gesetzen in Bund und Ländern, Diss. Würzburg 1966

Schärich, H., Das „öffentliche Interesse“ in der Beitrags- und Gebührenkalkulation, VBlBW 1982, 362 ff.

Schauer, Philipp, Die Eigenart des Staatsorganisationsrechts und der Freiraum der politischen Willensbildung, Diss. Bonn 1989, zitiert: *Schauer*, Die Eigenart des Staatsorganisationsrechts

Scheller, Martin/Boden, Klaus-Peter/Geenen, Andreas/Kampermann, Joachim, Internet: Werkzeuge und Dienste; von "Archie" bis "World Wide Web", Berlin, Heidelberg, New York 1994

Schenke, Wolf-Rüdiger, Die Bedeutung der verfassungsgerichtlichen Rechtsschutzgarantie, JZ 1988, 317 ff.

Scherzberg, Arno, Die Öffentlichkeit der Verwaltung, 1. Auflage, Baden-Baden 2000, zugl. Habil. Münster 1998

Scherzberg, Arno, Grundrechtsschutz und „Eingriffsintensität“ , Berlin 1989, zugl. Diss. Münster 1989

Scherzberg, Arno, Objektiver Grundrechtsschutz und subjektives Grundrecht, DVBl. 1989, 1128 ff.

Schindler, Wolfgang, Äquivalenzprinzip und Übermaßverbot, KStZ 1992, 47 ff. (Teil 1) u. 65 ff. (Teil 2)

Schlagböhmer, Maria, Rechtsinformationssysteme, insbesondere JURIS, JZ 1990, 262 ff.

Schlaich, Klaus, Das Bundesverfassungsgericht: Stellung, Verfahren, Entscheidungen, 4. Auflage, München 1997

Schliesky, Utz, Öffentliches Wettbewerbsrecht, Berlin 1997, zugl. Diss. Kiel 1996-97

Schmidt, Reiner, Der Übergang öffentlicher Aufgabenerfüllung in private Rechtsformen, ZGR 1996, 345 ff.

Schmidt, Reiner, Öffentliches Wirtschaftsrecht – Allgemeiner Teil, Berlin u. a. 1990

Schmidt-Aßmann, Eberhard (Hrsg.), Besonderes Verwaltungsrecht, 11. Auflage, Berlin 1999

Schmittat, Karl-Oskar, Rechtsschutz gegen staatliche Wirtschaftskonkurrenz, ZHR 148 (1984), 428 ff.

Schneider, Hans, Gesetzgebung, 2. Auflage, Heidelberg 1991

Schneider, Hans-Peter, Verfassungsinterpretation aus theoretischer Sicht, in: Schneider, Hans-Peter u. Steinberg, Rudolf (Hrsg.), Verfassungsrecht zwischen Wissenschaft und Richterkunst, Konrad Hesse zum 70. Geburtstag, Heidelberg 1990

Schoch, Friedrich, Der Beitrag des kommunalen Wirtschaftsrechts zur Privatisierung öffentlicher Aufgaben, DÖV 1993, 377 ff.

Schoch, Friedrich, Öffentlich-rechtliche Rahmenbedingungen einer Informationsordnung, VVDStRL 57 (1998), S. 158 ff.

Schoch, Friedrich, Privatisierung von Verwaltungsaufgaben, DVBl. 1994, 962 ff.

Scholz, Rupert, Pressefreiheit und Arbeitsverfassung, Berlin 1978

Scholz, Rupert, Wettbewerbsrecht und öffentliche Hand, ZHR 132 (1969), 97 ff.

Schricker, Gerhard, Urheberrecht – Kommentar, 2. Auflage, München 1999

Schricker, Helmut, Wirtschaftliche Tätigkeit der öffentlichen Hand und unlauterer Wettbewerb, 2. Auflage, Köln u.a. 1987

Schubert, Uwe, Die verfassungsrechtliche Vereinbarkeit des kommunalen Amtsblattes mit der Lokalpresse, Diss. Würzburg 1973

Schulte, Martin, Informales Verwaltungshandeln als Mittel staatlicher Umwelt- und Gesundheitspflege, DVBl. 1988, 512 ff.

Schulze-Fielitz, Helmuth, Betätigung öffentlich-rechtlicher Institutionen im Onlinebereich, AfP 1998, 447 ff.

Schulze-Fielitz, Helmuth, Theorie und Praxis parlamentarischer Gesetzgebung – besonders des 9. Deutschen Bundestages (1980-1983), Berlin 1980 (zugl. Bayreuth, Habil.-Schr.)

Schünemann, Wolfgang B., in: Jacobs, Rainer/Lindacher, Walter F./Teplitzky, Otto (Hrsg.), Großkommentar UWG, Berlin 1994,

Schünemann, Wolfgang B., Wettbewerbsrechtliche Zulässigkeit wirtschaftlicher Tätigkeit der öffentlichen Hand, in: Stober, Rolf (Hrsg.), Wirtschaftliche Betätigung der öffentlichen Hand – Staat und Kommunen als Konkurrent der Privatwirtschaft, Köln u.a. 2000, S. 41 ff.

Schuppert, Gunnar Folke, Funktionell-rechtliche Grenzen der Verfassungsinterpretation, Königstein 1980

Schuppert, Gunnar Folke, Self-restraints in der Rechtsprechung, DVBl. 1988, 1191 ff.

Schürmann, Frank, Öffentlichkeitsarbeit der Bundesregierung: Strukturen, Medien, Auftrag und Grenzen eines informalen Instruments der Staatsleitung, Berlin 1992, zugl. Diss. Bonn 1991

Schweitzer, Marcell/Küpper, Hans-Ulrich, Systeme der Kosten- und Erlösrechnung, 7. Auflage, München 1998

Schwerdtfeger, Gunther, Grundrechtlicher Drittschutz im Baurecht, NVwZ 1982, 5 ff.

Seeger, Richard, Die öffentliche Bekanntmachung gemeindlicher Rechtsvorschriften, Die Verwaltungspraxis 1962, 145

Seeger, Richard/Gössl, Ernst, Kommunalabgabengesetz für Baden-Württemberg, Wiesbaden, Loseblatt, Stand: 19. Lieferung, Dezember 2000, zitiert: *Seeger/Gössl*, KAG

Severin, Ursula, Das Bundesgesetzblatt – Eine staatsrechtliche Untersuchung, Bonn 1962

Siekmann, Helmut, Verfassungsrechtliche Grenzen der Entgeltpolitik in der Entsorgungswirtschaft, in: Brede, Helmut (Hrsg.), Preise und Gebühren in der Entsorgungswirtschaft, 1. Auflage, Baden-Baden 1998, S. 47 ff., zitiert: *Siekmann*, Verfassungsrechtliche Grenzen der Entgeltpolitik

Simitis, Spiros, Informationskrise des Rechts und Datenverarbeitung, Karlsruhe 1970

Smend, Rudolf, Festvortrag zur Feier des zehnjährigen Bestehens des Bundesverfassungsgerichts am 26. Januar 1962, in: Das Bundesverfasssungsgericht 1951-1971, Karlsruhe 1971, S. 15 ff.

Sobota, Katharina, Das Prinzip Rechtsstaat, Tübingen 1998

Soehring, Jörg, Presserecht: Recherche, Berichterstattung, Ansprüche im Recht der Presse und des Rundfunks, 2. Auflage, Stuttgart 1995

Soergel, Hs. Th., Bürgerliches Gesetzbuch – Schuldrecht I, 12. Auflage, Stuttgart u.a. 1990

Sommermann, Karl-Peter, Staatsziele und Staatszielbestimmungen, Tübingen 1997

Starck, Christian, Die Verfassungsauslegung, in: HdbStR VII, Isensee/Kirchhof (Hrsg.), Heidelberg 1992, S. 189 ff.

Stein, Ekkehart, Staatsrecht, 16., neu bearb. Aufl., Tübingen 1998

Stern, Klaus, Das Staatsrecht der Bundesrepublik Deutschland, Band I, 2. Auflage München 1984, Band II, 1980, Band III/1, 1988, Band III/2, 1994

Stern, Klaus, Neue Medien – neue Aufgaben des Rechts?, DVBl. 1982, 1109 ff.

Stewen, Werner, Die Rechtsdatenbank als Wirtschaftsgut, in: Standort juris – Herberger/Berkemann (Hrsg.),Festschrift zum 10jährigen Bestehen, Saarbrücken 1996, S. 47 ff.

Stober, Rolf, Eigenwirtschaftliche Betätigung der öffentlichen Hand, BB 1989, 716 ff.

Stöhr, Karlheinz, Gesetze im Internet – wer zahlt?, NJW 1999, 1440

Stöhr, Karlheinz, juris – ein nützliches Rechtsinformationssystem?, JurPC 1993, 2080

Stöhr, Karlheinz/Tolzmann, Gudrun, Juris – Ein Kind des Bundesministeriums der Justiz, in: Standort juris, Festschrift zum 10jährigen Bestehen, hrsg. von Maximilian Herberger und Jörg Berkemann, Saarbrücken 1996, S. 17 ff.

Tettinger, Peter J., Entgelte in der Entsorgungswirtschaft – Benutzungsgebühren und privatrechtliche Entgelte als normativ vorgegebene Grundtypen, in: Brede, Helmut (Hrsg.), Preise und Gebühren in der Entsorgungswirtschaft, 1. Auflage, Baden-Baden 1998, S. 47 ff., zitiert: *Tettinger*, Entgelte in der Entsorgungswirtschaft, in: Preise und Gebühren

Thiem, Hans, Zurechnungsprobleme bei der Gebührenkalkulation, Die Gemeinde 1995, 95 ff.

Thiem, Hans/Böttcher, Günter, Kommunalabgabenrecht Schleswig-Holstein, Kiel, Loseblatt, Stand: 10. Lieferung, Januar 1999

Tiedemann, Paul, Der Öffentlichkeitsauftrag der Justiz, NVwZ 1997, 1187 ff.

Tiedemann, Paul, Internet für Juristen: eine praxisorientierte Einführung, Darmstadt 1999

Tomuschat, Christian, Normenpublizität und Normenklarheit in der Europäischen Gemeinschaft, in: Europäische Gerichtsbarkeit und nationale Verfassungsgerichtsbarkeit – Festschrift zum 70. Geburtstag von Hans Kutscher, 1. Auflage, Baden-Baden 1981, Seite 461-480

Trute, Hans-Heinrich, Öffentlich-rechtliche Rahmenbedingungen einer Informationsordnung, VVDStRL 57 (1998), S. 216 ff.

Uhlig, Sigmar, Rechtsinformationssystem im Rechtsstaat, in: Steinmüller, Wilhelm (Hrsg.), Informationsrecht und Informationspolitik,, 1. Aufl., München 1976

Ulmer, Peter, Die Anwendung von Wettbewerbs- und Kartellrecht auf die wirtschaftliche Tätigkeit der öffentlichen Hand beim Angebot von Waren und Dienstleistungen, ZHR 146 (1982), 466 ff.

Unruh, Peter, Kritik des privatrechtlichen Verwaltungshandelns, DÖV 1997, 653 ff.

v. Köckritz, Sieghardt/Ermisch, Günter/Dittrich, Norbert/Lamm, Christel, Bundeshaushaltsordnung – Kommentar, München, Stand: 1. Mai 2000, zitiert: *v.Köckritz*, BHO

v. Zezschwitz, Friedrich, Rechtsstaatliche und prozessuale Probleme des Verwaltungsprivatrechts, NJW 1983, 1873 ff.

Wahl, Rainer, Der Vorrang der Verfassung, Der Staat 20 (1981), 485 ff.

Wahl, Rainer, Der Vorrang der Verfassung und die Selbständigkeit des Gesetzesrechts, NVwZ 1984, 401 ff.

Weber, Roman G., Eur-Lex, NJW 1998, 2805 ff.

Weber-Dürler, Beatrice, Der Grundrechtseingriff, VVDStRL 57 (1998), 57 ff.

Wegge, Georg, Die finanzverfassungskonforme Auslegung des Äquivalenzprinzips bei Vorzugslasten am Beispiel kommunaler Benutzungsgebühren, KStZ 1999, 41 ff.

Weichert, Thilo, Für ein bürgerfreundliches Datenschutz- und Informationsfreiheitsrecht, Vortrag anläßlich des Internationales Symposium "Informationsfreiheit und Datenschutz“ vom 25./26. Oktober 1999 in Potsdam, http://www.lda.brandenburg.de/internat/Symp99/weichert.pdf

Weis, Hubert, Gutachten: Verfassungsrechtliche Fragen einer weiteren Privatisierung der juris GmbH, JurPC 1996, 340

Wilke, Dieter, Gebührenrecht und Grundgesetz, München 1973

Wilke, Dieter, in: Püttner, Günter (Hrsg.), Handbuch der kommunalen Wissenschaft und Praxis, Band VI, § 117: Gebühren und Beiträge, sonstige Einnahmen, 2. Auflage, Berlin u.a. 1985

Willoweit, Diemtar, Gesetzgebung und Recht im Übergang vom Spätmittelalter, in: Zum römischen u. neuzeitlichen Gesetzesbegriff. 1. Symposium der Kommission „Die Funktion des Gesetzes in Geschichte und Gegenwart vom 26./27.4.1985, Göttingen 1985, S. 123 ff.

Willoweit, Dietmar, Gesetzespublikation und verwaltungsinterne Gesetzgebung in Preußen vor der Kodifikation, in: Beiträge zur Rechtsgeschichte – Gedächtnisschrift H. Conrad, Paderborn 1979, S. 601 ff.

Wittling, Almut, Die Publikation der Rechtsnormen einschließlich der Verwaltungsvorschriften, Baden-Baden 1991, zugl. Diss. Bonn 1990

Wolff, Hans/Bachof, Otto/Stober, Rolf, Verwaltungsrecht, Band 1, 11. Auflage, München 1999

Zehnder, Matthias W., Geschichte und Geschichten des Internets, Kilchberg 1998

Ziegler, Wolfgang, Die Verkündung von Satzungen und Rechtsverordnungen der Gemeinden, Berlin 1976

Zielinski, Diethart, Die Juristische Bundesdatenbank als rechtspolitisches Problem, JZ 1971, 409 ff.

Zilkens, Martin, „Sauna-Konkurrenz", NWVBl. 1997, 34 ff.

Zimmermann, Franz, Aktuelle Fragen des Rechts der kommunalen Gebühren und Beiträge, VerwArch 62 (1971), 16 ff.

Zimmermann, Franz, Grundrechtsbindungen bei der Finanzierung öffentlicher Sach- und Dienstleistungen durch spezielle Entgelte, DVBl. 1989, 901 ff.

Zwehl, Wolfgang von, Betriebswirtschaftliche Grundsätze zur Konkretisierung der durch Benutzungsgebühren zu deckenden Kosten, DB 1989, 1345 ff.

Jens Florstedt

www.kennzeichenidentitaet.de

Zur Kollision von Kennzeichen bei Internet-Domain-Namen

Frankfurt/M., Berlin, Bern, Bruxelles, New York, Oxford, Wien, 2001. XXIV, 172 S., 1 Abb.
Europäische Hochschulschriften: Reihe 2, Rechtswissenschaft. Bd. 3264
ISBN 3-631-38584-6 · br. € 35.30 *

Wer im Internet eine Website betreibt und schnell gefunden werden will, braucht einen einprägsamen Namen. Das führt zu Schwierigkeiten. Ein Name kann im Internet nämlich nur ein einziges Mal vergeben werden. Wer also darf die Adresse „www.shell.de" benutzen – Frau A. Shell aus Rönnebeck oder der gleichnamige Mineralölkonzern?
Ziel der Untersuchung ist, den Konflikt zwischen identischen Kennzeicheninhabern praktikabel zu lösen. Instrumente hierfür liefern das Markenrecht, das Namensrecht und Generalklauseln aus dem gewerblichen Rechtsschutz. Nach den Regeln der juristischen Hermeneutik werden Tatbestandsmerkmale auf ihre Anwendbarkeit bei Domain-Namenskonflikten überprüft.

Aus dem Inhalt: Rechtsschutz durch das Markengesetz · Domain-Namen im Anwendungsbereich des § 12 BGB · Ergänzender Rückgriff auf Generalklauseln des gewerblichen Rechtsschutzes · Zu den Rechtsfolgen

www.ingramcontent.com/pod-product-compliance
Ingram Content Group UK Ltd.
Pitfield, Milton Keynes, MK11 3LW, UK
UKHW021934290926
8980IPUK00016B/1618

9 783631 396049